谨以此书向中国共产党百年华诞献礼

公司法律顾问
——实务操作与案例解析

Corperate Legal Counsel
Practial Operation and Case Analysis

主　编　万　方

副主编　余　凯　廖　波

编　委　万　方　余　凯　廖　波　冯　丹

　　　　胡　牵　熊　密　赵静静

顾　问　蔡学恩

WUHAN UNIVERSITY PRESS

武汉大学出版社

图书在版编目(CIP)数据

公司法律顾问:实务操作与案例解析/万方主编.—武汉:武汉大学
出版社,2021.5(2023.2 重印)

ISBN 978-7-307-22201-4

Ⅰ.公… Ⅱ.万… Ⅲ.公司法—研究—中国 Ⅳ.D922.291.914

中国版本图书馆 CIP 数据核字(2021)第 063286 号

责任编辑:陈 帆 责任校对:李孟潇 版式设计:马 佳

出版发行:**武汉大学出版社** (430072 武昌 珞珈山)

(电子邮箱:cbs22@ whu.edu.cn 网址:www.wdp.com.cn)

印刷:武汉市金港彩印有限公司

开本:720×1000 1/16 印张:25 字数:449 千字 插页:6

版次:2021 年 5 月第 1 版 2023 年 2 月第 2 次印刷

ISBN 978-7-307-22201-4 定价:126.00 元

主编简介

万方

上海中联（武汉）律师事务所主任、高级合伙人、上海中联律师事务所管理委员会委员。

万方律师毕业于武汉大学，获得法律硕士和经济学学士学位，曾担任两家美国上市科技公司法务部负责人，也曾担任湖北得伟君尚（武汉自贸区）律师事务所创始合伙人、执行主任。

万方律师主导了多家公司法务合规体系的搭建，参与办理了数十起各类知识产权、不正当竞争和商事合同案件，同时还全程参与公司引入红杉资本、腾讯等风险投资和战略投资，对商事争议解决、商业模式合规、投融资与股权激励、网络安全与数据合规等领域有着丰富的实务经验。

截至目前，万方律师已经出版了《网络安全法合规操作指引》（武汉大学出版社2019年版）、《法槌下的游戏江湖——网络游戏行业典型案例裁判要旨汇编及解析》（武汉大学出版社2020年版）。

邮箱：fang.wan@sgla.com

副主编简介

余凯

上海中联（武汉）律师事务所高级合伙人、专利代理师、中国法学会会员、武汉知识产权研究会常务理事、武汉自贸区知识产权和商事调解中心调解员。

余凯律师毕业于中国社会科学院大学和华中科技大学，获法律硕士学位和工学学士学位。曾执业于北京市金杜律师事务所。在争议解决领域，余凯律师代理及参与办理各类知识产权、不正当竞争及商业纠纷等案件近百起。在企业合规领域，余凯律师目前为众多本地知名互联网科技公司及游戏文娱企业提供法律服务。

邮箱：kai.yu@sgla.com

廖波

上海中联（武汉）律师事务所高级合伙人。

廖波律师毕业于武汉大学，获法律硕士学位。曾担任某上市公司法务部经理，主导了公司旗下三家子公司的产权结构调整和股权进场交易，四家子公司的破产重整、清算与注销，代理公司与某投资公司股权投资纠纷等数十起各类公司商事案件，对公司法务与合规、商事争议解决、股权纠纷与处置、破产重整等领域有着丰富的经验。

邮箱：bo.liao@sgla.com

顾问简介

蔡学恩

湖北得伟君尚律师事务所合伙人会议主席、管理委员会主任。

▶ 主要社会职务

第十二届、十三届全国人大代表

最高人民法院　特约监督员

最高人民检察院　特约监督员

湖北省律师协会　监事长

中国国际贸易仲裁委员会　仲裁员

湖北省知识分子联谊会律师分会　会长

湖北省政府专家咨询委员会　专家

湖北省法官检察官遴选委员会　专家委员

阿拉善生态保护协会SEE　章程委员会委员

蔡学恩律师执业将近三十年，具备深厚的法学理论功底、精湛的执业技巧和丰富的从业经验，其先后担任湖北省人民政府、武汉市人民政府、黄陂区人民政府、蔡甸区人民政府、湖北省联合发展投资集团有限公司等重要党政机关、企事业单位法律顾问，为客户提供全方位的法律解决方案，获得了客户的高度认可。此外，蔡学恩律师作为全国人大代表先后提出了五十多份议案和建议案，他提出的关于在我国法院系统设立"环保法庭"等多项建议被国家相关部门采纳。

网络安全法合规操作指引

作者：万方　余凯　著；顾问　蔡学恩

2019年9月出版

　　本书包括《网络安全法》的核心内容解读、十大核心法律责任梳理、典型案例评析、法律法规汇编等内容，同时提供了网络安全合规体系架构、尽职调查清单及常用表格，能够满足政府机关、金融、通信、能源、交通、水利、教育、医疗卫生、社保、环境保护、公用事业、国防科工、电子商务、电子政务、食品药品等主体网络安全合规常规需求，相关单位负责人和网络安全管理人员可以参照本书并结合本单位的实际情况履行网络安全法律义务。

法槌下的游戏江湖
——网络游戏行业典型案例裁判要旨汇编及解析

作者：万方　余凯　编著；顾问　蔡学恩

武汉数字创意与游戏产业协会联合出品

2020年7月出版

　　本书以游戏行业为切入点，根据游戏本身的属性和行业运作规律来分析、总结、提炼行业内常见纠纷的裁判意见，形成通俗易懂的"游戏码"，并将本书分为网络游戏行业知识产权争议与网络游戏行业公司治理运营争议上下两篇。这种编写方式最大的好处就是以游戏从业者的语言来通俗地阐述游戏行业的法律纠纷，因此，本书不仅适用于游戏行业的法律从业者，更适用于游戏行业的其他从业人员。

法律顾问是公司价值的创造者

步入 21 世纪，互联网、大数据、人工智能等新技术飞速发展，数据等生产要素通过与金融、交通、能源、制造、医疗、建筑、农业等传统行业结合，诞生了数字经济，并逐渐成为社会经济发展的重要支柱之一。数字经济的涌现一方面极大地促进了经济的发展，激发了创新活力，同时，各种新技术、新商业模式的应用也给传统的法律政策和监管体系带来了巨大的冲击。为了转变经济发展动能，提升经济发展质量，我们对新经济的发展应有一定的包容度，鼓励其健康快速发展，但是，为了维护公平的竞争环境，我们又要防止出现资本无序扩张、市场过度集中的情形。如何平衡经济发展和适度监管不仅是立法者应该思考的问题，也是创业者应关注的核心问题之一。正是在数字经济发展与监管的博弈中，法律顾问的价值才得以最精彩的呈现。

一方面，公司法律顾问能够帮助企业解决现实法律问题，预防潜在法律风险。

近两年，笔者所带领的律师团队为几十家高科技公司提供常年法律顾问服务，这些服务涵盖了股权设计、公司治理、劳动人事、融资并购、知识产权、诉讼仲裁甚至是破产清算等各个方面，基本上贯穿了公司经营的整个生命周期。我们的专业服务不仅体现在遇到法律问题后的被动防御上，更体现在对潜在法律风险的提前预防上，尤其是商业模式合规论证，我们在公司开发新产品、新功能之前就已经介入，协助公司研发和运营团队调整产品功能、流程设计以开发出合法合规的产品，这种坚持产品开发与合规论证协调推进的模式，很好地帮助企业预防法律风险，减少盲目投资带来的巨大损失，同时也赢得了客户的广泛好评。

另一方面，公司法律顾问能够帮助公司创造价值。

有经验的医生不仅善于解决单发性的疾病，更善于从单发性的疾病来辩证地分析潜在的病因，并通过系统化的手段将潜在的致病风险给消除掉。优秀的公司法律顾问跟有经验的医生类似，在面对具体法律问题的时候，不仅要分析具体问题的具体特征，还要深刻剖析问题背后深层次的原因，从公司战略的高度提供解决问题的系统性方案。如果只见树木，不见森林，那么很可能会在解决一个具体法律问题时未能发现其他潜在的法律风险。因此，从这个角度来看，优秀法律顾问的价值不仅仅在于具体法律问题的解决，更在于完善公司的治理体系，构建合规竞争力，进而推进公司战略的实施，这是公司真正的价值创造者。

诚然，要做到真正为客户创造价值，法律顾问一定要具有扎实的理论知识和丰富的实务经验，鉴于此，笔者结合团队的工作经验，系统梳理了公司经营过程中常见的法律问题，进而编写成本书——《公司法律顾问——实务操作与案例解析》，希望能够为公司在解决法律问题时提供一定的参考，更希望本书能够为公司的健康发展贡献一点绵薄之力。

本书是笔者及团队成员多年来的经验积累和研究总结，是团队的智慧结晶。本书的出版要特别感谢胡牟、冯丹、熊密、赵静静等同事的辛勤付出。由于法律不断更新与完善，新技术、新业态迭代演进，本书可能存在疏漏，请各位读者随时批评指正，我们将继续修订完善。

本书定稿于 2020 年初武汉封城期间，谨以此书向广大支持武汉抗击新冠肺炎疫情的各界人士致以崇高的敬意！

本书出版之际，恰逢中国共产党建党 100 周年。作为一名基层党支部书记，谨以此书向党的百年华诞献礼！

万　方

2021 年 4 月 23 日

目　　录

第一章　公司设立法律事务

☞ 导读：

1. 发起人、公司设立、公司成立的概念及辨析
2. 公司设立登记的一般条件及登记流程
3. 股东出资形式及出资责任
4. 出资协议与公司章程
5. 公司设立阶段常用的法律文书

第一节　概　　述

一、公司的概念和特征

在学理上，公司是指依照公司法的规定，在中国境内设立的，以营利为目的的企业法人，它是企业组织形式的一种，主要包括有限责任公司和股份有限公司。

依据《中华人民共和国公司法》（以下简称"公司法"）第三条的规定，公司是企业法人，有独立的法人财产，享有法人财产权。公司以其全部财产对公司的债务承担责任。有限责任公司的股东以其认缴的出资额为限对公司承担责任；股份有限公司的股东以其认购的股份为限对公司承担责任。

《中华人民共和国民法典》（以下简称"民法典"）第五十七条和第五十九条规定，法人是具有民事权利能力和民事行为能力，依法独立享有民事权利和承担民事义务的组织。法人的民事权利能力和民事行为能力，从法人成立时产生，到法人终止时消灭。

由以上的法律规定，我们可以看出，我国法律环境下的公司（以有限责任公司为例）具有以下特征：

第一，公司是具有独立法律人格的实体。

公司具有独立的法律人格，即公司具有法人资格。简单地说，就是指公司

1

在法律上被拟制成为一个独立的"人"，并与其组成成员的人格相互独立，这是公司最典型，也是最基础的特征，这一特征决定了公司具有独立于其成员的权利能力和行为能力，具有独立于其成员（股东）的财产，并具有独立的民事责任能力。

公司独立的民事权利能力和行为能力是指公司通过其组织机构（如股东会、董事会、执行董事或总经理）对外进行意思表示，独立地进行民事活动并依法享有权利、承担义务，这种能力始于公司的成立，终于公司的灭亡。

第二，公司以其财产独立承担责任。

公司最初的财产来源于发起人的出资，但是，发起人一旦缴纳了出资，出资对应财产的所有权即不再属发起人所有，而成为公司财产的一部分。作为对价，发起人此时取得了公司的股东资格，享有各项股东权益。

公司能够以其财产独立承担责任是公司独立法律人格的延展和体现。独立责任是相对于连带责任而言的，意即公司独立承担责任并不连带到公司的组成人员；独立责任也不等同于有限责任，公司法下的有限责任是指股东以其对公司的出资承担有限责任。事实上，就公司而言，任何公司都应以其所有财产对公司债务承担无限责任。

第三，公司是以营利为目的的企业法人。

投资人投资设立公司的目的是获得投资收益，而投资收益要以公司的经营利润为载体，公司没有利润，投资人的收益也就失去了分配的源泉。同时，根据我国《公司法》的规定，股东对公司享有分红权。而公司是一个独立核算的经济实体，分红只能来源于该经济实体在一定会计周期内的经营利润，在公司没有利润（或者不满足利润的提取规则）的前提下，股东强行从公司抽走资产，则涉嫌抽逃出资或是侵占公司财产，严重情况下还可能涉嫌刑事犯罪。因此，投资人要想实现投资收益，就必然会要求公司最大限度地追求经营利润，这也是公司这种企业法人经营活动的出发点和归属点。

第四，公司可以设立分、子公司，分公司不等同于子公司，分公司无法人资格，子公司有独立的法人资格。

第五，公司是独立法人，有独立的权利能力和行为能力，因此，公司可以以自己的意志对外转投资，但是，除法律另有规定外，一般情况下，公司不能因投资行为而成为承担无限连带责任的出资人。

第六，有限责任公司分为两种类型，普通的有限责任公司（股东人数在两人以上，五十人以下）和一人有限责任公司（股东只有一个，自然人或法人）。《公司法》第五十八条规定，一个自然人只能投资设立一个一人有限责任公司。该一人有限责任公司不能投资设立新的一人有限责任公司。

第七，公司可以根据《中国共产党章程》设立党组织，开展党的教育和活动，公司应当为之提供必要的条件。

二、公司设立和公司成立

我国《公司法》第六条规定："设立公司，应当依法向公司登记机关申请设立登记。符合本法规定的设立条件的，由公司登记机关分别登记为有限责任公司或者股份有限公司；不符合本法规定的设立条件的，不得登记为有限责任公司或者股份有限公司。法律、行政法规规定设立公司必须报经批准的，应当在公司登记前依法办理批准手续。公众可以向公司登记机关申请查询公司登记事项，公司登记机关应当提供查询服务。"

公司设立不等同于公司登记，公司设立包含公司登记，公司登记不包含公司设立。公司登记是申请将公司登记为有限责任公司或股份有限公司的行政申请行为，是公司设立行为的最后一个阶段，它起到的是公示和证明的作用。

公司设立也不同于公司成立。公司成立是公司取得法人资格的一种法律事实状态，公司营业执照签发日期为公司成立日期，而公司的设立如同上文提到的，它是设立公司的一种法律行为，这种行为并不一定能导致公司成立，也就是说并不是所有的公司都能成功设立。公司不能成功设立的原因众多，既可能是公司的发起人基于主观原因主动放弃，也可能是因为客观上不具备设立该类公司的事实要件。公司设立不成功因不同的原因会导致不同的后果，也会产生相应的法律责任，本章第二节会进行重点阐述。

公司设立不等同于公司成立还有一个表现在于两者的法律性质不同。公司设立是一种民事和行政复合的法律行为，既蕴含了发起人的合同法律关系，又体现了发起人与公司登记管理机关的行政法律关系；而公司成立是一种结果事实，反映了公司依法取得法人资格的法律状态。

三、公司设立的立法原则

(一) 准则主义

准则主义又称"登记主义"，也称"自由主义"，是指设立公司只需要符合法律规定的条件，即可向公司登记机关申请登记设立，不需要经过行政机关的审批或核准。准则主义克服了原有公司设立许可和特许审批的缺陷，降低了公司的设立条件，提高了公司设立的效率，极大地激发了社会创业活力，使得有限公司这种公司组织形式成为我们国家企业组织形式的绝对主流，对于规范法人治理结构也起到了巨大的推动作用。

（二）许可主义

我国公司的设立一般采用准则主义，但对于某些特殊类型的公司，因涉及公共利益或特殊行业，其公司类型、公司性质、股东组成、出资类别以及经营范围等都要经过特定部门的审批才可以设立，这种公司的设立原则即称为许可主义，也称严格准则主义。

许可主义是与准则主义对应的另一种公司设立原则，反映了我们国家的法律及监管机关在现阶段对特殊类型公司准入时审慎和负责任的态度。我们国家公司设立原则的变化与演进跟我们国家经济发展的自由程度和对外开放的力度是相适应的，经济发展越自由，对外开放程度越高，公司的设立门槛和条件就会相应地降低。作为法律工作者，在实际的工作中，我们偶尔会遇到设立特殊类型的公司的情形。这个时候，我们一般建议发起人或者授权代表人在决定设立公司之前先向市场监督管理部门或者行业主管机关询问设立公司的特殊要求，根据询问的结果，再结合自身的实际情况来判断设立公司的可行性，而不要贸然进行公司设立的资金和人力的投入行为，例如招聘、购置办公设备、法律文件的起草和签署等。

第二节　有限责任公司的设立

本章以有限责任公司为研究对象，探讨有限责任公司的设立。

一、设立有限责任公司应具备的基本条件

根据《公司法》第二十三条和第二十四条的规定，设立有限责任公司，应当具备下列五个基本条件：

1. 股东符合法定人数（五十个以下）；
2. 有符合公司章程规定的全体股东认缴的出资额；
3. 股东共同制定公司章程；
4. 有公司名称，建立符合有限责任公司要求的组织机构；
5. 有公司住所。

公司在依法取得营业执照之前并不具有法人资格，不是独立的权利义务主

体，不能以公司的名义经营或者从事法律行为。要设立有限责任公司，首先要满足以下四个方面的要求。

（一）股东的要求

根据我国《公司法》及相关法律法规的规定，有限责任公司对股东的要求体现在两个方面：一是股东人数的限制；二是股东资格的限制。具体表现在：

1. 人数的限制

我国《公司法》第二十四条规定，有限责任公司由五十个以下股东出资设立。由此可见，设立有限责任公司，股东人数不能超过 50 人，这是《公司法》对公司工商登记股东人数的限制。在现实中，有些有限责任公司因为多次增资扩股或者股权激励等原因，股东人数会超过 50 人，对于超出人数限制的股东，我们可以通过多种法律操作来进行合理规避，例如：股权代持、设立持股平台对股东来集中进行管理。

2. 身份资格的限制

严格来说，在公司成功设立之前，公司的股东是不存在的。所以，对于"股东"身份资格的限制在公司设立阶段则体现在对公司发起人的身份资格限制上，而对公司发起人和公司成功设立以后"新股东"（严格来说也不算是股东）的身份资格限制，我国相关的法律法规采取的是消极列举方式，即具有下列特殊身份的自然人、法人及其他组织是不能作为发起人来设立公司或以股东身份加入公司的：

（1）法律法规禁止从事经营性活动的人，如公务员、军人等；

（2）自然人在全国范围内只能设立一家一人有限公司；

（3）各级党政机关、军队、武警部队；

（4）各级党政机关所属事业单位（特殊情况除外，例如研究院、出版社、影剧院等）；

（5）党政机关（含政法机关）主办的社会团体（特殊情况除外，例如国务院社团管理登记的社会团体，设立时出资人为会员的，可以作为公司投资人）；

（6）合伙企业、个人独资企业不能成为一人有限公司的股东；

（7）分公司；

（8）会计师事务所、审计事务所、资产评估机构、律师事务所不得作为投资主体向其他行业投资设立企业；

（9）法律法规规定的其他不能成为企业投资人（股东）的情形。

（二）资本的要求

资本的要求体现在以下两个方面：一是注册资本的要求；二是股东出资的要求。

关于注册资本的要求，我国《公司法》第二十六条规定："有限责任公司的注册资本为在公司登记机关登记的全体股东认缴的出资额。法律、行政法规以及国务院决定对有限责任公司注册资本实缴、注册资本最低限额另有规定的，从其规定。"

由此可见，对于一般公司而言，我国《公司法》并没有要求发起人在设立公司之时就对公司的注册资本全部实缴，而采用的是认缴制。即在公司设立之时，营业执照只记载所有股东认缴的注册资本总额，不强制要求提交实缴完毕的验资报告。认缴制下必然会带来另一个问题，即股东的出资期限。关于出资期限，按照《公司法》的规定，属于公司股东意思自治的范围，只需要在章程中约定清楚即可，理论上也没有时间的限制。

这样的规定在一定程度上暂时减轻了股东的出资负担，激活了社会创业的动力，同时也带来了很大的法律风险，尤其是在《公司法》原则上取消了一般公司最低注册资本制度后（特定类型的公司仍有最低注册资本的限制，例如金融、保险等行业），这种风险被进一步地放大了。

创业者一定要注意：第一，认缴不等于不缴，认缴只是将缴纳出资的时间延后，或者允许分期缴纳；第二，注册资本要跟公司的实际情况相吻合，不是越高越好，也不是越低越好。现实中不乏这样的案例，创业者将公司的注册资本定为几千万元甚至上亿元，将出资期限限定在公司成立后50年，甚至100年（现实中这样的公司章程很难在工商备案，工商行政管理登记机关一般要求在20年内实缴完毕），以为这样既能体现公司的实力，又能逃避法律责任。实则不然，在很多特殊情况下，认缴会加速到期，股东要在认缴的注册资本范围内提前缴纳所有出资，并以认缴的金额为限对公司承担法律责任。由此可见，一定条件下注册资本定得过高会给创业者带来巨大的风险。同时，注册资本过低也会对公司的业务开展和引进投资带来一定的障碍。一般较好的方式是公司创立时将注册资本设定在一个合适的金额上，后期随着公司的壮大和对资金的需求来进行逐步地增资，这样既能保证公司的正常业务开展，又有利于引进投资人，同时也没有很大的法律风险。

（三）章程的要求

我国《公司法》第十一条明文规定："设立公司必须依法制定公司章程。公司章程对公司、股东、董事、监事、高级管理人员具有约束力。"

公司章程是公司设立不可缺少的核心法律文件之一。它是由公司发起人共同制定并对公司、股东及其他公司经营管理人员具有约束力的自治契约。它对于调整公司内部管理和经营行为具有重要的指导意义和约束作用，是公司组织与活动的基本准则，被誉为"公司的宪法"。关于公司章程的内容，参照本章第四节。

（四）组织要件的要求

公司组织要件的要求体现在公司的名称、组织结构、经营场所以及必要的生产经营条件等上。公司名称及组织结构是指公司作为一种企业组织形式必须具备的法定名称、组织机构，例如有限责任公司、股份有限公司，股东会、董事会、经理等，至于固定的经营场所和必要的生产经营条件比较容易理解，我们就不展开。

二、有限责任公司设立程序

有限责任公司是一种封闭性的法人，其只能以发起方式设立，不得采用募集方式设立。因此，相较于股份公司，有限责任公司的设立程序比较简单，一般而言，要经过以下五个步骤（不同的地区有些许不同，具体步骤可以咨询当地的工商登记机关）。

（一）进行名称预先核准

设立有限责任公司，应当由全体股东指定的代表或者共同委托的代理人向公司登记机关申请名称预先核准。申请名称预先核准，应当提交下列文件：

1. 全体股东签署的公司名称预先核准申请书，该申请书应当载明企业的名称（可以载明 3 个备选名称）、住所、注册资本、经营范围、投资者姓名或者名称、投资额和投资比例，并由全体投资者签名或盖章；

2. 全体股东指定代表或者共同委托代理人的证明；

3. 国家工商行政管理总局（国家市场监督管理总局）规定要求提交的其他文件，例如，全体股东的身份证明、营业执照复印件等。

申请人办理企业名称预先核准的，公司登记管理机关一般会在 5 个工作日内作出核准或者驳回的决定。予以核准的，发给《企业名称预先核准通知书》；予以驳回的，发给《企业名称驳回通知书》。

预先核准的公司名称保留期为 6 个月。预先核准的公司名称在保留期内，不得用于从事经营活动，也不得转让。如果 6 个月期限届满仍没有使用该名称办理企业注册手续，则需要重新申请名称预先登记核准。

（二）签订出资协议、公司章程以及公司设立所需要的其他文件

出资协议是发起人就公司设立阶段的权利义务进行约定的协议，并不是公司登记的必备文件。出资协议与公司章程有一定的相似性和重合性，但也有很明显的区别。

在获得《企业名称预先核准通知书》后，创业者要着手制定公司章程。需要注意的是，公司登记管理机关一般都有固定的公司章程模板，有的登记机关极其反感发起人对章程的特别约定。此时，为了尽快设立公司，可以按照登记机关的要求进行填写以便完成登记，然后在公司内部再制定更为详细和个性化的章程。在此，特别要提醒的是，最好是在进行工商登记之前将公司内部的章程先制定好，并由全体发起人签字，不要等到公司登记设立后再去制定内部章程，以防某些股东出于个人利益的考虑，不配合后续章程的制定。关于章程的制定与修改，详见本章第四节。

（三）办理前置审批

如上文所述，对于法律、行政法规规定的某些特殊类型公司，或者公司经营范围中含有须经批准的经营类目的，应当以公司登记机关核准的名称报送批准；对于无须前置审批手续的公司，则直接办理其他登记手续。

（四）验资账户开立、出资

该程序现已取消。名称预核准之后，股东应当凭借名称预核准通知书向银行申请开立验资账户。账户开立后，各股东应当及时按照章程的规定缴纳出资。

（五）设立登记

根据《公司登记管理条例》的规定，设立有限责任公司，应当由全体股东指定的代表或者共同委托的代理人向公司登记机关申请设立登记。申请设立有限责任公司的，应当向公司登记机关提交下列文件：

1. 公司法定代表人签署的设立登记申请书；

2. 全体股东指定代表或者共同委托代理人的证明；

3. 公司章程；

4. 依法设立的验资机构出具的验资证明，法律、行政法规另有规定的除外；

5. 股东首次出资是非货币财产的，应当在公司设立登记时提交已办理其财产权转移手续的证明文件；

6. 股东的主体资格证明或者自然人身份证明；

7. 载明公司董事、监事、经理的姓名、住所的文件以及有关委派、选举或者聘用的证明；

8. 公司法定代表人任职文件和身份证明；

9. 企业名称预先核准通知书；

10. 公司住所证明；

11. 国家工商行政管理总局规定要求提交的其他文件。法律、行政法规或者国务院决定规定设立有限责任公司必须报经批准的，还应当提交有关批准文件。

（六）登记核准

对于设立申请，登记机关应当依法进行审查。对于不符合《公司法》规定条件的，不予登记；对于符合《公司法》规定条件的，依法核准登记，颁发营业执照。营业执照的签发日期为有限责任公司的成立日期。公司可以凭登记机关颁发的营业执照申请开立银行账户、刻制公司印章、申请纳税登记等。只有获得了公司登记机关颁发的营业执照，公司设立的程序才宣告结束。

根据我国《公司法》和《公司登记管理条例》的规定，设立有限责任公司的同时设立分公司的，应当自决定作出之日起 30 日内向分公司所在地的公司登记机关申请登记；法律、行政法规或者国务院决定规定必须报经有关部门批准的，应当自批准之日起 30 日内向公司登记机关申请登记。分公司所在地的公司登记机关准予登记的，发给《营业执照》。公司应当自分公司登记之日起 30 日内，持分公司的《营业执照》到公司登记机关办理备案。

（七）公司设立后续事宜

公司依法成立后，还有以下后续事宜需要办理：

1. 申请组织机构代码证；

2. 向公安部门申请刻制公章、财务专用章、发票章等印鉴，并根据公安部门的指示，前往公安部门指定的刻制印鉴单位刻制印鉴；

3. 办理税务登记；

4. 部分地区还可能要求办理财政登记、统计登记，需根据各个地方的实际情况予以确定。

此外，对于一些特殊类型的企业，还需要办理特殊的登记手续，例如从事进出口贸易的企业，后续还需要办理对外贸易经营者备案登记、海关登记、检验检疫登记等。

三、公司设立阶段常见法律责任

公司设立阶段法律责任指的是公司自发起设立之日起到营业执照颁发之前这个阶段的法律责任。为了便于比较，我们将该阶段的法律责任总结如表1-1所示。

表1-1

违法行为	行政责任	民事责任
虚报注册资本（虚假手段骗取登记）	罚款：（【5%，15%】×注册资本）、吊销执照（处罚主体：公司）	—
虚假出资（未出资/未按时出资）	罚款：（【5%，15%】×注册资本）（处罚主体：发起人、股东）	违约责任（补缴、赔偿）；可以限制分红、优先认购权；经催告未履行，可以解除股东资格
抽逃出资（公司成立后）	罚款：（【5%，15%】×注册资本）（处罚主体：发起人、股东）	返还出资本息；可以限制分红、优先认购权；经催告未履行，可以解除股东资格

第三节 有限责任公司股东出资

一、股东出资形式

股东出资，是指发起人和股东在公司设立或者增加资本时，为取得股权，根据协议的约定以及法律和章程的规定向公司交付财产或履行其他给付义务。

本章中我们讨论的出资仅指有限公司设立时发起人向公司交付出资的行为。

我国《公司法》第二十七条规定："股东可以用货币出资，也可以用实物、知识产权、土地使用权等可以用货币估价并可以依法转让的非货币财产作价出资；但是，法律、行政法规规定不得作为出资的财产除外。"

1. 货币，一般情况下是指我国的法定货币，即人民币，但是依据《外商投资创业投资企业管理规定》第六条第二款规定，外国投资者也可以以自由兑换的货币出资。

2. 非货币出资，包括实物、知识产权、土地使用权等。实物如生产原材料、机械设备等；知识产权包括专利、商标、著作权、技术秘密等。

（1）关于以实物出资，应该注意以下几点：

第一，实物包括动产和不动产。根据我国《公司法》第二十八条的规定，"以非货币财产出资的，应当依法办理其财产权的转移手续"。因此，动产进行交付时，能转移登记的要办理转移登记；不动产进行交付时，要进行转移登记。

第二，根据我国《公司法》第三十条的规定，"有限责任公司成立后，发现作为设立公司出资的非货币财产的实际价额显著低于公司章程所定价额的，应当由交付该出资的股东补足其差额，公司设立时的其他股东承担连带责任"。因此，实物的作价应当经全体发起人一致同意，作价金额要计入公司章程。

第三，在没有特殊约定的情况下，出资人以实物出资所产生的评估、转移登记等费用应该由出资人自行承担。

（2）关于以知识产权出资，应注意以下两点：

第一，按照《公司法》的规定，知识产权的出资必须满足"可以用货币估价并可以依法转让"的条件。因此，知识产权的人身权就不可以用来出资，例如，署名权、保护作品完整权等。

第二，技术秘密等是否可以作为出资，严格地说应该叫"技术秘密的使用权"是否可以出资。现实中存在一定的争议，主要是其无法进行权属登记，也就无法进行转让，但笔者认为《公司法》要求的"可转让"其本质是为了维持"公司独立财产制"，商业秘密权利人完全可以同公司签署独占的授权许可协议来解决这个障碍，因此，本书认为技术秘密的使用权是可以用来出资的。

第三，知识产权具有高度的专业性，同时具有一定的不稳定性。当发起人用知识产权出资时，公司一定要做好价值评估和权利评估，并在公司章程里对出资瑕疵作出明确和具有操作性的约定，尽量防止公司资产出现重大变数，给公司经营和其他股东带来巨大损失。

（3）关于土地使用权出资，一定要进行权属变更登记。我国实行严格的不动产公示对抗制度，因此，在一般情况下，土地使用权能进行权属变更登记就说明其没有权利负担，至少可以对抗没有登记的权利负担。另外，如果是以国有土地使用权出资的，则应该要注意审核土地使用权的使用限制，因为一般情况下，国有土地使用权出让时对土地的使用用途都是有限制的。

（4）非货币出资除以上形式外，还有诸如股权、债权、探矿权等。关于股权出资，现实中比较常见，法律对此问题也有明确的要求，根据《最高人民法院关于适用〈中华人民共和国公司法〉若干问题的规定（三）》（2014年修订）第十一条的规定，出资人可以以其他公司股权出资，但必须同时符合"①出资的股权由出资人合法持有并依法可以转让；②出资的股权无权利瑕疵或者权利负担；③出资人已履行关于股权转让的法定手续；④出资的股权已依法进行了价值评估"四个条件才可以被认为完成了出资。由于股权的价值是一直处于变动之中，以股权出资，当股权价值明显下降时，很容易引起股东之间的纠纷，因此，对此种出资方式应谨慎采用。

（5）除以上可以作为出资的资产外，还有一些法律明文规定不允许出资的资产类型，例如劳务、商誉、信用、自然人姓名、特许经营权等。

在股东出资部分，除股东出资形式外，还有最低注册资本、首次出资限制、货币出资比例和出资期限等。因为对于绝大多数的公司，以上列举的四项要求在我国现行的《公司法》体系下都被取消了，因此我们就不展开论述了。但是，值得注意的是，取消了限制并不表示降低了法律责任，只是公司设立的门槛大幅度降低而已。

二、股东出资的法律责任

股东出资的法律责任主要表现在瑕疵出资、名义股东与实际股东的纠纷两个方面，具体见表1-2、表1-3：

表1-2　　　　　　　　　　　　**瑕疵出资类法律责任**

瑕疵出资的表现形式	补救程序和民事责任
以不享有处分权的财产出资	参照"善意取得"制度认定；以贪污、受贿等形式取得货币而出资的，拍卖或变卖其股权

续表

瑕疵出资的表现形式	补救程序和民事责任
以有权利负担的土地使用权出资	限期办理土地使用权变更手续或者解除权利负担；超期未办理，可以限制行使分红权、优先认购权；经催告未履行，可以解除股东资格
以未依法评估作价的非货币财产出资	先评估，评估价格显著低于作价金额，可以限制行使分红权、优先认购权；经催告未履行，可以解除股东资格
以房屋、土地使用权或者需要办理权属登记的知识产权等财产出资	限期办理权属变更手续；以交付使用为标志，交付但未办理权属变更手续可享有股东权利；已办理变更手续但未交付，不享有股东权利

表 1-3　　　　　　　　　　　名义出资人和实际出资人纠纷

出资人形式	股东资格确认	转让股权的处理机制
实际出资人	实际出资并享有股东权益。可申请显名，但需满足未违反法律强制性规定且其他股东过半数同意	仅是实际出资人，享有公司股东权益，并不是公司股东，无法完整转让股权
名义出资人	工商登记的股东，不享有股东权益	参照"善意取得"制度认定，实际出资人可以请求赔偿

第四节　有限责任公司章程

一、公司章程与出资协议

(一) 公司章程

公司章程是指依法制定的，规范公司组织构成及组织行为的基本规则。它既是重要的权利约束机制，也是重要的权利救济和权利授予机制。

在公司运营过程中，公司章程就像一只无形的手，无时无刻不发挥着重要的指引和监督作用。尤其是在有多个股东的情形下，它为公司治理提供一套完整的涉及股东会、董事会、监事会及其他高级管理人员权利义务分配与制约的游戏规则。这套游戏规则有以下几个显著特点：

1. 它是公司组织和活动的基本准则；
2. 它的处罚性规定在不违法的前提下是有效的；
3. 它是对公司内部事务具有法律效力的自治性规范；
4. 它的内部治理纠纷不属于人民法院民事审判的受案范围；
5. 法定代表人违反公司章程对内作出的承诺无效。

需要注意的是，现实中很多公司的章程签订以后便被束之高阁，公司的董事、监事，尤其是高级管理人员都不知道公司章程的内容。有的高管甚至都不知道自己属于章程中约定的高管（《公司法》允许章程对高管范围作出约定），更别说依照章程来行使自己的职权，履行自己的义务了。因此，组织高级管理人员针对公司章程进行培训是很有必要的。

（二）出资协议

出资协议是指发起人订立的，规定公司设立过程中彼此权利义务的协议。它并不是有限责任公司设立的必备文件，其最重要的作用是规定各发起人在公司章程确立之前彼此的权利、义务及合同责任。

出资协议的基本条款包括：公司的基本情况、公司的注册资本、出资比例、出资方式与出资期限、公司的组织机构、发起人的权利义务、保密条款、不竞争承诺、公司设立不成功的费用负担、违约责任与争议解决等。

出资协议与公司章程有很多相似之处，出资协议的很多内容都与公司章程的约定相重合或者被公司章程吸收，但二者也有着明显的区别：

1. 出资协议和公司章程的效力期间不同。出资协议是调整公司设立过程中发起人权利义务的协议；公司章程则是以公司成立为前提，在公司成立后生效的规范性文件。

2. 出资协议不是公司设立的必要法律文件，而公司章程是公司设立必备的法律文件。也就是说出资协议可签可不签，最好是签；但是公司章程必须要签。

3. 出资协议和公司章程约束的对象不同。出资协议是全体发起人订立的，调整的是发起人之间的关系，在发起人之间具有法律约束力；而公司章程调整的是公司、股东、董事、监事和其他高级管理者之间的法律关系，公司章程的效力范围更广一些。当出资协议和公司章程发生冲突时，应以公司章程规定为准，但是一般情况下二者不会产生冲突，因为章程制定后，其已经取代了出资协议的效力。

二、公司章程核心条款解读

我国《公司法》第二十五条规定，有限责任公司章程应当载明下列事项：

1. 公司名称和住所；

2. 公司经营范围；

3. 公司注册资本；

4. 股东的姓名或者名称；

5. 股东的出资方式、出资额和出资时间；

6. 公司的机构及其产生办法、职权、议事规则；

7. 公司法定代表人；

8. 股东会会议认为需要规定的其他事项。

关于公司的住所，按照《公司法》第十条的规定，公司以其办事机构所在地为住所。

关于公司的经营范围，一般情况下是由公司章程确定，但是需要进行登记。公司也可以通过修改章程来修改公司的经营范围，公司的经营范围中属于法律、行政法规规定须经批准的项目，应当依法经过批准。

关于公司的注册资本、公司股东的姓名和名称、股东的出资方式、出资额和出资时间在前文都有过介绍，此处不再赘述。

公司的机构及其产生办法、职权、议事规则是章程的核心条款，也是《公司法》对股东自由约定宽容度最高的内容。公司的组织机构包括权力机构、执行机构和监督机构。

（一）公司的权力机构

所谓公司权力机构，即公司的股东会。股东会是指由公司全体股东组成的，一种非常设的，对公司重大事项进行决策的最高权力机构。它表现在定期或临时举行的股东会会议之中，它的具体权力包括：

1. 决定公司的经营方针和投资计划；

2. 选举和更换非由职工代表担任的董事、监事，决定有关董事、监事的报酬事项；

3. 审议批准董事会的报告；

4. 审议批准监事会或者监事的报告；

5. 审议批准公司的年度财务预算方案、决算方案；

6. 审议批准公司的利润分配方案和弥补亏损方案；

7. 对公司增加或者减少注册资本作出决议;

8. 对发行公司债券作出决议;

9. 对公司合并、分立、解散、清算或者变更公司形式作出决议;

10. 修改公司章程;

11. 公司章程规定的其他职权。

股东会的权力主要来源于《公司法》的明确规定,也可以来源于章程的约定。但是章程只能对股东会的权力进行增加,而不能减少,也就是说《公司法》不允许股东通过章程约定的形式削弱股东会的权力。

股东会是一个议事机构,只能通过会议决议的形式来行使自己的权力,而不能由任一股东直接来行使,即使这位股东的持股比例最高(一人有限公司除外),也不能替代股东会的权力。也就是说,股东只能通过股东会来行使自己对公司享有的权利,这是由法人独立权利能力和行为能力决定的。

（二）公司的执行机构

广义的公司执行机构包括董事会、经理及其他高级管理人员。董事会是执行决策机构,经理及其领导的管理层是公司的执行机构。

公司的董事由股东会选举产生,董事会由董事组成,对股东会负责。股东会与董事会的关系类似于一种信托关系,股东会将公司的日常管理信托给董事会处理,董事会向股东会负责,并代表股东会执行公司的日常事务。在董事由股东会委派的基础上,董事也代表了其背后的股东的利益。

董事会行使如下职权:

1. 召集股东会会议,并向股东会报告工作;

2. 执行股东会的决议;

3. 决定公司的经营计划和投资方案;

4. 制定公司的年度财务预算方案、决算方案;

5. 制定公司的利润分配方案和弥补亏损方案;

6. 制定公司增加或者减少注册资本以及发行公司债券的方案;

7. 制定公司合并、分立、解散或者变更公司形式的方案;

8. 决定公司内部管理机构的设置;

9. 决定聘任或者解聘公司经理及其报酬事项,并根据经理的提名决定聘任或者解聘公司副经理、财务负责人及其报酬事项;

10. 制定公司的基本管理制度;

11. 公司章程规定的其他职权。

公司的执行机构的主要职责是贯彻执行董事会作出的经营决策。公司经理由董事会选任和解聘，应列席董事会会议，其权力主要来自董事会的授权和公司章程的规定。

（三）公司的监督机构

公司的监督机构即公司的监事会或监事。公司的监督机构是公司的重要组成部分，按照《公司法》第五十三条和第五十四条的规定，行使以下职权：

1. 检查公司财务；

2. 对董事、高级管理人员执行公司职务的行为进行监督，对违反法律、行政法规、公司章程或者股东会决议的董事、高级管理人员提出罢免的建议；

3. 当董事、高级管理人员的行为损害公司的利益时，要求董事、高级管理人员予以纠正；

4. 提议召开临时股东会会议，在董事会不履行公司法规定的召集和主持股东会会议职责时召集和主持股东会会议；

5. 向股东会会议提出提案；

6. 依照《公司法》第一百五十一条的规定，对董事、高级管理人员提起诉讼；

7. 监事可以列席董事会会议，并对董事会决议事项提出质询或者建议；

8. 公司章程规定的其他职权。

公司监事会的主要作用在于对公司财务以及公司股东、董事、经理、财务负责人和董事会秘书等履行职责的合法性进行监督，维护公司及股东的合法权益，并向股东会负责。

（四）公司法定代表人

公司的法定代表人也是公司的组成之一，按照《公司法》的规定，公司法定代表人应由公司的董事长、执行董事或经理兼任。然而，在现实中，由于种种原因，很多公司出现了找亲戚、朋友"挂名"法定代表人的情形，这些挂名的法定代表人有的连公司的员工都不是，更不用谈董事或经理了。其实，这种"挂名"行为非常不可取，其隐藏了巨大的法律风险。

就"被挂名的公司"来说，根据《民法典》第六十一条和第五百零四条规定：法定代表人以法人名义从事的民事活动，其法律后果由法人承受。法人章程或法人权力机构对法定代表人代表权的限制，不得对抗善意第三人。如果法定代表人违背公司意志与第三人签订业务合同，第三人在善意的情况下，是可以要求公司承担履行义务的。另外，在公司的实际经营中，很多资料和文件都需要法定代表人的签字，找一个与公司业务不相干的人做法定代表人会严重影响公司的管理和经营效率。

就"挂名"本人来说，风险更为直接。我国《企业法人登记管理条例》第二十九条规定，企业法人有下列情形之一的，除法人承担责任外，对法定代表人可以给予行政处分、罚款，构成犯罪的，依法追究刑事责任：

1. 超出登记机关核准登记的经营范围从事非法经营的；

2. 向登记机关、税务机关隐瞒真实情况、弄虚作假的；

3. 抽逃资金、隐匿财产逃避债务的；

4. 解散、被撤销、被宣告破产后，擅自处理财产的；

5. 变更、终止时不及时申请办理登记和公告，使利害关系人遭受重大损失的；

6. 从事法律禁止的其他活动，损害国家利益或者社会公共利益的。

除此之外，法定代表人还有可能被纳入失信名单，因此，不管从哪一方考虑，"挂名"法定代表人都是不可取的。

关于法定代表人，还要注意的就是法定代表人的任职资格要求。我国《企业法人法定代表人登记管理规定》（1999 年修订）第四条规定，有下列情形的，不得担任法定代表人：

1. 无民事行为能力或者限制民事行为能力的；

2. 正在被执行刑罚或者正在被执行刑事强制措施的；

3. 正在被公安机关或者国家安全机关通缉的；

4. 因犯有贿赂罪、侵犯财产罪或者破坏社会主义市场经济秩序罪，被判处刑罚，执行期满未逾五年的；因犯有其他罪，被判处刑罚，执行期满未逾三年的；或者因犯罪被判处剥夺政治权利，执行期满未逾五年的；

5. 担任因经营不善破产清算的企业的法定代表人或者董事、经理，并对该企业的破产负有个人责任，自该企业破产清算完结之日起未逾三年的；

6. 担任因违法被吊销营业执照的企业的法定代表人，并对该企业违法行为负有个人责任，自该企业被吊销营业执照之日起未逾三年的；

7. 个人负债额较大，到期未清偿的；

8. 有法律和国务院规定不得担任法定代表人的其他情形的。

三、章程自由约定事项解读

(一) 公司经营范围

《公司法》第十二条第一款规定,公司的经营范围由公司章程规定,并依法登记。公司可以修改公司章程,改变经营范围,但是应当办理变更登记。

提示:公司改变经营范围要进行登记,如果变更的内容属于经法律、行政法规规定须批准的项目,应当依法经过批准。

公司超出经营范围从事经营活动的行为并不一定无效,依据《民法典》第五百零五条和《最高人民法院关于适用〈中华人民共和国合同法〉若干问题的解释(一)》第十条规定,"当事人超越经营范围订立合同,人民法院不因此认定合同无效。但违反国家限制经营、特许经营以及法律、行政法规禁止经营的除外"。也就是说,只要不违反法律法规限制经营的,企业法人超越经营范围签订的合同均为有效合同。

(二) 公司法定代表人

《公司法》第十三条规定:"公司法定代表人依照公司章程的规定,由董事长、执行董事或者经理担任,并依法登记。公司法定代表人变更,应当办理变更登记。"

关于公司法定代表人的注意事项请参照前文内容。

(三) 向其他企业投资或者为他人担保

《公司法》第十六条第一款规定:"公司向其他企业投资或者为他人提供担保,依照公司章程的规定,由董事会或者股东会、股东大会决议;公司章程对投资或者担保的总额及单项投资或者担保的数额有限额规定的,不得超过规定的限额。"

这条规定包含三个意思:

第一,公司可以向其他企业投资。但是,除法律另有规定外,不得成为对所投资企业的债务承担连带责任的出资人。

第二,公司可以为他人提供担保。他人是指本公司股东以外的第三人(为公司股东提供担保必须经法定程序表决,不能通过章程约定),公司为他人提供担保的,应该依据公司章程的规定,由董事会或者股东会、股东大会通过决议形式作出。

第三，公司向其他企业投资或者为他人提供担保不能超过公司章程规定的限额。

（四）注册资本分期缴纳

《公司法》第二十八条第一款规定："股东应当按期足额缴纳公司章程中规定的各自所认缴的出资额。股东以货币出资的，应当将货币出资足额存入有限责任公司在银行开设的账户；以非货币财产出资的，应当依法办理其财产权的转移手续。"

关于股东出资的内容，见本章第三节。

（五）约定分红、认购新增资本

《公司法》第三十四条规定："股东按照实缴的出资比例分取红利；公司新增资本时，股东有权优先按照实缴的出资比例认缴出资。但是，全体股东约定不按照出资比例分取红利或者不按照出资比例优先认缴出资的除外。"

这是《公司法》对股东约定宽容度最大的条款之一，也是涉及股东最核心利益的条款，体现了公司对股东意思自治的高度尊重。这个条款背后有三层意思：

第一，股东可以从公司分红，分红的来源只能是公司的利润。

第二，股东按照实缴的出资比例分取红利，优先按照实缴的出资比例认缴增资是原则，但是全体股东约定一致可以对其作出例外的安排；

第三，对股东分配红利和优先认缴权的原则进行修改必须建立在全体股东一致同意的基础上，此处是全体股东一致同意，而不是指股权比例 2/3 以上。也就说，对此原则的修改必须所有股东都同意（哪怕是持股 1% 的股东不同意也不行），而不能以股东表决权比例的形式通过，控股股东（67%以上）虽然可以修改公司章程（虽然上述权利的特殊安排是通过章程体现的），但是不能违反法律的明文规定，对股东分红和优先认缴增资的权利作出限制或改动。

（六）召开股东会议的通知时间

《公司法》第四十一条规定："召开股东会会议，应当于会议召开十五日前通知全体股东；但是，公司章程另有规定或者全体股东另有约定的除外。"

（七）股东的表决权

《公司法》第四十二条规定："股东会会议由股东按照出资比例行使表决

权；但是，公司章程另有规定的除外。"

股东的表决权可以与股东的持股比例相分离，这是《公司法》尊重股东意思自治又一重要体现。与股东分红权和优先认购权设定不同的是，股东表决权可以通过修改公司章程的方式来自由约定。关于股东表决权的内容非常多，此处不展开论述，请大家参照本书第二章"公司股权设计法律事务"。

（八）股东会的议事方式和表决程序

《公司法》第四十三条规定："股东会的议事方式和表决程序，除本法有规定的外，由公司章程规定。"

公司章程可以针对本公司的实际情况规定股东会的开会方式和表决方式，例如，为了解决股东分散不方便集中的问题，可以通过线上视频形式召开股东会（全程录像），但是会后各股东须在会议记录和通过的决议上签字等。

（九）董事长、副董事长的产生办法

《公司法》第四十四条第三款规定："董事会设董事长一人，可以设副董事长。董事长、副董事长的产生办法由公司章程规定。"

根据我国《公司法》的规定，有限责任公司的董事会成员一般为 3～13 人，规模较小或股东人数较少的公司可以只设一名执行董事，不设董事会，需要注意的是，董事会表决是一人一票，而董事的人数并没有单数要求，因此，一般情况下为了方便决策，我们建议董事人数最好是单数。

（十）董事的任职期限

《公司法》第四十五条规定："董事任期由公司章程规定，但每届任期不得超过三年。董事任期届满，连选可以连任。"

董事三年一选，可以无限制连任。

（十一）董事会议事方式及表决程序

《公司法》第四十八条第一款规定："董事会的议事方式和表决程序，除本法有规定的外，由公司章程规定。"

（十二）经理职权

《公司法》第四十九条第二款规定："公司章程对经理职权另有规定的，从其规定。"

经理的职权一般来自公司董事会的授权，当然也可以来自章程的授权。

（十三）执行董事职权

《公司法》第五十条第二款规定，"执行董事的职权由公司章程规定"。

（十四）有限责任公司监事会中职工代表的比例

《公司法》第五十一条第二款规定："监事会应当包括股东代表和适当比例的公司职工代表，其中职工代表的比例不得低于三分之一，具体比例由公司章程规定。"

监事会中的职工代表由公司职工通过职工代表大会、职工大会或者其他形式民主选举产生。

（十五）监事的职权和议事方式

《公司法》第五十五条规定："监事会的议事方式和表决程序，除本法有规定的外，由公司章程规定。"

（十六）公司股权转让

《公司法》第七十一条规定："有限责任公司的股东之间可以相互转让其全部或者部分股权。

股东向股东以外的人转让股权，应当经其他股东过半数同意。股东应就其股权转让事项书面通知其他股东征求同意，其他股东自接到书面通知之日起满三十日未答复的，视为同意转让。其他股东半数以上不同意转让的，不同意的股东应当购买该转让的股权；不购买的，视为同意转让。

经股东同意转让的股权，在同等条件下，其他股东有优先购买权。两个以上股东主张行使优先购买权的，协商确定各自的购买比例；协商不成的，按照转让时各自的出资比例行使优先购买权。

公司章程对股权转让另有规定的，从其规定。"

股东的优先购买权是《公司法》基于维护公司"人合"性质的一个建议性举措，公司股东可以通过章程的形式对其进行修改或者限制。现实中，这种例子很常见，例如投资人在投资公司时，在投资协议中（后续会修改章程）要求公司的原股东放弃其对外转让股权时的优先购买权。

当公司的章程没有对股权转让行为予以特别约定时，因"行使优先购买权"而发生的纠纷非常多，而且司法观点也是非常的不统一，因此，为了防止引发股东矛盾，还是建议公司对股权转让行为制定简便易行且符合股东要求的特别约定。

（十七）股东资格继承

《公司法》第七十五条规定："自然人股东死亡后，其合法继承人可以继承股东资格；公司章程另有规定的除外。"

自然人的股权是其合法财产，当其死亡后，其继承人有权依法予以继承是《民法典》的规定。但是，考虑到有限责任公司的"人合性"，为了维持公司的稳定发展，《公司法》允许公司章程对其继承人承继股东资格进行限制。

（十八）财务会计报告送交股东的期限

《公司法》第一百六十五条规定："有限责任公司应当依照公司章程规定的期限将财务会计报告送交各股东。"

（十九）公司解散条件

《公司法》第一百八十条规定："公司因下列原因解散：公司章程规定的营业期限届满或者公司章程规定的其他解散事由出现。"

《公司法》允许公司章程中对公司的解散事由进行约定，是因为公司在发起成立的时候各发起人对公司的经营期限、存续目的都有明确安排，当公司的经营期限届满，或者已经完成了公司的使命价值，公司即可解散。

（二十）承办公司审计业务的会计师事务所的聘用、解聘

《公司法》第一百六十九条规定："公司聘用、解聘承办公司审计业务的会计师事务所，依照公司章程的规定，由股东会、股东大会或者董事会决定。"

（二十一）对高级管理人员的界定

《公司法》第二百一十六条规定："本法下列用语的含义：高级管理人员，是指公司的经理、副经理、财务负责人，上市公司董事会秘书和公司章程规定的其他人员……"

《公司法》从本质上看类似于一部组织法，其对组织的基本原则问题进行规定是应有之义，而允许、倡导公司通过章程对组织内部的管理策略、决策程序等进行自由约定，则是尊重组织内部意思自治，激活组织效率，提升公司竞

争力的必要举措，也反映了不同公司、不同的治理体系以及不同公司股东之间的个性化需求。

第五节　公司设立阶段常用法律文书

一、出资协议①

_____有限公司出资协议

依据《中华人民共和国公司法》及有关法规规定，本着平等互利的原则，经各发起人友好协商，一致决定共同发起设立_____有限公司（以下简称"新公司"），并签订如下协议，作为协议各方发起行为的规范，以资共同遵守：

发起人：

1. 姓名：　　　　　　身份证号：

身份证地址：

2. 姓名：　　　　　　身份证号：

身份证地址：

3. 姓名：　　　　　　身份证号：

身份证地址：

第一章　公司宗旨与经营范围

第一条　本公司的中文名称为：_____。

第二条　本公司的住所：_____。

第三条　本公司法定代表人：_____。

第四条　本公司的组织形式：有限责任公司。

第五条　本公司的经营宗旨：_____。

第六条　本公司的经营范围：营业执照核准的营业范围。

以上事项，在工商登记时如有变更，以工商登记为准。

---

① https：//wenku. baidu. com/view/5b5919f64b35eefdc9d3335e. html？ sxts＝1586590578945.

第二章　注　册　资　本

第七条　新设公司注册资本为人民币_____万元整（人民币：×××××.00元）

协议各方于_____年___月___日出资。其中：

发起人_____出资额为___万元整（RMB×××××.00元），以现金/认缴方式出资，占注册资本的____%，取得股份比例__%；

发起人_____出资额为___万元整（RMB×××××.00元），以现金/认缴方式出资，占注册资本的____%，取得股份比例__%；

发起人_____出资额为_____万元整（RMB×××××.00元），以现金/认缴方式出资，占注册资本的____%，取得股份比例____%。

（以上比例为经各发起人商议后最终同意结果。）

第八条　协议各方一致同意由_____具体负责办理新设公司的有关手续及办理相关行政许可，并负责新设公司设立过程中的其他具体事务。

第九条　办理新设公司的相关费用由新设公司承担。若新设公司不能设立时，由协议各方按出资比例分别承担。

第三章　发起人的权利、义务与责任

第十条　协议各方的权利：

（一）协议各方按投入新设公司的出资额占新设公司认缴资本额的比例享有所有者的资产权益。

（二）协议各方按照各发起人所取得股份比例分取红利。新设公司新增资本时，协议各方可以优先认缴出资。

（三）协议各方对新设公司债务先由新设公司所有财产偿还，各发起人以各自出资额为限承担相应的责任。

（四）协议各方经各发起人同意，出资人认可本协议约定条款并同意执行本协议规定的权利、义务方能出资。

（五）协议各方有正当理由，如退资需提前三个月书面告知其他发起人并经各发起人同意方可退资。各发起人不得在经营困难时退资。以退资时的财产状况进行结算，不论何种方式出资，均以人民币结算。

（六）协议各方可依法转让其在新设公司的出资。转让出资份额时，其他发起人有优先受让权，如转让给发起人以外的第三人，须经其他发起人同意，其他发起人同意转让的，第三人应继受转让人的权利义务；其他发起人不同意对外转让的，应按各自出资比例受让转让人的出资；其他发起人不同意对外转让又不受让转让人出资的视为转让人退资，退资金额以转让时公司的财产状况进行结算，不论何种方式出资，均以人民币结算。

（七）如新设公司不能设立时，在承担发起人义务和责任的前提下，协议各方有权收回所认缴的出资。

（八）协议各方有权要求不履行、不完全履行或不适当履行出资义务的出资人和故意或过失损坏新设公司利益的出资人承担相应法律责任。

（九）法律、行政法规所赋予的其他权利。

第十一条　协议各方义务

（一）协议各方应当在规定的期限内足额缴纳各自所认缴的出资额。

（二）协议各方以其出资额为限对新设公司承担责任。协议各方在新设公司登记后，不得抽回出资。

（三）新设公司发给协议各方的出资证明书不得私自交易和抵押，仅作为公司内部分红的依据。

（四）法律、行政法规规定应当承担的其他义务。

第十二条　协议各方责任

（一）在新设公司存续期间，协议各方不得与其他企业、公司或其他组织机构、个人进行相关合作，从事与新设公司构成同业竞争的其他业务。

（二）协议各方如违反本协议，不按规定缴纳出资，应向已足额缴纳出资的出资人承担违约责任，违约按其应出资额的5%向已足额缴纳出资的出资人支付违约金。协议各方不按规定缴纳出资导致公司不能成立的，按其应出资额的5%向其他出资人支付违约金。

（三）协议各方在新设公司设立过程中，故意或过失侵害公司利益的，应向公司或其他出资人承担赔偿责任。

第四章　股东会、董事会、监事会

第十三条　股东会由_____共__人组成，由董事会负责召集。股东会的职权按《公司法》和《公司章程》的规定行使。

第十四条　公司设执行董事一名，由股东____担任，执行董事是公司法定代表人。公司所有相关文件、合同未经执行董事签字无效。

第十五条　公司设监事一名，由股东____担任。

第十六条　公司设总经理一名，由股东____担任。

第五章　协议各方的声明和保证

第十七条　本发起人协议的签署各方作出如下声明和保证：

（一）协议各方均为具有独立民事行为能力的自然人，并拥有合法的权利或授权签订本协议。

（二）协议各方投入新设公司的资金，均为协议各方所拥有的合法财产。

（三）协议各方向新设公司提交的文件、资料等均是真实、准确和有效的。

第六章　新设公司未能设立情形

第十八条　新设公司有下列情形之一的，可以不予设立：

（一）新设公司未获得工商管理部门的批准；

（二）协议各方一致决议不设立公司；

（三）出资人违反出资义务，导致公司不能设立的；

（四）因不可抗力事件致使公司不能设立的。

第十九条　新设公司不能设立时，出资人已经出资的，应予以返还。对公司不能设立负有责任的出资人，须承担相应的法律责任，才能获得返还的出资。

第七章　保　密　责　任

第二十条　协议各方在合作过程中应严格保守对方的商业秘密。本处所指商业秘密包括但不限于三方在合作中所涉及的、提供的、签署的全部资料、信息，在合作过程中所产生的任何新信息、新文件以及其他具有保密性的信息，无论是书面的、口头的、图形的、电子的或其他任何形式的信息。协议各方承诺不得因自身原因泄露对方商业秘密而使对方商业信誉受到损害，并确保不会将该信息用于执行或履行其在本协议中的权利或义务之外的其他目的。

第二十一条　本保密条款的效力不因本协议的终止而终止。

第八章　本协议的解除

第二十二条　只有当发生下列情形时，本协议方可解除：

（一）发生不可抗力事件。不可抗力事件是指不能预见、不能避免并不能克服的客观情况，包括政策法规环境的显著变化、社会动乱、暴乱的发生、罢工等社会情况。

（二）不可抗力事件发生后，协议各方均可在事件发生后的三天内书面通知对方解除本协议，并各自负担此前有关本协议项下的支出。

（三）协议各方协商一致同意解除本协议，并已就协议解除后的善后事宜作出妥当安排。

第九章　违约责任

第二十三条　本协议任何一方违反本协议的有关条款及其保证与承诺，均构成该方的违约行为，须承担相应的民事责任。

第十章　争议的解决

第二十四条　履行本协议过程中，协议各方如发生争议，应协商解决，如协商不成，任何一方均可向_____人民法院提起诉讼。

第十一章　协议的生效

第二十五条　本协议一式三份，协议各方各执一份，自协议各方签字或盖章后生效。

第二十六条　本协议于____年__月__日由协议各方在_____签署。

第十二章　其　　他

第二十七条　新设公司的具体管理体制由新设公司章程另行予以规定，协议各方同意按照公司章程规定履行各自的权利义务。

第二十八条　本协议要求协议各方发出的通知或其他通信，应用中文书写，并用专人递送、信函或传真发至其他方在本协议首部所列地址，协议各方地址如有改变，应提前7天书面通知其他方，否则仍以变更前的地址为有效的送达地址，一方按照本条款确定的地址进行送达的，视为有效的送达。

第二十九条　若根据任何法律法规，本协议的任何条款或其他规定无效、不合法或不可执行，则只要本协议筹划的交易目的未对任何一方造成严重不利影响，本协议的所有其他条款和规定仍应保持其全部效力。

第三十条　本协议未尽事宜，协议各方应遵循诚实信用、公平合理的原则协商签订补充协议，以积极的作为推进新设公司的设立工作。

（以下为《发起人设立公司协议书》签署页，无正文）

二、有限责任公司章程

普通有限责任公司章程范本使用说明：

本公司章程范本适用于由两个以上五十个以下股东出资设立，成立董事会、执行董事、监事、总经理等组织机构的有限责任公司。

本公司章程范本仅供参考。当事人可根据公司具体情况进行修改，但法律法规规定的必要条款不得删减，公司组织机构的议事方式和表决程序必须在章程中明确。

当事人根据章程范本制定公司章程后，另行打印，自然人股东需亲笔签名，法人股东需盖章、法定代表人或代理人亲笔签名。

根据《中华人民共和国公司登记管理条例》第二十三条规定，公司章程有违反法律、行政法规的内容的，公司登记机关有权要求公司作相应修改。

××××有限公司章程①

第一章　总　　则

第一条　根据《中华人民共和国公司法》和有关法律法规，制定本章程。

第二条　本公司（以下简称公司）的一切活动必须遵守国家的法律法规，并受国家法律法规的保护。

第三条　公司在武汉市工商行政管理局登记注册。

名　　称：_____

住　　所：_____

第四条　公司的经营范围为：_____。公司应当在登记机关核准登记的经营范围内从事活动。

第五条　公司根据业务需要，可以对外投资，设立子公司和分公司。

第六条　公司的营业期限为____年，自公司核准设立登记之日起计算。

---

① https：//wenku.baidu.com/view/e056685450e79b89680203d8ce2f0066f53364bf.html？from=search.

第二章　股　　东

第七条　公司股东共＿＿＿个：

1. 股东姓名或名称：＿＿＿＿＿＿＿　　股东住所：＿＿＿＿＿＿＿＿

股东身份证号码或执照注册号：＿＿＿＿＿＿＿＿＿＿＿＿＿＿

2. 股东姓名或名称：＿＿＿＿＿＿＿　　股东住所：＿＿＿＿＿＿＿＿

股东身份证号码或执照注册号：＿＿＿＿＿＿＿＿＿＿＿＿＿＿

3. ＿＿＿＿＿＿＿＿＿

第八条　股东享有下列权利：

（一）有选举和被选举为公司董事、监事的权利；

（二）根据法律法规和本章程的规定要求召开股东会；

（三）对公司的经营活动和日常管理进行监督；

（四）有权查阅公司章程、股东会会议记录和公司财务会计报告，对公司的经营提出建议和质询；

（五）按出资比例分取红利，公司新增资本时，有优先认缴权；

（六）公司清盘解散后，按出资比例分享剩余资产；

（七）公司侵害其合法权益时，有权向有管辖权的人民法院提出要求，纠正该行为，造成经济损失的，可要求公司予以赔偿。

第九条　股东履行下列义务：

（一）按规定缴纳所认缴的出资；

（二）以认缴的出资额对公司承担责任；

（三）公司经核准登记注册后，不得抽回出资；

（四）遵守公司章程，保守公司秘密；

（五）支持公司的经营管理，提出合理化建议，促进公司业务发展。

第十条　公司成立后，应当向股东签发出资证明书，出资证明书载明下列事项：

（一）公司名称；

（二）公司登记日期；

（三）公司注册资本；

（四）股东的姓名或名称，缴纳的出资额和出资日期；

（五）出资证明书的编号和核发日期。

出资证明书应当由公司法定代表人签名并由公司盖章。

第十一条　公司置备股东名册，记载下列事项：

（一）股东的姓名或名称及住所；

（二）股东的出资额；

（三）出资证明书编号。

第三章　注　册　资　本

第十二条　公司注册资本为人民币＿＿万元，实收资本为人民币＿＿万元。各股东出资情况如下：

1. 股东姓名或名称：＿＿＿＿＿＿＿

出资额：人民币××万元

出资比例：

出资形式：

2. 股东姓名或名称：＿＿＿＿＿＿＿

出资额：人民币××万元

出资比例：

出资形式：

3.……

第十三条　股东认缴出资额于公司设立前一次性缴足。

或：股东分期出资，首期缴纳注册资本的＿＿％，余额于公司设立后＿＿年内缴足。

第十四条　各股东应当按期足额缴纳各自所认缴的出资额。股东不缴纳所认缴出资的，应当向已足额缴纳出资的股东承担违约责任。

第十五条　股东以非货币出资的，应当评估作价，核实财产，不得高估或者低估作价，并应当依法办理其财产权的转移手续。法律、行政法规对评估作价有规定的，从其规定。

第四章　股　权　转　让

第十六条　公司的股东之间可以相互转让其全部或者部分股权。

股东向股东以外的人转让股权，应当经其他股东过半数同意。股东应就其股权转让事项书面通知其他股东征求同意，其他股东自接到书面通知之日起满三十日未答复的，视为同意转让。其他股东半数以上不同意转让的，不同意的股东应当购买该转让的股权；不购买的，视为同意转让。

经股东同意转让的股权，在同等条件下，其他股东有优先购买权。两个以上股东主张行使优先购买权的，协商确定各自的购买比例；协商不成的，按照转让时各自的出资比例行使优先购买权。

第十七条 人民法院依照法律规定的强制执行程序转让股东的股权时，应当通知公司及全体股东，其他股东在同等条件下有优先购买权。其他股东自人民法院通知之日起满二十日不行使优先购买权的，视为放弃优先购买权。

第十八条 依照上述方式转让股权后，公司应当注销原股东的出资证明书，向新股东签发出资证明书，并相应修改公司章程和股东名册中有关股东及其出资额的记载。对公司章程的该项修改不需再由股东会表决。

第十九条 有下列情形之一的，对股东会该项决议投反对票的股东可以请求公司按照合理的价格收购其股权：

（一）公司连续五年不向股东分配利润，而公司该五年连续盈利，并且符合本法规定的分配利润条件的；

（二）公司合并、分立、转让主要财产的；

（三）公司章程规定的营业期限届满或者章程规定的其他解散事由出现，股东会会议通过决议修改章程使公司存续的。

自股东会会议决议通过之日起六十日内，股东与公司不能达成股权收购协议的，股东可以自股东会会议决议通过之日起九十日内向人民法院提起诉讼。

第二十条 自然人股东死亡后，其合法继承人可以继承股东资格；但是，公司章程另有规定的除外。

第五章 股 东 会

第二十一条 公司设股东会，股东会由全体股东组成，股东会是公司的最高权力机构。

第二十二条 股东会行使下列职权：

（一）决定公司的经营方针和投资计划；

（二）选举和更换董事，决定有关董事的报酬事项；

（三）选举和更换由股东代表出任的监事，决定有关监事的报酬事项；

（四）审议批准执行董事的报告；

（五）审议批准监事的报告；

（六）审议批准公司的年度财务预算方案，决算方案；

（七）审议批准公司的利润分配方案和弥补亏损方案；

（八）对公司增加或者减少注册资本作出决议；

（九）对发行公司债券作出决议；

（十）对股东转让出资作出决议；

（十一）对公司合并、分立、变更公司组织形式、解散和清算等事项作出决议；

（十二）制定和修改公司章程。

第二十三条 股东会会议由股东按出资比例行使表决权。公司增加或者减少注册资本、分立、合并、解散、变更公司形式以及修改公司章程，必须经代表三分之二以上表决权的股东同意。

公司股东会决议、执行董事决定的内容违反法律、行政法规的无效。

股东会的会议召集程序、表决方式违反法律、行政法规或者公司章程，或者股东会决议、执行董事决定的内容违反公司章程的，股东可以自决议作出之日起六十日内，请求人民法院撤销。

股东依照前款规定提起诉讼的，人民法院可以应公司的请求，要求股东提供相应担保。

公司根据股东会决议、执行董事决定已办理变更登记的，人民法院宣告该决议无效或者撤销该决议后，公司应当向公司登记机关申请撤销变更登记。

第二十四条 股东会每年召开一次年会。年会为定期会议，在每年的十二月召开。公司发生重大问题，经代表四分之一以上表决权的股东、执行董事或者监事提议，可召开临时会议。

第二十五条 股东会会议由执行董事召集并主持，执行董事因特殊原因不能履行职务时，由执行董事指定的股东召集并主持。

第二十六条 召开股东会议，应当于会议召开十五日前以书面方式或其他方式通知全体股东。股东因故不能出席时，可委托代理人参加。

一般情况下，经全体股东人数半数（含半数）以上，并且代表二分之一表决权的股东同意，股东会决议有效。

第二十七条 股东会应当对所议事项的决定作成会议记录，出席会议的股东应当在会议记录上签名。

第六章 执行董事

第二十八条 公司不设董事会，设执行董事一名。

第二十九条　执行董事由股东提名候选人，经股东会选举产生，董事任期三年。

第三十条　执行董事任期届满，可以连选连任。在任期届满前，股东会不得无故解除其职务。

第三十一条　执行董事对股东会负责，行使下列职权：

（一）负责召集股东会，并向股东会报告工作；

（二）执行股东会的决议；

（三）决定公司的经营计划和投资方案；

（四）制订公司年度财务预算方案、决算方案；

（五）制订利润分配方案和弥补亏损方案；

（六）制定增加或者减少注册资本方案；

（七）拟订公司合并、分立、变更公司组织形式、解散方案；

（八）决定公司内部管理机构的设置；

（九）聘任或者解聘公司经理，根据经理提名，聘任或者解聘公司副经理，财务负责人、其他部门负责人等，决定其报酬事项；

（十）制定公司的基本管理制度。

第三十二条　执行董事应当将其根据本章程规定的事项所作的决定以书面形式报送股东会。

第七章　经营管理机构及经理

第三十三条　公司设立经营管理机构，经营管理机构设经理一人，并根据公司情况设若干管理部门。

公司经营管理机构经理由执行董事（或股东会）聘任或解聘，任期三年。经理对执行董事（或股东会）负责，行使下列职权：

（一）主持公司的生产经营管理工作、组织实施股东会决议或者执行董事决定；

（二）组织实施公司年度经营计划和投资方案；

（三）拟定公司内部管理机构设置方案；

（四）拟定公司的基本管理制度；

（五）制定公司的具体规章；

（六）提请聘任或者解聘公司副经理、财务负责人；

（七）聘任或者解聘除应由执行董事聘任或者解聘以外的负责管理人员；

（八）公司章程和股东会授予的其他职权。

第三十四条　董事、经理不得将公司资产以其个人名义或者以其他个人名义开立账户存储。

董事、经理不得以公司资产为本公司的股东或者其他个人、债务提供担保。

第三十五条　董事、经理不得自营或者为他人经营与本公司同类的业务或者从事损害本公司利益的活动。从事上述业务或者活动的，所有收入应当归公司所有。

董事、经理除公司章程规定或者股东会同意外，不得同本公司订立合同或者进行交易。

董事、经理执行公司职务时违反法律、行政法规或者公司章程的规定，给公司造成损害的，应当依法承担赔偿责任。

第三十六条　董事和经理的任职资格应当符合法律法规和国家有关规定。

经理及高级管理人员有营私舞弊或严重失职行为的，经决议，可以随时解聘。

第八章　法定代表人

第三十七条　执行董事为公司法定代表人，由股东会选举产生。

或：

第三十七条　经理为公司法定代表人，由执行董事决定产生。

或：

第三十七条　经理为公司法定代表人，由股东会选举产生。

第三十八条　法定代表人任期三年。

第九章　监　　事

第三十九条　公司不设监事会，设监事__名（注：一或二名）。监事由股东会委任。

董事、高级管理人员不得兼任监事。

第四十条　监事的任期每届为三年。监事任期届满，连选可以连任。

监事任期届满未及时改选的，在改选出的监事就任前，原监事仍应当依照法律、行政法规和公司章程的规定，履行监事职务。

第四十一条　监事行使下列职权：

（一）检查公司财务；

（二）对董事、高级管理人员执行公司职务的行为进行监督，对违反法律、行政法规、公司章程或者股东会决议的董事、高级管理人员提出罢免的建议；

（三）当董事、高级管理人员的行为损害公司的利益时，要求董事、高级管理人员予以纠正；

（四）提议召开临时股东会会议，在执行董事不履行《公司法》规定的召集和主持股东会会议职责时召集和主持股东会会议；

（五）向股东会会议提出提案；

（六）依照《公司法》第一百五十二条的规定，对董事、高级管理人员提起诉讼；

（七）公司章程规定的其他职权。

第四十二条　监事发现公司经营情况异常，可以进行调查；必要时，可以聘请会计师事务所等协助其工作，费用由公司承担。

第四十三条　监事行使职权所必需的费用，由公司承担。

第十章　财务、会计

第四十四条　公司应当依照法律法规和有关主管部门的规定建立财务会计制度，依法纳税。

第四十五条　公司应当在每一会计年度终了时制作财务会计报告，并依法经会计师事务所审查验证。

财务会计报告应当包括下列财务会计报表及附属明细表：

（一）资产负债表；

（二）损益表；

（三）财务状况变动表；

（四）财务情况说明书；

（五）利润分配表。

第四十六条　公司分配当年税后利润时，应当提取利润的百分之十列入公司法定公积金，并提取利润的百分之五至百分之十列入公司法定公益金。公司法定公积金累计额超过了公司注册资本的百分之五十后，可不再提取。

公司法定公积金不足以弥补上一年度公司亏损的，在依照前款规定提取法定公积金和法定公益金之前，应当先用当年利润弥补亏损。

公司在从税后利润中提取法定公积金、法定公益金后所剩利润，按照股东的出资比例分配。

第四十七条 公司法定公积金用于弥补公司的亏损，扩大公司生产经营或者转为增加公司资本。

第四十八条 公司提取的法定公益金用于本公司职工的集体福利。

第四十九条 公司除法定的会计账册外，不得另立会计账册。

第五十条 对公司资产，不得以任何个人名义开立账户存储。

第十一章 解散和清算

第五十一条 公司的合并或者分立，应当按国家法律法规的规定办理。

第五十二条 在法律法规规定的诸种解散事由出现时，可以解散。

第五十三条 公司正常（非强制性）解散，由股东会确定清算组，并在股东会确认后十五日内成立。

第五十四条 清算组成立后，公司停止与清算无关的经营活动。

第五十五条 清算组在清算期间行使下列职权：

（一）清理公司财产，编制资产负债表和财产清单；

（二）通知或者公告债权人；

（三）处理与清算有关的公司未了结的业务；

（四）清缴所欠税款；

（五）清理债权债务；

（六）处理公司清偿债务后的剩余财产；

（七）代表公司参与民事诉讼活动。

第五十六条 清算组自成立之日起十日内通知债权人，于六十日内在报纸上公告，对公司债权人的债务进行登记。

第五十七条 清算组在清理公司财产、编制资产负债表和财产清单后，应当制定清算方案，并报股东会确认。

第五十八条 财产清偿顺序如下：1. 支付清算费用；2. 职工工资和劳动保险费用；3. 缴纳所欠税款；4. 清偿公司债务。

公司财产按前款规定清偿后的剩余财产，按照出资比例分配给股东。

第五十九条 公司清算结束后，清算组制作清算报告，报股东会或公司主管机关确认。并向公司登记机关申请公司注销登记，公告公司终止。

第六十条 清算组成员应当忠于职守，依法履行清算义务，不得利用职权收受贿赂或者有其他非法收入，不得侵占公司财产。

清算组成员因故意或者重大过失给公司或者债权人造成损失的，应当承担赔偿责任。

第十二章　附　则

第六十一条　本章程中涉及登记事项的变更及其他重要条款变动应当修改公司章程。

第六十二条　公司章程的修改程序，应当符合公司法及其本章程的规定。

第六十三条　股东会通过的章程或者章程修正案，应当报公司登记机关备案。

第六十四条　公司股东会通过的有关公司章程的补充决议，均为本章程的组成部分，应当报公司登记机关备案。

第六十五条　本章程与国家法律法规相抵触的，以国家法律法规的规定为准。

第六十六条　本章程的解释权归公司股东会。

法人股东盖章、自然人股东签字：

年　　　月　　　日

第二章　公司股权设计法律事务

☞ **导读:**

1. 什么是公司股权设计
2. 股权设计与公司控制权的关系
3. 公司股权设计的价值
4. 公司股权设计的法律基础及参考因素
5. 公司股权设计的实操和注意事项

第一节　概　　述

一、什么是股权

什么是股权？这是展开本章论述前首先要回答的问题，也是充分理解股权设计的基础和前提。

根据我国《公司法》的规定，股权是指股东基于其股东资格而对公司享有的权利。以有限责任公司为例，这些权利包括：投资收益权、表决权、选择管理者权、建议或质询权、知情权、股权转让权、剩余资产分配权、优先购买权、优先认购权和股东代表诉讼权等权利。由此可见，①股权本身并不是一项独立的权利，而是指股东对公司享有的所有权利的统称或集合，按照通说，我们可以概括地将以上权利分为两大类，即股东人身权和股东财产权；②股权与股东身份具有对应关系，也就是说，只有在具有股东身份的前提下，才存在股权这一说，失去股东身份也就失去了股权；③股权与持股比例联系非常紧密，我国《公司法》规定，在章程没有特别约定的情况下，股东按照持股比例行使分红权、表决权等各项权利，因此，在通常情况下，股权的比例决定了股东的分红和股东对公司控制力的大小。

二、什么是股权设计

简单地说，股权设计就是指对股东人身权和财产权进行预先安排和适时调整的行为。

广义的股权设计不仅包括股东数量、股权比例、股东的出资金额、形式、期限，还包括股权成熟期、退出规则，尤其是投票权的让渡或制约等行为，以及上述各因素的有机组合。股权设计不是一成不变的，它会因各种因素的影响而不断地进行动态的调整。

股权设计是对股东核心权利的设计，是公司的顶层设计，它对公司的发展有着极其深远的影响，股权结构就如同大楼的地基一样，地基不牢固，楼建得越高，垮塌的风险就越大，带来的损失也会越惨烈，因此，可以毫不夸张地说，合理的股权架构是公司健康、长远发展的基石。

三、什么是公司的控制权

要理解股权设计，还有一个必须了解的概念，那就是公司控制权。因为在很大程度上，股权的设计与公司控制权的设计是紧密联系在一起的，没有弄明白公司控制权的概念也就无法理解股权设计的内涵和精髓。

关于公司控制权的概念，确实是一个众说纷纭、莫衷一是的话题，有人将其定义为"公司内部相关利益主体享有的对公司运营的决策权和支配权"，也有人将其定义为"拥有公司一定比例以上的股份，或通过协议方式能够对公司施行实际控制的权力"。

以上定义都有其合理之处，它们都强调了"对公司行为的控制"这样一种权力，但是，笔者认为它们都存在一个无意识的瑕疵，即公司控制权不仅强调"控制"的权力，也强调"控制"的状态，并且这种状态是动态的，是系统的，不仅体现在股权的控制上，还体现在诸多其他方面，它最根本的标志是，公司的意思表示是控制权人的意志体现。

那么，究竟何为"公司控制权"呢？先看公司的定义，根据我国《公司法》规定，"公司是指由股东会、董事会、监事会、经理、法定代表人等机构组成的，拥有独立法人财产，享有法人财产权的企业法人"。首先，公司是法人，也就是说公司被法律拟制成了一个"人"，只不过这个"人"跟我们通常所理解的人不一样，无法自己来行使它的权利能力和行为能力，而必须通过它的组织机构即股东会、董事会、监事会、经理等来实现自己的意志。

由此，笔者将公司控制权定义为控制公司组织机构的权力。

四、股权与公司控制权的关系

股权和公司控制权，二者到底有着什么样的关系呢？

首先，公司控制权并不是一项法律权利，它是为维持对公司的控制而采取的一系列安排，它不仅体现在股权的比例上，也体现在对公司组织机构的掌控力度上；而股权却是法律明文规定的权利集合，它体现在资产收益、参与重大决策和选择管理者等权利之中。

其次，一般情况下，股权比例的高低意味着公司控制权的强弱，但是在某些特殊情形下，公司控制权的强弱与股权比例没有一一对应的关系。

再次，公司控制权更强调对公司的控制，也可以理解为更偏向于股东身份权的有效行使；而股权更强调资产收益，它可以与身份权相分离，对小股东而言，更是如此。

总而言之，公司控制权与股权不是一个语境下的法律术语，或者说两者的价值取向不完全一致，但是两者确实具有高度的关联性。

第二节　股权设计的价值

第一节讲述了与股权设计相关的一些基本概念，本节将紧紧围绕下面这个问题展开，那就是股权设计到底有什么价值。

在回答这个问题之前，笔者认为，股权设计确实有着非常重要的价值，它适合大多数的有限责任公司。但坦白地说，并不是每一个企业都需要经过严密而科学的股权设计，有的创业行为股东人数少、业务单一、资金要求不高、风险较小，也没有股东权利分配的要求，简单而集中的股权架构不仅能提高决策效率，还能最大限度地提高资本的收益率；还有一些创业行为甚至都不需要以公司这种组织形式进行，采用个体工商户、合伙企业等形式反而更灵活，也更能有效地减轻税收负担。

那么，哪些类型的公司需要进行股权设计呢？具有以下几个特点的公司是有必要进行股权设计的：

第一，公司股东人数较多，股东类型不一的公司。例如：有财务投资型股东、技术型股东、资源型股东等，不同类型的股东对公司有不同的利益诉求，就财务投资型股东而言，其投资的主要目的是投资回报，而并不过分在意对公司的控制。这种情况下，进行股权设计的时候就应该要考虑到这种类型股东的特点，充分保障他的投资收益权，而可以对他的管理权进行一定的限制。

第二，有资本战略规划（融资、并购或上市等）的公司。合理的股权架构是引入投资的前提。投资人投资一家公司之前要进行详细的尽职调查（详见本书第三章），尽职调查主要包括两个方面：法律调查和财务调查。法律调查主要是指对目标公司的主体存续合法性、投资关系、企业资质、资产和负债、对外担保、重大合同、关联关系、环保、劳动关系等一系列法律问题的调查。财务调查则主要是指对目标公司会计主体的基本情况（包括股东出资情况、股权比例等）、财务组织、薪酬情况、会计政策和税费政策等的调查。由此可见，出资与股权关系是法律和财务调查均要重点关注的内容，如果公司股权关系出现了重大瑕疵，又难以经过协商处理的，投资人一般不可能对这家公司进行投资。

第三，有引进合伙人、进行股权激励计划的公司。引入合伙人、进行股权激励会稀释原有股东的股权，影响股权结构，进而影响公司控制权，公司应该提前做好股权设计。

第四，其他致力于长远发展的公司。

公司的属性决定了其存在的目的是发展，所有的公司行为和股东权益的安排也是基于这个基本目的而展开的，股权设计当然也不例外。这并不是说合理的股权设计一定能让公司飞黄腾达，但是，股权结构存在重大瑕疵的公司一定是难以长期、稳定经营下去的。因此，对于绝大多数致力于长期发展的公司而言，股权设计是现代企业经营中非常重要的一个环节。

但是，不可否认的是，现实中有不少人对股权设计存在误解，尤其是小股东，他们在公司事务中，既没有话语权更没有决定权，他们认为股权设计是公司大股东排挤、压榨小股东利益的工具，因此，他们对股权设计存在一定的排斥心理。其实，这是对股权设计的重大误解，因为股权设计有三个重要价值。

一、发展的价值

发展是股权设计的核心目的。公司是营利性的企业法人，其最重要的特征是通过经营性行为获取利益，并向其成员进行分配。公司如果没有发展，就不会有盈利，更不可能向其投资人分配利益，公司也就失去了意义，因此，可以说，发展是公司的核心目的，是公司全体投资人的基本价值追求。

公司的发展和股权设计有什么关系呢？股权设计是如何体现公司的发展价值呢？诚然，影响公司的发展因素实在太多了，无法完全列举，但是我们可以概括性地将上述因素分为外因和内因两大类，外因诸如市场环境、竞争对手等因素；内因则主要跟创始人相关，如创业能力、管理水平和公司的顶层设计等,上文也讲过,股权设计属于公司的顶层设计,是影响发展的内因之一。优秀股权设计的例子千千万,像华为、阿里巴巴、京东等。股权设计的好坏不仅会直接影响公司的稳定与发展,甚至决定了公司的生死存亡。

二、平衡的价值

平衡是股权设计的内在要求,它指的是创始股东与投资人及管理层之间的权、责、利的动态平衡,主要体现在以下三个方面:

(一)股权分配的平衡

平衡的价值基础是公平,但平衡绝对不是要求股权的平均分配,也不是要求股权的分配与股东的出资完全对等,而是应该以股东对公司投入要素的贡献值为标准来平衡股东的股权比例。举例而言,一家硬核科技创业公司有两个创始股东,注册资本 100 万元,其中股东 A 负责技术研发和公司管理,股东 B 仅仅是财务投资,不参与公司的日常运营,在公司创立的时候,股东 B 向公司投资了 50 万元,按照我们通常的理解,根据他的出资,股东 B 应该要占有公司 50%的股权,但是,这家公司的核心价值在于股东 A 掌握的技术,而并非股东 B 的投资款,经过商量,两位股东最终达成一致意见,股东 A、B 分别占有公司 80%和 20%的股权,这种看似非平衡设计实则体现了股权设计的平衡价值。

(二)投资收益权与公司管理权的平衡

还是上面那个例子,公司经过一段时间的发展,引入了投资人 C,投资人 C 通过增资的方式,投资公司 300 万元,占有了 30%的公司股权(公司投后估值 1000 万元),创始人 A 和 B 经稀释后的股权比例分别为 56%、14%。在通常情况下,此时创始人 A 已经失去了公司的绝对控制权,为了保持对公司的绝对控制,创始人 B 将他的投票权全部委托给创始人 A,这样创始人 A 就有了公司 70%的投票权,重新掌握了公司的控制权。这时,创始人 B 的分红权和投票权就产生了分离,他还是拥有 14%的分红权,但是却没有了投票权,这既满足了创始人 A 的要求,又不影响创始人 B 的投资意愿,最终达到了投资收益权和公司管理权的平衡。

(三)收益和风险的平衡

一般情况下,收益和风险是成正比例关系,所谓"享受多大的收益,就应该承担多大的风险"，这是投资这种行为应该遵循的最朴素的道理。

对于创始股东而言，作为公司发展成果的最大享受者，理应承担最大的风险责任，这不仅是创始人对公司负责任的体现，也是商业行为的基本要求。

对于投资人而言，其基于对公司的投资行为而享有投资收益，也应该要承担相应的投资风险。可是，现实中的投资行为看起来好像并非我们想象中那样"公平"，很多约定（例如优先分红权、优先清算权等）打破了我们所说的"平衡"，在投资人和原股东以及目标公司之间造成明显的不公。其实，这种看似不公平的约定实则体现了"公平"的本质要求，原因如下（详细原因参照本书第三章，此处仅作简要分析）：

第一，我国《公司法》是允许股东之间对公司的收益分配作出自由约定的，法律对于公司股东之间意思自治是持尊重和保障的态度，通俗地说"一个愿打一个愿挨"，其他人无权过多干涉。

第二，投资人对公司的投资承担了信息不对称带来的巨大风险（公司估值的不确定性、代理行为的不确定性），这种风险在股东之间的分配不是与股东的持股份额一一对应的，也就是说投资人可能承担了比创始股东更大的风险，为了弥补这种风险承担的不公平，投资人要求一些优先权利在某种程度上是理性和合理的。

第三，投资人对公司收益分配有一定的优先权并不表示投资人对公司是不承担风险的。投资人作为公司的股东，在股东的本质属性上，同创始股东一样，以其对公司的投资额为限对公司承担有限责任，这个时候投资人承担的损失可能要远远高于创始人的损失，当然，这里的责任承担已经超脱了我们对风险的一般定义。

由此可见，这种表面上的"不公平"不仅没有破坏平衡的价值，反而正是收益和风险平衡的内在要求。

三、制约的价值

股权的设计还有一个很重要的价值就是制约，制约的价值主要体现在两个方面：小股东对大股东的制约和内部人与外来人（投资人）的相互制约。

（1）小股东对大股东的制约主要在于限制大股东的权利，避免因其对公司的控制权而做出有损小股东利益的行为。我国《公司法》第二十条规定，"公司股东应当遵守法律、行政法规和公司章程，依法行使股东权利，不得滥用股东权利损害公司或者其他股东的利益，公司股东滥用股东权利给公司或者其他股东造成损失的，应当依法承担赔偿责任"。通过股权设计，小股东可以要求一定的保护性权利，例如对某些重大的事项（对外担保、对外举债、对外投资等行为）有一票否决权等。因此，从这个角度来讲，小股东更期待、更欢迎股权设计，而并不应该出现上文提到的"排斥、抵触心理"。

（2）内部人与外来人（投资人）的相互制约主要体现在创始股东引入投资，股权稀释后对公司的控制权上。上文已经分析过，公司控制权是控制公司组织机构的权力，公司的组织机构包括股东会、董事会、监事会、经理、法定代表人等，而股权是股东基于其股东资格而享有的，从公司获得经济利益，并参与公司经营管理的权利，如果股权与投票权是一一对应，那么掌控公司控制权的最直接方式就是掌控公司的股权，但现实情况下，很多公司的股权与投票权是分离的，尤其是在投资人要求诸多投资保护条款（详见本书第三章）的情况下，所以，对公司控制权的掌控就需要利用很多其他的工具或者协议，例如股权代持、投票权委托、一致行动人协议、AB 股等。因此，在股权设计中，要结合不同公司的实际情况来综合考虑以上工具的组合使用。

综上所述，股权设计的发展、平衡、制约三个价值是一个有机的整体，互相促进、互相影响、不可或缺，它们共同构成了股权设计的价值取向。

第三节　股权设计的法律基础

股权设计的合法性基础在于法律的规定和法律允许的自由约定，主要体现在《公司法》和《合伙企业法》两部法律当中。

一、《公司法》的相关规定

1. **第四条**　【股东权利】公司股东依法享有资产收益、参与重大决策和选择管理者等权利。

规则：股东法定权利的概括。

2. **第十一条**　【公司章程】设立公司必须依法制定公司章程。公司章程对公司、股东、董事、监事、高级管理人员具有约束力。

规则：章程是公司设立必备的法律文件及章程的效力范围。

3. **第三十四条**　【分红权与优先认购权】股东按照实缴的出资比例分取红利；公司新增资本时，股东有权优先按照实缴的出资比例认缴出资。但是，全体股东约定不按照出资比例分取红利或者不按照出资比例优先认缴出资的除外。

规则：分红权可与股权比例相分离，全体股东一致同意情况下，可以自由约定。

4. **第四十二条**　【股东的表决权】股东会会议由股东按照出资比例行使表决权；但是，公司章程另有规定的除外。

规则：股东表决权可与出资比例相分离，法律尊重章程的自由约定。

5. **第四十三条**　【股东会的议事方式和表决程序】股东会的议事方式和表决程序，除本法有规定的外，由公司章程规定。

股东会会议作出修改公司章程、增加或者减少注册资本的决议，以及公司合并、分立、解散或者变更公司形式的决议，必须经代表三分之二以上表决权的股东通过。

规则：一般事项的表决，公司章程可以自由约定；重大事项，不能自由约定表决权比例。

6. **第三十七条**　【股东会职权】股东会行使下列职权：

（一）决定公司的经营方针和投资计划；

（二）选举和更换非由职工代表担任的董事、监事，决定有关董事、监事的报酬事项；

（三）审议批准董事会的报告；

（四）审议批准监事会或者监事的报告；

（五）审议批准公司的年度财务预算方案、决算方案；

（六）审议批准公司的利润分配方案和弥补亏损方案；

（七）对公司增加或者减少注册资本作出决议；

（八）对发行公司债券作出决议；

（九）对公司合并、分立、解散、清算或者变更公司形式作出决议；

（十）修改公司章程；

（十一）公司章程规定的其他职权。

对前款所列事项股东以书面形式一致表示同意的，可以不召开股东会会议，直接作出决定，并由全体股东在决定文件上签名、盖章。

规则：股东会的法定职权不能通过章程予以剥夺，也就是说股东会的职权"只能增加不能减少"。

7. 第四十六条　【董事会职权】董事会对股东会负责，行使下列职权：

（一）召集股东会会议，并向股东会报告工作；

（二）执行股东会的决议；

（三）决定公司的经营计划和投资方案；

（四）制订公司的年度财务预算方案、决算方案；

（五）制订公司的利润分配方案和弥补亏损方案；

（六）制订公司增加或者减少注册资本以及发行公司债券的方案；

（七）制订公司合并、分立、解散或者变更公司形式的方案；

（八）决定公司内部管理机构的设置；

（九）决定聘任或者解聘公司经理及其报酬事项，并根据经理的提名决定聘任或者解聘公司副经理、财务负责人及其报酬事项；

（十）制定公司的基本管理制度；

（十一）公司章程规定的其他职权。

规则：股东会可以授权给董事会，董事会不能架空股东会。

8. 第四十九条　【经理的设立与职权】有限责任公司可以设经理，由董事会决定聘任或者解聘。经理对董事会负责，行使下列职权：

（一）主持公司的生产经营管理工作，组织实施董事会决议；

（二）组织实施公司年度经营计划和投资方案；

（三）拟订公司内部管理机构设置方案；

（四）拟订公司的基本管理制度；

（五）制定公司的具体规章；

（六）提请聘任或者解聘公司副经理、财务负责人；

（七）决定聘任或者解聘除应由董事会决定聘任或者解聘以外的负责管理人员；

（八）董事会授予的其他职权。

公司章程对经理职权另有规定的，从其规定。

经理列席董事会会议。

规则：经理的职权来源于董事会的授权和公司章程的规定。

二、《合伙企业法》的规定

1. 第二条第二款　有限合伙企业由普通合伙人和有限合伙人组成，普通合伙人对合伙企业债务承担无限连带责任，有限合伙人以其认缴的出资额为限对合伙企业债务承担责任。

规则：不同类型合伙人的责任承担方式不一样。

2. 第六十七条　有限合伙企业由普通合伙人执行合伙事务。执行事务合伙人可以要求在合伙协议中确定执行事务的报酬及报酬提取方式。

规则：有限合伙企业的运营管理由普通合伙人负责。

第四节　股权设计要素

股权设计的要素包括三个方面：持股主体、持股比例及持股安排（协议）。

一、持股主体的选择

持股主体主要包括自然人、法人、有限合伙企业三类。在股权设计中，持股主体的选择主要取决于两个因素——税负成本和股东管理。

下面以税负成本为标准，阐述三种不同持股方式的优缺点。

（一）自然人持股

自然人持股是最常见的一种持股形式，也是最直接、决策效率最高的一种持股方式，只要不存在法律明文规定不允许担任股东的情形（例如公务员、军人等）都是可行的。在税负成本方面，自然人持股通过股权变现仅收取个人所得税（20%），不存在重复征税的情况。

（二）法人持股

法人持股是指设立特殊目的平台公司（一般为有限责任公司），通过受让原股东股权或对目标公司增资形式，成为目标公司的股东。

法人持股模式下，平台公司的股东多半是由目标公司进行股权激励的核心员工组成的，目标公司的大股东通过掌握平台公司的控制权来管理平台公司。平台公司里的股东，同其他普通公司的股东一样，享有充分的分红权，并按照《公司法》和平台公司章程的规定行使表决权。另外，由于平台公司与目标公司是两个独立的公司，平台公司内部股东的管理只在平台公司内部进行就可以，不会影响到目标公司的股权结构和工商登记信息，这样的安排既能保证目标公司大股东的控制权，又能保证平台公司股东的分红权，还能对股东进行有效的管理，降低目标公司股东过多带来的决策效率低下问题。

但是，在法人持股的情况下，平台公司的股东可能会面临双重征税的问题。一般情况下，平台公司转让其持有的目标公司股权，需按照25%税率计算缴纳企业所得税，当平台公司将盈利再向其个人股东分配时，个人股东还要按照"利息、股息、红利所得"以20%的税率缴纳个人所得税。因此，在不考虑税收优惠的情况，法人持股下个人股东套现的税负为40%（法人先缴纳25%企业所得税；股东缴纳20%个人所得税，75%×20% = 15%，25% + 15% = 40%），明显高于自然人直接持股的税负。

（三）有限合伙企业持股

以有限合伙企业作为持股平台，若有限合伙企业的合伙人为自然人，其税负成本同自然人直接持股一样，由企业代扣代缴20%个人所得税。此种情形下，税收筹划的操作空间较大，例如，可以将企业设在某些税收洼地（如新疆、西藏等企业所得税有优惠的地方）。若合伙人为法人，则同法人持股一样，个人股东股权变现税负为40%。

而在股东管理方面，以有限合伙企业作为持股平台有几个显著的优势。

1. 机制灵活，有利于把握公司控制权。

根据我国《合伙企业法》的规定，有限合伙企业的合伙人由普通合伙人（GP）和有限合伙人（LP）组成，GP执行合伙事务，LP不执行合伙事务且不得对外代表有限合伙企业。简单地说，就是在有限合伙企业里面，公司的经营决策都是由 GP 说了算，这就是说，控制了 GP 就控制了这个企业。所以，目标公司大股东一般都会在有限合伙持股平台里当 GP，然后委派代表担任执行事务合伙人，让其他的股东（股权激励的核心员工）充当 LP，这样就能牢牢把握整个持股平台的控制权。

2. 成本低。

我国《合伙企业法》规定，有限合伙企业由普通合伙人和有限合伙人组成，普通合伙人对合伙企业债务承担无限连带责任，有限合伙人以其认缴的出资额为限对合伙企业债务承担责任。从以上规定可知，GP 是没有出资金额要求的，也就是说，目标公司的大股东只需要在有限合伙企业持股平台里持有少量的财产份额就能担任 GP，降低了出资成本。

当然，通过有限合伙企业充当持股平台也有一个较大的风险，就是 GP 的无限连带责任。现实中，为了规避 GP 的无限连带责任，通常由目标公司大股东设立有限责任公司的形式来充当有限合伙企业的 GP。

二、持股比例

所谓股权设计的"比例"，指股权几个重要的比例线，有的人将此总结为"公司的九条生命线"。其实，就有限责任公司而言，在传统的"一元股权结构（股权和投票权一一对应）"下，确实有几个股权比例线是值得关注的，但笔者认为远远没有达到"致命"的程度。

（一）比例>0%——代位诉讼权、派生诉讼权

法律依据：我国《公司法》第一百五十一条规定，董事、高级管理人员有本法第一百四十九条规定的情形的，有限责任公司的股东、股份有限公司连续一百八十日以上单独或者合计持有公司百分之一以上股份的股东，可以书面请求监事会或者不设监事会的有限责任公司的监事向人民法院提起诉讼；监事有本法第一百四十九条规定的情形的，前述股东可以书面请求董事会或者不设董事会的有限责任公司的执行董事向人民法院提起诉讼。监事会、不设监事会的有限责任公司的监事，或者董事会、执行董事收到前款规定的股东书面请求后拒绝提起诉讼，或者自收到请求之日起三十日内未提起诉讼，或者情况紧急、不立即提起诉讼将会使公司利益受到难以弥补的损害的，前款规定的股东有权为了公司的利益以自己的名义直接向人民法院提起诉讼。

就有限责任公司而言，只要是公司的股东，哪怕股权比例再低，其都有权

对侵害公司利益的行为提请诉讼或直接提起诉讼。

(二) 比例>33.3%——重大事项控制权

法律依据：我国《公司法》第四十三条规定，股东会的议事方式和表决程序，除本法有规定的外，由公司章程规定。股东会会议作出修改公司章程、增加或者减少注册资本的决议，以及公司合并、分立、解散或者变更公司形式的决议，必须经代表三分之二以上表决权的股东通过。

与股权绝对控制线相对，如果股权比例没有达到三分之一以上，那么对于改变公司性质、修改公司章程，甚至是解散公司等重大事项的决议连说"不"的权利都没有。

(三) 比例=51%——相对控制权

法律依据：我国《公司法》第一百零三条第二款规定，股东大会作出决议，必须经出席会议的股东所持表决权过半数通过。

以上规定是针对股份公司而言的，对于有限责任公司，我国《公司法》规定对于公司决议的重大事项要求是三分之二以上表决权，而对于一般事项则没有明确规定，仅在第十六条【公司担保】和第七十一条【股权转让】中规定了"过半数同意"。但是，51%是相对于49%而言的，即大股东能控制绝大部分的投票权，虽然没有达到67%的绝对控制，但是对于《公司法》第三十七条规定的股东会职权中一般事项是有权决定通过的。例如：

(1) 决定公司的经营方针和投资计划；

(2) 选举和更换非由职工代表担任的董事、监事，决定有关董事、监事的报酬事项；

(3) 审议批准董事会的报告；

(4) 审议批准监事会或者监事的报告；

(5) 审议批准公司的年度财务预算方案、决算方案；

(6) 审议批准公司的利润分配方案和弥补亏损方案；

不过，在现实中，笔者还是建议大股东尽量不要将股权设计在51%这个点，尤其是有融资计划的公司，要考虑为后续融资稀释股权留有余地，最好将比例提高到55%以上，甚至更高一些。

(四) 比例>66.6%——绝对控制权

法律依据：我国《公司法》第四十三条第二款规定，股东会会议作出修改公司章程、增加或者减少注册资本的决议，以及公司合并、分立、解散或者变更公司形式的决议，必须经代表三分之二以上表决权的股东通过。

《公司法》第一百零三条第二款规定，股东大会作出修改公司章程、增加或者减少注册资本的决议，以及公司合并、分立、解散或者变更公司形式的决议，必须经出席会议的股东所持表决权的三分之二以上通过。

绝对控制权主要是针对公司的重大事项，如注册资本的变化、修改公司章程，公司分立、合并、解散等。当然，连公司的重大事项都能控制，意味着对公司的一切决议都可以控制。

（五）比例＝100％，无限责任风险

法律依据：我国《公司法》第六十二条规定，一人有限责任公司应当在每一会计年度终了时编制财务会计报告，并经会计师事务所审计。同时，第六十三条还规定，一人有限责任公司的股东不能证明公司财产独立于股东自己的财产的，应当对公司债务承担连带责任。

一人公司最大的风险在于公司财产和股东个人财产混同带来的无限连带责任，因此，这也是一种要尽量避免的股权结构。

三、协议

所谓的"协议"，是指为掌控公司的控制权而进行的一系列安排，尤其在多元股权结构的情形下（与一元股权结构相对应，指股权和投票权相分离的情形，简单地说，一元股权结构看比例，多元股权结构看协议），包括常见的股权代持、投票权委托、一致行动人协议、搭建持股平台、AB 股设计等。下文简要介绍一下以上五种协议控制方式。

（一）股权代持

这里称作"创始大股东代持"可能更合适一些。股权代持指为了提高股权的集中程度，提升决策效率或者为了进行股权激励等原因，由公司的大股东代替小股东持有其占有公司的部分或全部股权，并约定在一定的时间或者条件下，由大股东将该部分股权再转给小股东的安排。这种股权代持的方式多见于公司初创时期，当公司引入投资人后，大股东要披露其代持股权的事实，也有可能被要求解除股权代持或进行其他的安排或再约定。

股权代持能在一定程度上提高股东的持股比例，对于加强公司控制权有一定的阶段性帮助，但是股权代持的风险也很大。股权代持协议有一定的委托性

质，小股东委托大股东代持其股权，小股东是委托权人，而根据委托协议的性质，委托权人有权随时取消委托（当然要根据协议赔偿损失），这样就给委托持股带来了一定的潜在风险，严重的还可能影响股东之间的关系，进而影响整个公司的发展。因此，仅就公司控制权来说，股权代持是一个较低层次的安排，并不能很全面地解决这个问题。

（二）投票权委托

投票权委托也称"表决权代理"，指公司部分股东通过协议约定，将其投票权委托给其他特定股东（如创始股东）行使。

投票权委托要注意委托的期限和委托投票的范围，超期限和超范围投票都会给投票行为的效力带来不确定性。

（三）一致行动人协议

根据证监会《上市公司收购管理办法》（2014 年修订）第 83 条的规定，一致行动人是指投资者通过协议、其他安排，与其他投资者共同扩大其所能够支配的一个上市公司股份表决权数量的行为或者事实。该规定虽然仅是针对上市公司的，但根据设立一致行动人协议的目的及我国《公司法》第四十二条和第四十三条的规定，一致行动人协议也适用于非上市公司股东之间对投票权的控制和管理。

签订一致行动人协议的主体是公司的股东，通常是创始股东。其目的与投票权委托类似，旨在扩大共同表决权比例，巩固一致行动人对公司的实际控制权。一致行动人协议本质是股东表决权的信托，因此，一定要注意以下两个方面的安排：第一，信托的范围，即一致行动人协议中股东表决权的范围和期限；第二，一致行动人矛盾解决方式。需注意的是，一致行动人协议是股东之间对各自部分权利的自由安排，协议本身不违反法律的效力性规定，因此是有效的，若部分股东违反协议作出不一致的意思表示是要承担违约责任的。同时，根据江西省高级人民法院对"张××、周××与江西××电力有限责任公司决议撤销纠纷"作出的再审审查与审判监督民事裁定书［（2017）赣民申367 号］可以看出，不一致的意思表示并不能对抗协议的约定，也就是说公司可以基于一致行动人协议的约定形成公司决议，提出不同意见的一致行动人无法对抗公司的决议。因此，一致行动人在签订协议之前一定要非常慎重，要对一致行动的范围进行明确而严格的约定。

（四）搭建持股平台

这一部分内容在本章已经作过介绍了，此处不再赘述。

（五）AB 股设计

AB 股是指基于"多元股权结构"理念创设的一种公司治理制度，它不是我国的法律名词。实行 AB 股股权结构的公司通常会发行两种不同表决权的股权或股票，一种是普通表决权股票，一股享有一票表决权；另一种是超级表决权股票，一股享有 N 票表决权。其中，超级股票主要向公司创始人或管理层发行，普通股则向创始人和管理层以外的人发行，人们形象地将此两种不同的股票类型称为 AB 股。实行 AB 股的目的是期望通过投票权的特殊设置实现创始人或管理层对目标公司的控制权。

由于我国法律的规定和限制，目前我国大多数公司均未推行 AB 股制度。但是，也有一些公司尝试使用 AB 股制度。

第五节　股权设计实操

一、引入合伙人

需要指出的是，本书讲的合伙人不完全是我国《合伙企业法》里规定的合伙人，而是泛指创业伙伴，既包括上述合伙企业的合伙人，也包括有限责任公司的股东等。

俗话说，"一个好汉三个帮"。创业是一个非常强调合作和分享的事情，一个人不管能力再强，资源再丰富，都不可能永远带领一个企业持续、快速地发展下去。寻找合伙人不仅能更好地整合资源、取长补短，最大限度地发挥彼此的优势，还能在很大程度上避免因个人认知不足而给企业发展带来的局限。同时，引入合伙人还可以分享创业成果，分摊创业风险。总而言之，创业是一个不断寻找创业伙伴的过程，对于创始股东来说尤其如此。

引入合伙人是一个见仁见智的问题，不同的公司、公司的不同阶段对合伙人有不同的需求，不同的创始人对合伙人也有不同的偏好。虽说引入合伙人没有一个明确统一的标准，但是，对于如何寻找合伙人，也有一些基本的方法可以参考，例如：

（1）从自己的同学或者熟悉同事中寻找；

（2）通过其他公司创业伙伴的介绍或引荐；

（3）通过投资人引荐；

（4）参照创业交流活动，寻找相关行业的从业人员；

（5）通过猎头定向招聘；

（6）通过创业孵化器等机构推荐。

二、初始分配

引入合伙人以后就要面临一个具体的问题，那就是股权的分配。尤其是在公司创立之初，股权分配的好坏对公司的发展具有决定性意义。那么，如何做股权的初次分配呢？笔者认为，还是有一些基本原则应该遵守的。

（一）股权分配要着眼长远。要考虑未来几轮融资后股权的大概稀释情况，也要有做大做强的格局和胸怀，对价值为100万的公司控股99%远不如对一个亿的公司持股10%。

（二）公司创立初期，效率为王，生存第一。这个阶段要强调大股东的控股地位，创始大股东最好持股67%以上，至少也得到51%以上。

（三）股权不能一次性分配完毕，要为未来留够一定的期权分配空间。

另外，就具体的分配比例来说，每个公司的实际情况不一样，本来也没有放之四海而皆准的股权分配方案。但是，结合笔者的工作实践，以下几种股权的分配方案存在先天的缺陷，创始人在初次分配的时候要竭力避免：

（1）5-5制，派生的有1/3-1/3-1/3，即绝对平分制，公司极容易陷入僵局，公司决策机制失灵；

（2）9-1制，一家独大，如果缺少动态调整机制，会严重打击小股东创业积极性；

（3）4-4-2制，这种不能说完全的不合理，但是会出现一个问题，即两个大股东都不能起到拍板的作用，当两位大股东产生分歧时，公司的决策权变相地转移到了小股东的身上；

（4）100%制，这个就是另外一种公司性质了，在此就不展开了。

当然还有很多其他的不合理分配的模式，这里也不一一列举。

三、动态调整

讲完了初次分配，我们再来看股权设计中一个非常重要的原则，即动态调整。

股权动态调整机制是指不将每位合伙人的股权在其引入之时全部分配完

毕，而是以里程碑事件的达成与否（或是其他的参考指标）来决定是否分配或分配比例的动态调整机制。

　　广义上的股权动态调整不仅包括股权比例的调增，也包括股权比例的调减（一般情况下也包括股权的分期成熟），它通常通过大股东代持或股权回购约定等方式来实现。合伙人在考核期内如果达成了里程碑事件或者取得了原合伙人的一致同意，就可以按照事先的约定完全实现股权的自主化，反之则不能获得相应的股权，股权动态调整机制发挥作用的核心在于考核事项或指标的设定，因此，考核事项一定要做到合理、公开、透明，否则不仅不能起到动态调整的作用，还容易引发股东内部矛盾。

四、分期成熟

　　"成熟"一词也被翻译为"兑现"或者"释放"（参见本书第三章"股权兑现条款"）。股权分期成熟，顾名思义，是指分期分批次地兑现合伙人股权的制度安排。也就是说，合伙人一开始并不拥有其股权对应的完整权利，而是要随着时间的经过或者里程碑事件的达成来逐步兑现，其目的是保持创业团队的稳定。

　　股权分期成熟机制根据不同的兑现标准，可以分为不同的类型。例如，可以约定股权按时间成熟，合伙人应该在公司至少服务四年以上，每一年成熟25%，如果合伙人中途退出，尚未到期的股权就不再兑现，已经兑现的股权必须按照事先约定的特定价格由大股东回购；也可以按经营里程碑事件分期成熟，如公司实现了某项经营指标，就获得相应股权。当然，也可以将时间周期与经营里程碑事件的达成相结合。

五、有序退出

　　股权的退出是股权设计的重要一环，也是最后一环。股权退出主要包括两种退出方式：主动退出和被动退出。

　　主动退出，顾名思义，是指股东主动要求退出公司的一种方式。主要包括异议股东的回购请求和股东协议中约定的退出条件满足，例如：公司上市后转让股票，公司被并购后的股权转让，公司内外部正常的股权转让，大股东回购等。

　　被动退出是指在出现一些特殊情形时，股东失去股东资格的情形，一般分为无过错退出、过错退出：

　　（一）无过错退出：退休、离职、丧失劳动能力或公司清算、解散等不因自己的过错原因而退出的情形。因无过错退出，退出价格按照约定的公式来计算，一般应包括股权溢价收益。

（二）过错退出：因违法或者严重违反公司规定被辞退、被除名等。因过错而退出一般会按照原价回购，不包括溢价收益，有的时候还要扣除因过错给公司造成的损失。

当然，每个公司的特点是不一样的，股权的退出机制的设计也会有所不同，不过，一般总体原则还是如上所述。

第六节　股权设计常用法律文书

一、有限合伙协议

合伙协议（有限合伙）①

为明确有限合伙企业合伙人各自的权利义务，特此于首页所示日期签署本协议，以资遵守。本合伙协议未尽事宜，由各合伙人另行约定并遵照执行。

第一章　总　则

第一条　根据《中华人民共和国民法典》和《中华人民共和国合伙企业法》及《中华人民共和国合伙企业登记管理办法》的有关规定，经协议各方友好协商一致订立本协议。

第二条　本企业为有限合伙企业，是根据本协议自愿组成的共同经营体。全体合伙人愿意遵守国家有关的法律、法规、规章，依法纳税，守法经营。

第三条　本协议中的各项条款与法律、法规、规章的强制性规定不符的，以法律、法规、规章的规定为准。

第二章　合伙企业名称和注册地址

第四条　合伙企业的名称：＿＿＿＿＿＿＿＿（有限合伙）。

第五条　合伙企业的注册地址：＿＿＿＿＿＿＿＿。

---

① https：//wenku. baidu. com/view/97647a2b7c1cfad6185fa76f. html.

第三章　合伙目的、经营范围和经营期限

第六条　合伙目的：_____。

第七条　经营范围：_____（以企业登记机关最终的核准登记为准）。

第八条　经营期限：本合伙企业的经营期限为____年，自合伙企业成立之日起计算。合伙企业营业执照颁发之日，为合伙企业成立之日。但根据本合伙企业经营需要，合伙企业经营期限届满的，经全体合伙人同意，本合伙企业的存续期限可以延长。

第四章　合伙人及合伙人出资方式、数额及出资期限

第九条　有限合伙人

有限合伙人以其认缴的出资额为限对合伙企业债务承担责任，不执行合伙企业事务，不得对外代表合伙企业，不得以合伙企业名义进行活动、交易和业务。

有限合伙人情况介绍：

姓名/企业名称	住址/住所	身份证号/注册号	法定代表人

第十条　普通合伙人

经全体合伙人一致同意，委托普通合伙人为合伙企业的执行事务合伙人，执行合伙企业事务，对外代表合伙企业，对合伙企业的财产进行投资、管理、运用、处置和回收，并接受有限合伙人的监督，普通合伙人对合伙企业的债务承担无限连带责任。

普通合伙人情况介绍：

姓名/企业名称	住址/住所	身份证号/注册号	法定代表人

第十一条　合伙人出资方式、数额及缴付期限如下表所示：

合伙人类型	合伙人名称	出资方式	出资数额	缴付期限	认缴比例
有限合伙人					
普通合伙人					

第十二条 出资额的缴付时间：____年____月____日，按认缴额的100%缴付。

第十三条 本合伙企业设立的第2个财政年度后，如第十二条约定的出资缴付条件未成就，本企业的所有合伙人将通过决议并修改本协议，减少全体合伙人认缴出资额，解除全体合伙人认缴但因缴付条件未成就而尚未实际缴付部分的出资责任。但，下列出资不得减少：（1）支付本企业的管理费；（2）支付本企业的债务和责任；（3）本企业已经完成或在约定期内的交易中的投资；（4）对现有投资组合中继续投资。

第十四条 本合伙企业成立后的任何时候，如因经营所需，且全体合伙人一致同意，可以增加全体合伙人的认缴出资额。

第五章 合伙事务的执行

第十五条 全体合伙人一致同意委托【普通合伙人】为本企业执行合伙事务的合伙人。其他合伙人不执行合伙企业事务。执行事务合伙人应定期向有限合伙人报告事务执行情况以及合伙企业的经营状况和财务状况，其执行合伙事务产生的收益归合伙企业，所产生的亏损或者民事责任，由合伙企业承担。

第十六条 除本协议另有规定外，在该执行事务合伙人因故不再执行事务合伙人职责时，经全体合伙人同意另行选定执行事务合伙人。

第十七条 执行事务合伙人应具备以下条件：

1. 由全体合伙人一致推举或委托。

2. 具有完全民事行为能力。

3. 无犯罪记录，无不良经营记录。

4. 在合伙企业实际工作时间不少于其全部工作时间的三分之二。

第十八条 执行事务合伙人的权限和责任如下：

1. 执行事务合伙人负责企业日常运营，对外代表合伙企业。

2. 普通合伙人不得自营或同他人合作经营与本合伙企业相竞争的业

务。除非合伙协议另有约定或者经全体合伙人一致同意，普通合伙人不得同本合伙企业进行交易。合伙人不得以任何方式直接或间接的从事损害本合伙企业利益的活动。

3. 自合伙企业设立的第一个完整年度结束时起，普通合伙人于每年2月28日前应向有限合伙人提交年度报告。有限合伙人在提前5个工作日书面通知情况下，有权亲自或委托代理人为了与其持有的有限合伙权益相关的正当事项查阅及复印合伙企业的会计账簿。

4. 执行合伙人不能以合伙企业的名义对外举债及对外担保。

5. 执行事务合伙人因故意或重大过失不按照合伙协议约定或者全体合伙人决定执行事务导致违约发生的，执行事务合伙人应对其他合伙人造成的损失进行赔偿。

第十九条 执行事务合伙人有下列情形之一的，可以决定将其除名，并推举新的执行事务合伙人：

1. 因故意或重大过失给合伙企业造成特别重大损失。

2. 执行合伙事务时严重违背合伙协议，有不正当行为。

3. 对执行事务合伙人的除名决议应当书面通知被除名人，被除名人接到除名通知之日，除名生效。

4. 被除名人对除名决议有异议的，可以自接到除名通知后，根据合伙协议约定的争议解决办法处理。

第二十条 合伙企业的筹建费用（包括但不限于与本合伙企业设立、变更等事宜相关的登记注册相关的政府费用、代理费用及律师费用、银行托管费用等）和合伙企业营运费用（包括但不限于执行事务合伙人及合伙企业员工薪酬福利、日常行政事务费用、年检费用、财务审计费用、会议费用、开展业务的差旅、食宿、通信费用等）由合伙企业支付。合伙企业应补偿由普通合伙人或其关联人垫付的任何该等费用。

第六章 收益、亏损和企业债务

第二十一条 全体合伙人同意按各自认缴的出资比例分配利润，若有合伙人未在规定期限内但在最晚缴付期限内缴足认缴的出资额，则按照各方实缴的出资比例分配利润。

第二十二条 全体合伙人同意按各自认缴的出资比例分担亏损。当双方协商一致变更出资比例时，亏损的分担根据届时实际的出资比例确定。

所有合伙人不承担超过其出资额的亏损。

第二十三条　未经全体合伙人一致同意，合伙企业不得对外举债。合伙企业债务应以其全部合伙财产进行清偿。当合伙企业财产不足以清偿时，有限合伙人以其认缴的出资额为限对本合伙企业的债务承担责任；普通合伙人对本合伙企业的债务承担无限连带责任。

第七章　合伙企业的财产及合伙人的出资份额的转让

第二十四条　合伙人的出资、以合伙企业名义取得的收益和依法取得的其他财产，均为合伙企业的财产。

第二十五条　除非发生法律规定的情形和本协议约定的情形，且经本协议约定的程序，合伙人在本企业经营期限内，不得请求分割本企业的财产。

第二十六条　合伙人出资份额的转让

1. 合伙人向合伙人以外的人转让其在合伙企业中的全部或者部分出资份额时，须经其他合伙人书面同意。合伙人之间可以转让其在合伙企业中的全部或者部分出资份额。

2. 合伙人向合伙人以外的人转让其在合伙企业中的出资份额的，在同等条件下，其他合伙人有优先购买权。

3. 未事先经其他合伙人书面同意，合伙人不得将其在本合伙企业中的出资份额和合伙权益出质、抵押或进行任何其他形式的担保。

4. 合伙人以外的人依法受让合伙人在合伙企业中的出资份额的，经修改合伙协议即成为合伙企业的合伙人，依照本法和修改后的合伙协议享有权利，履行义务。

第八章　入伙与退伙

第二十七条　入伙

1. 新合伙人入伙时，须经全体合伙人书面同意，并依法订立书面协议。订立书面协议时，原合伙人应向新合伙人告知合伙企业的经营状况和财务状况。

2. 新入伙的合伙人与原合伙人享有同等权利，承担同等责任。新入伙的普通合伙人对入伙前的合伙企业债务承担无限连带责任；新入伙的有限合伙人对入伙前合伙企业的债务，以其认缴的出资额为限承担责任。

第二十八条　退伙

1. 有下列情形之一时，合伙人可以退伙：

（1）经全体合伙人同意退伙；

（2）发生合伙人难于继续参加合伙企业的事由；

（3）其他合伙人严重违反合伙协议约定的义务。

2. 有下列情形之一时，合伙人应当退伙：

（1）作为合伙人的自然人死亡或者被依法宣布死亡；

（2）个人丧失偿债能力；

（3）作为合伙人的法人或者其他组织依法被吊销营业执照、责令关闭、撤销，或者被宣告破产；

（4）合伙人在合伙企业中的全部财产份额被人民法院强制执行。

3. 有限合伙人退伙后，对基于其退伙前所发生的本合伙企业债务，以其退伙时从本合伙企业中取回的财产为限承担责任。

第九章　有限合伙人和普通合伙人的相互转变

第二十九条　除非另有约定，普通合伙人转变为有限合伙人，或者有限合伙人转变为普通合伙人，应当经全体合伙人一致书面同意。

第三十条　有限合伙人转变为普通合伙人的，对其作为有限合伙人期间有限合伙企业发生的债务承担无限连带责任。

第三十一条　普通合伙人转变为有限合伙人的，对其作为普通合伙人期间合伙企业发生的债务承担无限连带责任。

第十章　合伙企业解散与清算

第三十二条　解散与清算

1. 解散

本合伙企业发生了下列任何解散事由，致使合伙企业无法存续、合伙协议终止，合伙人的合伙关系消灭。自解散事由发生之日起十五日内，清算人应按照适用法律解散本合伙企业。

（1）存续期限届满且全体合伙人决定不再延长；

（2）合伙人已不具备法定人数满三十日；

（3）本合伙协议约定的合伙目的已经实现或者无法实现；

（4）有限合伙人一方严重违约，致使普通合伙人有理由相信本合伙企业无法继续经营；

（5）本合伙企业依法被吊销营业执照、责令关闭或者被撤销；

（6）全体合伙人一致决定解散；

（7）法律、行政法规规定的其他原因。

2. 清算

（1）企业解散时，不得从事经营活动，且应当由清算人进行清算。

（2）清算人由普通合伙人担任，除非全体合伙人届时对此事项另行约定。在确定清算人后，本合伙企业所有资产（包括已经变现和未变现的资产）由清算人负责管理。若清算人非普通合伙人，则普通合伙人有义务帮助清算人对未变现资产进行变现。

（3）清算期为一年。在一年内无法清算完毕的，由清算人决定适当延长。

3. 清算人主要职责

（1）清理本合伙企业财产，分别编制资产负债表和财产清单；

（2）处理与清算有关的合伙企业未了结的事务；

（3）清缴所欠税款；

（4）清理债权、债务；

（5）处理合伙企业清偿债务后的剩余财产；

（6）代表企业参加诉讼或者仲裁活动；

（7）清算结束后，编制清算报告，经全体合伙人签字、盖章，在十五日内向企业登记机关报送清算报告，申请办理企业注销登记。

4. 清算清偿顺序

本合伙企业清算后，合伙财产在支付清算费用后，按下列顺序进行清偿及分配：

（1）支付清算费用；

（2）支付职工工资、社会保险费用和法定补偿金；

（3）缴纳所欠税款；

（4）清偿本合伙企业债务；

（5）根据实缴出资额的比例在所有合伙人之间进行分配。

5. 本协议的条款将在清算期间继续保持完全效力，并仅在下述条件均实现时方终止：

（1）清算人已根据本协议之约定分配完毕本合伙企业的全部资产；且

（2）本合伙企业的清算人已向企业登记管理机关及备案管理机关完成了注销登记。

第十一章 保密责任

第三十三条 全体合伙人对本合伙协议有保密责任，保密期限至本合伙协议中上述投资合伙企业注册设立为止；对合伙协议内容的保密责任为长期。

第十二章 违约责任

第三十四条 合伙人违反合伙协议的，应承担相应责任，赔偿由此给其他合伙人造成的损失。

第十三章 其他约定

第三十五条 本合伙协议的全部事项，包括但不限于本合伙协议的效力、解释、履行以及争议的解决均受中华人民共和国法律管辖；本合伙协议下任一条款如与中华人民共和国法律中的强制性规范相抵触，应按照该中华人民共和国法律中的强制性规范执行。

第三十六条 因本合伙协议引起的及与本合伙协议有关的一切争议，首先应由相关各方之间通过友好协商解决，如相关各方不能协商解决，则应提交××仲裁委员会，按该会届时有效的仲裁规则仲裁解决。仲裁裁决是终局的，对相关各方均有约束力。

第三十七条 本合伙协议自普通合伙人及其授权代表与有限合伙人的授权代表签署并加盖公章之日起生效。

第三十八条 本协议各方签署正本一式四份，每一合伙人各持一份，其余用于政府报批登记及本合伙企业留存，各份具有同等法律效力。

（以下无正文）

（本页无正文，为《××××（有限合伙）之合伙协议》之签字盖章页）

二、一致行动人协议

一致行动人协议①

甲方姓名：
身份证号码：
乙方姓名：
身份证号码：
丙方姓名：
身份证号码：
丁方姓名：
身份证号码：

本协议由以上各方于____年____月____日在_____签订。

(以下"甲方""乙方""丙方""丁方"单称"一方"，合并称"各方"。)

鉴于：

1. 各方系×××××公司（以下简称"公司"）的股东，其中：甲方占公司××的股权；乙方占公司××的股权；丙方占公司××的股权；丁方占公司××的股权。

2. 为保障公司持续、稳定发展，提高公司经营、决策的效率，各方拟在公司股东大会中采取"一致行动"，以共同控制公司。

3. 为明确协议各方作为一致行动人的权利和义务，根据平等互利的原则，经友好协商，特签订本协议书。

第一条 各方的权利义务

1. 在处理有关公司经营发展、根据《公司法》等有关法律法规和《公司章程》需要由公司股东会作出决议的事项及其他相关重大事项均应采取一致行动，包括但不限于按照协议双方事先确定的一致的投票意见对股东会审议的议案行使表决权，向股东会行使提案权，行使董事、监事候选人提名权。

2. 各方应采取一致行动的事项，包括但不限于：

---

① https://wenku.baidu.com/view/0251f1fe59fafab069dc5022aaea998fcc22408e.html?from＝search.

（1）决定公司的经营方针和投资计划；

（2）选举和更换董事、监事、公司经理、副经理、财务负责人，决定有关董事、监事、公司经理、副经理、财务负责人的报酬事项；

（3）审议批准董事会的报告；

（4）审议批准董事会或者监事的报告；

（5）审议批准公司的年度财务预算方案、决算方案；

（6）审议批准公司的利润分配方案和弥补亏损方案；

（7）对公司增加或者减少注册资本作出决议；

（8）共同投票表决制订公司增加或者减少注册资本的方案以及发行公司债券的方案；

（9）对公司合并、分立、解散、清算或者变更公司形式作出决议；

（10）修改公司章程；

（11）共同投票表决决定公司内部管理机构的设置；

（12）共同投票表决制定公司的基本管理制度；

（13）共同行使在股东大会的其他职权。

3. 采取一致行动的方式为：

就有关公司经营发展的重大事项向股东会行使提案权和在股东会上行使表决权时采取相同的意思表示，保持充分一致。

4. 如一方拟就有关公司经营发展的重大事项向股东会提出议案时，须事先与协议其他方充分进行沟通协商，在取得一致意见后，以本协议各方名义共同向股东会提出提案。

5. 协议各方在公司召开股东会审议有关公司经营发展的重大事项前须充分沟通协商，就行使何种表决权达成一致意见，并按照该一致意见在股东会上对该等事项行使表决权。

6. 在本协议生效期限内，未经协议各方全部同意，任何一方不得将所持股份进行质押或设置其他第三方权益。

第二条　各方的声明、保证和承诺

1. 各方均已取得签署本协议书的资格和授权，有权独立履行本协议权利义务，本协议一经签署对各方具有合法、有效的约束力。

2. 各方对因采取一致性行动而涉及的文件资料、商业秘密及其可能得知的协议他方的商业秘密负有合理的保密义务。

3. 各方履行本协议不会与其承担的其他合同义务冲突，也不会违反任何法律、法规。

4. 协议各方声明：各方所作各项声明、保证和承诺是根据本协议签署日存在的实际情况而作出的，均合法有效，均不可撤销。

第三条 一致行动的特别约定

1. 若协议各方在公司经营管理等事项上就某些问题无法达成一致时，应当按照持股多数原则作出一致行动的决定，协议各方应当严格按照该决定执行。

2. 协议任何一方如转让其所持有的公司股份时应至少提前30天书面通知协议其他各方、协议其他各方有优先受让权。

3. 各方承诺，如其将所持有的公司的全部或部分股权对外转让，则该等转让需以受让方同意承继本协议项下的义务并代替出让方重新签署本协议作为股权转让的生效条件之一。

第四条 违约责任

1. 由于任何一方的违约，造成本协议不能履行或不能完全履行时，由违约方承担违约责任。如出现多方违约，则根据各方过错，由各方分别承担相应的违约责任。

2. 如果任何一方违反其作出的前述承诺（任何一条），必须按照其他守约方的要求将其全部的权利与义务转让给其他守约方中的一方、两方或多方，其他守约方也可共同要求将其全部的权利与义务转让给指定的第三方。

第五条 争议解决方式

凡因履行本协议所发生的一切争议，协议各方均应通过友好协商的方法解决；但如果该项争议在任何一方提出友好协商之后30天内仍未能达成一致意见的，各方应该将争议提交××仲裁委员会按其届时有效的仲裁规则裁决。

第六条 协议的变更或解除

1. 本协议自各方在协议上签字盖章之日起生效，各方在协议期限内应完全履行协议义务，非经各方协商一致并采取书面形式本协议不得随意变更。

2. 一致行动关系不得由协议的任何一方单方解除或撤销；协议所述与一致行动关系相关的所有条款均为不可撤销条款。各方协商一致，可以解除本协议。

上述变更和解除均不得损害各方在公司中的合法权益。

第七条 协议生效的期限

本协议在各方作为公司股东期间持续有效。

第八条 其他

1. 本协议中未尽事宜或出现与本协议相关的其他事宜时，由协议各方协商解决并另行签订补充协议，补充协议与本协议具有同等法律效力。

2. 本协议一式×份，协议各方各执×份，具同等法律效力。

3. 本协议经各方签字后生效。

（以下无正文）

（本页无正文，为《一致行动人协议》签字盖章页）

三、投票权委托协议

表决权委托协议①

甲方（委托人）：

身 份 证 号：

联 系 电 话：

住 址：

乙方（受托人）：

身 份 证 号：

联 系 电 话：

住 址：

本协议签署之日，甲方、乙方均为＿＿＿＿＿＿＿公司（以下简称"公司"）的股东，分别持有公司＿＿％和＿＿％的股权。

甲方自愿将其所持有的公司股权对应的全部表决权委托给乙方行使。为了更好地行使股东的权利，甲乙双方经友好协商，达成以下协议：

第一条 委托权利

1. 在本协议有效期内，依据公司届时有效的章程行使如下权利：

（1）代表甲方出席公司的股东（大）会会议；

---

① https：//wenku.baidu.com/view/efb66d6d854769eae009581b6bd97f192279bf96.html.

（2）表决决定公司的经营方针和投资计划；

（3）代表甲方审议批准董事会的报告；

（4）指定和选举公司的董事；

（5）指定和选举公司的监事；

（6）对其他根据相关法律或公司章程需要股东会讨论、决议的事项行使表决权。

2. 本协议的签订并不影响甲方对其持有的公司股权所享有的收益权、处分权。

3. 本协议生效后，乙方将实际上合计持有公司的股权对应的表决权，乙方应在本协议规定的授权范围内谨慎勤勉地依法履行委托权利；超越授权范围行使表决权给甲方造成损失的，乙方应对甲方承担相应的责任。

第二条　委托期限

1. 本协议所述委托表决权的行使期限，自本协议生效之日起至＿＿＿年＿＿＿月＿＿＿日止。但是如出现以下情况，经甲方书面要求，表决权委托可提前终止：

（1）乙方出现严重违法、违规及违反公司章程规定的行为；

（2）乙方出现严重损害公司利益的行为。

2. 本协议经双方协商一致可解除，未经双方协商一致，任何一方均不得单方面解除本协议。本协议和法律另有约定的除外。

第三条　委托权利的行使

1. 甲方将就公司股东大会会议审议的所有事项与乙方保持一致的意见，因此针对具体表决事项，甲方将不再出具具体的《授权委托书》。

2. 甲方将为乙方行使委托权利提供充分的协助，包括在必要时（例如为满足政府部门审批、登记、备案所需报送档之要求）及时签署相关法律文档，但是甲方有权要求对该相关法律文档所涉及的所有事项进行充分了解。

3. 在乙方参与公司相关会议并行使表决权的情况下，甲方可以自行参加相关会议，但不另外行使表决权。

4. 本协议期限内因任何原因导致委托权利的授予或行使无法实现，甲乙双方应立即寻求与无法实现的约定最相近的替代方案，并在必要时签署补充协议修改或调整本协议条款，以确保可继续实现本协议之目的。

第四条　免责与补偿

双方确认，在任何情况下，乙方不得因受委托行使本协议项下约定的表决签名而被要求对任何第三方承担任何责任或作出任何经济上的或其他方面的补偿。但如系有证据证明的由于乙方故意或重大过失而引起的损失，则该损失应由乙方承担。

第五条 违约责任

甲、乙双方同意并确认，如甲方违反本协议约定的，应承担相应的违约责任，包括但不限于赔偿乙方及公司因此形成的损失。如乙方利用甲方委托其行使的表决权作出有损公司或甲方合法权益的决议和行为的，乙方应承担相应的法律责任。

第六条 保密义务

1. 甲、乙双方认可并确定有关本协议、本协议内容，以及就准备或履行本协议而交换的任何口头或书面数据均被视为保密信息。一方未经另一方书面同意擅自向任何第三方披露任何保密信息的，违约方应赔偿守约方由此而受到的全部损失，并且守约方有权单方面解除本协议。

2. 本条所述保密义务不受本协议期限约束，一直有效。

第七条 委托权转让

未经甲方事先书面同意，其不得向任何第三方转让其于本协议下的任何权利或义务。

第八条 争议解决

凡因履行本协议所发生的一切争议，协议各方均应通过友好协商的方法解决；但如果该项争议在任何一方提出友好协商之后30天内仍未能达成一致意见的，各方应该将争议提交××仲裁委员会按其届时有效的仲裁规则裁决。

第九条 生效及其他

1. 双方确认，已经仔细审阅过本协议的内容，并完全了解协议各条款的法律含义。

2. 本合同自双方签章之日起生效，一式两份，甲乙双方各执一份，具有同等的法律效力。

（以下无正文）

（本页无正文，为《表决权委托协议》签字盖章页）

第三章　公司股权融资法律事务

☞ **导读：**

1. 创始股东与投资人的关系
2. 私募股权投资的基本知识
3. 私募股权投资基金的运作流程
4. 投资协议的核心条款
5. 对赌机制与对赌的法律效力

第一节　概　　述

一、创始人、投资人与目标公司的关系

要想理解本章的内容，需要先明白创始人、投资人与目标公司三者的关系。要想理解创始人、投资人与目标公司三者的关系，可以先看下面这个故事（纯属编造，如有雷同，纯属巧合）。

传说，秦始皇统一六国以后，为求长生不老，遣令徐福、李福二人带领300人的精锐部队东渡大海，去东瀛求取仙丹。徐福、李福得令之后，立即开始分头准备。作为船长，徐福命人制作了一面大旗，上书"东瀛取宝"四个大字，并制定先经过蓬莱、方丈二岛，再绕道瀛洲岛，最后抵达东瀛仙岛的航行计划，李福则负责召集部队和储备物资。经过一段时间的准备后，精锐部队加上各类生活物资、生产工具装满整整一艘巨轮。徐福、李福登船以后，按照既定航线，一直向东行驶，只用了短短一个多月，他们就抵达了蓬莱仙岛。岛民得知他们要去东瀛仙岛后大为惊诧，惶恐地跟他们说："将军此去东瀛仙岛有万里之距，海上妖孽众多、气候幻化，一不留神极有可能迷失于东海而无以回返。"徐福、李福听了岛民的话，心中顿生不安之感，经过商量，他们决定去请岛主蓬福援助。在听说徐福他们的来意和计划后，蓬福也意欲同行，愿当向导，并资助3000石谷粮，但同时，蓬福也提出了三个条件：第一，如寻得

长生不老之药，须优先分与他一部分；第二，不到东瀛仙岛，二位将军不允许弃船而逃，更不允许将船货和军队卖与他人；第三，如未能抵达东瀛仙岛，二位将军须还我 6000 石谷粮，如无以偿还，则须将船上所有货物及船员交付于我。徐福、李福二位听后沉默不语，虽深感蓬福有乘人之危、漫天要价之嫌，但考虑到双方毕竟目标一致，加上使命重大、旅途遥远、吉凶未知，还是接受了蓬福的要求，并签订了契约。

离开蓬莱岛后，满载着希望和物资的巨轮继续向东驶去。不知经历了多少个日夜，船员们实在是疲惫不堪、狼狈之极。但是，正在他们即将失去信心之时，他们又安全抵达了一座仙岛，岛上宛若仙境一般，到处是宝马雕车、舞榭歌台，远不是咸阳城能比的。登岛后，徐福他们极为兴奋，他们坚信，这就是他们要找的东瀛仙岛。可是，真实情况却让他们大失所望，这里是瀛洲岛，不是东瀛岛，此地距东瀛仙岛还有非常遥远的距离。此时此刻，看着满目疮痍的巨轮、衣衫褴褛的船员，遥望着远在天边的东瀛仙岛，徐福意识到，东瀛取宝的远大理想是无法实现了。此时已到了危急存亡的关键时刻，他必须为这 300 多条生命找到一条合适的出路，于是他找来李福、蓬福商量。蓬福一看这种状况，心想此时要徐福他们补偿 6000 石谷粮也是天方夜谭，无可奈何之下，他只好提出，瀛洲岛岛主瀛福是他好朋友，他可以去找瀛洲岛主，尝试说服他来解救他们。于是，蓬福就去见了瀛洲岛岛主瀛福，并坦诚地表明了当下的境况，希望瀛福来帮助他们。当日，瀛福没有做任何表态，只是盛情地招待了蓬福。经过一夜思考后，次日，瀛福提出了这样一个方案：徐福、李福可以继续留在瀛洲岛，每人封千户，奖 2000 金；蓬福获 6000 石谷粮，由瀛洲派护卫护送他返回蓬莱岛；巨轮及巨轮上所有剩余物资及 300 士兵归瀛洲所有。蓬福得知方案后，经过简单思索，就立马同意了该方案，并将该方案告知了徐福和李福，且要求他们必须同意。徐福、李福虽然还想继续实现东瀛取宝的理想，但是，迫于现实，他们也只能接受了这个方案。

后来，蓬福获得了 6000 石谷粮，心满意得地回到了蓬莱；徐福和李福则留在了瀛洲岛，拿了钱还当上了官，过上了幸福的日子；瀛福则通过 4000 金和 6000 石谷粮的代价获得了 300 人的精锐军士及一艘巨轮，也大大充实了自己的实力。只是，秦始皇还在眼巴巴地等待着二福带着长生不老药归来，最后含恨死在了东巡的路上。

通过上面这个虚构的故事，我们可以将此与公司经营进行类比，徐福、李福作为创始人，他们创立了一家公司，名叫"东瀛取宝"，公司的使命是前往东瀛仙岛，求得不老仙药后向秦始皇复命。同时，公司有着非常不错的创始人团队和员工团队（300 名精锐军士），还有着比较雄厚的注册资本（包括一艘巨轮和巨轮上的物资）。但是，公司的运营也面临着非常多的竞争和市场环境不确定的诸多风险。

公司运营不久，为了抵御未来的不确定性，安全地完成使命，他们引入了重要的财务投资人蓬福。蓬福的思想很简单，他压根儿就没有想过跟二福他们一辈子走下去，他想的是能优先得到一些不老仙药自己享用，或者卖个好价钱，万一没有找到仙药，那给我翻倍的谷粮也是可以的。虽然有风险，但总体来说，他觉得这是一笔划算的买卖，于是就投资了 3000 石谷粮，上了同一条船。后来，大环境一直不太好，公司的运营出现了重大危机，二福没有能力补偿他双倍的谷粮。蓬福见势不妙，找到了他的好朋友大财主瀛福（战略投资人）帮忙，瀛福考虑良久，觉得一口气吞下这个大公司是个不错的选择，不仅花费很低，还能极大地充实自己的实力，非常符合自己的战略意图。于是，瀛福通过 4000 金和 6000 石谷粮全部买下了"东瀛取宝"公司。

这个故事虽然很简单，但是生动地反映了创始人和投资人以及目标公司的各种关系：

首先，从法律的本质上来讲，创始人和投资人都是目标公司的股东。只不过他们进入公司的时间有先后，但是，他们都依法依约定享受各种股东权利。

其次，从投资目的上来看，他们的初衷是不一样的。创始人投资设立公司是想实现公司的价值，是想跟公司一起走下去；而投资人，尤其是财务投资人，他从投资的第一天开始就想着将来如何退出，何时退出。

再次，从出资形式上看，创始人的出资形式多种多样，既可以是货币，也可以是实物、知识产权、土地使用权或者其他可以估值且可以流转的财产，而投资人则一般情况下只能用货币进行投资。

再有，从公司经营角度来看，通常地说，创始人自始至终是要参与且主导公司的实际经营，而投资人，尤其是财务投资人，一般情况下不会深度参与公司的经营，他们对公司的经营发挥着指导和监督的作用。但是，在一定的条件下，投资人却可以获得比创始人更大的权力来决定公司的走向，甚至可以决定卖掉公司。

还有，从竞业禁止的角度来看，创始人是不允许离职和经营同类或相类似业务的，而在没有特别约定的情况下，投资人是可以投资同目标公司类似或者有竞争关系的公司。

最后，虽然创始人与投资人有诸多的不同点，但至少有一点他们是共同的，那就是他们的目标都是一致的，都希望公司发展得越来越好，公司的价值越来越大，最终实现公司的目标。正是基于目标的一致性，创始人和投资人在力促公司发展这个点上是比较容易寻得最大公约数的。作为创始人来讲，引入投资人不仅能获取公司发展的资金，还可以获得投资人的商业资源和管理经验；对于战略投资者更是如此，获得行业领先地位公司的战略投资不仅仅意味着公司资本的进一步增强，更意味着商业资源的倾斜和战略意图上的共生。

上述故事里不仅体现了创始人、投资人及目标公司的关系，其中的各种情节也深刻体现了真实的股权融资案例中投资人的一些特有权利，例如，优先分红权、禁售权、领售权、估值调整权及优先清算权等。

二、股权融资的基本概念与形式

（一）股权融资与债权融资

所谓融资，是指从第三方获得资金支持的行为，包括银行贷款、股权融资、民间借贷等。

1. 银行贷款。银行贷款是一种重要的融资形式，但是，基于我国的监管政策和行业环境，它具有一个非常显著的特点，那就是风险承受能力弱。这也导致银行资金明显地倾向于资信好的主体，而一般的创业公司，尤其是科技创业公司，基本上是轻资产，他们很难通过银行贷款的形式获得资金支持。另一方面，银行的融资都属于债权融资，融资期限较短，融资成本也较高，关键是债权都有清偿要求，这对于创业公司来说无疑是一个极其沉重的压力（并不是表示股权融资没有对价）。

2. 股权融资。股权融资是另一种常见的融资形式，它指的是以公司股权为对价，通过出让部分股权来获取资金支持的行为，也称为"另类融资"，与公开市场债权和股票融资相对应。

股权融资是一种权益性融资，融资标的物多是非上市公司的股权。投资人虽然以公司股权为投资对象，但并不寻求对被投资公司的控制权，而是通过投资形成的权益关系对公司提供增值服务，改善公司的业绩，将公司做大，最终通过股权出售（IPO、并购、转让）等方式来实现股权的流动性增值。股权融资反映的是一种产权关系，这是其与债权融资的本质区别。当然，股权融资与债权融资还存在其他各种区别，具体见表3-1。

表 3-1

表现方面 融资方式	是否需要抵押	融资额度	是否影响公司控制程度	融资成本
股权融资	不需要	放大计算	一般是	股权退出时价值
债权融资	一般需要	缩小计算	否	本金+利息

3. 民间借贷。民间借贷是指自然人、法人、其他组织之间及其相互之间进行资金融通的行为。民间借贷同银行贷款一样，都属于债权融资，但相较于银行贷款，民间借贷的门槛较低、成本较高、风险更大，一般都会牵涉公司的创始人个人，管理也很混乱，因此，一般情况下，不推荐采用此种方式为公司进行融资。

（二）股权转让与增资

股权融资常通过股权转让和公司增资两种方式进行。但是，股权转让与增资有着本质区别，严格地说，股权转让是股东个人融资或套现行为，公司并非融资方，融资资金属于股东个人而非公司；而公司增资则通过公司增加注册资本的形式来进行，增资款归属公司而非股东个人，两者的具体区别见表 3-2。

表 3-2

表现方面 股权融资	融资主体	融资对价支付对象	注册资本	决策程序	其他股东是否有优先权
转让	股东	股东	不变	公司法和章程约定	有
增资	目标公司	目标公司	增加	表决权比例 2/3 以上	有

（三）股权投资基金的分类与特点

前文介绍了股权融资的基本概念和特征，那么，我们国家目前有哪些类型的股权投资基金呢？每种基金都有哪些特点呢？

股权投资基金按照投资价值取向来分，可以分为财务投资和战略投资。

财务投资是指以获取中短期财务价值为目的，主要通过溢价退出实现资本增值的交易行为，包括单一股权投资和混合型投资。其中，混合型投资系指交易结构中除股权类投资外，还包含债券类业务的交易类型。① 财务投资者有很多不是行业内人士，他们更关心的是目标公司的财务状况，同时，基于财务投资的性质，财务投资人是阶段性投资，是为了退出而投资，所以，短期内有巨大爆发力的行业和领域是他们所青睐的。

战略投资与财务投资有很大的不同，战略投资者通常是和目标企业属于同一行业或相近行业，或处于同一产业链的不同环节，其投资的目的除了获取财务回报以外，更看重其战略布局和竞争壁垒的搭建。所以，一般情况下，战略投资者会长期持有目标公司的股权，跟企业长期共同发展下去。因此，就融资而言，如果公司希望在获取资金支持的同时，也能获得投资者在公司管理、技术、商业资源方面的支持，通常会优先选择战略投资者，这不仅有利于提高公司的行业地位，同时可以获得技术、产品、上下游业务或其他方面的补充，提高公司的盈利能力和增值潜力。所以，如果目标公司能够在公司前期融资阶段就引入战略投资者，对于目标公司来说是一个非常好的背书，对后续的融资也有很大的帮助。

第二节　私募股权投资基金

一、私募股权投资基金的概念

（一）私募股权投资基金的概念

私募与公募相对应，是两种截然不同的资金募集方式。私募是指向少数特定的投资者，包括机构和个人募集资金的行为。公募则刚好相反，公募的募集对象是广大社会公众，即社会不特定的投资者。

广义的私募股权投资基金（Private Equity，PE）是指以非公开形式募集的，对非上市公司股权进行投资的基金。这种股权投资范围涵盖了企业首次公开发行股票前的各个阶段，包括种子期、初创期、发展期、成熟期和Pre-IPO期等。私募股权投资通常以基金作为资金募集的载体，由专业的基金管理公司运作，像黑石集团和红杉资本等国际知名投资机构就是私募股权投资基金的管理公司，他们旗下都运营着多支私募股权投资基金。

---

① https：//wiki. mbalib. com/wiki/%E8% B4% A2% E5% 8A% A1% E6% 8A% 95% E8% B5%84.

（二）私募股权投资基金的特点

1. 资金募集方式具有私募性。私募股权基金主要通过非公开方式向少数机构投资者和高净值的个人募集，其销售、赎回都是通过私下与投资者协商进行的。另外，私募股权投资基金主要投资于非公众公司的股权，很少涉及公开市场的投资，因此，也无需披露交易细节。

2. 私募股权投资多是采取权益型投资方式，一般不会涉及债权投资，投资对象是具有高成长性的非上市公司。投资人因投资行为而成为目标公司的股东，进而享有目标公司的股东权利，但通常情况下，其并不以控制公司为目标。

3. 私募股权投资周期长、流动性较差、退出渠道有限。私募股权投资周期一般可达 5 至 7 年，甚至更长，属于中长期投资。股权流动性较差，退出渠道通常包括上市（IPO）、转让、并购、目标公司回购及目标公司管理层回购等。

4. 私募股权投资基金组织形式多采取有限合伙制，这种企业组织形式有很好的投资管理效率和业绩激励方式，也有利于募集资金，同时有效地规避了双重征税。

5. 完整的私募股权投资还包括投资之后对目标公司的投后管理。私募股权投资人投资后通常会在一定程度上参与公司的管理，即我们通常所说的投后管理，其主要形式有委派董事和财务负责人，帮助制订企业发展策略和营销计划，监控财务业绩和经营状况，协助处理企业危机事件，策划追加投资和促成合格上市等。对于被投企业而言，引入私募股权投资，不仅能引入资金，还可以引入投资人的资源和管理经验。

二、私募股权投资基金的分类

根据被投资企业发展阶段划分，私募股权投资基金主要可分为创业初期的风险投资（Venture Capital）、成长资本（Development Capital）、并购资本（Buyout Capital）、夹层投资（Mezzanine Capital）、Pre-IPO 投资（Pre-IPO Capital）以及上市后私募投资（Private Investment in Public Equity，PIPE）。①

---

① https：//wiki. mbalib. com/wiki/%E7%A7%81%E5%8B%9F%E8%82%A1%E6%9D%83.

（一）风险投资

风险投资又称创业投资，主要投资对象是科技型初创企业。此时，被投企业可能还处于概念形成或验证阶段，并没有成型的产品或服务推向市场，更不用说良好的财务数据了，投资该类型的企业具有很大的风险。因此，我们称该类基金为风险投资基金，风险投资基金虽然风险很大，但是一旦被投项目获得成功，回报率也是极其惊人的。

（二）成长资本

成长期投资针对的是已经过了初创期的企业，这类企业通常在前期已经接收了风险资本的投资，其业务模式已经得到证实，财务数据也表现为积极向好的态势，且具有良好的上升空间，投资此阶段的企业风险要远小于投资初创阶段的企业。

（三）并购资本

并购资本主要专注于并购目标企业，通过收购目标企业股权，获得对目标企业的控制权，然后对其进行一定的重组改造来提升企业价值。必要的时候可能更换企业管理层，成功之后持有一定时期后再出售。并购资本相当大的比例投资于相对成熟的企业，这类投资包括帮助新股东融资以收购某企业、帮助企业融资以扩大规模或者帮助企业进行资本重组以改善其营运的灵活性。

（四）夹层投资

夹层投资的目标主要是已经完成初步股权融资的企业。它具有股权投资和债权投资的双重性质，其实质是一种附条件的股权投资，投资人可根据事先约定的期限或触发条件，以事先约定的价格购买被投资公司的股权，或者将债权转换成股权。夹层投资的风险和收益低于股权投资，而高于一般的优先债权。夹层投资处于底层的股权投资和上层的优先债权之间，因而被形象地称为"夹层投资"。与并购投资不同的是，夹层投资很少寻求控股权，一般也不会长期持有股权，其更倾向于"快进快出"，例如，当企业在两轮融资之间，或者在希望上市之前的最后冲刺阶段，资金处于青黄不接的时刻，夹层投资者往往就会从天而降，带给企业最需要的现金，然后在企业进入新的发展期后全身而退。这也是它被称为"夹层"投资的另一个原因。夹层投资的操作模式风险相对较小，因此寻求的回报率也低一些，一般为18%～28%。①

（五）Pre-IPO 投资

Pre-IPO 投资主要投资于企业上市前阶段，或者预期企业规模与盈利已达到可上市水平的企业，其退出方式一般为上市后从公开资本市场上出售股票，Pre-IPO 投资具有风险小、回收快的优点，但其收益比前几种投资行为要低。

三、私募股权基金的运作体系

私募股权基金主要有三种组织形式：有限合伙、有限公司和信托，其中有限合伙形式是其中的主流形式，在有限合伙形式的私募股权基金运作中，主要包括以下三个层面的关系。

（一）私募股权基金的周期

如图 3-1 所示，私募股权基金通常的存续期为十年，在十年的周期里，私募股权基金要完成资金募集、项目投资、投后管理及退出变现四大使命。在基金成立的前两年时间（基金募集期），资金管理人的主要任务是募集资金，当然，也包括寻找项目。资金募集截止后，管理人就开始正式投资项目，并对投资项目进行管理，这个周期我们称其为"项目持有期"，这个周期时间较长，有的长达七年左右。随着投资项目的逐渐成熟，基金进入了"项目退出期"，由于现在基金对盈利再投资控制非常严格，这个周期一般会持续到基金的末期。

（二）私募股权基金的运作体系

如图 3-2 所示，私募股权基金通常以封闭的有限合伙形式存在，普通合伙人（GP）作为基金管理人，负责基金的日常管理和投资运作，有限合伙人（LP）作为基金的出资人，其仅承担出资义务。PE 投资被投资公司后，还对公司提供管理咨询等增值服务，扶助公司发展壮大，被投资公司与作为出资人的 LP 之间没有直接交集，这也就是我们通常所说的"盲池"。

---

① https：//wiki. mbalib. com/wiki/%E7%A7%81%E5%8B%9F%E8%82%A1%E6%9D%83%E6%8A%95%E8%B5%84.

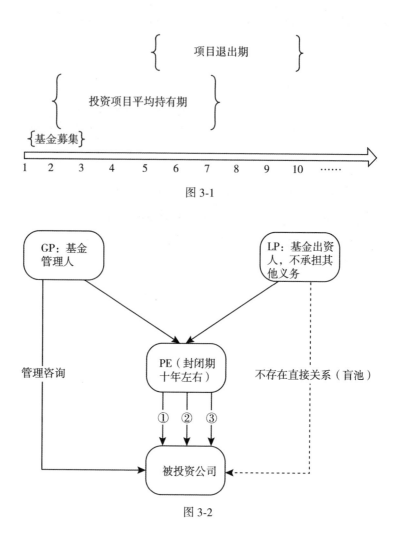

图 3-1

图 3-2

（三）GP、LP、PE 的信用循环

私募股权投资的成功与否很大程度上取决于两个层次的信任：一是 LP 对 GP 的信托信任关系，LP 不参与基金的投资运作，与被投资企业之间存在"盲池"，如果 LP 对 GP 不信任，GP 的投资工作将难以开展，也会影响 PE 的资金募集，因为 LP 不可能将自己的资金交给不信任的 GP 来打理；二是 GP 与被投资企业之间的信任，很多人将投资人比喻成"门口的野蛮人"，如果投融资双方不信任，对投资项目带来的影响不言而喻，如图 3-3 所示。

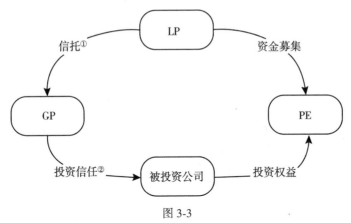

图 3-3

注：①和②的双重信任影响了基金的投资收益，从而影响了基金的募集效率。

四、TS、SPA、SHA 的基本概念及法律效力

前文介绍了私募股权投资的背景知识，现在，我们开始介绍一些股权投融资中常见的法律术语。

TS，英文全称"term sheet of equity investment"，"term sheet"中文译为"投资条款清单/投资条款协议"，指的是投资人与拟被投企业就未来的投资交易所达成的原则性约定。投资条款清单中除约定投资者对被投资企业的估值和计划投资金额等基础性条款外，还包括被投资企业应负的主要义务和投资人要求的主要权利以及投资交易达成的前提条件等内容。下文是广为流传的真格基金一页纸 TS。

[公司/项目名称]
[种子期 Pre-A 轮] 优先股融资条款摘要
2015 年【 】月【 】日

发售条款：

发行人/公司：创始人在中国或其他地域设立的公司及其关联方

投资者：真格基金或其关联方

拟发行证券：[种子期/Pre-A 轮] 优先股（"优先股"）

投资金额：[＿＿人民币/美元]

股权比例：[＿＿＿%]

估值：投资后估值 [＿＿＿人民币/美元]（包括 [15%] 的员工期权）

附属细则：

清算权：一旦发生公司清算或整体出售后，全部可分配款项将基于优先股转换成普通股后的比例分配给所有股东（包括投资者）。

保护性规定：采取以下任何行动需征得真格基金的事先同意：（Ⅰ）清算、合并、兼并或解散；（Ⅱ）修改、变更投资者权利或可能影响投资者权利的事项；（Ⅲ）购买或赎回股份；或（Ⅳ）支付任何股息。

知情权：公司应定期提供财务报表及投资者可能合理要求的其他信息，一旦发生任何重大变化，应及时通知投资者。

跟投权：如公司未来进行增资（向员工发行的期权和股份除外），投资者有权按其届时的持股比例以同等条件和价格购买该等股份。

公司治理：真格基金有权委派一位公司董事和/或董事会观察员。

投资者权利：投资者应享有不劣于公司现有及未来股东/投资人的股东权益，包括但不限于优先购买权、共售权、分红权、转换权、上市登记权等权利。

创始人股份限制：各创始人 25% 的股份将于交割后一年时悉数归属，各创始人其余 75% 的股份将在之后三年内等额分期归属。

优先投资权：若交割后创始人从事任何新项目，投资者在同等条件下对该等新项目享有优先投资的权利。

交割：应根据投资者接受的协议在本文件签署后 60 天内合理可行时尽快满足交割条件并完成交割。

有约束力条款：在 60 天内，公司和创始人同意不招揽要约来自他方的任何融资。在真格基金同意之前，公司将不得向他人透露这些条款，但高级管理人员、董事、主要服务供应商以及在本次融资的其他潜在投资者除外。本条款摘要适用 [中华人民共和国] 法律。

关于 TS 的法律效力，司法实践中存在一定的争论，有些判例中认为 TS 中双方权利义务具体明确，已经具备了合同的基本要素，具有法律效力。有些判例则认为 TS 仅是双方为了谈判的顺利高效推进而制定的磋商性文件，拟定 TS 是为了聚焦谈判要点，为以后签订正式的投资协议奠定基础，因此，其不具有法律效力。

笔者认为，TS 的法律效力还是要结合具体的案例加以分析，但一般情况下，结合私募股权投资领域的实际情况，TS 不具有合同法上的法律效力是司法的主流观点，也符合投融资双方真实意思表示，绝大多数的 TS 首段都会有如下的表述："本投资意向条款清单旨在概述投资协议中的主要意向性条款，仅供谈判之用，各方理解并确知本条款清单以最终正式签署的投资协议（以下简称'投资协议'）为准，除'保密''排他性条款'与'管辖法律'和'争议解决'外的其他条款不应亦不会在各方之间产生任何法律的约束力。"

SPA，英文全称为"Share Purchase Agreement"，中文翻译为"股权收购协议"，即常说的"增资协议"，在后面的章节中会着重分析。

SHA，英文全称为"shareholders agreement"，中文翻译为"股东协议"，在私募股权投资中，投融资双方一般都会签署 SPA 和 SHA 这两个协议。关于股东协议，其最大的争论焦点在于其与公司章程的关系与效力冲突的解决机制。就法律的理解和适用而言，章程不仅具有对内效力，也具有一定的对外效力。第三方可以基于对章程的信赖而主张权益，在私募股权融资的实务中，投资人会要求与目标公司及目标公司的全体股东签订《股东协议》。通过股东协议明确约定投资人与股东及目标公司的权利义务，投资人的多项优先权和特有权利多半是通过股东协议进行约定的。股东协议中也会明确约定与公司现有章程冲突时《股东协议》的效力优先性，《股东协议》是公司所有股东的真实意思表示，其与章程中不同的约定可以视为对公司章程的修改，在不违反法律强制性规定的前提下，对股东各方和投资人都具有法律效力，因此，股东协议对内效力优先于现有章程。股东协议与公司章程还有一个明显的区别在于，股东协议约定的是原始股东与投资人的权利义务，并不包括公司的其他高管，而公司章程不仅约束股东，对公司的高管也有约束力。

第三节　私募股权基金的投资流程[①]

上文也讲过，私募股权投资基金的运作包括四个方面的流程，即"募集、投资、管理、退出"，通常简称为"募投管退"。其中募集是基金成立的前提，属于基金管理内部的工作，而"投资、管理、退出"则是常见的对外工作，也是私募股权基金管理人进行项目投资的常规概括性流程。

私募股权投资是一个极其严谨的过程，每一个过程都有着明确的要求和标

---

① https://wiki.mbalib.com/wiki/%E7%A7%81%E5%8B%9F%E8%82%A1%E6%9D%83.

准。我们知道，私募股权投资基金来源于 LP 的投资，为了吸引 LP 的投资，基金管理人通常都会对他们有基础的收益承诺（通常为年化 8%），因此，基金管理人承受着投资收益的巨大压力，而同时，私募股权投资又是一个长期的过程，具有高风险、变现难等特点。因此，投资人投资每一个项目都需要极其慎重。为了最大限度地控制风险，提高优秀项目的识别能力，投资人会将上述三大投资流程分解为以下六个步骤：项目选择、初步评估、尽职调查、方案设计、投后管理和项目退出，当然，不同私募股权投资基金的特点不同，在投资流程上会有少许差异，但基本上大同小异。

这六个步骤表面上相互独立，但实则相互关联、相互影响，可以说，每一个步骤都有可能决定整个投资项目的成败。接下来以投资人视角，展开分析上述六个步骤。

（一）项目选择

《精通私募股权》一书中说，"挑选'独角兽'是一门艺术"[1]，确实如此，在私募股权投资中，项目的选择可能是决定投资成功与否的关键。

实践中，投资项目通常来源于三个方面：一是基金管理人个人的人脉圈，私募股权基金的管理人很多都是拥有投资银行工作背景的圈内人，他们同各种金融机构、中介机构都有着广泛的联系，这种广阔的人际关系可以给他们带来很多的第一手项目信息；二是创业者通过各种方式直接递交的商业计划书；三是通过专门的中介机构有偿获得项目，这些机构如投资银行、并购机构、会计师事务所、律师事务所等，相较于知名的大型投资基金，一些初创的中小型基金对中介机构项目资源的依赖更加强烈一些。当然，项目选择还有一些其他途径，例如孵化器、创业大赛、高校科技成果转化等。

（二）初步评估

当基金管理人（通常是项目经理）了解到项目信息后，他们会进行以下初步的评估工作：拟融资公司的基本情况（注册资本、股权结构、经营情况、产品或服务的竞争力或盈利模式特点等）、商业计划的可行性、所处行业发展情况、融资意向和其他有助于项目经理判断项目投资价值的情况。初步评估工作完成后，项目经理可能会与创业者取得联系，深入了解创业者的背景及项目的实际情况，并决定是否进行下一步的尽职调查。

---

[1] 克劳迪娅·纪斯伯格等：《精通私募股权》，清华大学出版社 2018 年版，第 26 页。

（三）尽职调查

"对于私募股权来说，成功的关键不仅在于要做好交易，还需要规避不利的交易。平庸基金和伟大基金的最大差异体现在两个重要方面——交易搜索和尽职调查。"[1] 由此可见尽职调查对一项投资的重要意义。

然而，尽职调查却是投资过程中时间和精力消耗最多的阶段，其通常包括四个方面的内容：商务状况、财务（包括税务）数据、法律及人力资源状况，尽职调查最终以报告形式呈现，有时候是通过第三方机构（会计师事务、律师事务所）独立作出的。

考虑到基金的存续期限和基金的特性，尽职调查的启动是极其谨慎的，而一旦启动，则应从一开始就将主要精力聚焦于其最重要的目的之上，即发现公司的价值。当然，这并非要求尽职调查责任人员为了促成投资而罔顾事实、虚构数据，相反，尽职调查是风险投资中风险由目标公司向投资人转移的节点，因此，尽职调查一定要建立在事实和理性分析的基础之上。所以，我们可以说，尽职调查还有另外一个重要的目的，就是为投资人及时说不提供依据。

当然，尽职调查是投融资双方参与的，尽职调查报告的很多结论也是建立在融资方的陈述和承诺基础上，因此，作为融资方，一定要遵守诚信义务，避免因不实陈述导致后续产生重大分歧，甚至引发诉讼。

（四）投资方案设计

尽职调查完成后，项目经理会根据尽职调查的结论形成调查报告及投资方案建议书。投资方案建议书包括估值定价、投资金额、董事会席位、投资保护条款、退出策略等内容。投资方案涉及非常多的专业知识，也牵涉目标公司和股东的核心利益，因此，投资方案的谈判也是一个非常重要的环节。作为融资一方，因其缺乏相应的投融资经验，此阶段最好在律师的指导下进行。

（五）投后管理

投后管理，顾名思义，就是指投资人投资目标企业后对目标企业的持续跟踪管理工作。投后管理主要包括三个方面的内容：协议履行、公司治理、增值服务。投后管理工作具体分为日常管理和重大事项管理。日常管理主要包括与所投资企业保持联系，了解企业经营管理情况，定期编写投后管理报告等管理

---

[1]　克劳迪娅·纪斯伯格等：《精通私募股权》，清华大学出版社 2018 年版，第 76 页。

文件；重大事项管理包括出席被投企业股东会会议、董事会会议、进行重大事项的审议并进行表决等。投后管理是私募股权投资流程中重要组成部分，关系到投资项目的发展与退出方案的实现。良好的投后管理对于保护投资安全、实现投资收益具有极其重要的作用，因此，投后管理对于投资人具有十分重要的意义。

（六）项目退出

项目退出是指私募股权投资人将其持有的被投企业的股权通过转让或者出售等方式实现退出公司并获得投资收益的行为。项目退出一般包括：被投企业IPO，投资人将其持有的股权出售；或是被投资企业被第三方并购而进行的股权转让；或是因为触发回购或清算条款，管理层股东对投资人的股权进行回购等几种形式。

项目退出是私募股权投资的最后一环，是投资人收回投资和实现投资收益的必要步骤。因此，优秀的私募股权投资基金管理人都具有这种"以终为始"的投资意识，他们在筛选被投企业的时候就已经开始关注退出操作了。当然，项目退出有时候皆大欢喜，有时候两败俱伤。

第四节　私募股权融资实务操作

一、融资的心理准备

作为公司的创始人，在引入投资的时候，最重要的准备工作通常包括两个方面：一个是心理的准备；一个是实操的准备。心理准备看上去比较虚，但实际上却是很多企业融资失败的根源。

随着市场经济的充分发展，借助资本助力公司快速发展的理念确实相比前十几年有了突飞猛进的进步。尤其是在"大众创业、万众创新"的感召下，越来越多的人加入了创业者的队伍。大众创业也被视作中国新常态下经济发展"双引擎"之一，尤其是在《合伙企业法》等相关法律法规修改以后，大量的社会闲置资金终于找到了除房地产之外又一个"风口"。各类风险投资基金的疯狂发展极大地助推了创新创业的风潮，一项创新技术在资本的加速推动下，可以迅速地成长为行业的颠覆者。一个创意想法搭上"移动互联网""共享经济"的翅膀，就能飞速地成长为估值几十亿，甚至上百亿的巨无霸企业。这种聚财能力、这种造富能力、这种企业发展的速度在经济发展史上都是极其罕见的，堪称神话。当然，其中不乏估值的泡沫，不乏浮躁的投机者，甚至不乏法律边缘行走者。当创业逐渐回归理性，当资本逐渐回归正当溢价，我们从这些绚烂的故事中可能会得出两种截然不同的观点：一种视资本为恩人，是资本让他一飞冲天；一种视资本为仇敌，是资本让他跌入无底深渊。毫无疑问，这两种观点都是极端的，都是偏激的，但确实能反映在新技术革命的巨大冲击下，创业者对待资本的心理态度。

笔者曾是两家美国上市公司的法务部负责人，通过切身的工作实践确实见证了资本的力量。可以说没有资本的强力助推，他们不可能取得如此大的成绩。从这个角度上讲，笔者对资本没有理由排斥。但同时，作为一名律师，笔者也曾听到很多创业者吐槽甚至咒骂资本的无情和血性，咒骂资本让他们迷失了方向，抛弃了创业的初心，害得他们失去了公司的控制权，还因对赌弄得债台高筑。但坦白地说，血淋淋的故事和惨烈的咒骂并没有让笔者对资本产生相应的抗拒和排斥。但是，这也并非表示笔者在歌颂资本或者馋涎资本，而是让笔者更加深刻地体会到了一个简单而朴素的道理："不要跟资本的本性对抗，也不要跟人性的本性对抗。"

面对资本，作为创始人真的准备好了吗？创始人对资本的心理和态度会写在脸上、体现在企业的经营中，这是掩藏不了的。如果创始人对资本抱着怀疑、提防的心态，这可能从一开始就决定了项目的走向和态势，所以，创业者们，先想好这个问题，再去想融资后面的事情吧！

二、融资的实操准备

关于融资的实操准备不是本章的重点，主要原因不是这个内容不重要，相反，这些内容非常重要，在实际工作中可能是决定引入投资成功与否的一个重要环节。但是，每个创业项目都有各自的特点，每个创业团队都有各自的优势，对项目理解和团队优势感受最深的一定是创业者本人，只有创业者本人的激情和执着才能打动投资人。因此，本节主要讲一些流程方面的操作。

1. 撰写商业计划书（Business Plan，BP），BP 是指以书面的形式详尽地介绍公司的产品、服务、技术特征、市场和客户群体、融资需求和资金利用的商业计划方案。简单地说，就是创始人给投资人讲的关于如何经营公司、如何实现公司目标、公司的优势及公司融资计划等内容的书面故事。编写商业计划书的直接目的是寻找投资资金，其内容应真实、科学地反映项目的投资价值，可以适当展开行业发展前景，但是切忌无基础数据分析的一味夸大，同时商业计划书不是内容的堆砌，不需要非得做个几十页，一份好的商业计划书最鲜明的特点是简明扼要、亮点突出、有理有据。另外，商业计划书也不一定要做得非常花哨、高档，但是起码的格式还是要遵守，这也能在一定程度上反映创业者对项目的感情。撰写 BP 还有一个非常重要的问题，就是保护商业机密。如果公司是技术创新公司，尤其是有自己的硬核技术的公司一定要注意保密。BP 中简要介绍一下技术的先进性（最好援引权威数据或展示技术证书等）即可，切不要全盘托出。

2. 做好 BP 的同时对公司股权架构、股权激励有一个初步的安排。对于不适宜的股权架构，内部要充分协商，尽早调整。对于股权激励，可以不用立即成文，投资谈判时，投资人也会有要求，但是要有相应的安排和筹划，至少要明确公司意欲拿出来做股权激励的份额。

3. 对于公司的估值有一个心理预期，也可以通过聘请中介机构做一些辅导和评估。同时要了解一下同行业其他竞争公司的估值情况。对于估值，需要着重提示的是，公司的估值不是越高越好，要跟公司的价值相当，过高的估值不仅无利甚至还会给公司和创始人带来巨大的法律风险：轻则会通过估值调整机制（对赌）和反稀释反摊薄条款进行调整；重则可能引发回购、强制转让从而导致创始人负债或失去公司的控制权，进而触发清算条款，产生更为严重的后果。举个例子，甲公司在 A 轮投后估值 1 亿，投资人投资 3000 万，占股 30%，融资以后，公司发展不顺，在 B 轮融资的时候估值变成了 6000 万，假如投资人要求公司控股股东通过转让股权的形式调整估值损失，控股股东转让部分股权给投资人后，发现自己已经失去了对公司的控制权，此时就很可能触发清算条款，公司进行强制清算，最终会归于消灭。

4. 主动创造机会找到合适的投资人。关于找投资人有各种各样的途径，归纳下来，笔者认为以下五种是比较靠谱的：第一，通过其他创业朋友或伙伴的引荐；第二，找有价值的 FA（融资顾问），FA 太多但良莠不齐，很多还是骗子，找有价值的 FA 不仅能帮你对接适合你项目的投资人，还能帮你梳理商业模式，制定融资策略和控制融资节奏；第三，参加路演或创业大赛，但是，一般情况下，锻炼向公众讲故事和临场应答能力大过于找到真正投资人的意义；第四，通过互联网平台，这方面的平台很多，如腾讯创业、IT 桔子、36Kr 都可以尝试；第五，入驻孵化器。

5. 搜集并学习投融资的基础知识或者去听几场关于这方面的讲座。等你真正地跟投资人去谈的时候就会知道，在充分理解自己创业项目的基础上，如果能对投融资有一定的理解是多么的重要，投资人的观感也会明显不一样。试想一下，如果一位对投融资完全没有概念的创业者去谈融资，投资人不仅要跟创业者谈商业计划书还要解释那些晦涩难懂的专业术语该是多么地让人抓狂。不过，要提醒各位创业者的是，最好找专业的律师，他们不仅有丰富的融资经验，也有专业的法律风险控制能力。

三、签署 TS（投资意向书）

签署 TS 是正式融资谈判的开始，如果有投资机构要和你签署 TS，那么恭喜你，至少你成功地引起了他们的注意，他们愿意跟你继续深入地谈下去，但是，也请注意，私募股权投资这行看似高大上（也确实有些高大上），骗子还是非常多的，有低俗的骗尽职调查费用的（有的投资机构要拟投资企业承担尽职调查和其他开支），有高级的以投资为名盗窃拟投公司商业机密的。总之，创业者一定要谨慎小心，切忌为了急于引入投资而丧失了基本的判断能力。

前文讲过了真格基金一页纸的 TS（种子期），这个毕竟是比较少见，下面笔者引用一个相对来说更完整的 TS 文本供大家参考。

××投资管理有限公司
投资意向条款清单

本投资意向条款清单（"条款清单"）概述了潜在投资者（"投资人"）投资于【　】公司（"公司"）拟议的主要条款。本条款清单旨在概述投资协议中的主要意向性条款，仅供谈判之用；各方理解并确知本条款清单以最终正式签署的投资协议（以下简称"投资协议"）为准，除"保密""排他性条款"与"管辖法律"和"争议解决"外的其他条款不应亦不会在各方之间产生任何法律的约束力。

"公司"：【　】有限公司，成立于中华人民共和国的有限责任公司。

"管理层股东"：指公司现有股东。

"投资人"：【　】（以下简称"投资人"）。

"投资金额"：【　】美金或等值人民币。

"预计上市"：预期公司股份最晚将于【　】年【　】月【　】日以前于中国国内或者境外证券交易所上市（"首次公开发行"）。

"投资股份"：相当于完全摊薄后公司总股本的【　】%。

"目前投资估值"：公司包含投资人投入资金之估值为【　】美金。

"可转让性"："投资人"可在公司上市后根据其所在证券交易所的上

市规则的要求在禁售期后出售全部或部分股份。

"投资人的权利"：投资人将享有充分的监察权，包括收到提供给公司管理层之所有信息的权利。

"陈述与保证"：于重要的事项上，如组织及资格、财务报表、授权、执行和交割、协议有效性和可执行性、股票发行、相关监管机构所要求报告、未决诉讼、符合法律及环保规定、政府同意、税项、保险充足性、与协议及章程条款无冲突性、资本化、没有重大的不利改变等事情上，由公司作出的惯例性的陈述与保证。

投资人及公司免于对投资前的财务报表中未反映的税收和负债承担责任，管理层股东同意承担由此所引起的全部责任。

除非经投资人同意，管理层股东不得将其在公司及子公司的股份质押或抵押给第三方。

"保密"：除当法律上要求或/和遵守相关监管机构/权威机构（视情况而定）的披露要求外，在此的任何一方同意就本清单所包含的信息保守秘密。

"排他性"：在签署关于投资的正式且具有法律约束力的协议之前，但不晚于【】年【】月【】日之前，管理层股东及其任何职员、董事、雇员、财务顾问、经纪人、股东或者代表公司行事的人士不得寻求对于企业有关资产或股权的收购融资计划，以及就此与投资人以外的任何其他方进行谈判。

签署正式协议后，未经投资人书面同意，公司及公司管理层股东及其任何职员、董事、雇员、财务顾问、经纪人、股东或者代表公司行事的人士不得寻求对于企业有关资产或股权的收购的其他融资计划，以及就此与投资人以外的任何其他方进行谈判。

作为对于此种排他性的对价，投资人如果在投资协议签署日之前的任何时间决定不执行投资计划，应立即通知管理层股东。

【就单独项目可能讨论的违反排他性约定公司向投资人支付的违约金赔偿根据具体项目情形另行讨论。】

"成本和费用"：投资完成后由公司支付此轮融资的所有费用。如果此轮融资最终未实现，由公司和投资人承担其各自的法律文件制作费用。

"董事会席位"：公司董事会（"董事会"）由【】名董事组成，其中，"投资人"有权任命【】名董事（"投资人提名董事"）。

"董事会会议"："董事会"每半年召开一次会议。

"监事会席位"：公司监事会（"监事会"）由【】名监事组成，"投资人"有权任命一名监事（"投资人提名监事"），一名监事由职工代表担任，其他监事由原股东任命。

"监事会会议"："监事会"每半年召开一次会议。

"价值调整机制"（"对赌条款"）：本次增资扩股完成后，公司原股东、投资人和公司共同为公司设定了【A】年度扣除非经常性损益后税后利润【a】元人民币经营目标。公司有义务尽力实现和完成最佳的经营业绩，公司原股东和投资人应当促使管理层尽职管理公司，确保公司实现其经营目标。

当注册会计师出具公司【A】年度之经审计财务报告后（该报告应于【A】年4月30日前出具），若公司【A】年度扣除非经常性损益后税后利润少于人民币【】元，则投资人占公司的总股本比例应做如下调整：

投资人调整后的持股比例 = 投资人调整前的持股比例【X】×（【a】÷【A】年度扣除非经常性损益后税后利润）

公司控股股东应将自己所持的一部分公司股权无偿转让给投资人以使投资人达到上述调整后新的持股比例。

"优先认股权"：投资人有权参与公司未来权益证券（或购买该等权益证券的权利，可转换或交换该等权益证券的证券）的发行，以便在首次公开发行前维持其在公司的完全摊薄后股权比例。这一权利将不适于：1. 根据已批准的员工认购权计划、股票购买计划，或类似的福利计划或协议而做的证券发行；2. 作为公司购买、或合并其他企业的对价而发行证券。

并且，如果公司未来权益证券的发行价格低于投资人此次的认股价格，则公司应当以名义价格向投资人发行相应股份以保证投资人本次认股价格不低于未来的发行价格。

"股份回购权"：如果公司不能在【】年【】月【】日之前在资本市场上市，则投资人有权利要求公司或公司现有股东回购投资人所持有的全部或者部分股份。公司或公司股东在收到"股份回购"的书面通知当日起两个月内需付清全部金额。

如果公司对投资人股份的回购行为受法律的限制，管理层股东则应以其从公司取得的分红或从其他合法渠道筹集资金收购投资人的股份。

股份回购价格按以下两者较大者确定：

（1）投资人按年复合投资回报率【】%计算的投资本金和收益之和

（包括支付给投资人税后股利）；

（2）回购时投资人股份对应的净资产。

"提前回购权和强制卖股权"：当出现下列重大事项时，投资人有权利要求管理层股东提前回购投资人所持有的全部股份：

（1）公司【　】年经审计后的净利润低于【　】万元人民币；

（2）公司出现重大运营危机；

（3）公司现有股东出现重大个人诚信问题，比如公司出现投资人不知情的账外现金销售收入时。

或者，投资人将有权出售，并且有权要求管理层股东共同出售，任何种类的权益股份给有兴趣的买方，包括任何战略投资者；在不止一个有兴趣的买方的情况下，这些股份将按照令投资者满意的条款和条件出售给出价最高的买方。

"优先购买权"和"共同卖股权"：投资人享有优先购买权和共同卖股权。若管理层股东成员（"卖方"）打算转让其股份给第三方，投资人被赋予以下选择权：

（1）按第三方给出的相同的条款和条件购买所出售股份；或

（2）按照卖方及投资人当时的各自持股比例共同出售股份。

"权利终止"：公司上市后，价值调整机制、优先认股权、股份回购权、提前回购权和强制卖股权、优先购买权和共同卖股权自然终止。

"公司的清算"：公司进行清算时，投资人有权优先于其他股东以现金方式获得其全部投资本金和不低于【　】%的复合年投资回报。在投资者获得现金或者流动证券形式的投资本金及回报后，公司所有的股东按照各自的持股比例参与剩余财产的分配。

"资金用途"：公司将此次私募所得的资金用于以下募集资金投向：

（1）【　】；

（2）【　】。

"竞业禁止"：公司主要管理人员、技术人员与公司签订《竞业禁止协议》，在任职期间内不得从事或帮助他人从事与公司形成竞争关系的任何其他业务经营活动，在离开公司【　】年内不得在与公司经营业务相关的企业任职；

未经投资人书面同意，公司现有股东不得单独设立或参与设立新的经营实体，不得在其他企业兼职。

"转让限制"：从"完成投资"起至合格的首次公开发行前，管理层股东不会出售或转让其起初持有的股份。

"前提条件"：本初步条款清单以及此清单包含的权利义务的有效性取决于以下条件：

（1）在公司协助下令投资人满意地完成对公司业务、财务及法律的尽职调查和经投资人认可的财务审计后；

（2）该交易取得所有相关的同意和批准，包括公司内部和其他第三方的批准，投资人的投资委员会批准、所有相关监管团体及政府部门的批准（如需要）；

（3）在内容和形式上均令公司和投资人双方接受的所有有关的投资文档已完成及签署；

（4）法律意见书认为，投资的法律架构符合当地法律和其他该等交易的惯例或投资人的其他合理要求；

（5）公司无重大不利变化；

（6）投资人的内部投资委员会委员的完全批准；

（7）基于尽职调查，被要求要需满足的其他合理条件。

"投资人的知情权"：投资人将被提供所有可以获取并提供给董事会成员的财务或其他方面的、所有的信息或材料。投资人将有权向公司管理层提出建议并与之进行商讨。

特别地，公司将提供给投资人：

（1）每日历季度最后一日起30天内，提供月度合并管理账，含利润表、资产负债表和现金流量表；

（2）每日历年结束后45天内，提供公司的年度合并管理账；

（3）每日历年结束后120天内，提供公司的年度合并审计账；

（4）每日历年/财务年度结束前至少30天，提供公司的年度业务计划、年度预算和预测的财务报表；

（5）在"投资人"收到管理账后的30天内，提供机会供"投资人"与公司就管理账进行讨论及审核；和

（6）按照"投资人"要求的格式提供其他统计数据、其他交易和财务信息，以便他们被适当告知公司信息及保护其自身权益。

"重大事项表决权"：在首次公开发行前，以下重要事项需要经公司董事会【】以上董事的投票确认并且必须包含一名投资人提名董事的同意：

（1）公司的业务范围、本质和/或业务活动重大改变；

（2）并购，和处置（包括购买及处置）超过【 】元的主要资产；

（3）任何关于商标及知识产权的购买、出售、租赁及其他处置事宜；

（4）批准年度业务计划或就已批准年度业务计划做重大修改；

（5）为任何员工或管理人员做出超过【 】元的年度补偿；

（6）在聘任"投资人提名董事"以后，公司向银行单笔贷款额超过【 】元或年累计【 】元的额外债务；

（7）公司对外提供担保；

（8）公司对外提供贷款；

（9）对公司及子公司的股东协议、备忘录和章程中条款的增补、修改或删除；

（10）将改变或变更任何股东的权利、义务或责任，或稀释任何股东的所有权比例的任何诉讼；

（11）股息或其他分配的宣派，及公司股息政策的任何改变；

（12）订立任何投机性的互换、期货或期权交易；

（13）提起或和解金额超过【 】元的任何重大法律诉讼；

（14）聘请及更换公司审计师；

（15）批准发展计划和年度预算/业务计划；

（16）公司清算或解散；

（17）设立超过【 】元的子公司、合资企业、合伙企业或对外投资；

（18）扩展新的业务；

（19）投资人提名董事获聘任后，1 个以上的董事会席位的数量变化；

（20）超过经批准的年度预算 10%的资本性支出（经批准的年度预算额度外）；

（21）公司的上市计划，包括中介机构的聘用、上市时间、地点、价格等；

（22）公司新的融资计划；

（23）聘任或解聘公司总经理、副总经理或财务总监；和

（24）采纳或修改标准雇佣合同或高管福利计划；

"管辖法律"：本条款清单适用中华人民共和国法律，并依据其解释。

"争议解决"：因本框架协议或任何最终交易文件中具有约束性的规定所产生的或与之相关的任何争议，包括与其存在有效性或终止相关的任何问题（下称"争议"），应提交在北京的中国国际经济贸易仲裁委员会，按其规则在北京进行仲裁以作最终解决。仲裁程序所用语言应为

中文。

（以下无正文）

关于 TS 具体条款的解读，因为会被后面签署的正式协议（SHA+SPA）吸收，在本章第五节会再来详细阐述。

第五节　投资协议核心条款解读

一、投资人优先行使类权利

（一）优先认购权

1. 优先认购权的定义

优先认购权是指公司在新增注册资本时，投资人（此时已是目标公司的股东）有权以同等条件优先于公司其他股东认购新增注册资本的权利。

《公司法》第三十四条规定："公司新增资本时，股东有权优先按照实缴的出资比例认缴出资。但是，全体股东约定不按照出资比例优先认缴出资的除外。"由此可见，在没有特殊约定的条件下，公司股东对于增资款的认购都优先于外部投资人，当然，在全体股东（是全体股东，不是股权的 2/3 以上）都同意的情况下，优先认购权可以向某些股东进行倾斜，此处的优先认购权就是认购增资向投资人倾斜的情形。

2. 优先认购权条款示例

"自交割日后至公司合格上市前，若公司经公司股东会批准增加注册资本，则公司应向××××（投资人）发出书面通知（增资通知），并于该通知中列明新增加注册资本对应的认购价格以及其他相关条款和条件。在收到增资通知后的三十日内，××××（投资人）有权以同等的认购价格、条款及条件优先于公司任何其他股东和任何其他第三方认购一定比例的新增公司注册资本。××××（投资人）有权按持股比例认购的公司新增注册资本的最高金额，应等于该等新增注册资本金额乘以××××（投资人）届时持有的公司股权比例。"

3. 优先认购权的商业考量

优先认购权背后的主要商业考量在于对在先投资方权益的保护，使其有权通过继续购买新增注册资本维持其股权免于被动稀释的后果。一般情况下，公司进行增资表明公司的价值在增加，给在先投资人在同等条件下优先购买新增注册资本的权利，也能最大限度地保护和扩大投资人的收益。

4. 优先认购权的例外规定及注意事项

公司新增注册资本，投资人享有优先认购权是一般规定，但是也有例外情形，在以下三种特殊情况下，投资人与公司的原股东通常都不得行使优先认购权：

（1）推行员工持股计划或者其他类似股权激励而新增公司注册资本；

（2）因对公司进行商业收购（不论是通过合并、联合、出售资产、出售或者交换股票或者其他方式）有关的或与公司的负债有关的新增公司注册资本；

（3）合格上市中的股份发行。

在私募股权投资的实践中，很多在先投资人为了目标公司整体发展，对后续投资人的引进是非常欢迎的。因此，他们经常会放弃行使优先认购权，但同时也会约定明确的时间期限，如果超过一定期限，公司仍无法按照原增资条件完成融资，之后的融资就要重新受到"优先认购权"的限制。

（二）优先分红权

1. 优先分红权的定义

优先分红权指在公司进行利润分配时，投资人享有的按照投资额的一定比例（通常是6%～10%，以8%为例）优先于其他股东取得分红的权利。

"优先分红权"的"优先"指在股东协议中约定的，当次利润分配中，投资人优先于公司其他股东，"分红"指公司利润分配。分红只能来源于公司的利润，如果公司没有利润而进行分红则可能涉嫌抽逃出资或侵占公司财产，是严重违法甚至是犯罪行为。

优先分红权的法理基础来源自《公司法》第三十四条的规定，"股东按照实缴的出资比例分取红利……但是，全体股东约定不按照出资比例分取红利的除外"和《公司法》第一百六十六条的规定，"公司弥补亏损和提取公积金后所余税后利润……股份有限公司按照股东持有的股份比例分配，但股份有限公司章程规定不按持股比例分配的除外"。

优先分红权在一定程度上突破了股权投资的范畴，这一安排使优先股相对普通股而言具有一定的债权性质。但是与债权具有本质的区别，首先，优先分红权仅是在投资人缴纳增资款的股息分配上相较于创始人股东具有一定的、或然的优先性，优先股股东在对公司求偿时仍然劣后于公司债券和其他债权人。

其次，投资人通过增资投资公司，获取公司股东身份，其并没有权利要求公司或者创始股东返还增资款。因此，优先分红权仍具有股权性质。

2. 优先分红权条款示例

公司可根据章程规定并经由股东会相关决议向公司股东进行利润分配，就该等利润分配，××××（投资人）有权优先于其他公司股东获得优先分配股息，该金额应根据认缴增资额按照年息8%计算，优先分配股息应不累计计算。（优先分配股息）

公司在根据上述规定向××××（投资人）支付优先分配股息后，就利润分配中的剩余部分，公司可按照公司各股东届时持有的公司股权比例进行分配。（参与剩余利润分配）

3. 优先分红权的商业考量

首先，需要指出的是，优先分红权基本上是投资协议的标配。

投资人通过股权投资企业以后，从长远的商业利益来看，他们并不希望公司进行分红，或者说并不把希望寄托在"分红"上，他们更看重的是公司的迅速增值，将来通过并购或者IPO的方式退出来获取高额利润。那么，投资人为何坚决要求优先分红权呢？主要原因在于以下几点：第一，投资人投资公司股权占比通常较小，如果投资人没有优先分红权，公司一旦分红，则会根据股权比例分配给所有股东，故而公司大部分的利润将分配给创始人等原来的股东，对投资人带来较大损失；第二，优先分红权能激励创始人将更多的精力放在公司的长远发展之上。非上市公司的股权是比较难以套现的一种资产，创始人既是公司股东又是公司员工，其平常从公司获得的收益除了工资之外就是股权分红，而工资往往比较有限，因此，创始人就会有较大的动力通过分红来获得收入。此时，若投资人有优先分红权，即便公司分配利润，也需优先分配给投资人，创始人等其他股东只有在分配完优先股息之后在还有剩余利润时方能参与分配。此种情况下，创始人股东通过公司分红获取收入的意愿就会大幅降低，通过此种安排，既保护了投资人的投资利益，又间接推动公司将利润用于公司的业务继续发展。因此，表面"贪婪"且"不公平"的优先分红权条款背后的商业逻辑具有相当的合理性。由此可见，优先分红权不仅有利于平衡创始人股东和投资人的利益，也有利于保护公司和股东的长期利益。

4. 优先分红权的谈判策略

上文已经讲过，优先分红权的存在具有一定的积极意义，但并不表示创始人在引入投资的时候对这个条款就应该无条件地接受，创始人股东还是应该从以下三个方面据理力争，在接受优先分红权的基础上，争取有利于己方的安排：

（1）股息率。毫无疑问，股息率越高对创始股东越不利，在私募股权投资领域，一般情况下，投资人是直接参照其基金给予LP的最低预期回报率来确定股息率，大多设定在6%至10%这一范围内，该股息率虽然高于银行贷款利率，但考虑到投资人的优先分红权并无抵押等增信措施且顺位落后于债权债券，这一差异是风险溢价的正常体现。但同时，我们都知道投资人并不将收益的期望寄托于优先分配股息之上，因此，在股息率上是有一定谈判空间的。

（2）是否参与剩余利润分配。优先股股东按照股息率优先分取分红后，公司如还有剩余利润可以分配，优先股股东能否继续参与该部分利润的分配也是创始人股东要重点考虑的问题之一。上述"优先分红权条款示例"第二款列明的就是投资人有权参与剩余利润分配。一般情况下，投资人已经优先取得了股息的分配，如果还继续要求参与剩余利润的分配可能会导致一定的分配不公，打击创始人股东积极性，为二者的长期合作埋下不和谐的种子。因此，创始人在融资的谈判中可以要求投资人放弃剩余利润的分配。

（3）股息是否累积计算。根据优先股的收益在支付前是否累积计算进行划分，优先分红权可分为累积优先分红权和非累积优先分红权。此处"累积"系指，不论公司当年是否盈利、是否分配利润，投资人始终按照事先约定的比例按年计算收益，且将在公司宣布分配利润的当年一次性得到全部偿付，即投资人将在分红时取得此前逐年累加的收益。反之，如系非累积优先分红权，则公司某年即使有利润但未宣布分红，投资人在当时和未来均无法对该年其应取得的分红主张权利。也就是说，在累积优先分红权条件下，优先分红权就相当于给投资人创设了一个可以溯及既往且有固定收益的债权，这种债权的求偿有可能（一般情况下不会，因为分配是在分红的基础上进行的）会违反公司法关于利润分配的强制性规定，很可能会被认定为无效条款，且不说条款可能被无效，就以该条款的实际影响而言，作为创始人及公司其他股东，这种优先分红的方式也是无法接受的。一旦按照此种方案进行利润分配，则很可能出现这样一种情形，即投资人可能拿走了公司累积多年的全部利润，而公司的其他股东可能分文无取，这种畸形的不公会严重破坏创始人和投资人的关系，也会给公司的长远发展带来致命打击。因此，在选择优先分红方式的时候，创始人一定要慎之又慎，竭尽全力避免选择累积分红方式。

相比之下，不累积的优先分红则显得公平得多：一方面，不累积优先分红是以会计年度为计算周期，当年分红仅以当年的利润为计算基数，不溯及之前未分配年份的利润；另一方面，不累积的优先分红的决定权通常掌握在公司创始人手上。也就是说，只要股东会决定不分配利润，不论股息率设置多高，投资人也无法收取股息，当然，创始人股东同样也无法获得分红。

（三）优先清算权

1. 优选清算权的定义

优选清算权（Liquidation Preference）是指在公司发生"清算事件"时，清算优先权股东优先于公司其他股东获得清算收益的权利。要指出的是，这个翻译在中国法律的语境下很容易让人误解，很多创业者谈及"清算"色变，总认为"清算"是一件非常坏的事情，跟"破产或倒闭"联系在一起。在股权投资中，"清算"并不等同于《企业破产法》中的清算。此条款中的清算是"资产变现事件"，是股权投资退出的一种方式，与公司合并、被收购或公司控制权变更等事由常联系在一起。当然，清算也包括因公司经营不善导致的重大亏损、破产、重整及责令关闭或被撤销等情形。

清算事由触发后，可以分配的收益称为"清算收益"，通常包括原始投资额、累积应付的利润、已宣布但尚未分配的利润、其他公司净资产等。

2. 优先清算权条款示例

（1）清算事由

在发生以下任一事由（"清算事由"）时，除非各方另有约定（依法必须清算和解散的情形除外），本协议任何一方有权提前终止本协议（本协议另有规定的除外），且公司清算并解散：

①公司无法实现其经营目标，并且自交割日后的三十六个月内没有获利前景，或者公司自交割日后连续三年在任何会计年度内因不可抗力事件以外的原因遭受重大亏损；"重大亏损"指在该会计年度亏损额总计达到或超过公司上一会计年度净资产的 50%；

②公司在任何会计年度内因不可抗力事件遭受重大损失，或者公司因不可抗力事件的发生而无法继续经营，并且此种情况持续一百八十天或以上；

③公司面临或进入破产、清算或重整程序，或被第三方申请进入破产、清算或重整程序，或无力清偿债务，或者为从事经营活动所必需的营业执照，或其他对经营活动有重大影响的授权、执照或登记被撤销、失效或到期后未续期；

④公司被政府部门勒令停业，或公司的任何重要资产（包括但不限于其运营资金、任何经营执照、许可或政府批准等）被任何政府机关没收、吊销或征用，以致公司无法从事其正常的经营活动，或无法实现其经营目标；

⑤公司的资产或业务全部或者绝大部分被出售;

⑥任何兼并、收购合并或任何方式重组导致各原股东和各投资者失去在公司或任何重组存续实体的股东会或董事会的多数投票权;

⑦各方一致同意认为解散公司符合各方的最大利益并同意解散公司。

(2)优先清算权

在中国法律允许的范围内且受限于必需的中国政府部门审批,若公司发生任何上述规定之清算事由,在公司依法支付了税费、薪金、负债和其他依照中国法律和章程应予支付的分配后,××××(投资人)有权优先于公司的其他股东取得相当于其在增资协议项下认缴增资款金额130%的金额,以及在增资协议和本协议项下取得的全部公司股权上已累积的但尚未分配的未分配利润("清算优先额")。

××××(投资人)根据上述条款以现金形式足额获得清算优先额前,公司不得向其他股东作任何形式的分配。在××××(投资人)清算优先额得到足额支付之后,任何剩余的可供股东分配的公司资金和资产将按比例在所有股东之间进行分配。

3. 优先清算权的商业考量

优先清算权与我们在上一节中讨论的优先分红权均属于风险投资中投资人享有的优先权,优先清算权背后的商业逻辑与优先分红权也有一定的一致性,但区别也非常大。首先,两者触发的事由不一样,可能是两个极端,优先分红的前提在于公司有可分配的利润,公司的发展形势尚好;从投资人意愿来看,他暂时是不愿意拿这个钱的。而优先清算权的前提在于公司触发清算事由,可能是出于经营不善、及时止损的必要,也可能是公司被溢价并购。总之,清算通常伴随着投资人的退出,行使清算优先权是投资人变现的方式之一,从投资人意愿来看,这个钱,他不得不拿,而且要尽量多拿。再次,行使优先分红权和优先清算权的结果也是完全不一样的,在此不赘述。

投资人优先清算权是投资人极其看重的条款,如果投资人没有优先清算权,公司清算将按股比向全体股东分配清算收益,投资人所能分得的清算收益将很难覆盖其投资成本,最为极端的情况下,如果公司清算发生在投资人高溢价投资后不久,那么相当于公司其他股东直接瓜分了投资人刚刚投入的投资款。因此,设置优先清算权条款是为了对冲被投企业发展不确定的高风险。

4. 优先清算权谈判策略

先来看这样一个案例:假设A公司的投前估值1000万元,投资人投资额500万,投资人要求参与分配的清算优先权倍数为2倍(2×),清算回报上限是 4 倍（4×），清算价值以 "X" 表示。

那么，投资人的股权（可转换优先股）比例为 1/3＝（500W①/ 1500W），优先清算额为 1000W（500W×2），清算回报上限是 2000W（500W×4）。

（1）如果 X≤1000W，那么投资人拿走全部；

（2）如果 1000W<X<4000W，投资人会先拿走 2000W；

（3）如果 X＝4000W，则投资人可以选择先拿走 1000W，将优先股转换成普通股参与剩余分配，再拿走（4000-1000）×1/3＝1000W，即投资人共拿走 2000W；

（4）如果 4000W<X<6000W，则投资人可以选择一次性拿走 2000W，也可以选择先拿走 1000W，将优先股转换成普通股参与剩余分配，再拿走（6000-1000）×1/3＝1500W，即总共拿走了 2500W，突破了最高限额，违背了合同的约定。如果投资人放弃行使优先清算权，将所有的股权都转成普通股，他拿走的清算收益的额度为［1333.3W，2000W］，因此，在此区间范围内，投资人通常会选择行使优先清算权，一次性拿走 2000W，不参与后续的分配。

上述案例投资人受限于清算最高回报，如果赋予投资人在固定回报的基础上同时享有优先股转股权，那么投资人的选择空间将更广泛。

通过上文的分析，我们知道，清算优先权条款是很难去掉的，那么创始人在引入投资的时候有哪些谈判要点呢？笔者认为，首先在于清算事由的约定。当然也包括触发清算的标准，这个是清算权条款谈判的基础。如果清算事由认定太过于宽泛，很容易就触发了，对创始人来说风险就非常大。其次在于回报率与回报上限，还有就是优先清算权行使方式上是否允许投资人享有固定清算收益，是否有最高额收益限定，是否在固定收益上同时允许优先股转普通股参与剩余收益的分配等。最后，所有的谈判策略都不是单独存在的，他们的彼此组合体现了创始人股东和投资人的博弈，最终决定于投融资双方的谈判地位、项目的具体情况以及投资基金的个体取向。

二、投资人保障投资待遇类权利

（一）反稀释权

1. 反稀释权的定义

反稀释（Anti-dilution Provisions）也称反摊薄，是指目标公司在进行后续融资过程中投资人为避免自己的股份贬值及份额被稀释而采取的措施。

---

① W 指万元。

反稀释主要通过两种方式实现：第一是结构性反稀释条款，如有后续融资，赋予投资人优先认购权。第二是调整性反稀释条款，包括各式股权比例调整条款，约定投资人所持股权在后续降价融资的情况下，可根据不同公式进行股权比例调整以确保投资人股权不被稀释。① 这里所讲的主要是第二种方式。

2. 反稀释条款示例

如果目标公司后续融资过程的估值低于本次增资协议估值的，则协议各方同意：

第一步：调整本轮目标公司估值金额，调整后本轮投资目标公司估值金额为：后续融资时目标公司的估值金额；

第二步：调整投资方的持股比例，调整后本轮投资人持股比例计算方式：本轮投资方实际投资金额/调整后本轮目标公司估值金额；

第三步：创始人向投资人补足差额部分股权比例，差额部分持股比例计算方式为：调整后本轮投资人持股比例-本合同约定投资人持股比例；

第四步：基于创始人应向投资人补足差额部分股权比例，协议各方均予以同意并配合办理工商变更登记手续。

3. 反稀释条款背后的商业考量

先举个例子。

公司原有 E、F 两个股东，分别持股 70% 和 30%，公司引入 A 轮投资，投资人 G 投资 3000 万，公司投后估值 1 亿，此时，E、F、G 分别持股 49%、21%、30%。A 轮融资后，公司发展极为不顺，引入了 B 轮投资，B 轮投资后公司估值变为了 6000 万，B 轮投资人 H 投资 3000 万，占股 50%，此时，E、F、G、H 分别持股 24.5%、10.5%、15%、50%。

在上面的案例中，A 轮和 B 轮投资人都对公司投资了 3000 万，但是，在后一轮融资完成后，他们在公司的持股比例却相差甚远。上述案例虽然比较极端，但是却深刻反映出在没有反稀释条款的情况下，如果公司后轮估值小于前轮估值，则前轮投资人的权益将受到极大地损害，因此，反稀释条款基本上是投资协议中的必备条款。

4. 反稀释条款的谈判策略

还是在上面这个案例中，如果 A 轮投资协议中约定了反稀释条款，当发生 B 轮投后估值为 6000 万的情况下，为了弥补投资人 G 的损失，往往有两种

---

① https：//wiki. mbalib. com/wiki/%E5%8F%8D%E7%A8%80%E9%87%8A%E6%9D%A1%E6%AC%BE#_note-a.

不同的操作方式：

一种是全棘轮方式，即投资人过去投入的资金所换取的股份全部按新的最低价格重新计算。通俗地说，结合上述案例，在公司引入 B 轮投资时，投资人 G 说，"我不同意，我当时投资的时候，每一股卖 1 块钱，我投了 3000 万，买了 3000 万股，现在，每股只卖 0.6 元，我应该按照现在的价格来调整我持股的数量，即我现在应该要持有 5000 万股（3000 万/0.6）"。

另一种是加权平均方式，即如果后续发行的股份价格低于前一轮的转换价格，那么新的转换价格就会降低为前一轮转换价格和后续融资发行价格的加权平均值，即给优先股重新确定转换价格时不仅要考虑低价发行的股份价格，还要考虑其权重（发行的股份数量），同样是上面的案例，在公司引入 B 轮投资时，投资人 G 说，我不同意，我当时投资的时候，每一股卖 1 块钱，我投了 3000 万，买了 3000 万股，现在，每股只卖 0.6 元，你同样投 3000 万，却能持有 5000 万股，这非常不公平。这时，B 轮投资 H 说，这样，我们各让一步，既不按照你当时的价格算，也不按照现在的价格计算，我们按照加权平均的方式来确定最后的价格（3000×1+3000×0.6）/（3000+3000）＝0.8 元，即按照加权平均法计算，每股的价格为 0.8 元，此时 G、H 两位投资人都持有 3750 万股。

相比较而言，全棘轮条款对投资人最为有利，即使目标公司以低价出售股份，投资人可以股权比例获得相应的补偿，但是，这种补偿很可能是账面上的，并没有多少实际意义。因为现实情况毕竟是公司的发展不尽如人意，公司在采用降价融资，前轮投资人虽然拿到了更多的股权，但是因为股权的流通性很差，变现的渠道很少，也没有人愿意接盘一个走下坡路的公司，同时，这种安排也可能阻碍后续投资人的进入。因此，不管是公平角度还是从长远利益考量来说，加权平均条款则更为合理。

同样的，反稀释条款也有例外情形，在此类情形下，反稀释条款不发生效力，例如因股权激励低价发行新股、并购等事项。

（二）股权兑现权

1. 股权兑现权的定义

股权兑现权也称股权逐步释放条款，是指投资人投资目标企业，要求目标企业的管理层股东对其享有的股权在一定期内逐步释放的权利。

兑现的概念其实并不复杂，一般来说，投资人都希望创始人和管理团队的股权及期权要在若干年时间才完全兑现，就是说创始人和管理团队必须在公司服务满规定的年限才能完整实现其所有的股权或期权。如果提前离开公司，根据约定的兑现公式，不能拿到或者只能拿到部分股权或期权。

2. 股权兑现权条款示例

自交割日起算的 4 年期限内，只要管理层股东持续在公司或集团任何一公司任职，那么，自交割日起每个月可释放 1/48 受限股权，管理层股东所持释放后的公司股权不再受限于特别回购权的约束。

3. 股权兑现权背后的商业考量

对于很多创业者来说，股权兑现条款不是很容易理解，主要原因是创始人们都是有限责任公司的股东，按照我国《公司法》规定，有限责任公司的股权不存在兑现问题，他们的股权自一开始就已经完全兑现或释放，那投资协议中约定股权兑现权条款的意义是什么？"投资就是投人"，这是投资圈里一句俗语，被很多知名投资人认作是投资的至理名言和最高境界，这句简单的话也透露出一个简单的道理，创始人和核心团队的稳定是投资成功的前提，而股权兑现条款则是通过股权的逐步释放来维持释放期团队的稳定。

4. 股权兑现权的谈判策略

笔者认为，股权兑现权应该是投融资双方的共同诉求，此条款的谈判一般不存在较大的分歧或是障碍。从投资人的角度来看，其维持创始人团队稳定的要求合情合理；从创始人的角度来看，自己的创业项目更应该要坚持到底，而不应在创业面临困难或者有外部投资人高价收购股权的时候，放弃公司的长远利益，通过股权出售的形式进行短期的套现。

股权兑现条款在投融资双方中有较高的认同对谈判是有利的条件，但并不表示创始人就完全听从投资人的安排，至少以下几点也是值得争取的：第一，要求更短的释放期、更短的释放周期，例如，可以将释放期从四年减到三年，从每年释放调整为每月释放；第二，争取特定事件加速兑现权利，比如，达到某个经营里程碑指标时，加速股权份额的兑现，例如，经过两年的艰苦奋斗，公司业绩超过预定目标，创始人可以提前兑现全部股权。

（三）回赎权

1. 回赎权的定义

回赎权俗称股权回购条款，是"对赌"实现的方式之一，是指在股权性投资协议中约定的，在一定条件下，投资人有权要求目标公司或者目标公司的股东或实际控制人回购投资人持有的部分或者全部公司股权的权利。

2. 回赎权条款示例

2.1　如果发生下述情形，××××（投资人）有权根据本条的规定，要求公司或创始人股东或实际控制人按照 2.2 条规定的方式和对价购买其届时所持有的全部或部分公司股权：

（1）如果公司未能在 2024 年 12 月 31 日之前完成合格上市；

（2）公司或创始人股东违反本协议或增资协议，且公司或创始人股东在收到××××（投资人）发出的书面通知后九十日内未能就该等违约进行纠正或补救，导致投资人遭受巨大损失的。

2.2　××××（投资人）有权要求公司创始人股东或实际控制人以下列金额（以其所持公司股权届时的市场价值为限）作为购买价格回购其所持有的全部或部分股权：①××××（投资人）主张赎回的公司股权在增资协议项下对应的认缴增资款，和②前述认缴增资款按照 8% 年复合利率计算的投资回报，和③以及该等被赎回的股权所对应的、自交割日起至××××（投资人）行使第 2.1 条赎回权对应的股权购买交割日（"赎回交割日"）的所有未分配利润（其中，不满一个会计年度的未分配利润，按照截至赎回交割日的当年天数与 365 天的比例计算未分配利润的相应部分）。

3. 赎回权背后的商业考量和赎回权的谈判策略

上文说过，赎回权也称股权回购权，是"对赌"的实现方式之一，关于赎回权背后的商业考量和谈判策略，本书在本章第六节"对赌机制"中去详细论述。

（四）领售权

1. 领售权的定义

领售权（drag-along right），也称拖售权、强制出售权，是指在满足一定的条件下，优先股股东对外出售公司股权时，可以强制普通股股东一起出售对应公司股权的机制。

2. 领售权条款示例

如果××××（投资人）有意向任何第三方出售公司（不论该公司出售是否通过兼并、重组、资产转让、股权转让或其他方式），且公司出售的价格不低于 5 亿美元（或等值人民币，按照××××（投资人）向公司其他股东发出关于公司出售的通知之日人民银行发布的美元兑换人民币的中间价计算），××××（投资人）应首先允许创始人股东以向第三方出售公司的同等价格和条件购买××××（投资人）所持股权，如创始人股东无法购买的，则其应该同意此交易，并以同样的价格和条件出售他们的股份。

或：

在本轮融资交割结束4年后，如果超过2/3的A类优先股股东和董事会同意出售全部或部分股权给一个真实的第三方，并且每股收购价格不低于本轮融资股价的3倍，则此优先股股东有权要求其他股东，其他股东也有义务按照相同的条款和条件出售他们的股权（全部或按相同比例），如果有股东不愿意出售，那么不愿意出售的股东应该以不低于第三方的价格和条款购买其他股东的股份。

3. 领售权背后的商业考量

首先，需要指出的是，领售权也基本上是投资协议的标配，主要原因有以下几点：

（1）来自基金LP的压力

众所周知，私募股权投资的资金是从LP那里募集而来的，也就是说LP是私募股权基金的投资人，这些LP对GP的业绩有严格的考核，这种考核不仅是回报率，也包括投资期限。所以，对于GP来说，尤其是财务投资基金的GP，他们的最高目标是追求最短时间内的最大投资回报。因此，他们是不会也不可能与公司一起一直成长下去，很多时候，基金的时间成本与投资回报是矛盾的，因此，为了避免二者产生冲突，投资人投资公司的时候就会设置一定的标志事件（例如公司的后轮投资者准备以10亿美元的价格整体收购公司），当标志事件成就时，他们就会行使领售权，要求公司其他股东与其一起向第三方以同样的价格和条件出售公司的股权。通俗地说，就是当公司的接盘人给出的条件满足了投资人的投资回报期望时，他们便有权要求公司的其他股东同意并一起向接盘人转让他们各自的股权。

（2）在收购企业时，出于资源整合或者控股等目的，收购方通常会购买目标公司的全部或大多数的股权，如果出售股权比例太低，就失去收购的价值，而通常情况下，投资人通过股权投资的形式投资公司，其持股比例都不会很高，所以，如果有合适的收购方出现，投资人会要求公司的其他股东和其一起将股权采用整体打包或按持股比例出售给收购方。

（3）依据"优先清算权"条款，公司如果出现出售或清算等事件，投资人可以按照设定方式优先获得清算资金，如果投资人发起的公司出售交易金额低于投资者的优先清算金，创始人股东一定会反对，因为他们不仅失去了公司，而且什么对价也得不到，即使是交易金额超出优先清算金，创始人股东也可能会因为不满意分配的资金而反对此次交易。因此，投资人为了保护自己的利益，就一定会争取领售权。

4. 领售权的谈判策略

我们先来看一个案例：

> 美国有一家名叫 FilmLoop 的互联网公司，2005 年 1 月向 Garage Technology Ventures 和 Globespan Capital Partners 融资 550 万美元，2006 年 5 月，又向 ComVentures 融资 700 万美元。2006 年 10 月，公司推出新的 FilmLoop 2.0 平台，公司和投资人都对前景持乐观态度，可是 2006 年 11 月，由于投资人 ComVentures（LP）要求清理非盈利的投资项目，ComVentures 让 FilmLoop 公司在年底之前找到买家接盘公司，尽管创始人不愿意出售公司，但是 ComVentures 的股份比例较高，另外还握有领售权，可以强制其他投资人和创始人出售。
>
> 2006 年 12 月，由于公司在年底前找不到买家，ComVentures 让自己投资的另外一个公司 Fabrik 收购了 FilmLoop，收购价格仅仅只比公司在银行的存款（300 万美元）略高。根据清算优先权条款，创始人和管理团队一无所获。回首整个案例，ComVentures 让创始人在极短的时间内（恰逢圣诞节）寻找合适买家，显然是有意的，是为自己的关联利益方廉价收购 FilmLoop 创造条件。FilmLoop 公司的创始人和员工头一天拥有一家公司，并且还有 300 万美元的银行存款，而第二天，他们发现自己失去了股权，失去了工作，也失去了公司。①

从上面这个案例中，我们可以看出，领售权条款的威力非常巨大，创始人在针对该条款进行谈判的时候一定要非常慎重，并从以下五个角度争取有利于己方的安排：

（1）设置领售权行权前提。领售权是由某个特定股东行使的，创始人可以要求在行使领售权时必须经过董事会的全体通过或者行权时间必须超过交割日后若干年。

（2）设置出售的最低价格。根据清算优先权，有些股东（尤其是普通股和低级优先股）在公司被收购的时候可能什么也拿不到，因此，可以要求行

---

① http：//guojia.5law.cn/lawyer/cn_lawyer/shownews.asp？id＝4120.

使领售权的最低出售价格。

（3）支付方式。当然最好是现金，其次是流通性较好的上市公司的股票，一定要谨慎接受收购方用自己的非上市公司股权作为支付手段。

（4）异议股东购买。如果有创始人股东不愿意出售公司，则应该同意其有权以同等对价购买该等欲出售的股权。

（5）排除特别收购对象。创始人股东可以要求排除特定的收购方，例如：竞争对手、投资人的关联公司等。

（五）随售权

1. 随售权的定义

随售权（Tag-Along Right），也称"共同出售权"，是指当公司某一股东（通常是指创始人股东）拟转让其持有的公司股权时，其他特定股东拥有的在同等条件下与该拟转让股东共同向潜在股权受让方出售其持有的公司股权的权利。

2. 随售权条款示例

如果××××（投资人）同意创始人股东向拟受让方转让股权，则××××（投资人）有权以不劣于拟转让股权价格以及其他条款和条件，并在符合本条规定的前提下，与转让方一同向拟受让方转让××××（投资人）持有的全部或部分股权。转让股东有义务促使受让方以不劣于拟转让股权价格以及转让通知所列的其他条款和条件受让××××（投资人）持有的公司股权，如果拟受让方拒绝该等收购的，则转让股东不得向拟受让方出售任何股权。

3. 随售权背后的商业考量

出于稳定投资人的考量。投资就是投人，风险投资更是如此，被投资企业在融资的时候除了创始人团队和思想，可能"什么都没有"，投资人冒着巨大的风险，真金白银地投资公司，他们期望的是跟公司一起发展，等公司壮大到一定程度的时候通过并购或者 IPO 等方式来退出以获取巨额回报，如果公司的创始人拿了投资能随意处置自己的股权，那他很可能会在公司估值到一定的高度时通过出卖股权套现离开公司。"投资就是投人"就会变成实实在在的空话。因此，随售权就会赋予投资人一项特殊权利，那就是"你卖我也卖，买你须买我"，意思就是拟受让人要想受让创始人的股权，必须连投资人的股权一并以同样的条件受让，（当然，投资协议是投融资双方的合同，是无法约束作为第三方的拟受让人，所以，投资人就会跟创始人股东约定随售权条款，并在公司章程里对股权转让作出相应的限制）如果受让人不受让投资人的股权，那么投资人就不能对外转让股权。通过随售权这种安排，从侧面上抑制了创始人股东对外转让股权的意愿，促使他们将更多的精力放在公司的未来发展之上。

还有一种情况比较极端，创始人拿到投资以后立马以极低的价格将自己的股权卖掉。此时，投资人无法行使随售权（行使随售权会更加损害自己的利益），但是，他可以通过行使优先购买权来保护自己的利益。那么，可能还会有人问，如果公司股东有几个，其中一个对外转让股权，其他几个股东同时要求优先购买的，投资人的股权比例很小，他行使优先购买权获得的股权也很少，此时该如何处理？笔者想说的是，股权转让保护条款除了优先购买权、共同出售权、股权兑现权、反稀释权等之外，还有其他的管理性权利，例如一票否决权等，如果创始人意欲对外转让股权，投资人完全可以行使一票否决权。

总而言之，创始人股东是公司的创始人，投资人投资公司是基于对创始人的信赖，创始人当然是不能随意对外转让股权的。在投资协议中，对创始人对外转股行为有着非常体系化的约束。

4. 随售权的谈判策略

随售权是股权转让受限条款之一，行使随售权有如下两类除外情形，这也是创始人股东在谈判中可以争取的条件：

（1）因施行股权激励而将股权转让或低价出售给员工或者员工持股平台；

（2）为维持创始人必要的家庭生活而进行的股权出售，创始人也是公司的员工，他们除了工资收入，在没有股权分红时收入来源有限。

（六）最惠待遇权

1. 最惠待遇权定义

最惠待遇权意即投资人享有不劣于任何其他投资人的待遇。

2. 最惠待遇权条款示例

"若目标公司的现有投资人享有和/或目标公司在后续融资中给予任何新投资人比投资人本轮投资更加优惠的条款或条件，则投资人自动获得该等更加优惠的条款或条件。"

3. 最惠待遇权背后的商业考量

（1）针对信息不对称的保底保障

投资人对目标公司的投资是建立在对目标公司的尽职调查和目标公司、目标公司股东等作出的承诺和保证基础之上。尽职调查不可能做到对公司毫无保留地全方位了解，公司和股东的承诺和保证也不见得能得到百分之百的遵守，为了解决投融资双方的信息不对称、打消投资人内心的不安与顾虑，投资人通常会要求最惠待遇权，将其作为一种消极被动的保底保护，以保障其权利不劣于所有其他股东。

（2）高风险投资的积极防范

私募股权投资是一项高风险的投资活动，这种高风险一方面体现在投资人对目标公司未来发展的不确定性上，另一方面则体现在前轮投资人对后续投资人享有的权利是否会在一定程度上影响或者阻碍其享有的权利上。虽然这种情况在实际的投融资活动中较少遇见（前轮投资人投资公司后会在一定程度上参与公司的管理，公司增资引入后轮投资者属于股东会决议事项，后轮的投资方案一般必须经过前轮投资人的同意）。但是，不可能在每次引入后轮投资者的时候都去修改前轮投资者和股东及公司签订的股东协议和增资协议。因此，在前轮投资人投资公司时约定最惠待遇权就具有很大的现实意义。

此时，可能有的人会说，前轮投资人真是有点过于贪婪，后轮投资者投资的金额会更大，给公司的估值也会更高，前轮投资人已经享受了这些投资利益，为什么必须要求享有跟后轮投资者一样的权利呢？其实，从某种程度上来讲，目标公司的估值之所以会增加，是建立在公司的努力及前轮投资的基础之上，在先投资人投资公司承受的风险更大，投资人向目标公司和创始人要求最惠待遇条款适用于后续投资人的权利，也具有一定的合理性。

4. 最惠待遇权背后的谈判策略

上文讲过，投资人要求最惠待遇条款具有一定的合理性，但是过分地授予投资人最惠待遇很可能会带来恶劣的连锁反应，甚至严重影响后续的融资，因此，创始人股东需要从以下几个方面争取对最惠待遇权进行一定的限制。

（1）限制最惠待遇条款的往后适用

对于创始人和目标公司而言，一定要竭力避免在先投资人最惠待遇条款往后适用，这实际上包含了两种含义：第一，可以接受最惠待遇条款，但是仅允许其往前适用，因为前期投资的投资人权益已经明确，往前适用可以全面评估，风险相对可控；第二，严格控制往后适用，因为目标公司的后续融资是存在不确定性的，给予后续投资人的投资权益与公司发展的阶段以及引入资金的性质密切相关。例如，C 轮投资人和 pre-IPO 轮投资人的权益可能不一致，私有投资基金和具有国有性质的投资基金要求的权益也会不一样，如果盲目地允许在先投资人最惠待遇条款可以往后适用，那么很可能会给后续的投资人带来不公，就算创始人股东接受，后续的投资人也不会接受，这种情况下就很容易引发连锁反应，影响甚至阻碍后续融资的进程，最终导致整个项目失败，因此，创始人股东一定要限制最惠待遇的往后适用。

（2）增加最惠条款的适用例外

如前文提及，投资人希望通过最惠待遇条款达成的最终效果是取得实际不劣于其他投资人的权利。但如果要求所有投资人权利均适用最惠待遇的话，反而可能造成现实中的冲突。由于后续融资的估值会更高，后续投资人往往要求得到比在先投资人更优或更多的权利。比如，后续投资人部分权利（如优先分红、优先清算等）的优势会体现在权利行使的顺序上，这也符合股权投资中"后入先出"的惯例。目标公司和创始人可以要求投资人在最惠投资待遇上放弃对某些条款的顺序要求。就部分优惠权利的优先级而言，本轮投资人应次于后续价格更高的投资人。除上述外，最惠待遇条款还可排除一些特定条款，比如：①只提供给特定背景投资人的条款，如创始人关联方、战略投资者等；②信息披露特别要求的条款等。

（3）明确适用最惠待遇的具体权利

投资人的权益体现在两个方面，即投资人财产权和投资人的身份权。创始人在跟投资人谈判的时候应该灵活掌握，综合应对，如果投资人要求身份权一定要享有最惠待遇，（如果都要求最惠的身份权（公司管理权）很可能在公司内部产生冲突）那可以在财产权上进行一定的限制，反之亦然。总之，应该明确最惠待遇的具体权利范围，而不能笼统地完全授予最惠条件。

（4）增加最惠待遇条款的触发限制

目标公司和创始人可对最惠待遇条款的适用机制设置一定的触发门槛或条件限制。例如，若后续投资交易的估值达到某一数值时，本轮投资人不享有最惠待遇条款，或者对最惠待遇条款的有效时间进行限制（例如本轮投资后3年内）等。

三、投资人参与公司治理类权利

（一）保护性条款

1. 保护性条款的定义

保护性条款，顾名思义，就是投资人为了保护自己的投资权益免受损害而采取的一系列制度安排。该制度安排要求公司或者大股东在执行某些潜在可能损害投资人权益的事件之前，须获得投资人的批准或者豁免，实际上就是给予投资人对某些特定事件的否决权，俗称"一票否决权"条款。

保护性条款不是某一个条款，而是包括财产性权益和身份管理性权益在内的多项制度安排，通常包括：股东会特别决议事项、董事提名、任免及董事会特别决议事项、总经理、高管、印章管理、财务流程等。

2. 保护性条款示例

保护性条款示例一——股东会特别决议事项：

2.1　在中国法律允许的范围内，下列事项为股东会特别表决事项（"股东会特别表决事项"），公司或公司的子公司从事、同意从事或承诺从事如下事项需要股东会根据第2.2条的相关规定进行表决：

（1）决定公司的经营方针和投资计划，决定终止或实质性变更公司目前从事的业务，或开展公司业务以外的新业务；

（2）批准及通过公司年度预算和商业计划；

（3）批准及通过公司的年度财务预算方案、决算方案；

（4）批准公司的利润分配方案和弥补亏损方案，宣布或支付任何股息、红利；

（5）任何授权、创设、发行公司任何权益性证券或承担发行公司员工任何权益性证券的任何义务，进行任何股权融资或承担任何上述义务；

（6）于公司现有股权以及拟增发的股权上设置任何优先于或等同于××××（投资人）特别权利；

（7）增加或减少公司的注册资本；

（8）赎回公司股权或股份（本协议约定的××××（投资人）享有的赎回权除外）；

（9）修改公司的章程；

（10）改变公司董事人数和/或董事的任命方式；

（11）将公司变更成为股份有限公司、外商投资企业，境外实体或该等实体的关联方，或以其他任何方式改变公司现有的性质或结构（包括公司营业执照上的任何内容）；

（12）任何并购、合并、分立或其他公司重组，或任何单独或一系列导致公司50%以上股权转移的交易；

（13）抵押、质押、出售或其他方式处置公司资产，或将公司核心知识产权授权许可给第三方；

（14）终止、解散、清算公司；

（15）公司为公司股东或实际控制人提供担保；

（16）金额超过人民币 300000 元的关联交易，以及签署、修订、终止与该等交易有关的协议；

（17）提起或和解任何涉及金额超过人民币 300000 元的诉讼或仲裁；

（18）其他可能严重损害××××（投资人）利益的事件或决议。

2.2　股东会决议

股东会会议作出有关上述第 2.1 条规定的股东会特别表决事项的决议，必须经代表三分之二以上表决权的股东（且在任何情况下，均必须包括××××（投资人））的赞成票方可通过决议，股东会会议针对其他事项作出决议，必须经代表超过二分之一表决权的股东通过。

保护性条款示例二——董事会特别决议事项：

2.1　公司的董事会由股东按照本协议和公司章程规定的程序和条件委派的董事组成。董事会由七名董事组成，××××（投资人）应有权委派其中一名董事（"投资人董事"），其余六名董事由原股东委派，此外，××××（投资人）有权委派一名董事会观察员，董事会观察员有权收到董事会会议通知、列席董事会会议并复印董事会会议记录，但无投票权。

2.2 下列事项为董事会特别表决事项（"董事会特别表决事项"），公司或公司的子公司从事、同意从事或承诺从事如下事项需要董事会根据第 2.3 条的相关规定进行表决：

（1）批准薪酬委员会（董事会下设薪酬委员会，由三名董事组成，包括投资人董事）拟定的员工持股计划和其他激励机制，改变公司员工持股计划或相似股权激励计划。

（2）许可或以其他形式转让公司的任何专利、著作权、商标或其他知识产权或在其上创设任何权利负担。

（3）进行以下任何交易（无论是以单一交易或一系列相关交易的方式进行），或签署、修订、终止任何有关该等交易的协议：

（ⅰ）借款或以其他方式使公司承担任何超过人民币 500000 元的债务；

（ⅱ）于任一财务年度的任一月份内，发生超出预算或预算外的人民币 500000 元的支出；

（ⅲ）购买、出售、抵押、质押或以其他方式处置任何超过人民币500000元的资产或业务；

（ⅳ）公司向第三方提供金额超过人民币500000元的借款，或为公司股东或实际控制人以外的第三方提供金额超过人民币500000元的担保；

（ⅴ）认购、收购任何第三方的股权，或以其他方式向任何第三方进行投资；

（ⅵ）在公司日常经营范围及预算外，发生任何金额超过人民币1000000元的交易，或与任何第三方达成任何排他性的关系。

（4）根据总经理的提名，由董事会任命、解聘或重新任命公司的副总经理、财务负责人、运营负责人、人力资源负责人、研发负责人等高级管理人员。

（5）聘任和解聘为公司提供审计业务的会计师事务所，变更公司的会计、财务政策。

（6）金额超过300000元的关联交易，以及签署、修订、终止与该等交易有关的协议。

（7）提起或和解任何涉及金额小于或等于人民币300000元的诉讼或仲裁。

（8）其他可能严重损害××××（投资人）利益的事件或决议。

2.3 董事会就上述第2.2条的事项作出决议之时，需至少三名董事批准方可通过（其中必须经投资人董事的批准），其余需要董事会决定的事项需要全体董事以简单多数表决通过。

3. 保护性条款背后的商业考量

通常情况下，投资人要求保护性条款主要基于以下三个原因：

第一，投资人以股权形式投资目标公司，通常情况下，其占有的股权比例较小，作为公司的小股东，其难以通过一般的途径保护自己的投资权益；

第二，投资人对公司的投资一般估值较高，投资人投资的金额要远高于创始股东对公司投入的资金，为了保护投资资金的合理使用，投资人必须通过一定保护性条款对创始人股东及公司的管理层进行约束；

第三，投资人通过投资参与公司的管理还可以给公司的发展提供帮助。投资人投资一家公司都会对公司所处的行业和公司的实际情况进行详细的尽职调查，他们对行业和公司的认知并不比公司创始人和管理层少，有些知名的基金还专注于某一些领域，例如专注于TMT行业的投资，他们对行业、对商业模式的理解要远超一些创业者，同时，知名的投资人还有丰富的管理经验，这对于公司来说都是无法用金钱来衡量的巨大财富。

4. 保护性条款的谈判策略

不可否认的是，保护性条款的合理设置确实能提高公司的管理水平，规范公司的治理机制。但必须明确的是，它的设置一定要掌握一个度，它必须被安排在一个可控的范围之内，而不能过于宽泛，更不能无差别地授予给所有的投资人，因此，作为创始人股东，在引进投资人的时候，至少要从以下两个方面去争取：

第一，限定保护性条款的适用范围。

如上文保护性条款所示，投资人保护性条款主要集中在股东会和董事会的特别决议事项上。这些特别决议事项，如果落在《公司法》的明文规定之内，创始人股东完全可以答应投资人，但是如果某些保护性的约定已经超越了《公司法》的明文规定，变成了章程自由约定的事项时，创始人股东则应该逐条地和投资人沟通，尽量减少保护性条款的范围和触发条件。

第二，约定保护性条款生效的最低股权比例。

上文我们已经讲过，保护性条款不应无差别地授予所有的投资人，在现实中这也基本上是不可能的，因种种原因（具体原因本章多次讲过），后续投资人的保护性条款通常都会优于前期投资人。另外，随着公司融资轮次的增多，估值的不断攀升，有些投资人的股权比例也随之稀释了很多，尤其是公司的前期投资人，其占有公司的股权份额也越来越小，如果对投资人的保护性条款不设置行使门槛，那么就很可能会出现"挟天子以令诸侯"的现象，轻则影响公司的决策效率，重则影响股东之间的关系，导致形成公司僵局，最终损害大家的利益。因此，约定保护性条款生效的最低股权比例是很有必要的，例如，可以约定"当××××所持公司的股权比例达到或超过15%，其才可以行使保护性条款"。

（二）财务知情权与审计权

1. 财务知情权与审计权的定义

财务知情和审计权是指投资人有权掌握公司财务状况（包括财务预算、决算，接收季度会计报表和年度会计报表等），提出财务异议，查阅和审计公司会计账簿、原始凭证并进行审计的权利。

2. 财务知情权与审计权条款示例

2.1　财务知情权

在本协议有效期内，只要××××（投资人）持有公司的股权，公司就应按照下述方式向××××（投资人）提交下列文件：

（1）在每年 12 月 31 日前至少三十日，提交公司下一年度的年度预算；

（2）在每个财务年度结束后的九十日内，提交根据中国会计准则审计的合并年度财务报表；

（3）在每个季度结束后三十日内，提交未经审计的根据中国公认会计准则编制的公司上一季度合并季度财务报表；

（4）在每个月结束后的十五日内，提交未经审计的根据中国公认会计准则编制的公司上一个会计月份的月度财务报表；

（5）其他相关资料的复印件。

2.2　审计权

××××（投资人）有权查阅和审计公司会计账簿以及其他公司记录、原始凭证，及就公司业务和运营情况与公司董事、高级管理人员、雇员或顾问进行讨论或询问。××××（投资人）行使审计权应以不影响公司及其关联方日常经营为前提，并不得将信息透露给任何第三方。如×××（投资人）行使审计权所得出审计结果与董事会聘请的会计师事务所出具的审计报告结论不一致的，以董事会聘请的会计师事务所出具的审计报告结论为准，此情形不视为公司或管理层股东违反本协议约定。本条规定之财务知情权和审计权在公司合格上市之时终止。

3. 财务知情权与审计权背后的商业考量和谈判策略

财务知情权与审计权是股东的正常权利，是《公司法》赋予股东的法定权利之一，与《公司法》的规定相比，投资协议里规定的财务知情权与审计权要更加细化和更具有操作性。

财务知情权与审计权的约定基本上不会影响公司的运营效率，也不会给创始人股东的权利带来较多的约束。相反的，这些规定不仅有利于保障投资人的投资安全，还能促使公司建立规范的财务制度。因此，关于财务知情权与审计权背后的商业考量和谈判策略，创始人都应该很清楚，也没有什么理由拒绝，试想一下，连财务都不敢向投资人公开，又有哪位投资人敢投资公司呢？

（三）不竞争条款

不竞争，顾名思义，指目标公司创始人对投资人承诺的，不从事与目标公司有竞争关系的业务。

不竞争与竞业限制有一定的相似性，主要内容都是对从事竞争性业务的限制，但是两者还是有很大的区别：

首先，限制主体不一样。不竞争通常约束的是公司的创始人，也包括创始人的关联方，根据投资协议等相关协议对关联方的定义，其限制主体的范围实际上非常广。竞业限制的限制对象因法定和约定有所不同，根据《公司法》第一百四十八条第五款的规定，法定的竞业限制对象指的是公司的董事和高级管理人员。同时，根据《公司法》第一百四十七条的规定，"董事、监事、高级管理人员应当遵守法律、行政法规和公司章程，对公司负有忠实义务和勤勉义务"，法定的竞业限制对象不仅包括公司的董事和高级管理人员，也包括公司的监事。约定的竞业限制对象则根据公司的实际情况和岗位设置的不同而有很大的灵活性，此处就不展开论述了。

其次，限制的内容不一样。投资协议中的不竞争不仅包括不得从事竞争业务，还包括"商业机会条款（见下文）"，也就是说，创始人不仅要主动避免与公司开展竞争业务，还要主动为公司开拓商业机会，至少不允许将可以属于公司的商业机会不当地让与第三方，而竞业限制则没有相关的要求，它仅要求竞业限制对象消极地不从事竞争业务。

再次，两者的生效条件不一样。不竞争条款作为创始人对公司和投资人的承诺，一经签署（也有观点认为交割完成后生效，现实中，创始人股东一般会通过附件的形式签署一个"不竞争承诺书"（见下文）），该等承诺在投资人持有公司股权的情况下一直有效。而竞业限制的效力通常于劳动合作终止时发生，并根据双方的约定持续一段时间，通常不超过两年。

1. 不竞争条款示例

1.1　不竞争

创始人股东同意从本协议签署日起，全职并全力从事集团业务并尽最大努力发展集团业务，保护集团利益。各股东在此承诺，只要××××（投资人）持有公司的股权，除××××（投资人）事先书面同意的情况外，其自身及其关联方在任何时候均不得直接或间接地：（1）从事任何与集团业务有关的业务，或向从事集团业务、从事与集团业务相同的业务或从事与集团业务有竞争的业务（包括与相竞争的业务有关的研发、推广、销售等活动，合称为"竞争业务"）的任何实体进行新的投资（无论是通过股权还是合同方式），或管理、经营该等实体；（2）为其自身或其关联方或任何第三方，劝诱或鼓动集团的任何员工接受其聘请，或用其他方式招聘集团的任何员工；（3）就任何竞争业务提供咨询、协助、资助或提供其他服务；或（4）未经公司及××××（投资人）书面同意，在任何国家/地区在任何集团所有、使用或与之类似的任何知识产权提出任何注册申请，或向集团提出任何知识产权争议或纠纷。

1.2　商业机会

各股东（通常认为包括投资人）承诺，如发现或接触到任何与集团业务相关的任何商业机会（包括但不限于与任何第三方就上述业务及产品进行任何形式的研发合作、经营合作、合作销售、宣传合作及知识产权及相关技术转让、许可或授权等），各原股东应首先排他地向公司介绍该等商业机会，且在公司有意探索、开发、利用该等商业机会的前提下，尽最大努力提供协助与支持以帮助公司达成目的。在未获得公司董事会放弃该等商业机会的书面通知前，各原股东不得自行直接或间接寻求利用该等商业机会。

2. 不竞争条款背后的商业考量和谈判策略

关于不竞争，对投资人来说是一个非常重要的条款。公司的投资人和原股东对公司的期望和目标是趋于一致的，至少在公司的发展前期是这样的，他们都希望通过公司的不断增值来实现个人股权价值的增值，但是，在某些特殊情况下，这种共同的价值追求有可能走向不同的方向。举例来说，A、B、C（投资人）分别持有目标公司70%、10%、20%的股权，公司发展形势很好，每年都有很高的净利润，由于生活需要，股东B多次提出利润分配的请求，但是，股东A和投资人C为了公司的长远发展，拒绝了B的分红请求，并将公司的利润都投入公司的后续发展。此时，股东B就可能对公司和另外两位股东产生不满的情绪，作为小股东的他会发现将公司的业务转给他人而获得的利益可能要远高于其在公司应得的分红。

由此可见，不是在任何时候，公司的股东与公司都有高度一致的利益诉求，大小股东基于各自不同的股权比例、各自对公司的感情甚至是各自经济基础的不同而对公司有不同的诉求，当某些股东的诉求无法得到应有或令其满意的回报时，他们的共同价值基础就会被打破，此时就容易出现股东利用股东的身份做出让公司利益受损的行为，而这种行为是投资人不能接受的。因此，公司原股东对投资人不竞争的承诺就显得尤为重要，当然，仅有承诺是不够的，公司还应该通过其他的制度设计来尽量避免出现这种损害公司利益的行为。

第六节　对赌机制

一、对赌的定义

对赌，又称估值调整机制（Valuation Adjustment Mechanism），它是指投融资双方在投资协议中约定的，以目标公司未来一段时间的财务业绩或经营状况为基准来评估进而调整目标公司估值的一种机制。

《全国法院民商事审判工作会议纪要》（以下简称《九民纪要》）将"对赌"定义为："投资方与融资方在达成股权性融资协议时，为解决交易双方对目标公司未来发展的不确定性、信息不对称以及代理成本而设计的包含了股权回购、金钱补偿等对未来目标公司的估值进行调整的协议。"

"估值调整协议"之所以又被称为"对赌"，其主要原因是目标公司估值的调整方式类似于一场赌博，在股权投融资实践中，投资人为了对冲目标公司未来发展不确定性带来的高风险，会与目标公司和其股东约定，如果公司在未来的一段时间内完成了双方约定的财务目标，或者达到了某些经营里程碑事件（例如研发技术的突破、某项行政许可的获批、IPO等），就说明双方之前在增资协议中对公司的估值是正常且合理的，双方没有必要对估值进行调整；反之，如果公司在规定的时间内没有完成财务目标，也没有达到经营里程碑事件，则说明投资人之前对公司的估值过高，投资人的投资没有得到相应的股权体现，此时，目标公司或目标公司的股东就应该通过现金补偿或股权转让等方式对投资人的投资金额或者股权比例来进行弥补或调整。

二、对赌的商业逻辑

将估值调整机制称为"对赌"，虽然很形象，但偏离了对赌的商业逻辑。

首先，从条文的规定来看，估值调整机制是为了解决公司当下估值与未来发展不确定性之间的矛盾而设置的，它的作用机制不仅体现在融资方对投资人的补偿，有时候也体现在投资人对融资方的奖励（例如追加投资等）。也就是说，估值调整机制是一种双向调整，既可以对估值过高予以调整，也可以对估值过低予以补偿，体现了投融资行为风险与收益相适应的道理。

其次，估值调整机制兼顾了效率与公平，激发了经济活力。俗话说，"天下武功，唯快不破"。创业也是如此，一项新技术、一种新商业模式要想快速地打开市场，建立先发优势和竞争壁垒，就必须依靠充足的资金。而一般的创业企业，他们的启动资金十分有限，融资就成了他们实现商业计划的重要手段，如果投融资双方因为在公司估值上的犹豫或分歧而影响了投资效率，使公司丧失了市场先机，那才是双方都不愿意看到的结局，估值调整机制则很好地解决了这个问题，它用一种未来期权（授予投融资双方以未来的特殊指标为触发事件而调整估值）的方式来解决双方当下的分歧，促使双方尽快达成交易，既保证了投资效率，又兼顾了公平，从而推动了创业行为，激发了经济活力。

最后，估值调整机制符合我国法律和司法精神的规定，虽然估值调整机制源自欧美资本主义市场，我国法律对此也没有明文规定，但是从司法判例和司法文件精神的解读中，我们可以看出，纵然不同的对赌行为在实际履行中可能存在不同的障碍，但是，对于对赌协议的效力和其作为金融衍生工具的积极价值，我们国家是持肯定态度的。《九民纪要》也明文规定，人民法院在审理"对赌协议"纠纷案件时，既要坚持鼓励投资方对实体企业特别是科技创新企业投资原则，从而在一定程度上缓解企业融资难问题，又要贯彻资本维持原则和保护债权人合法权益原则，依法平衡投资方、公司债权人、公司之间的利益。

由此可知，估值调整机制是股权投融资行为中理性且合理的约定，虽然因谈判地位的差别，融资人看起来可能承担了相对较重的义务和责任。但是，我们尤其是创业者也应该要知道，创业行为从本质上讲也是一种投资行为，如果创业者仅投入时间和激情，而不承担或者很少承担资金的风险，这也是对公平精神的一种违背，合理的估值调整机制不仅能提高资金的使用效率，规范资金的使用行为，还能激发出创业者们更大的创业动力，推动公司的快速发展，进而激发整个社会的经济活力。

三、对赌的分类与触发条件

依据对赌主体的不同，对赌协议可以分为：与公司对赌、与公司股东或实际控制人对赌、与公司和公司的股东共同对赌。

依据对赌内容的不同，对赌可以分为股权补偿性对赌、现金补偿性对赌和二者兼有的混合性对赌。

对赌的触发条件也可以概括性地分为两大类，即财务指标和经营指标。财务指标一般体现为目标公司未来一定时期的营业收入、净利润、利润增长率等。经营性指标一般体现为某些经营里程碑事件，例如研发技术的突破、某项行政许可的获批、IPO 等。

值得注意的是，对赌的触发条件是对赌生效的导火线，考虑到其可能引发极其严重的法律后果（对融资方来说，可能意味着巨大的现金损失甚至是丧失公司的控制权）。因此，它一定要建立在双方共识和理性分析的基础之上，而不能根据单方的意愿来自由确定，在实际的融资过程中，不能因谈判地位的悬殊而任由投资人单方来制定触发事件（一般投资人是不会更不敢将投资收益放在对赌上，他们更期望的是将来能够通过公司 IPO 或者被并购而退出来获得投资收益），同时，对于触发事件成就与否也不能根据单方的审计或认定得出，而需要经过第三方的鉴定或评估。

四、对赌的法律效力

《九民纪要》"关于对赌协议的效力及履行"一章中规定："人民法院在审理'对赌协议'纠纷案件时，不仅应当适用合同法的相关规定，还应当适用公司法的相关规定。既要坚持鼓励投资方对实体企业特别是科技创新企业投资原则，从而在一定程度上缓解企业融资难问题，又要贯彻资本维持原则和保护债权人合法权益原则，依法平衡投资方、公司债权人、公司之间的利益。"对于投资方与目标公司的股东或者实际控制人订立的"对赌协议"，如无其他无效事由，认定有效并支持实际履行，实践中并无争议。但投资方与目标公司订立的"对赌协议"是否有效以及能否实际履行，存在争议。对此，应当把握如下处理规则：

投资方与目标公司订立的"对赌协议"在不存在法定无效事由的情况下，目标公司仅以存在股权回购或者金钱补偿约定为由，主张"对赌协议"无效的，人民法院不予支持，但投资方主张实际履行的，人民法院应当审查是否符合《公司法》关于"股东不得抽逃出资"及股份回购的强制性规定，判决是否支持其诉讼请求。

投资方请求目标公司回购股权的，人民法院应当依据《公司法》第三十五条关于"股东不得抽逃出资"或者第一百四十二条关于股份回购的强制性规定进行审查。经审查，目标公司未完成减资程序的，人民法院应当驳回其诉讼请求。

投资方请求目标公司承担金钱补偿义务的，人民法院应当依据《公司法》第三十五条关于"股东不得抽逃出资"和第一百六十六条关于利润分配的强制性规定进行审查。经审查，目标公司没有利润或者虽有利润但不足以补偿投资方的，人民法院应当驳回或者部分支持其诉讼请求。今后目标公司有利润时，投资方还可以依据该事实另行提起诉讼。

《九民纪要》第十八条也规定，"债权人主张担保合同有效，应当提供证据证明其在订立合同时对股东（大）会决议进行了审查，决议的表决程序符合《公司法》第16条的规定，即在排除被担保股东表决权的情况下，该项表决由出席会议的其他股东所持表决权的过半数通过，签字人员也符合公司章程的规定"。

关于对赌协议的争议主要集中在对赌协议的效力及对赌的履行问题上，总结现行有效的法律法规和现有的司法判例，根据《九民纪要》的精神，对此争议，可以归纳如下：

1. 关于对赌协议的效力。一般情况下，无论是跟公司对赌还是跟股东（或者实际控制人）对赌，不论是股权回购性对赌还是金钱补偿性对赌，只要不存在法定无效的事由，对赌协议都是有效的。

2. 关于对赌协议的履行。对赌协议的履行是一个非常复杂的问题，一是因其涉及《公司法》的效力强制性规定和股东自由意志的冲突处理，二是因为对赌协议的履行因对赌对象和履行方式的不同有很大的差别，三是因为现实中的对赌常牵涉股东和公司的交叉担保，四是因为对赌的履行很多时候取决于公司的决策与程序是否合乎法律和章程的规定（例如减资、利润分配等决议和程序）。正是因为以上种种原因，对赌的履行请求能否得到法院的支持变得非常多样，对此，本书总结以下的规律，以供读者参考：

（1）与公司对赌，如果投资人要求进行股权回购，则法院应先审查回购行为是否满足"股东不得抽逃出资"的要求，如不存在抽逃出资的行为，则再审查公司是否已经进行了减资（根据《九民纪要》的精神，减资是前置程序）等法定程序，如果公司进行了符合法律和公司章程规定的减资程序，则对其要求公司回购股权的请求应予以支持。

（2）与公司对赌，如果投资人要求进行金钱补偿，则法院应审查①金钱补偿是否满足"股东不得抽逃出资"的要求，和②公司是否有利润、是否符合利润的提取规则。此时，如果公司有利润，则法院应对投资人要求公司进行金钱补偿的请求予以全部或部分支持。反之，则不予以支持。但是，允许投资人在公司有利润的时候再另行提起诉讼。究此条款背后的深层意义，笔者认为其反映了法院通过公司金钱补偿的责任形式支持了"投资人优先分红权"的内在逻辑（此金钱补偿可以视作公司的分红，只不过是优先分给投资人），避免出现对赌与投资人优先分红权的适用矛盾。

（3）与公司对赌，股东承担连带担保责任。此种情况下，笔者认为该担保行为不违反法律的强制性规定，没有破坏公司的资本维持原则，也没有损害公司和公司债权人的利益，此担保行为是股东的真实意思表示，符合法律的规定，应有效。如果投资人要求进行股权回购的，则按照规则（1）进行审查，股东同时承担回购投资人股权的法律责任；如果是投资人要求进行金钱补偿，则按照规则（2）进行审查，股东同时承担金钱补偿的连带法律责任。

（4）与股东或实际控制人对赌。此种情形下，无论投资人要求进行股权回购还是要求金钱补偿，在程序层面，都没有什么障碍，只是履行效果可能远远无法让投资人满意，因为，一般情况下，当目标公司触发了对赌条款，股东和公司可能已经严重丧失了偿债能力。

（5）与股东或实际控制人对赌，公司进行担保。这个时候要探讨履行问题，得首先看看公司做出担保行为的效力。《公司法》第十六条规定，公司为公司股东或者实际控制人提供担保的，必须经股东会或者股东大会决议，前款规定的股东或者受前款规定的实际控制人支配的股东，不得参加前款规定事项的表决，该项表决由出席会议的其他股东所持表决权的过半数通过。《九民纪要》第十八条规定，"债权人主张担保合同有效，应当提供证据证明其在订立合同时对股东（大）会决议进行了审查，决议的表决程序符合《公司法》第16条的规定"。由此可见，在与股东对赌，公司提供担保责任的情况下，担保合同是否具有法律效力，债权人有前置的形式审查责任，只有在担保行为的做出是符合法律规定的前提下，公司才能承担担保责任，而一旦公司的担保行为有效，则又要落入规则（1）和规则（2）的审查之中。

为了直观地表述上述裁判规则，笔者制作了表3-3：

表3-3

对赌方式		合同效力	能否支持履行	
			股权回购	金钱补偿
A 与公司对赌	股东不担保	有效（法定无效除外）	须先减资，实操难	有利润可支持，无利润，则驳回
	股东担保	有效（法定无效除外）	须先减资，实操难支持股东连带	有利润可支持，支持股东连带

续表

对赌方式		合同效力	能否支持履行	
			股权回购	金钱补偿
B 与股东或实际控制人对赌	公司不担保	有效（法定无效除外）	支持	支持
	公司担保	有效（法定无效除外）（担保须进行形式审查）	支持（如担保有效，公司连带，须先减资，实操难）	支持（如担保有效，公司连带，有利润可支持）

需要说明的是，本节讨论对赌的法律效力不包括仲裁机构的观点，仲裁机构对对赌的包容要远高于法院，根据部分已知的仲裁裁决结论，不论是与公司对赌还是与股东对赌，仲裁大多认可其效力，且支持公司作为义务履行人。

五、对赌条款的设计

通过上文的分析，我们可以得出，在《九民纪要》背景下，对于投资人而言，当下最佳的对赌方案设计应该是与目标公司的股东（或者实际控制人）对赌，并由目标公司对股东（或者实际控制人）的金钱补偿或股权回购的义务承担连带担保责任，同时，为确保担保行为的有效性，该担保协议必须由全体股东签字确认，或者要求公司出具"担保责任承诺函"（一定要符合投资协议签订时公司的章程）的股东会决议，并将该股东会决议作为投资人缴付增资款的先决条件。当然，同时也别忘记，在选择争议解决机构的时候最好选择包容度更高的仲裁机构。

第七节　交　　割

一、什么是交割

（一）交割的含义

在不同的交易背景下，交割有不同的内涵。在私募股权投融资领域，交割指的是投融资双方履行增资协议和股东协议等法律文件下法律义务的行为，当然，并非所有的上述法律文件规定的法律义务履行的行为都属于交割，此处的交割多半指的是为完成增资行为而进行的程序性义务（当然包括增资款的缴付和股权变更登记），并不包含为了维持投资人利益而履行的其他义务。通俗地讲，交割就是指投资人履行缴付投资款，融资人完成股权变更登记等一系列行为的统称。

（二）基准日、交割日、过渡期

1. 基准日，就是指特定的某一天。在私募股权投融资领域，目标公司的财务状况、经营状况和资产状况等都是在实时变化的，为了评估目标公司的价值，确定增资的金额，就需要将以上的变量通过设定具体日期的形式固定下来，这个特定的日期就是我们通常所说的"基准日"。

2. 交割日，不同的交易形式，交割日会不同，不同的交割流程，交割日也有不同之处。在私募股权投融资领域，交割日通常是指投融资双方在增资协议中约定的增资先决条件成就（包括被投资人豁免或投资人以默示形式表示认可）之日。在这种情况下，交割日并不等同于投资人缴付增资款之日，也不等同于融资人将投资人进行工商登记为股东之日，它仅是合同约定的特殊条件成就之日，是为后续投融资双方履行交割义务（缴付增资款、工商变更等）确定起点之日。

3. 过渡期，过渡期与基准日和交割日关联不大，它指的是从增资协议签订之日起到投资人缴付增资款之日止的这个期间（有的合同约定过渡期指的是增资协议签订到工商变更完成之日）。

二、交割的先决条件

交割的先决条件是双向的，不仅仅是融资人的义务，也有投资人的义务，但是，在实际的投融资过程中，融资人面对的交割先决条件确实更多一些，主要包括以下程序性和实体性要件：

1. 直至交割日，公司及各创始人在本协议项下的各项陈述和保证均真实、准确、无误导性且不存在重大遗漏；

2. 公司及各创始人履行并遵守本协议规定的所有应在交割日或之前完成或遵守的各项约定、承诺和义务；

3. 公司及各创始人已经签署或促使其关联方签署了下述所有交易文件，

且公司、各创始人及其关联方并未违反任何交易文件；

4. 截至交割日，集团在所有重大方面正常延续以前的经营，并在业务、经营、管理团队、核心员工、组织结构、资产以及财务状况等方面相对于基准日无任何重大不利变化；

5. 除本协议中另有规定以外，集团已获得经营其在交割时所经营的业务或计划在交割后经营的业务所需的全部批准、许可、执照和类似授权；

6. 集团已经取得其目前生产经营所使用的相关重大知识产权的所有权或已经就该等重大知识产权获得了令投资方满意的使用许可，但已向投资方披露的情况除外；

7. 公司、各创始人及其他相关方，为签署本协议和其他交易文件并完成本协议和其他交易文件项下的交易以及其他相关事项，均已取得所有的各自所需的内部批准，包括但不限于其各自所需的股东会、董事会或其内部管理机构的批准。

以上是常见的交割先决条件，因为交割条件不存在理解的问题，很多也是反映在融资人的保证与承诺里，这里不展开论述。

三、过渡期义务

过渡期义务主要是针对融资人的。投资人对目标公司的投资计划是基于基准日之前投资人对公司的尽职调查报告而作出的，增资协议就是投资计划的合同体现。而增资协议签订到双方交割完成还有一段时间，如果在这段时间里发生重大不利变化，将会严重影响投资人的投资计划。因此，增资协议里就会约定这一段时间融资方应承担的一些法律义务，例如维持公司正常经营、重大事项经批准、信息的持续披露等。这部分内容没有理解难度，本书不再展开论述。

四、交割程序

交割的程序一般包括：签署增资协议及其他协议—交割先决条件满足或被豁免—融资方向投资人出具加盖目标公司公章的股东名册副本—投资人缴付增资款（缴付增资款视为获得新增股权）—目标公司进行工商登记。

值得注意的是：第一，当交割的先决条件在一定的时间内还是无法满足或被投资人豁免，应该通过协议的方式赋予双方解除合同的权利，而不能长时间无休止地耗下去；第二，有的增资协议签订不等于生效，必须经过审批程序，此时也应该在合同里约定一个审批期限和审批不通过时的解决机制；第三，融资方向投资人出具加盖公章的股东名册并不表示投资人此时已经获得了股东资格，应该在合同里明确约定股东资格取得的条件，例如，增资款完全缴付之时。

第四章 劳动人事法律事务

☞ **导读：**

1. 劳动合同的概念、劳动合同法的适用范围和基本原则
2. 劳动关系的建立及公司劳动人事规章制度
3. 劳动合同的解除和终止
4. 劳务派遣和劳务外包、集体合同与非全日制用工
5. 劳动争议处理及劳动人事常见法律风险与防范

第一节 概　　述

一、劳动合同的概念和主要条款

（一）劳动合同的概念

关于劳动合同的概念，我国《中华人民共和国劳动法》（以下简称《劳动法》）第十六条第一款明确规定，"劳动合同是劳动者与用人单位确立劳动关系、明确双方权利和义务的协议"。劳动者通过签订劳动协议加入用人单位，成为用人单位的一员并承担一定的工种、岗位或职务工作，遵守所在单位的内部劳动规则和其他规章制度。用人单位根据这个协议及时安排被录用的劳动者工作，按照协议的规定和劳动者实际提供劳动的数量和质量支付劳动报酬，并根据相关劳动法律法规和劳动合同的约定提供必要的劳动条件，保证劳动者享有社会保险、福利等权利和待遇。

（二）劳动合同的主要条款

《中华人民共和国劳动合同法》（以下简称《劳动合同法》）第十条规定，"建立劳动关系，应当订立书面劳动合同"。劳动合同的内容是劳动合同的核心部分，劳动者和用人单位双方通过平等协商达成一致的有关劳动权利和

劳动义务的具体条款就是劳动合同的内容。劳动合同的主要内容可以分为劳动合同的必备条款和约定条款。约定条款在劳动合同中不是必需的，法律上没有作强制性的规定，但协商一致的约定条款一旦写进劳动合同的文本中就对双方当事人产生约束力。为了避免劳动合同中强势一方的当事人滥用权利，《劳动合同法》基于遵循公平的原则对一些约定进行了限制。

1. 劳动合同的必备条款

一般而言，劳动合同的主要条款包含主体、劳动合同的期限、工作内容、劳动保护和劳动条件、劳动报酬、劳动合同终止的条件、违反劳动合同的责任。

（1）主体

主体即劳动法律关系中的当事人，即劳动者和用人单位。劳动合同中应当具备劳动者的姓名、住址和居民身份证或者其他有效身份证件号码；用人单位的名称、住所和法定代表人或者主要负责人。

（2）劳动合同的期限

《劳动合同法》第十二条规定劳动合同的期限分为三种：固定期限、无固定期限、以完成一定的工作任务为期限。其中，约定固定期限的劳动合同期满后，因用人单位方面的原因未办理终止或续订手续而形成事实劳动关系的，视为续订劳动合同。用人单位应及时与劳动者协商合同期限，办理续订手续。值得注意的是，用人单位如需要聘用外国人，应依法签订劳动合同，该劳动合同的期限最长不得超过五年，且该劳动合同期限届满即行终止。

（3）工作内容

劳动者和用人单位可以约定工作数量、质量、劳动者的工作岗位等内容。其中，在约定工作岗位时可以约定较为宽泛的岗位，也可以另外签订一个短期的岗位协议作为劳动合同的附件，还可以约定变更岗位的条款，等等。

（4）劳动保护和劳动条件

这类条款主要是约定工作时间、休息休假、各项劳动安全与卫生的措施，对女性和未成年人的劳动保护措施以及不同岗位劳动者的工作必要条件等。

（5）劳动报酬

劳动报酬对劳动者而言是最重要的内容之一。在此条款中可以约定劳动者的标准工资、加班工资、奖金、津贴、补贴的数额及报酬支付的时间和方式。

（6）劳动合同终止的条件

这类条款主要规定在无固定期限的劳动合同中，但是其他期限种类的合同也可以约定。值得注意的是，用人单位和劳动者不得将法律规定的可以解除合同的条件约定为终止合同的条件，这种做法可能会导致用人单位应当在解除合同时支付经济补偿金而改为因终止合同不予支付经济补偿金的情况。

(7)违反劳动合同的责任

这类条款是劳动合同的违约责任条款,一般约定两种形式,一种是约定违约金的具体数额或计算方式;另一种是约定违约方赔偿给对方因过错造成的经济损失。采取第一种方式确定违约金的,用人单位应当在劳动者可以承受的范围内约定具体金额或计算标准,避免出现显失公平的情形。

2. 劳动合同的约定条款

这里主要介绍一下《劳动合同法》对试用期的限制。试用期是指包括在劳动合同期限内,用人单位对劳动者是否合格进行考核,劳动者对用人单位是否符合自己要求也进行考核的期限,这是双方双向选择的过程。

在这一阶段,用人单位可以考察劳动者的基本素质和劳动能力,如果在此期间发现劳动者有不符合录用条件的情况,用人单位可以在试用期内通知劳动者解除劳动合同;对于劳动者来说,其可以利用这一阶段进一步了解单位的状况、工作环境、工作条件以及工作福利等,如果发现该单位不符合自己的预期,可以在试用期内提前3天通知用人单位解除劳动合同。

《劳动合同法》对试用期的约定做了一些限制,其中包括:

(1)明确约定试用期的上限,劳动合同期限在3个月以上的才可以约定试用期。劳动合同期限在3个月以上不满1年的,试用期不得超过1个月;劳动合同期限在1年以上不满3年的,试用期不得超过2个月;3年以上固定期限和无固定期限的劳动合同,试用期不得超过6个月。

(2)同一用人单位和同一劳动者只能约定一次试用期。

(3)以完成一定的工作任务为期限的劳动合同,不得约定试用期。

(4)非全日制用工的劳动合同不得约定试用期。

(5)试用期的期限包含在劳动合同的期限内。

(6)对试用期的工资作出了最低标准规定,一是不得低于用人单位所在地的最低工资标准;二是不得低于本单位相同岗位最低档工资或者劳动合同约定工资的80%。

二、《劳动合同法》的适用范围和基本原则

(一)《劳动合同法》的适用范围

1. 用人单位的范围

《劳动合同法》第二条明确了适用范围,该条规定,"中华人民共和国境

内的企业、个体经济组织、民办非企业单位等组织（以下称用人单位）与劳动者建立劳动关系，订立、履行、变更、解除或者终止劳动合同，适用本法。国家机关、事业单位、社会团体和与其建立劳动关系的劳动者，订立、履行、变更、解除或者终止劳动合同，依照本法执行"。第二条的规定扩大了《劳动法》的适用范围，一是在适用范围中增加了民办非企业单位等组织及其劳动者，根据《劳动合同法实施条例》第三条的规定依法成立的会计师事务所、律师事务所等合伙组织和基金会，也属于《劳动合同法》规定的用人单位；此外，根据《劳动合同法实施条例》第四条的规定，依法取得营业执照或者登记证书的用人单位设立的分支机构，可以作为用人单位与劳动者订立劳动合同；未依法取得营业执照或者登记证书的，受用人单位委托可以与劳动者订立劳动合同。二是明确事业单位与实行聘用制的工作人员之间也应订立劳动合同，但允许其优先适用特别规定。三是规定国家机关、事业单位、社会团体与聘用制人员均应建立劳动关系，并执行《劳动合同法》的规定。

2. 劳动者的限制

根据《劳动合同法》及其相关法律法规的规定，以下范围不属于劳动者：

（1）公务员和比照实行公务员制度的事业组织和社会团体的工作人员；

（2）农村劳动者（进城务工、经商的农民除外）；

（3）现役军人；

（4）在校学生；

（5）退休人员的再就业；

（6）家庭保姆、自然人的雇工。

（二）《劳动合同法》的基本原则

《劳动合同法》第三条规定："订立劳动合同，应当遵循合法、公平、平等自愿、协商一致、诚实信用的原则。"

1. 合法原则

合法是劳动合同有效的前提条件，用人单位与劳动者订立的劳动合同在形式和内容上都必须符合法律法规的规定。

2. 公平原则

公平原则是指劳动合同的内容应当公平合理，劳动合同的双方应当公平合理的确定双方的权利义务。

3. 平等自愿原则

平等自愿原则是指劳动者与用人单位在订立劳动合同时双方的地位平等，并且订立劳动合同完全是劳动者和用人单位双方的真实意思表示。

4. 诚实信用原则

诚实信用原则是指用人单位和劳动者在订立劳动合同时都不得有欺诈的行为。用人单位招用劳动者时应当如实告知劳动者工作内容、工作条件、工作地点、职业危害、安全生产状况、劳动报酬以及劳动者要求了解的其他内容，同时用人单位也有权了解劳动者与劳动合同直接相关的基本情况。双方都不得隐瞒真实情况。

三、常用劳动人事法律法规汇总（见图 4-1）

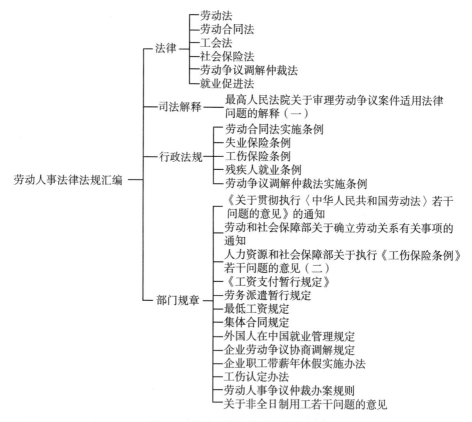

图 4-1　劳动人事相关法律法规汇总

第二节　劳动关系的建立

一、劳动合同的订立

劳动合同的订立是指用人单位与劳动者经过互相选择、平等协商，最终就劳动合同的相关条款达成协议，从而确定劳动关系和明确双方权利义务的法律行为。在此过程中有几点特别需要用人单位注意：

（一）保障劳动者在订立劳动合同过程中的知情权

这一点在诚实信用原则中也提到过，用人单位在招用劳动者时，应当如实告知劳动者工作内容、工作条件、工作地点、职业危害、安全生产状况、劳动报酬以及劳动者要求了解的其他情况。知情权是为了在缔结劳动合同过程中保障双方对彼此都有全面的了解，减少或避免日后劳动争议的发生。尽管要求用人单位和劳动者享有平等的知情权，但实践中劳动者往往处于比较弱势的地位，因此，用人单位在签订劳动合同时应保证劳动者能够充分了解用人单位的情况，主动履行告知义务，并在履行过程中保留已经履行告知义务的相关证据，避免在将来的劳动纠纷中处于被动地位。

（二）用人单位在招聘时的注意事项

1. 防止出现就业歧视类条件

《促进就业法》第三条第二款规定，"劳动者就业，不因民族、种族、性别、宗教信仰等不同而受歧视"。随着法治社会的建设和发展，求职者的维权意识也越来越高，因此，用人单位在发布招聘广告和招聘简章时应避免设置歧视性条件，如限制年龄、性别、民族、宗教信仰、区域、婚育状况、身高以及长相等可能会侵犯劳动者平等就业权利的条件。

2. 重视对应聘者的简历和背景审查

由于就业市场的竞争激烈，应聘者可能会制作虚假简历，对学历、相关资格、工作经历等信息进行虚构或者隐瞒自身真实情况，更甚者冒用他人身份。因此，用人单位在进行招聘时应当认真审查简历和劳动者身份，必要时可以进行背景调查，避免在将来因劳动者虚构或隐瞒真实情况而产生不必要的诉争。

（三）劳动合同的续签

劳动合同期满是劳动合同终止的法定情形之一。如果用人单位和劳动者之间对劳动合同续订达成一致意见，则双方可以直接订立劳动合同。用人单位和劳动者在续签时应当注意以下几点：

1. 建立劳动关系应当订立劳动合同。因此，双方同意以原条件继续履行原来的合同的，必须续签书面劳动合同，以书面的合同形式将双方的权利义务固定下来。

2. 续签的劳动合同的内容也应当遵循平等协商的原则。

3. 续签的劳动合同不能再约定试用期，《劳动合同法》第十九条规定同一用人单位与同一劳动者只能约定一次试用期。

二、劳动合同的效力

劳动合同在双方签订之后并不是当然发生法律效力，而是需要符合法律规定的生效要件才能在双方之间产生约束力。

（一）劳动合同的成立和生效

《劳动合同法》第十六条第一款规定，"劳动合同由用人单位与劳动者协商一致，并经用人单位与劳动者在劳动合同文本上签字或者盖章生效"。该条款表明，在一般情况下，劳动合同自成立时生效。劳动合同的成立是指劳动者和用人单位双方就劳动合同的内容协商一致；劳动合同的生效是指劳动合同发生了双方当事人所预期的法律效果，对双方当事人产生约束力，双方必须遵守劳动合同的约定。

值得注意的是，在实践中会存在劳动关系的成立时间与劳动合同的生效时间不一致的情况。有些劳动者与用人单位先签订劳动合同，一段时间后才正式用工；也有用人单位在用工一段时间后才与劳动者签订劳动合同。《劳动合同法》第十条第三款规定，"用人单位与劳动者在用工前订立劳动合同的，劳动关系自用工之日起建立"。实际用工是劳动关系建立的标志，因此，劳动合同的生效并不代表劳动关系的建立。

（二）劳动合同的无效

劳动合同无效是指用人单位和劳动者所订立的劳动合同不符合法律法规的规定，或缺少有效要件，导致劳动合同的全部或部分不具有法律效力。劳动合同无效的法定情形有：

1. 以欺诈、胁迫手段或者乘人之危，使对方在违背真实意思的情况下订立或者变更劳动合同。这种情形既可能是劳动者，也可能是用人单位。一般而言，劳动者有可能会以欺诈的手段隐瞒真实情况，诱使或误导用人单位做出错误的意思表示；而用人单位则可能会以欺诈、胁迫的手段或者乘人之危，使得劳动者订立或变更劳动合同的意思不真实。

2. 用人单位免除自己的法定责任、排除劳动者的权利。用人单位的法定责任和劳动者的权利都是法律强制规定的，不能通过劳动合同约定排除法律的规定。但是如果免除法定责任和排除劳动者权利的条款不影响劳动合同其他部分的效力，只是该条款无效。

3. 劳动合同违反法律、行政法规的强制性规定。此情形包括在劳动合同中约定不参加社保、工伤概不负责、劳动合同期间不得婚育等，这些都违反了法律、行政法规的强制性规定。

（三）案例解析

尹某某、枣庄矿业（集团）有限责任公司蒋庄煤矿劳动合同纠纷案（（2017）鲁 04 民终 797 号）

1. 案情简介

1988 年陈某某与枣庄矿业集团签订劳动合同制工人劳动合同，合同期限为 10 年，期满后陈某某将该岗位以 2 万元价格出卖给尹某某，后尹某某一直以陈某某的名义在枣庄集团蒋庄煤矿工作。2016 年 1 月，枣庄煤矿发现尹某某以陈某某的名义有偿冒名顶替上班的真相后，便不再让尹某某到其处工作。尹某某作为申请人向枣庄市劳动人事争议仲裁委员会申请仲裁，该委作出枣劳人仲案字［2016］第 155 号裁决书：一、申请人与被申请人枣庄矿业（集团）有限责任公司蒋庄煤矿 1996 年 9 月至 2016 年 1 月存在事实劳动关系；二、被申请人枣庄矿业（集团）有限责任公司蒋庄煤矿于本裁决生效后十日内支付申请人违法解除劳动关系经济赔偿金 150462 元；三、驳回申请人的其他仲裁请求。枣矿集团蒋庄煤矿不服此裁决，遂于 2016 年 12 月 6 日诉至法院。

2. 法院判决结果及理由

（1）劳动合同无效。根据《劳动合同法》第二十六条的规定，以欺诈、胁迫的手段或者乘人之危，使对方在违背真实意思的情况下订立或者变更劳动合同的，劳动合同无效或者部分无效。

（2）劳动关系成立。《劳动合同法》第二十八条规定，劳动合同被确认无效，劳动者已付出劳动的，用人单位应当向劳动者支付劳动报酬。劳动报酬的数额，参照本单位相同或者相近岗位劳动者的劳动报酬确定。

（3）枣庄集团蒋庄煤矿不承担赔偿责任。《劳动合同法》第八十六条规定，劳动合同依照本法第二十六条规定被确认无效，给对方造成损害的，有过错的一方应当承担赔偿责任。尹某某提供的证据不能证明枣矿集团蒋庄煤矿在与其订立劳动合同时存在过错，故尹某某要求枣矿集团蒋庄煤矿支付经济赔偿金的主张无事实及法律依据。

3. 案例评析

在本案中，由于劳动者一方的原因导致劳动合同无效，但是劳动合同的无效与劳动关系是否成立属于两个不同的问题。事实劳动关系是一种事实，而非一种法律行为，事实仅仅是客观情况的反映，不存在效力问题。对于因无效劳动合同形成的事实劳动关系的处理，依法律规定共有两种方式：一是劳动者可以就自己付出的劳动向用人单位主张劳动报酬，可参照本单位或者相近岗位劳动者的劳动报酬确定；二是如果订立无效劳动合同归责于用人单位，给劳动者造成损害的，用人单位应承担赔偿责任。如果订立无效劳动合同归责于劳动者，给用人单位造成损害的，劳动者应承担赔偿责任。

三、保密协议和竞业限制的规定

《劳动合同法》第二十三条规定，"用人单位与劳动者可以在劳动合同中约定保守用人单位的商业秘密和与知识产权相关的保密事项。对负有保密义务的劳动者，用人单位可以在劳动合同或者保密协议中与劳动者约定竞业限制条款，并约定在解除或者终止劳动合同后，在竞业限制期限内按月给予劳动者经济补偿。劳动者违反竞业限制约定的，应当按照约定向用人单位支付违约金"。此条是对保密协议和竞业限制的规定。

（一）保密协议

这里的秘密主要是指商业秘密和与知识产权相关的保密事项，属于公司的无形财产利益，对公司的生存和发展至关重要。因此，为了防止了解和掌握这些秘密的劳动者泄密，用人单位可以与劳动者签订保密协议。但是在签订保密协议的时候需要注意以下问题，避免产生法律纠纷或给公司造成重大经济损失：

1. 扩大保密协议的主体范围

在实践中虽然并不是所有的员工都会接触公司的秘密，但是在公司的经营过程中可能会被无意中听到、接触到或者通过其他的方式盗取。因此，公司应当尽可能扩大保密协议的主体范围，其中包括董事、高管、核心技术人员、一般技术支持人员、关键岗位的技术工人、市场销售人员以及财务人员等内勤部门员工。若除此之外，其他员工有泄露公司秘密的可能性的，在未签署保密协议的情况下也可以在劳动合同中约定保密条款。

2. 明确保密协议的范围

实践中，用人单位在劳动合同或专门的保密协议中对需要保密的范围的约定往往比较宽泛。明确保密协议的范围，能够让劳动者了解自己需要保密的范围。

3. 明确约定是否需要支付保密补偿

一般而言，劳动者在职期间当然负有保密义务，无需对其进行单独补偿，在劳动者离职之后会涉及支付保密费用的情况。用人单位需要在保密协议中明确约定支付保密费用的条件、数额、时间以及支付方式，且需要按照约定履行，否则有可能导致劳动者最终不承担保密义务（劳动者擅自公开、使用或披露商业秘密的除外），使得用人单位的利益遭受损失。

4. 明确约定违约责任

违约责任是保密协议中十分重要的一部分。通常可以在保密协议中直接约定违约金数额或者违约金的计算方式，如果违约金无法覆盖损失的，还可以约定按照实际的损失要求赔偿。但同时要注意违约金的金额不能约定过高，避免被认定为显失公平。

（二）竞业限制

竞业限制是指知悉本单位商业秘密或者其他对本单位经营有重大影响的劳动者，在终止或解除劳动合同后的一定期限内不得在生产同类产品、经营同类业务或有其他竞争关系的用人单位任职，也不得自己生产与原单位有竞争关系的同类产品或经营同类业务。这是用人单位用来保护其商业秘密的一种法律措施，但同时这种方式会在一定程度上损害劳动者的利益，牺牲其自主择业的权利，因此，用人单位应当给予劳动者适当补偿。

1. 竞业限制的主体限制

根据《劳动合同法》第二十四条的规定，用人单位的竞业限制协议的签订对象仅限于用人单位的高级管理人员、高级技术人员和其他负有保密义务的人员。

2. 竞业限制的内容限制

竞业限制的范围、地域、期限由用人单位与劳动者在平等协商的基础上约定。《劳动合同法》第二十四条第二款规定竞业限制的期限不得超过二年。除此之外，竞业限制的内容、范围、地域、期限约定要以保护用人单位的合法利益为前提，不能违反社会公共利益和国家的法律法规。

3. 竞业限制的解除权

根据《最高人民法院关于审理劳动争议案件适用法律若干问题的解释（一）》，用人单位和劳动者都有竞业限制解除权。首先，劳动者在连续三个月未得到经济补偿的情况下，为保护自己的合法权益可以向人民法院请求单方面解除竞业限制；其次，当用人单位的商业秘密不能再使其在市场上具有优势地位或者没有必要继续履行竞业限制时，可以提前解除竞业限制，但在此种情况下有可能使得劳动者的权益受损，因此，劳动者可以请求用人单位额外支付三个月的竞业限制补偿金。关于竞业限制补偿金的标准，若用人单位与劳动者有约定则以约定条件为准，未约定竞业限制补偿金的，劳动者履行了竞业限制义务，可以要求用人单位按照劳动者在劳动合同解除或者终止前十二个月平均工资的30%按月支付经济补偿金，且月平均工资的30%低于劳动合同履行地最低工资标准的，按照劳动合同履行地最低工资标准支付。

第三节　公司劳动人事规章制度

一、劳动人事规章制度概述

（一）劳动人事规章制度的含义

劳动人事规章制度是指用人单位为加强劳动人事的管理，在本单位实施的一系列行为准则。《劳动合同法》第四条第一款规定，"用人单位应当依法建立和完善劳动规章制度，保障劳动者享有劳动权利、履行劳动义务"。对用人单位而言，劳动人事规章制度是用来对员工进行约束的规范性文件，是管理员工的重要规范。劳动人事规章制度与集体合同、劳动合同共同构成了劳动人事管理的主要依据。

（二）劳动人事规章制度的主要内容

劳动人事规章制度是用人单位实现自主管理的重要规范，其内容比较广泛，包括用人单位经营管理的各个方面。根据《劳动合同法》的规定，劳动人事规章制度主要包括两个方面：一是直接涉及劳动者切身利益的规章制度，如劳动报酬、工作时间、休息休假、劳动安全卫生、保险福利、职工培训、劳动纪律以及劳动定额管理或者与劳动关系建立、劳动合同订立、履行、变更、解除和终止等密切相关的事项；二是一般的劳动用工管理规范，如日常劳动纪律、公司文化、环境卫生等方面的规章制度。前者属于《劳动合同法》调整的范围，用人单位在制定相关规章制度时需要特别注意是否合法合规。

（三）劳动人事规章制度的作用

劳动人事规章制度的主要目的是维护企业生产经营过程中的正常秩序，具体而言有以下几个方面的作用：

1. 确保用人单位按照劳动法律法规和政策实施合法化和规范化的劳动用工管理，同时保障劳动者享有劳动权利和履行劳动义务。

2. 提高公司的人力资源管理效率，建立和谐的劳动用工关系。

3. 减少劳动用工管理中劳动争议的产生。

同时，用人单位应当注意劳动人事规章制度不仅仅是用来约束劳动者的，也是用来限制用人单位的。用人单位制定合法有效的规章制度的同时且须严格遵守，依法依规保障劳动者的合法权益。

（四）劳动人事规章制度与劳动合同的关系

劳动合同是劳动者与用人单位确立劳动关系、明确双方权利和义务的协议，是针对特定主体才具有约束力的协议。劳动人事规章制度是用人单位与职工代表大会或全体职工经过讨论及与工会或职工代表平等协商而确定的公司内部规则，针对不特定的员工具有约束力。两者都具有约束用人单位和劳动者的法律效力，在一些涉及劳动者切身利益的方面会有重叠，共同构成公司劳动人事管理的主要依据。

二、劳动人事规章制度的制定程序

《劳动合同法》第四条第二款至第四款规定，"用人单位在制定、修改或者决定有关劳动报酬、工作时间、休息休假、劳动安全卫生、保险福利、职工培训、劳动纪律以及劳动定额管理等直接涉及劳动者切身利益的规章制度或者重大事项时，应当经职工代表大会或者全体职工讨论，提出方案和意见，与工会或者职工代表平等协商确定。在规章制度和重大事项决定实施过程中，工会或者职工认为不适当的，有权向用人单位提出，通过协商予以修改完善。用人单位应当将直接涉及劳动者切身利益的规章制度和重大事项的决定公示，或者告知劳动者"。因此，用人单位在制定劳动人事规章制度时需要遵循以下几个程序：

1. 由公司高管或者相关行政部门，根据公司实际情况制定合法、合理和具有可操作性的规章制度。

2. 将规章制度的征求意见稿向劳动者发送、公示，在规定的期限内征求劳动者的意见。

3. 召开职工代表大会或者职工大会，在大会上听取员工意见并形成定稿。

4. 人数众多的单位可以先评选出职工代表。

5. 召开大会时做好签到表和会议记录，会议记录由职工代表（或全体职工）签字。

6. 听取职工及工会的意见，并与职工及工会协商后形成规章制度的定稿。

7. 向全体职工公示，有效的公示方式如下：

（1）职工在规章制度的定稿中签字确认并同意遵守（做一个签字页），与规章制度正文部分制作成册或盖骑缝章。为了避免后期遗失，签字页可以多做几张；

（2）将规章制度作为劳动合同的组成部分，以附件的方式呈现；

（3）公司布告栏公示；

（4）电子邮件送达；

（5）公司工作群公示。

三、劳动人事规章制度的效力

（一）劳动人事规章制度的有效要件

合法有效的劳动人事规章制度可以成为司法机关审理劳动争议案件的依据，合法有效的劳动人事规章制度必须经过民主程序并向员工公示后才具有法律效力。有效的劳动人事规章制度需要满足以下三个要求：

1. 内容合法，劳动人事规章制度的内容不得与相关法律法规相抵触。如不能规定女职工在职期间不能婚育、员工请产假扣除工资等，这些违反法律法规的规章制度不具有法律上的效力。

2. 程序合法，劳动人事规章制度要经过民主程序制定，经过职工代表大会或者全体职工协商确定。

3. 向员工公示，用人单位需要将直接涉及劳动者切身利益的规章制度和重大事项公示或者告知劳动者。

（二）劳动人事规章制度无效的法律后果

劳动人事规章制度的内容违反法律法规的规定、未经法定程序制定、公示等均会导致劳动人事规章制度的无效，用人单位可能会因为劳动人事规章制度的无效承担一定的法律后果：

1. 民事责任。如在社会保险、劳动安全卫生、工作时间及工资报酬等方面，用人单位的规章制度给劳动者造成损害的，应当按照《劳动合同法》的相关规定承担赔偿责任。

2. 行政责任。根据《劳动合同法》的规定，用人单位制定的直接涉及劳动者切身利益的规章制度违反法律、法规规定的，由劳动行政部门责令改正、给予警告。除此还会导致以下结果：

（1）不作为审理劳动争议案件的依据。根据原《最高人民法院关于审理劳动争议案件适用法律问题的解释》（2001 年）第十九条的规定："用人单位根据《劳动法》第四条之规定，通过民主程序制定的规章制度，不违反国家法律、行政法规及政策规定，并已向劳动者公示的，可以作为人民法院审理劳动争议案件的依据。"该解释现已失效，但司法实践普遍支持以上观点，即无效的劳动人事规章制度不能作为人民法院审理劳动人事争议案件的依据。

（2）劳动者单方解除劳动合同。《劳动合同法》第三十八条及第四十六条规定："用人单位的规章制度违反法律法规的规定，损害劳动者权益的，劳动者有权单方解除劳动合同，并有权要求用人单位支付经济补偿金。"

（三）案例解析

某某食品有限公司与李某某劳动争议案（（2019）闽 01 民终 1004 号）

1. 案情简介

李某某是某某食品有限公司的员工，因该公司认为李某某在担任所长期间对客户账款管理不善，根据该公司的《员工奖惩管理办法》向李某某邮寄了解除劳动合同通知书。随后，李某某向劳动仲裁委员会申请劳动仲裁，以该公司违反《劳动合同法》规定违法解除劳动合同为由要求该公司双倍支付经济补偿金，劳动仲裁委员会支持了李某某的请求，因此，某某食品公司诉至法院。

2. 法院判决结果

二审法院认为某某食品公司依据《员工奖惩管理办法》解除其与李某某

之间的劳动合同关系，案涉《员工奖惩管理办法》的内容直接涉及劳动者切身利益，根据《劳动合同法》第四条的规定，该《员工奖惩管理办法》应当经职工代表大会或者全体职工讨论。但是某某食品公司的《员工奖惩管理办法》系由某某控股有限公司制定，经过某某食品公司工会审核后即直接在公司内部使用，未经职工代表大会或者全体职工讨论，未履行民主议定程序，程序不合法。故某某公司依据《员工奖惩管理办法》解除与李某某的劳动合同属于违法解除，需要向李某某支付赔偿金。

3. 案例评析

尽管用人单位为了加强管理制定了各种各样的规章制度，但是只有合法有效的劳动人事规章制度才能作为司法机关审理劳动争议案件的依据。因此，只有用人单位在遵循合法原则的前提下经过民主程序并向劳动者充分公示后的规章制度才具有法律效力，才能够将劳动关系纳入用人单位规章制度管理的范围内。

第四节　劳动合同的解除和终止

一、劳动合同的解除

劳动合同的解除是指劳动合同成立并生效之后，用人单位和劳动者双方提前终止劳动合同的法律效力，解除双方的权利义务关系。劳动合同的解除主要分为以下三大类：

（一）双方协商解除劳动合同

《劳动合同法》第三十六条规定，"用人单位与劳动者协商一致，可以解除劳动合同"。协商解除劳动合同是双方当事人意思表示一致的结果，只要内容、形式和程序不违反法律法规的禁止性、强制性规定即可。但如果是用人单位提出解除劳动合同，用人单位应当向劳动者支付解除劳动合同的经济补偿金。

（二）劳动者单方解除劳动合同

《劳动合同法》第三十七条和第三十八条规定劳动者可以单方解除劳动合同。《劳动合同法》第三十七条规定："劳动者提前三十日以书面形式通知用人单位，可以解除劳动合同。劳动者在试用期内提前三日通知用人单位，可以解除劳动合同。"由于劳动者解除劳动合同会对用人单位的正常管理秩序和生产经营秩序产生影响，第三十七条对劳动者解除劳动合同作出了程序上的限制，给予用人单位足够的时间安排辞职员工的工作，避免给公司带来不利的影响。

《劳动合同法》第三十八条规定了劳动者因用人单位的过错而解除劳动合同的情形，此条主要为了保护处于弱势地位的劳动者，赋予劳动者一定的救济手段，以便能够维护劳动者的合法权益。

劳动者单方解除劳动合同的法定情形如下：

1. 用人单位未按照劳动合同约定提供劳动保护或者劳动条件。劳动保护和劳动条件是劳动合同的必备条款之一，用人单位违反劳动合同的约定，未提供劳动保护或者劳动条件的属于违约行为，侵犯了劳动者的正当权益。因此，法律规定劳动者有随时通知用人单位解除劳动合同的权利。

2. 用人单位未及时足额支付劳动报酬。及时足额支付劳动报酬是用人单位的主要义务之一，也是劳动合同的必备条件，不及时足额支付劳动者报酬会对劳动者的生活造成一定影响。

3. 用人单位未依法为劳动者缴纳社会保险费。社会保险是社会保障制度的最重要的组成部分，用人单位有义务为劳动者缴纳社会保险费。

4. 用人单位的规章制度违反法律、法规的规定，损害劳动者权益。《劳动合同法》第四条第一款规定，用人单位应当依法建立和完善劳动规章制度，保障劳动者享有劳动权利，履行劳动义务。用人单位的规章制度自主形成，可以规范劳动者的行为，但也要求规章制度的具体内容合法、制定程序合法。

5. 用人单位以欺诈、胁迫的手段或者乘人之危，使劳动者在违背真实意思的情况下订立或者变更劳动合同。劳动合同的订立需要遵循平等自愿的原则，根据《劳动合同法》第二十六条第一款的规定，以欺诈、胁迫的手段或者乘人之危，使对方在违背真实意思的情况下订立或者变更劳动合同的，劳动合同无效。因此，在此种情形下，劳动者可以随时要求解除劳动合同。

6. 用人单位在劳动合同中免除自己的法定责任、排除劳动者权利。用人单位免除自己的法定责任、排除劳动者权益，严重损害了处于弱势地位的劳动者的合法权益，且违背了公平原则。

7. 用人单位违反法律、行政法规强制性规定。劳动合同的内容必须符合法律、行政法规的强制性规定。

8. 用人单位以暴力、威胁或者非法限制人身自由的手段强迫劳动者劳动，或者用人单位违章指挥、强令冒险作业危及劳动者人身安全，劳动者可以立即解除劳动合同，不需事先告知用人单位。

9.法律、行政法规规定劳动者可以解除劳动合同的其他情形。此条款属于兜底条款，以备在现实生活中出现其他无法预见的情形。

（三）用人单位单方解除劳动合同

用人单位单方解除劳动合同是指用人单位在法律法规规定的情形发生时可以单方解除劳动合同。《劳动合同法》规定了三种用人单位解除劳动合同的情形，分别为过错性解除、非过错性解除以及经济性裁员解除。

1.过错性解除

此种情形是指用人单位因劳动者本身的过错而直接解除劳动合同的行为。《劳动合同法》第三十九条规定了几种情形：

（1）劳动者在试用期间被证明不符合录用条件的。此情形的适用需要满足两个条件：一是用人单位规定的试用期要符合法律规定；二是劳动者不符合在录用劳动者前公布的录用条件。

（2）劳动者严重违反用人单位的规章制度的。此情形只在严重违章的情况下适用，否则劳动者有权拒绝解除。

（3）劳动者严重失职，营私舞弊，给用人单位造成重大损害的。

（4）劳动者同时与其他用人单位建立劳动关系，对完成本单位的工作任务造成严重影响，或者经用人单位提出，拒不改正的。

（5）劳动者以欺诈、胁迫的手段或者乘人之危，使用人单位在违背真实意思的情况下订立或者变更劳动合同的。此情形也是《劳动合同法》第二十六条第一款规定的劳动合同无效的情形。

（6）劳动者被依法追究刑事责任的。被依法追究刑事责任包括被人民检察院免予起诉的、被人民法院判处刑罚的、被人民法院依据《刑法》第三十二条免予刑事处罚的。

2.非过错性解除

在这种情形下，劳动者虽然没有过错，但是用人单位和劳动者之间的劳动合同目的已经无法实现，用人单位可以提前三十日以书面形式通知劳动者本人或者额外支付劳动者一个月工资后解除劳动合同。《劳动合同法》第四十条规定了以下几种情形：

（1）劳动者患病或者非因工负伤，在规定的医疗期满后不能从事原工作，也不能从事由用人单位另行安排的工作的。

（2）劳动者不能胜任工作，经过培训或者调整工作岗位，仍不能胜任工作的。这里不能胜任是指不能按照要求完成劳动合同中约定的任务或同工种、同岗位人员的正常工作量。

（3）劳动合同订立时所依据的客观情况发生重大变化，致使劳动合同无法履行，经用人单位与劳动者协商，未能就变更劳动合同内容达成一致的。客观情况是指发生不可抗力致使劳动合同全部或部分条款无法履行的其他情况。

3. 经济性裁员解除

经济性裁员解除劳动合同是指用人单位由于生产经营状况发生变化或者其他客观情况发生重大变化等原因，与部分劳动者解除劳动合同的情形。我国《劳动合同法》规定用人单位为降低劳动成本，改善经营管理，因经济或技术等原因一次裁减 20 人以上或者不足 20 人以上但占企业职工总数 10% 以上的劳动者的为经济性裁员。《劳动合同法》第四十一条规定在以下几种情形下用人单位提前三十日向工会或者全体职工说明情况，听取工会或者职工的意见后，裁减人员方案经向劳动行政部门报告，可以裁减人员：

（1）依照《企业破产法》规定进行重整的；

（2）生产经营发生严重困难的；

（3）企业转产、重大技术革新或者经营方式调整，经变更劳动合同后，仍需裁减人员的；

（4）其他因劳动合同订立时所依据的客观经济情况发生重大变化，致使劳动合同无法履行的。

《劳动合同法》还对经济性裁员作出了特别规定，裁减人员时，应当优先留用下列人员：

（1）与本单位订立较长期限的固定期限劳动合同的；

（2）与本单位订立无固定期限劳动合同的；

（3）家庭无其他就业人员，有需要扶养的老人或者未成年人的；

（4）用人单位依照第四十一条第一款的规定裁减人员，在六个月内重新招用人员的，应当通知被裁减的人员，并在同等条件下优先招用被裁减的人员。

4. 用人单位不得解除劳动合同的情形

《劳动合同法》除了规定用人单位可以解除劳动合同的情形，还专门规定了不得解除劳动合同的情形。根据《劳动合同法》第四十二条的规定，以下几种情形用人单位不得对劳动者进行非过错性解除或经济性裁员解除劳动合同：

（1）从事接触职业病危害作业的劳动者未进行离岗前职业健康检查，或者疑似职业病病人在诊断或者医学观察期间的；

（2）在本单位患职业病或者因工负伤并被确认丧失或者部分丧失劳动能力的；

（3）患病或者非因工负伤，在规定的医疗期内的；医疗期是指劳动者根据其在用人单位工作的年限，依法可以享受停工医疗并发给病假工资的期间；

（4）女职工在孕期、产期、哺乳期的；

（5）在本单位连续工作满十五年，且距法定退休年龄不足五年的；

（6）法律、行政法规规定的其他情形。

二、劳动合同的终止

劳动合同的终止，是指劳动合同关系自然失效，双方不再履行。《劳动法》第二十三条规定，劳动合同期满或者当事人约定的劳动合同终止条件出现，劳动合同即行终止。

（一）劳动合同终止的法定情形

《劳动合同法》第四十四条规定了几种劳动合同终止的法定情形：

1. 劳动合同期满的。劳动合同期满是劳动合同终止的最主要形式，适用于有固定期限的劳动合同和以完成一定工作任务为期限的劳动合同。

2. 劳动者开始依法享受基本养老保险待遇的。基本养老保险是我国根据法律法规强制建立和实施的一种社会保障制度。只要劳动者依法享受了基本养老保险待遇，劳动者就不再具备劳动合同意义上的主体资格，劳动合同终止。

3. 劳动者死亡，或者被人民法院宣告死亡或者宣告失踪的。死亡包括自然死亡和宣告死亡，这也就意味着劳动者无法再享受权利和承担义务，劳动合同当然终止。宣告失踪是指劳动者下落不明，无法继续履行劳动合同，导致劳动合同终止。

4. 用人单位被依法宣告破产的。用人单位宣告破产，即将进入清算程序，其主体地位即将消失，此时劳动合同的效力依法终止。

5. 用人单位被吊销营业执照、责令关闭、撤销或者用人单位决定提前解散的。吊销营业执照是工商行政机关根据国家工商行政法律法规对违法的公司作出的一种行政处罚。责令关闭是指公司在存续过程中，未能遵守相关法律法规被相关部门依法查处。用人单位被撤销是指公司未经合法程序成立或者形式合法但不符合相关法律法规的实体规定，被相关部门发现后查处。用人单位决定提前解散是指用人单位提前于公司章程规定的终止时间而解散公司的。这几种情形下用人单位都已经无法按照劳动合同履行其权利和义务，劳动合同终止。

6. 法律、行政法规规定的其他情形。

（二）劳动合同终止的特别规定

《劳动合同法》第四十五条对劳动合同终止作出了特别规定，"劳动合同期满，有本法第四十二条规定情形之一的，劳动合同应当续延至相应的情形消失时终止。但是，本法第四十二条第二项规定丧失或者部分丧失劳动能力劳动者的劳动合同的终止，按照国家有关工伤保险的规定执行"。具体规定如下：

1. 从事接触职业病危害作业的劳动者未进行离岗前职业健康检查，或者疑似职业病病人在诊断或者医学观察期间的；只有在经过诊断或者医学观察期间并确定没有患上职业病的才能终止劳动合同。

2. 在本单位患职业病或者因工负伤并被确认丧失或者部分丧失劳动能力的，根据其伤残等级对是否终止劳动合同作出了不同的规定：

（1）鉴定为一级到四级伤残的劳动者退出工作岗位并保留劳动关系，享受一次性伤残补助金、伤残津贴等待遇。此时，劳动合同未终止。

（2）鉴定为五级到六级伤残的，保留与用人单位的劳动关系，由用人单位安排适当工作并享受一次性伤残补助金、伤残津贴等待遇。在此种情况下，劳动合同未终止，但工伤职工自己提出解除或终止的除外。

（3）鉴定为七级到十级伤残且劳动合同期满的，劳动合同终止，由用人单位支付一次性工伤医疗补助金和残疾就业补助金。

3. 患病或者非因工负伤，在规定的医疗期内的，劳动合同期限应延长至医疗期结束。

4. 女职工在孕期、产期、哺乳期的，劳动合同期限应延长至医疗期、孕期、产期、哺乳期结束。

5. 在本单位连续工作满十五年，且距法定退休年龄不足五年的，用人单位不得对此类劳动者解除或因合同期满而终止劳动合同。

三、经济补偿金的适用及计算

经济补偿金是指劳动合同解除或者终止后，用人单位依照法律法规的规定向劳动者支付一定数额的金钱补偿。

（一）经济补偿金的适用

《劳动合同法》第四十六条规定了用人单位应当支付经济补偿金的具体情形：

1. 劳动者依照本法第三十八条规定解除劳动合同的。这是在用人单位有过错的情形下由劳动者提出解除劳动合同，由于用人单位有过错，所以劳动者有权要求其支付经济补偿金。

2. 用人单位依照本法第三十六条规定向劳动者提出解除劳动合同并与劳动者协商一致解除劳动合同的。用人单位提出协商解除劳动合同时，应当向劳动者支付经济补偿金。在劳动者主动提出协商解除劳动合同时，用人单位可以不支付经济补偿金。

3. 用人单位依照本法第四十条规定解除劳动合同的。此种情形下用人单位并不存在过错，但是法律为了保护弱势劳动者的权益，也规定用人单位需要向劳动者支付经济补偿金。

4. 用人单位依照本法第四十一条第一款规定解除劳动合同的。此条规定了经济性裁员，在这种情况下用人单位和劳动者都不存在过错，是由于客观原因导致需要解除劳动合同，法律为了更好地保障劳动者的权益，规定了用人单位需要向劳动者支付经济补偿金。

5. 除用人单位维持或者提高劳动合同约定条件续订劳动合同，劳动者不同意续订的情形外，依照本法第四十四条第一项规定终止固定期限劳动合同的。也就是说劳动合同期满后用人单位不同意续订劳动合同以及用人单位降低劳动合同约定条件续订劳动合同的都需要支付经济补偿金。

6. 依照本法第四十四条第四项、第五项规定终止劳动合同的。也即用人单位被依法宣告破产以及用人单位被吊销营业执照、责令关闭、撤销或者用人单位决定提前解散的，用人单位需要向劳动者支付经济补偿金。

7. 法律、行政法规规定的其他情形。

（二）经济补偿金的计算

《劳动合同法》第四十七条对支付经济补偿的标准作出了明确的规定："经济补偿按劳动者在本单位工作的年限，每满一年支付一个月工资的标准向劳动者支付。六个月以上不满一年的，按一年计算；不满六个月的，向劳动者支付半个月工资的经济补偿。劳动者月工资高于用人单位所在直辖市、设区的市级人民政府公布的本地区上年度职工月平均工资三倍的，向其支付经济补偿的标准按职工月平均工资三倍的数额支付，向其支付经济补偿的年限最高不超过十二年。月工资是指劳动者在劳动合同解除或者终止前十二个月的平均工资，不满十二个月的，按照实际工作的月数计算平均工资。"

此外，根据《劳动合同法》的规定，用人单位违反本法规定解除或者终止劳动合同，劳动者要求继续履行劳动合同的，用人单位应当继续履行；劳动者不要求继续履行劳动合同或者劳动合同已经不能继续履行的，应当依照本法第四十七条规定的经济补偿标准的二倍向劳动者支付赔偿金。

第五节　劳务派遣法律事务

一、劳务派遣

(一) 含义与特征

劳务派遣，是指劳务派遣单位与被派遣劳动者订立劳动合同后，将该劳动者派遣到用工单位从事劳动的一种特殊用工形式。劳务派遣亦称员工租赁，一般是用工单位根据工作实际需要，向劳务派遣公司提出所用人员的标准条件和工资福利待遇等，公司通过查询劳务库资料及各招聘储备人才中心等手段搜索合格人员，经严格筛选，把人员名单送交用工单位，用工单位进行选择并最终确定人员。然后用工单位和派遣公司签订劳务租赁（派遣）协议，派遣公司和被聘用人员签订聘用合同。用工单位与派遣公司的关系是劳务关系；被聘用人员与派遣公司的关系是劳动关系，与用工单位的关系是有偿使用关系。

(二) 适用范围

劳务派遣一般在临时性、辅助性或者替代性的工作岗位上实施，即劳务派遣用工的三原则：临时性、辅助性和替代性。

(三) 派遣单位和用工单位的义务与责任

1. 长期雇佣

劳务派遣单位应当与被派遣劳动者订立 2 年以上的固定期限劳动合同，按月支付劳动报酬；被派遣劳动者在无工作期间，劳务派遣单位应当按照所在地政府规定的最低工资标准，向其按月支付报酬。

2. 禁止分割

用工单位应当根据工作岗位的实际需要与劳务派遣单位确定派遣期限，不得将连续用工期限分割订立数个短期劳务派遣协议。派遣劳动者数量不得超过其用工总量的 10%，同工同酬。

3. 告知与禁止克扣

劳务派遣单位应当将劳务派遣协议的内容告知被派遣劳动者。劳务派遣单位不得克扣用工单位按照劳务派遣协议支付给被派遣劳动者的劳动报酬。劳务派遣单位和用工单位不得向派遣劳动者收取费用。

4. 禁止"转租"

用工单位不得将被派遣劳动者再派遣到其他用人单位。

5. 禁止"自我派遣"

用工单位不得设立劳务派遣单位，向本单位或者所属单位派遣劳动者。

6. 连带责任

劳务派遣单位违反《劳动合同法》规定，给被派遣劳动者造成损害的，劳务派遣单位与用工单位承担连带赔偿责任。

（四）劳务派遣合同及退回制度

1. 劳务派遣合同的含义

劳务派遣合同，是由实际用工单位和劳务派遣公司首先签订劳务派遣协议，之后由劳务派遣公司代替用工单位招聘员工进行派遣的合同。

2. 劳务派遣相关的合同要点

（1）派遣内容

劳务派遣合同应当载明被派遣劳动者的用工单位以及派遣期限、工作岗位等情况。

（2）劳动合同期限

劳务派遣单位应当与被派遣劳动者订立两年以上的固定期限劳动合同。

（3）费用问题

①劳务派遣单位应按月支付劳动报酬；

②被派遣劳动者在无工作期间，劳务派遣单位应当按照所在地人民政府规定的最低工资标准，向其按月支付报酬；

③劳务派遣单位跨地区派遣劳动者的，被派遣劳动者享有的劳动报酬和劳动条件，按照用工单位所在地的标准执行；

④劳务派遣单位和用工单位不得向被派遣劳动者收取费用。

（4）社会保险问题

劳务派遣单位应按照法律的规定为被派遣劳动者缴纳社会保险。

3. 退回制度

（1）概述

如果出现劳动者辞职或者用工单位辞退情形，劳动者首先需要与劳务派遣单位联系，并依据合同中关于辞退或者辞职的规定处理。如果派遣合同里没有规定，则劳动者被用工单位辞退很难得到赔偿，如果劳动者自动辞职则需要提前一个月通知劳务派遣单位，一般也不用赔偿，但是劳务派遣合同另外有约定赔偿责任的除外。

（2）退回条件

《劳动合同法》第六十五条规定，被派遣职工有《劳动合同法》第三十九条和第四十条第一项、第二项规定情形的，用工单位可以将劳动者退回劳务派遣单位，劳务派遣单位依照本法有关规定，可以与劳动者解除劳动合同。

为保障被派遣劳动者的就业稳定性，防止用工单位无正当理由随意退回被派遣劳动者，2014 年 3 月 1 日起施行的《劳务派遣暂行规定》（以下简称《暂行规定》）在《劳动合同法》第六十五条第二款的基础上，进一步明确了用工单位可以退回劳动者的情形，即用工单位出现以下三种情形，方可将被派遣劳动者退回劳务派遣单位：一是用工单位有《劳动合同法》第四十条第三项、第四十一条规定的情形的；二是用工单位被依法宣告破产、吊销营业执照、责令关闭、撤销、决定提前解散或者经营期限届满不再继续经营的；三是劳务派遣协议期满终止的。

同时，依据《暂行规定》，如果被派遣劳动者有《劳动合同法》第四十二条规定的患病或者非因公负伤在规定的医疗期内以及女职工在孕期、产期、哺乳期等情形的，在派遣期限届满前，用工单位不得依据《暂行规定》第十二条第一款第一项规定将被派遣劳动者退回劳务派遣单位。派遣期限届满的，应当延续至相应情形消失时方可退回。

（3）用工单位依法退回派遣劳动者后派遣单位的处理

被派遣劳动者如果被用工单位依法退回，劳务派遣单位应区分情形依法妥善处理。一般分为以下两种情形：

被派遣劳动者有《劳动合同法》第三十九条和第四十条第一项、第二项规定情形的，劳务派遣单位依照《劳动合同法》第六十五条第二款的规定，可以与被派遣劳动者解除劳动合同。

用工单位以《暂行规定》第十二条规定的情形将被派遣劳动者退回劳务派遣单位，如劳务派遣单位重新派遣时维持或者提高劳动合同约定条件，劳动者不同意的，劳务派遣单位可以解除劳动合同；如劳务派遣单位重新派遣时降低劳动合同约定条件，劳动者不同意的，劳务派遣单位不得解除劳动合同。

此外，在被派遣劳动者退回后无工作期间，劳务派遣单位应按照不低于所在地人民政府规定的最低工资标准，向其按月支付报酬。

（4）被派遣劳动者被退回后的维权

《劳动合同法》第四十八条规定："用人单位违反本法规定解除或者终止劳动合同，劳动者要求继续履行劳动合同的，用人单位应当继续履行；劳动者不要求继续履行劳动合同或者劳动合同已经不能继续履行的，用人单位应当依照本法第八十七条规定支付赔偿金。据此，仲裁机构在处理用人（用工）单位违法解除劳动合同时，应根据事实区别对待。"

①主张继续履行劳动合同的。在用人单位无重大变化，原工作岗位尚需人员的情况下，一般认定原劳动合同可以继续履行，依法撤销用人单位违法解除劳动合同的决定。劳动者主张用人单位支付在作出解除劳动合同决定至仲裁期间原工资待遇的，裁决时应根据公平合理、过错分担的原则对赔偿责任进行合理裁定。

②主张支付违法解除赔偿金的。对于劳动合同不能继续履行的，首先仲裁机构审查不能继续履行的原因，审查应基于用人单位的抗辩而启动。审查时既要考量用人单位主观不愿继续履行的意思表示，还要审查劳动合同不能继续履行的客观情形。其次，在确认劳动合同已无法继续履行后，仲裁机构应当向劳动者进行释明，告知其可以通过变更仲裁请求，要求用人单位支付违法解除劳动合同的赔偿金。如劳动者坚持不变更，则应当驳回继续履行劳动合同的请求，并告知可以另行主张违法解除劳动合同的赔偿金。

二、劳务外包

（一）含义与特征

法律上并没有明确规定什么是劳务外包，劳务外包是指企业将其部分业务或职能工作发包给相关机构，由该机构自行安排人员按照发包企业的要求完成相应的业务或工作。

劳务外包的本质是用工单位与外包单位之间的合同法律关系，其中最为关键的一点就是用工单位与劳动者之间不存在劳动法律关系，那么用工单位就可以以此来规避一些法律风险，而这也正是此类劳务外包业务大受欢迎的原因之一。

（二）常见风险

1. 假外包被仲裁机构或法院认定真派遣

由于法律对于派遣用工越来越严格，一些企业为了规避《劳动合同法》的限制，将劳务派遣转化为劳务外包。但如果企业将业务外包给其他单位，但外包方劳动者在劳动过程直接受企业管理的，仍属于劳务派遣。

2. 罚款和连带赔偿责任

如果企业的业务外包被认定为劳务派遣，则企业应承担用工单位的责任，并且可能因为突破了劳务派遣用工比例限制、侵害被派遣劳动者利益等违法情形，而依法承担罚款等行政责任和连带赔偿民事责任。

3. 被认定存在事实劳动关系

有的企业为了逃避劳动法上的义务，与外包方签订劳务外包服务合同，让本单位的员工与外包方签订劳动合同，而员工继续在单位上班，但员工与单位之间的劳动关系终止。这种做法实际上是一种逆向派遣行为，属于逃避法律责任的情形，属无效法律行为。如果发生争议，仲裁机构或人民法院可能认定企业仍是劳动者的用人单位。

三、劳务派遣与劳务外包的区别和实操

（一）二者区别（见表4-1）

表4-1　　　　　　　　　　**劳务派遣与劳务外包的区别**

区别	劳务派遣	劳务外包
法律适用	适用《劳动合同法》	适用《民法典》
法律关系	实际用工单位与派遣员工之间构成实际用工关系	发包方与外包员工之间不存在劳动、劳务或其他用工关系
管理主体	由实际用工单位直接管理，用工单位的各种规章制度直接适用于派遣员工	外包员工由承包方直接管理，发包方不得直接对其进行管理
用工范围	临时性、辅助性、替代性（只能是某个岗位或者某个岗位的某几个人）	可以是一个有完整的功能部分，如某个部门、业务单元或者生产线

续表

区别	劳 务 派 遣	劳 务 外 包
工作内容	劳务派遣单位对派遣员工的工作结果不负责任，派遣员工是否能达到用工单位的预期风险由实际用工单位承担	承包方只有在工作成果符合约定时才能获得外包费用，外包员工的劳动成果的成败风险与发包方无关
结算方式	按照派遣员工的人数、工作时间等来确定（对人）	按照事先确定的劳务单价根据劳务外包单位完成的工作量结算（对事）
经营资质	必须是严格按照劳动合同法规定设立的，获得劳务派遣行政许可的法人	承包方无特别的经营资质要求
会计处理	劳务派遣人员工资纳入用工单位工资总额的统计范围，但不包括因使用劳务派遣人员而支付的管理费用和其他用工成本	承包方在发包时支付的外包费用中向外包员工支付劳动报酬，劳务外包费用不纳入发包方的工资总额
法律风险	给派遣劳动者造成损害，由派遣单位和用工单位按照《劳动合同法》承担连带赔偿责任	发包单位与承包单位之间按双方合同承担权利义务，发包单位对承包单位的员工基本不承担责任

（二）用工单位在实际签订两种不同合同时应该注意的事项

1. 合同名称上必须明确说明是劳务外包合同还是劳务派遣合同。

2. 明确合同的标的以及结算方式，合同的标的是"事"还是"人"，费用结算方式是工作量还是服务时间。

3. 明确对劳动者的管理责任主体。劳务外包合同可以要求劳务承包单位遵守发包单位的安全管理以及规章制度，但是要说明劳动者的工作时间以及工作内容安排由承包单位自己负责。劳务派遣合同中，用工单位要求劳务派遣单位必须与劳动者签订劳动合同。在派遣协议中，按照《劳动合同法》的要求，应当约定派遣岗位和人员数量、派遣期限、劳动报酬和社会保险费的数额与支付方式以及违反协议的责任，明确劳务派遣单位应当将劳务派遣协议的内容告知被派遣劳动者。

4. 约定税收财务处理。在劳务外包合同中，说明劳务费用税收的处理，可以约定企业支付的费用是含税价，要求承包单位提供发票。劳务派遣合同中说明，劳动者的工资税收由劳动者自己负担，与企业派遣费用的结算可以约定税收及发票处理。需注意，根据《劳动合同法》第九十四条的规定，"个人承包经营违反本法规定招用劳动者，给劳动者造成损害的，发包的组织与个人承包经营者承担连带赔偿责任"。因此，企业劳务外包最好是找法人实体作为承包单位，以减少风险。

第六节　集体合同与非全日制用工

一、集体合同的订立和主要制度

（一）含义与特征

企业职工一方与企业可以就劳动报酬、工作时间、休息休假、劳动安全卫生、保险福利等事项，签订集体劳动合同。集体劳动合同草案应当提交职工代表大会或者全体职工讨论通过。

集体合同有如下特征：

1. 集体合同的主体一方是劳动者的团体组织（工会或职工代表），另一方是用人单位；

2. 集体合同主要强调用人单位的义务，以集体劳动关系中全体劳动者的劳动条件、劳动标准和全体职工的权利义务为主要内容；

3. 集体合同属于要式合同，需报送劳动行政部门登记审查备案后方可生效；

4. 集体合同的效力高于劳动合同的效力。

（二）签订与生效

集体合同由工会代表企业职工一方与用人单位签订，没有建立工会的用工单位，由职工推举的代表与用人单位签订。

集体合同签订后应当报送劳动行政部门，劳动行政部门自收到集体合同文本之日起 15 日内未提出异议的，集体合同即行生效。

（三）效力

依法签订的集体合同对用人单位和劳动者具有约束力。劳动者个人与用人单位订立的劳动合同中劳动条件和劳动报酬等标准不得低于集体合同的规定。

（四）变更、解除与终止

集体合同的变更或者解除可以分为约定和法定的变更和解除：

1. 约定变更和解除：劳动和社会保障部于 2004 年颁布的《集体合同规定》第三十九条的规定，只需要双方意思表示一致即可以变更或者解除集体合同。

2. 法定变更和解除：劳动和社会保障部于 2004 年颁布的《集体合同规定》第四十条的规定，有下列情形之一的，可以变更或解除集体合同或专项集体合同：①用人单位因被兼并、解散、破产等原因，致使集体合同或专项集体合同无法履行的；②因不可抗力等原因致使集体合同或专项集体合同无法履行或部分无法履行的；③集体合同或专项集体合同约定的变更或解除条件出现的；④法律、法规、规章规定的其他情形。

此外，就变更和解除集体合同的程序而言，劳动和社会保障部于 2004 年颁布的《集体合同规定》第四十一条规定，变更或解除集体合同或专项集体合同适用本规定的集体协商程序。

集体合同的终止，是指双方当事人约定的集体合同期满或者集体合同终止条件出现，以及集体合同一方当事人不存在，无法继续履行劳动合同时，立即终止劳动合同的法律效力。劳动和社会保障部于 2004 年颁布的《集体合同规定》第三十八条规定："集体合同或专项集体合同期限一般为 1~3 年，期满或双方约定的终止条件出现，即行终止。"

（五）用人单位法律风险防范

1. 重视签订程序。《集体合同规定》中有明确的要求，如未遵守法律的程序性规定而与员工订立了集体合同，最终会因程序瑕疵而导致集体合同无效。

2. 注意劳动标准应不低于集体合同，否则会导致劳动合同的条款约定无效。集体合同变更的，也应及时审查劳动合同是否应当相应变更，以使其不低于集体合同。

3. 集体合同生效后，对用人单位所有的在职员工，包括集体合同有效期内的新进员工均具有约束力。用人单位应严格按照双方约定履行，不能随意违反或单方解除。很多用人单位错误地认为，在集体合同生效后，对在集体合同有效期内新入职的员工不具有约束力。但在集体合同的期限内，只要属于用人单位的员工，不管是在集体合同签订前还是在集体合同签订后进入企业的，均应适用集体合同的全部约定。如果集体合同内容经协商发生了变更，变更后的集体合同也同样适用于全体员工。

二、非全日制用工的特别规定

（一）含义

非全日制用工，是指以小时计酬为主，一般情况下，劳动者在同一用人单位平均每日工作时间不超过 4 小时，每周工作时间累计不超过 24 小时的用工形式。

（二）特征（区别于全日制用工）

1. 非全日制用工双方当事人可以订立口头协议。从事非全日制用工的劳动者可以与一个或者多个用人单位订立劳动合同。但是，后订立的劳动合同不得影响先订立的劳动合同的履行。

2. 非全日制用工双方当事人不得约定试用期。

3. 非全日制用工双方当事人任何一方都可以随时通知对方终止用工。终止用工的，用人单位不向劳动者支付经济补偿。

4. 非全日制用工小时计酬标准不得低于用人单位所在地政府规定的最低小时工资标准。非全日制用工劳动报酬结算支付周期最长不得超过 15 日。

（三）非全日制用工法律风险防范

1. 要做到要求劳动者平均每天不超过 4 小时，每周不超过 24 小时。如果工作时间经常平均每天超过 4 小时，经常每周超过 24 小时，则很可能被认定为全日制用工，那么用人单位存在支付二倍工资、未缴纳社保的劳动行政责任和劳动者解除的经济补偿金，以及解除劳动者劳动合同的赔偿金等诸多法律风险。

2. 要做到支付给劳动者的劳动报酬周期最长不超过 15 日。同样的道理，经常超出 15 日或者按月发工资，很可能被认定为全日制用工。

3. 绝大多数地区很难单独缴纳工伤保险，一旦发生工伤尤其是工亡，用人单位的赔偿风险极大。实践中，仅有极少数地区允许单独缴纳工伤保险。因此当用人单位无法单独缴纳工伤保险的时候，一定要慎重使用非全日用工形式。

第七节　劳动争议处理

一、劳动争议概述

（一）含义与分类

劳动争议，是指劳动关系的当事人之间因执行劳动法律、法规和履行劳动合同而发生的纠纷，即劳动者与所在单位之间因劳动关系中的权利义务而发生的纠纷。根据争议涉及的权利义务的具体内容，可将其分为以下几类：

1. 因确认劳动关系发生的争议；
2. 因订立、履行、变更、解除和终止劳动合同发生的争议；
3. 因除名、辞退和辞职、离职发生的争议；
4. 因工作时间、休息休假、社会保险、福利、培训以及劳动保护发生的争议；
5. 因劳动报酬、工伤医疗费、经济补偿或者赔偿金等发生的争议；
6. 法律、法规规定的其他劳动争议。

（二）事实劳动关系与劳动合同关系

劳动关系，是劳动者运用劳动能力、提供劳动过程中，劳动者与用人单位（劳动使用者）之间形成的一种社会关系。简单地说，是劳动者与用人单位就劳动者提供劳动，用人单位对其进行管理、支付报酬而形成的意思表示一致而产生的权利义务关系。劳动关系包括事实劳动关系与劳动合同关系。

劳动合同，是指劳动者与用人单位之间确立存在劳动关系，明确双方权利和义务的协议。劳动合同是劳动关系的一种载体。订立和变更劳动合同，应当遵循平等自愿、协商一致的原则，不得违反法律、行政法规的规定。劳动合同依法订立即具有法律约束力，当事人必须履行劳动合同规定的义务。

虽然没有书面劳动合同书，但是采用其他形式足以反映双方意思表示一致即可形成劳动关系。在劳动法中，没有签订书面劳动合同但已实际用工的情况被称为事实劳动关系。

（三）劳动关系的认定

订立书面劳动合同的，劳动者与用人单位双方之间不一定存在劳动关系，书面劳动合同一经双方签字或者盖章即成立并生效，但劳动关系自用工之日起建立。反之，建立劳动关系的，双方不一定已订立书面劳动合同。是否存在劳动关系一般从以下三个方面来认定：

1. 用人单位和劳动者符合法律、法规规定的主体资格。

2. 用人单位依法制定的各项劳动规章制度适用于劳动者，劳动者受用人单位的劳动管理，从事用人单位安排的有报酬的劳动。

3. 劳动者提供的劳动是用人单位业务的组成部分。劳动关系中一方是用人单位，一方是劳动者，而用人单位必须是我国《劳动法》中的"企业、个体经济组织等"。"劳动者"同样必须具备合法的资格，所以个人与个人之间是不可能存在劳动关系的。另外，劳动者的劳动行为是劳动者在用人单位的管理下，从事具体劳动，并获得报酬的过程。

没有签订劳动合同的可以收集以下证据来证明：

1. 工资支付凭证或记录（职工工资发放花名册）。

2. 缴纳各项社会保险费的记录。

3. 用人单位向劳动者发放的工作证、服务证等能够证明身份的证件。

4. 劳动者填写的用人单位招工招聘登记表、报名表等招用记录。

5. 考勤记录。

6. 其他劳动者的证言等。

二、劳动争议处理程序

发生劳动争议时主要有协商、调解、仲裁、诉讼四种方式解决。

（一）协商

发生劳动争议，劳动者可以与用人单位协商，也可以请工会或者第三方共同与用人单位协商，达成和解协议。劳动争议发生后，当事人应当协商解决，协商一致后，双方可达成和解协议，但和解协议无强制履行的法律效力，而是由双方当事人自觉履行。协商不是处理劳动争议的必经程序，当事人不愿协商或协商不成，可以向本单位劳动争议调解委员会申请调解或向劳动争议仲裁委员会申请仲裁。

（二）调解

发生劳动争议，当事人不愿协商、协商不成或者达成和解协议后不履行的，可以向调解组织申请调解。当事人双方愿意调解的，可以书面或口头形式向调解委员会申请调解。调解委员会接到调解申请后，可依据合法、公正、及时、着重调解原则进行调解。调解委员会调解劳动争议，应当自当事人申请调解之日起 15 日内结束；到期未结束的，视为调解不成，当事人可以向当地劳动争议仲裁委员会申请仲裁。经调解达成协议的，制作调解协议书。调解协议书由双方当事人签名或者盖章，经调解员签名并加盖调解组织印章后生效，对双方当事人具有约束力，当事人自觉履行。达成调解协议后，一方当事人在协议约定期限内不履行调解协议的，另一方当事人可以依法申请仲裁。

劳动者可以申请支付令的情形：因支付拖欠劳动报酬、工伤医疗费、经济补偿或者赔偿金事项达成调解协议，用人单位在协议约定期限内不履行的，劳动者可以持调解协议书依法向人民法院申请支付令。人民法院应当依法发出支付令。

调解不是劳动争议解决的必经程序，不愿调解、调解不成或者达成调解协议后不履行的，可以向劳动争议仲裁委员会申请仲裁。

（三）仲裁

仲裁是劳动争议案件处理必经的法律程序。发生劳动争议，当事人不愿调解、调解不成或者达成调解协议后不履行的，可以向劳动争议仲裁委员会申请仲裁。劳动争议发生后，当事人任何一方都可直接向劳动争议仲裁委员会申请仲裁。

劳动争议申请仲裁的时效期间为 1 年。仲裁时效期间从当事人知道或者应当知道其权利被侵害之日起计算。仲裁时效的中断，因当事人一方向对方当事人主张权利，或者向有关部门请求权利救济，或者对方当事人同意履行义务而中断。从中断时起，仲裁时效期间重新计算。仲裁时效的中止，因不可抗力或者有其他正当理由，当事人不能在法律规定的仲裁时效期间申请仲裁的，仲裁时效中止。从中止时效的原因消除之日起，仲裁时效期间继续计算。劳动关系存续期间因拖欠劳动报酬发生争议的，劳动者申请仲裁不受 1 年仲裁时效期间的限制；但是，劳动关系终止的，应当自劳动关系终止之日起 1 年内提出。

提出仲裁要求的一方应当自劳动争议发生之日起 1 年内向劳动争议仲裁委员会提出书面申请。劳动争议仲裁委员会接到仲裁申请后，应当在 5 日内作出是否受理的决定。受理后，应当在收到仲裁申请的 45 日内作出仲裁裁决。案情复杂需要延期的，经劳动争议仲裁委员会主任批准，可以延期并书面通知当事人，但是延长期限不得超过 15 日。逾期未作出仲裁裁决的，当事人可以就该劳动争议事项向人民法院提起诉讼。

仲裁委员会主持调解的效力：仲裁委员会可依法进行调解，经调解达成协议的，制作仲裁调解书。仲裁调解书具有法律效力，自送达之日起具有法律约束力，当事人须自觉履行，一方当事人不履行的，另一方当事人可向人民法院申请强制执行。

劳动争议案件仲裁的举证责任规定：发生劳动争议，当事人对自己提出的主张有责任提供证据。在劳动争议案件中，用人单位的举证责任重大，与争议事项有关的证据属于用人单位掌握的，用人单位应当提供；用人单位不提供的，应当承担不利后果。

仲裁委员会对部分案件有先予执行的裁决权：仲裁庭对追索劳动报酬、工伤医疗费、经济补偿或者赔偿金的案件，根据当事人的申请，可以裁决先予执行，移送人民法院执行。

为使劳动者的权益得到更快的保护，缩短劳动争议案件的处理时间，劳动争议仲裁委员会对下列案件实行一裁终局：追索劳动报酬、工伤医疗费、经济补偿或者赔偿金，不超过当地月最低工资标准 12 个月金额的争议；因执行国家的劳动标准在工作时间、休息休假、社会保险等方面发生的争议。上述案件的仲裁裁决为终局裁决，裁决书自作出之日起发生法律效力。劳动者对一裁终局的仲裁裁决不服的，可以自收到仲裁裁决书之日起 15 日内向人民法院起诉。而用人单位对一裁终局的仲裁裁决，不能再向法院起诉，也不能再次申请仲裁，但在具备法定情形时，用人单位可以向人民法院申请撤销。

除一裁终局的仲裁裁决以外的其他劳动争议案件的仲裁裁决，当事人不服的，可以自收到仲裁裁决书之日起 15 日内向人民法院提起诉讼；期满不起诉的，裁决书发生法律效力。一方当事人逾期不履行，另一方当事人可以向人民法院申请强制执行。受理申请的人民法院应当依法执行。

（四）诉讼

当事人对可诉的仲裁裁决不服的，可自收到仲裁裁决书之日起 15 日内向人民法院提起诉讼。对经过仲裁裁决，当事人向法院起诉的劳动争议案件，人民法院应当受理。

1. 人民法院对当事人因劳动争议仲裁委员会不予受理而起诉到法院的案件的处理。

劳动争议仲裁委员会以当事人申请仲裁的事项不属于劳动争议为由，作出不予受理的书面裁决、决定或者通知，当事人不服，依法向人民法院起诉的，人民法院应当区分情况予以处理：属于劳动争议案件的，应当受理；虽不属于劳动争议案件，但属于人民法院主管的其他案件，应当依法受理。

劳动争议仲裁委员会以当事人的仲裁申请超过期限为由，作出不予受理的书面裁决、决定或者通知，当事人不服，依法向人民法院起诉的，人民法院应当受理；对确已超过仲裁申请期限，又无不可抗力或者其他正当理由的，依法驳回其诉讼请求。

劳动争议仲裁委员会以申请仲裁的主体不适格为由，作出不予受理的书面裁决、决定或者通知，当事人不服，依法向人民法院起诉的，经审查，确属主体不适格的，裁定不予受理或者驳回起诉。

2. 对重新作出仲裁裁决的处理。劳动争议仲裁委员会为纠正原仲裁裁决错误重新作出裁决，当事人不服，依法向人民法院起诉的，人民法院应当受理。

3. 仲裁事项不属于法院受案范围的处理。劳动争议仲裁委员会仲裁的事项不属于人民法院受理的案件范围，当事人不服，依法向人民法院起诉的，裁定不予受理或者驳回起诉。

4. 劳动争议案件的管辖。劳动争议案件由用人单位所在地或者劳动合同履行地的基层人民法院管辖。劳动合同履行地不明确的，由用人单位所在地的基层人民法院管辖。

5. 劳动争议案件中的证明责任。部分劳动争议案件的举证责任由法律明确规定。因用人单位作出的开除、除名、辞退、解除劳动合同、减少劳动报酬、计算劳动者工作年限等决定而发生的劳动争议，用人单位负举证责任。

6. 人民法院对一裁终局的部分劳动争议仲裁裁决有撤销权。用人单位对一裁终局的仲裁裁决书自收到之日起 30 日内可以向劳动争议仲裁委员会所在地的中级人民法院申请撤销该裁决，但须有证据证明该仲裁裁决，适用法律、法规确有错误的，劳动争议仲裁委员会无管辖权的，违反法定程序的，裁决所依据的证据是伪造的；对方当事人隐瞒了足以影响公正裁决的证据的，仲裁员在仲裁该案时有索贿受贿、徇私舞弊、枉法裁决行为的。人民法院经组成合议庭审查核实裁决有上述情形之一的，应当裁定撤销。仲裁裁决被人民法院裁定撤销的，当事人可以自收到裁定书之日起 15 日内就该劳动争议事项向人民法院提起诉讼。

7. 人民法院审理劳动争议案件实行两审终审制。人民法院一审理终结后，对一审判决不服的，当事人可在 15 日内向上一级人民法院提起上诉；对一审裁定不服的，当事人可在 10 日内向上一级人民法院提起上诉。经二审审理所作出的裁决是终审裁决，自送达之日起发生法律效力，当事人必须履行。

（五）参考法条

1.《中华人民共和国劳动法》

第七十七条 用人单位与劳动者发生劳动争议，当事人可以依法申请调解、仲裁、提起诉讼，也可以协商解决。

调解原则适用于仲裁和诉讼程序。

第七十九条 劳动争议发生后，当事人可以向本单位劳动争议调解委员会申请调解；调解不成，当事人一方要求仲裁的，可以向劳动争议仲裁委员会申请仲裁。当事人一方也可以直接向劳动争议仲裁委员会申请仲裁。对仲裁裁决不服的，可以向人民法院提起诉讼。

2.《中华人民共和国劳动争议调解仲裁法》

第四条 发生劳动争议，劳动者可以与用人单位协商，也可以请工会或者第三方共同与用人单位协商，达成和解协议。

第五条 发生劳动争议，当事人不愿协商、协商不成或者达成和解协议后不履行的，可以向调解组织申请调解；不愿调解、调解不成或者达成调解协议后不履行的，可以向劳动争议仲裁委员会申请仲裁；对仲裁裁决不服的，除本法另有规定的外，可以向人民法院提起诉讼。

3.《最高人民法院关于审理劳动争议案件适用法律若干问题的解释（一）》

第五条 劳动争议仲裁机构以无管辖权为由对劳动争议案件不予受理，当事人提起诉讼的，人民法院按照以下情形分别处理：

（一）经审查认为该劳动争议仲裁机构对案件确无管辖权的，应当告知当事人向有管辖权的劳动争议仲裁机构申请仲裁；

（二）经审查认为该劳动争议仲裁机构有管辖权的，应当告知当事人申请仲裁，并将审查意见书面通知该劳动争议仲裁机构；劳动争议仲裁机构仍不受理，当事人就该劳动争议事项提起诉讼的，人民法院应予受理。

第六条 劳动争议仲裁机构以当事人申请仲裁的事项不属于劳动争议为由，作出不予受理的书面裁决、决定或者通知，当事人不服依法提起诉讼的，人民法院应当分别情况予以处理：

（一）属于劳动争议案件的，应当受理；

（二）虽不属于劳动争议案件，但属于人民法院主管的其他案件，应当依法受理。

三、劳动争议的预防

(一) 公司规章管理

用人单位制定或修订的规章制度应程序合法、内容合法合理，保证其具有法律效力。

1. 程序合法

经民主程序制定。用人单位在制定或修订规章制度时，需经过与工会或职工代表或全体职工的协商与讨论，提出意见，确定内容，最后编制成文本。公司需同步留存制定或修订过程中的所有经签字的出席记录及会议记录。

向劳动者公示。用人单位应当将直接涉及劳动者切身利益的规章制度和重大事项决定公示，或告知劳动者。公示方式可以为宣讲，考试，在 OA 系统、工作群、公告栏等全体员工可见的平台上公示。公司保留宣讲出席名单、公示记录、考卷等材料；同时可将涉及劳动者切身利益的规章制度制定成《员工手册》，由每位员工签字受领后阅读。

2. 内容合法合理

用人单位应当依法建立和完善劳动规章制度，其内容不得与法律法规相抵触且应合理。

(二) 劳动合同管理

签订劳动合同，可以将《员工手册》作为合同附件给员工确认。《员工手册》中，用人单位应根据自身实际情况，对"严重违反规章制度"、"客观情况发生重大变化"等常引起劳动争议的事项作出明确规定。关于劳动合同的变更，首先，用人单位应在劳动合同中明确约定可以变更劳动合同的情形；其次，无论是调岗、调薪、变更工作地点，均需采用书面形式达成变更协议。

(三) 考勤及薪酬管理

考勤制度应明确员工上班时间，明确加班、迟到、早退、旷工、外出及请假程序，员工请假、加班或外出工作时需经过相应申请审批程序，公司留存相应申请审批表。每月由公司行政部汇总所有员工出勤天数及时长的《考勤表》，由每位员工确认签字。

薪酬管理制度应明确规定薪酬标准、工资组成及发放时间，需重点明确有关加班费、奖金、年休假工资及工资扣减的标准，并根据每一位员工的具体情况在签订的劳动合同中约定。每月发放工资的同时发放对应的电子或纸质版的工资条，公司留存相应的工资发放记录及凭证。

（四）人事考核及离职

劳动纠纷中，劳动者"不能胜任工作"的举证责任在用人单位，因此每一季度或者每一年度，用人单位可组织行政人事管理人员根据制定的人事考核制度对全体员工的工作情况进行考核认定，作为员工任职期间工作能力评定的证据。

无论是哪一方提出解除劳动合同或双方协商一致解除，均需经过公司的离职审批流程。离职员工提出离职申请，用人单位出具离职证明，双方签署解除或终止劳动合同的协议。离职或终止劳动关系的协议中应明确劳动报酬、经济补偿金、赔偿金、社保费用等相关内容。

劳动者是否主动离职关系到用人单位是否要支付经济补偿金或者赔偿金。因此对于不提离职申请、不到公司上班、不办理离职手续的劳动者，用人单位应做好催告、预解除或解除劳动关系等联系通知工作，并保留好相关的通知函件及记录。

用人单位在人事管理中做好证据固定工作一方面有利于预防劳动争议的出现；另一方面，当劳动争议无法协商解决，需通过仲裁及诉讼解决时，已固定的证据有利于应诉，避免措手不及，充分保障自身的合法权益。

第八节　劳动人事常见法律风险与防范

一、不与员工签订书面劳动合同

（一）法律责任规定

《劳动合同法》第八十二条规定："用人单位自用工之日起超过一个月不满一年未与劳动者订立书面劳动合同的，应当向劳动者每月支付二倍的工资。"

《劳动合同法实施条例》第六条第二款规定："前款规定的用人单位向劳动者每月支付两倍工资的起算时间为用工之日起满一个月的次日，截止时间为补订书面劳动合同的前一日。"

根据以上规定，未签订劳动合同二倍工资自用工之日起满一个月的次日开始计算，直到签订劳动合同的前一日为止，最长不超过用工之日起一年，也就是最长不超过十一个月。

（二）举证责任的分配

实务中用人单位确实没有与劳动者订立书面的劳动合同，劳动者申请了劳动仲裁，单位能否主张劳动者拒绝签订？假如双方都没有证据证明到底是谁不愿意签订的，劳动部门或法院该采信哪一方的主张？这个问题本质是举证责任的问题。

用人单位在整个用工关系上处于强势地位，所以根据《劳动合同法实施条例》第五条的规定，"自用工之日起一个月内，经用人单位书面通知后，劳动者不与用人单位订立书面劳动合同的，用人单位应当书面通知劳动者终止劳动关系，无需向劳动者支付经济补偿，但是应当依法向劳动者支付其实际工作时间的劳动报酬"。该法律条文的意思是，如果劳动者拒绝签订书面劳动合同的，用人单位应当终止与劳动者的劳动关系，并且不需要支付经济补偿金。如果用人单位没有签订劳动合同，又没有与劳动者终止劳动关系的，用人单位仍要承担未签订劳动合同的二倍工资。

从上面的法律分析可以得知，如果用人单位与劳动者之间未签订书面劳动合同的，由用人单位承担举证责任；如果用人单位无法举证的，推定是用人单位未与劳动者订立劳动合同。

（三）企业在实践中的风险防范

1. 如果劳动者不愿意签订劳动合同，应当对其意见进行录音甚至书面签字记录，继而终止劳动关系。

2. 如果劳动者不愿意签订劳动合同，企业又不希望终止劳动关系的，应让劳动者在合同书上声明由于劳动者原因而不愿意签订劳动合同，并签字确认，从而证明企业积极地与劳动者进行过磋商。并通过邮件等可记录的形式定期向劳动者发送劳动合同，并敦促劳动者签订劳动合同，从而证明企业在对于订立劳动合同的问题上没有过错。

通过对证据的保留，能够最大限度地保护企业在逾期不订立劳动合同的情况下的利益。企业不能因为劳动者不愿订立劳动合同就迁就劳动者，例如满足劳动者不缴纳社会保险等要求，这样会增加企业面临的法律风险。

二、未依法足额向劳动者支付报酬

(一) 相关法律规定

《劳动合同法》第八十五条规定："用人单位有下列情形之一的，由劳动行政部门责令限期支付劳动报酬、加班费或者经济补偿；劳动报酬低于当地最低工资标准的，应当支付其差额部分；逾期不支付的，责令用人单位按应付金额百分之五十以上百分之一百以下的标准向劳动者加付赔偿金：(1) 未按照劳动合同的约定或者国家规定及时足额支付劳动者劳动报酬的；(2) 低于当地最低工资标准支付劳动者工资的；(3) 安排加班不支付加班费的；(4) 解除或者终止劳动合同，未依照本法规定向劳动者支付经济补偿的。"

(二) 用人单位可依法迟延发放劳动报酬

原劳动部《关于印发对〈劳动报酬支付暂行规定〉有关问题的补充规定的通知》第四条第二款明确，"无故拖欠"系指用人单位无正当理由超过规定付薪时间未支付劳动者劳动报酬。不包括用人单位确因生产经营困难、资金周转受到影响，在征得本单位工会同意后，可暂时延期支付劳动者劳动报酬。实践中，因用人单位经营困难和职工罢工、人事负责人拒绝交接考勤等客观原因，延迟发放劳动报酬，不属于违反《劳动合同法》第三十八条和《最高人民法院〈关于审理劳动争议案件适用法律若干问题的解释〉》第十五条之规定，不能作为劳动者主张解除劳动关系的依据。

用人单位有悖于诚实信用原则导致未及时足额支付劳动者劳动报酬的才属于法律规制的对象。用人单位违反《劳动合同法》第三十八条规定的情形之一，劳动者无需向用人单位预告就可通知用人单位解除劳动合同。无论是用人单位还是劳动者，其行使权利、履行义务都不能违背诚实信用原则。若用人单位存在有悖诚信的情况，从而拖欠支付或拒绝支付的，才属于法律所要规制的对象。

(三) "未及时足额支付劳动报酬"解除合同的程序

1. 需要提前通知

用人单位"未及时足额支付劳动报酬的"属于《劳动合同法》第三十八条第一款的情形，劳动者以此为由解除劳动关系无须提前30天通知用人单位。但仍应提前以书面形式告知用人单位，只要通知送达用人单位处即认为解除合同行为生效。

如果劳动者没有提前通知用人单位解除劳动合同就自行离职，或者虽然提前通知了，但是没有注意保留证据证明自己已履行了通知义务，最终可能造成不利后果，需要承担因不辞而别给用人单位造成的损失。

2. 以此为由提出解除合同的具体方式

劳动者书面提出解除劳动合同的具体程序，法律并无明确规定。通常的做法是，劳动者当面递交《解除劳动合同通知书》或 EMS 快递方式寄送《解除劳动合同通知书》。从证据保存角度来说，推荐 EMS 方式，同时注意填写邮寄单时在所寄物品一栏注明"解除劳动合同通知书"，并简要写明解除原因。

3. 以此为由解除劳动合同是否需要明示原因

如果用人单位实际存在《劳动合同法》第三十八条的情形，但劳动者却以个人理由等其他原因提出辞职，后又以第三十八条主张经济补偿金的，基于禁止反言与诚实信用原则，实践中普遍不予支持补偿金。因此劳动者应当注意明确初次提出解除合同的理由，具体的理由与劳动者解除劳动关系是否合法有关，也关系到劳动者后期主张的补偿或者赔偿能否成立。

三、未依法安排劳动者休年假

(一) 相关法律规定

1. 享受年休假的人员范围

根据《职工带薪年休假条例》第二条规定："机关、团体、企业、事业单位、民办非企业单位、有雇工的个体工商户等单位的职工连续工作 1 年以上的，享受带薪年休假（以下简称年休假）。单位应当保证职工享受年休假。职工在年休假期间享受与正常工作期间相同的工资收入。"

2. 年休假的天数

根据《职工带薪年休假条例》第三条规定："职工累计工作已满 1 年不满 10 年的，年休假 5 天；已满 10 年不满 20 年的，年休假 10 天；已满 20 年的，年休假 15 天。"国家法定休假日、休息日不计入年休假的假期。

需要注意的是，职工在同一或不同用人单位的工作期间，以及依照法律、行政法规或国务院规定视同工作期间，应当为累计工作时间。职工跳槽当年的年休假可以折算。探亲、婚丧假、产假等国家规定的假期以及因工伤停工留薪期间不计入年休假假期。

(二) 企业在年休假安排上的实操指引

1. 职工在同一或者不同用人单位工作期间应当累计计算。

企业应该明确，职工累计工作已满 1 年不满 10 年的，年休假 5 天；已满 10 年不满 20 年的，年休假 10 天；已满 20 年的，年休假 15 天。这个工作年限，不是指在同一家企业的工作年限，而是指他的整个工龄阶段，是累计计算的。

2. 按照员工日工资收入的300%支付未休年休假工资报酬，包含用人单位支付职工正常工作期间的工资收入。

没有享受带薪年休假的三倍工资要和法定节假日的加班工资区分开来，这里的三倍工资包含了用人单位支付职工正常工作期间的工资收入，而法定节假日的加班工资不包括。

3. 计算未休年休假工资报酬的日工资收入按照职工本人的月工资除以月计薪天数（21.75 天）进行折算。

4. 劳动者离职时，最好先让其休满带薪年休假，避免损失。

用人单位与职工解除或者终止劳动合同时，当年度未安排职工休满应休年休假的，应当按照职工当年已工作时间折算应休未休年休假天数并支付未休年休假工资报酬，但折算后不足 1 整天的部分不支付未休年休假工资报酬。所以企业为了避免损失，应该让职工休完年休假，再办理离职手续。

5. 春节期间可以安排员工集中休假。

春节按照法定节假日只有 3 天假期，但是通常企业一般会放 7 天左右的假，这时则可以将年休假调至此，集中休假。

6. 员工请假可以安排年休假。

员工在工作期间会以各种理由请事假或者其他假，这时企业可以将带薪年休假调至此时，这样员工请假不用扣工资，企业也不需要另外安排时间休年休假，一举两得。

7. 明确职工不享受带薪年休假的情形。

参照《职工带薪年休假条例》第四条的规定，职工有下列情形之一的，不享受当年的年休假：①职工依法享受寒暑假，其休假天数多于年休假天数的；②职工请事假累计 20 天以上且单位按照规定不扣工资的；③累计工作满 1 年不满 10 年的职工，请病假累计 2 个月以上的；④累计工作满 10 年不满 20 年的职工，请病假累计 3 个月以上的；⑤累计工作满 20 年以上的职工，请病假累计 4 个月以上的。

四、违法解除劳动合同

（一）违法解除合同的三种大的类型

1. 法律明确规定不得解除劳动合同但用人单位强行解除

根据《劳动合同法》第四十二条规定，劳动者有下列情形之一的，用人单位不得依照本法第四十条、第四十一条的规定解除劳动合同：①从事接触职业病危害作业的劳动者未进行离岗前职业健康检查，或者疑似职业病病人在诊断或者医学观察期间的；②在本单位患职业病或者因工负伤并被确认丧失或者部分丧失劳动能力的；③患病或者非因工负伤，在规定的医疗期内的；④女职工在孕期、产期、哺乳期的；⑤在本单位连续工作满 15 年，且距法定退休年龄不足 5 年的；⑥法律、行政法规规定的其他情形。

2. 用人单位在法律规定的条件未满足时解除劳动合同

根据《劳动合同法》的规定，在相关条件满足的情况下，用人单位可以协议解除劳动合同、单方即时解除劳动合同和单方预告解除劳动合同。

（1）协议解除劳动合同的条件

根据《劳动合同法》第三十六条规定："用人单位与劳动者协商一致，可以解除劳动合同。" 如果用人单位打算协议解除劳动合同却没能与劳动者达成一致，则协议解除的条件不存在。如果此时用人单位强行解除劳动合同，用人单位应当承担相应的法律责任。

（2）用人单位单方即时解除劳动合同的条件

根据《劳动合同法》第三十九条，存在如下情况时，用人单位可以单方即时解除劳动合同：①在试用期间被证明不符合录用条件的；②严重违反用人单位的规章制度的；③严重失职，营私舞弊，给用人单位造成重大损害的；④劳动者同时与其他用人单位建立劳动关系，对完成本单位的工作任务造成严重影响，或者经用人单位提出，拒不改正的；⑤因本法第 26 条第 1 款第 1 项规定的情形致使劳动合同无效的。

（3）用人单位单方预告解除劳动合同的条件

根据《劳动合同法》第四十条和第四十一条，只有符合如下条件时，用人单位才可以单方预告解除劳动合同：①劳动者患病或者非因工负伤，在规定的医疗期满后不能从事原工作，也不能从事由用人单位另行安排的工作的；②劳动者不能胜任工作，经过培训或者调整工作岗位，仍不能胜任工作的；③劳动合同订立时所依据的客观情况发生重大变化，致使劳动合同无法履行，经用人单位与劳动者协商，未能就变更劳动合同内容达成协议的；④依照企业破产法规定进行重整的；⑤生产经营发生严重困难的；⑥企业转产、重大技术革新或者经营方式调整，经变更劳动合同后，仍需裁减人员的；⑦其他因劳动合同订立时所依据的客观经济情况发生重大变化，致使劳动合同无法履行的。

3. 用人单位解除劳动合同的程序不符合法律规定

为了保护劳动者的合法权利，防止用人单位滥用解除合同的权利，用人单位在解除劳动合同时应当遵循法律规定的程序。如果用人单位在解除劳动合同时不遵循法律规定的程序，其行为同样构成《劳动合同法》第四十八条规定的违法解除劳动合同，并因此承担相应的法律责任。

用人单位依据《劳动合同法》第四十条解除劳动合同的程序：用人单位提前30日以书面形式通知劳动者本人或者额外支付劳动者1个月工资，同时用人单位应当事先将理由通知工会。应当注意的是，如果用人单位选择额外支付劳动者1个月工资，则用人单位无须提前30日书面通知劳动者本人即可解除劳动合同。

用人单位依据《劳动合同法》第四十一条解除劳动合同的程序：用人单位提前30日向工会或者全体职工说明情况，听取工会或者职工的意见后，将裁减人员方案向劳动行政部门报告。

（二）违法解除劳动合同的责任

1. 违约金

违约金是指当事人一方不履行合同的约定时，依法律规定或合同约定向对方支付一定数额金钱的责任形式。根据违约金的性质，违约金可分为赔偿性违约金和惩罚性违约金。赔偿性违约金是指旨在弥补一方因另一方违约所受到的实际损失而约定的违约金；惩罚性违约金是指对违约行为进行惩罚，数额可以大于守约方实际的损失。根据国家对违约金的干预程度，违约金可分为约定违约金和法定违约金两种。凡是合同约定的违约金，属于约定违约金；由法律规定的违约金，属于法定违约金。

原劳动部《关于企业职工流动若干问题的通知》（劳部发〔1996〕355号，以下简称《通知》）第三条规定，用人单位与劳动者可以在劳动合同中约定违约金。这一规定确立了约定违约金是我国承担劳动合同违约责任的方式。目前我国劳动法律法规没有对法定违约金作出具体规定。

2. 赔偿损失

赔偿损失是指一方当事人违法、违约造成对方损失时，应以其相应价值的财产给予补偿。《劳动法》第九十八条规定，用人单位违反本法的规定解除劳动合同，对劳动者造成损害的，应当承担赔偿责任。《劳动法》以法律的形式确立了赔偿损失是我国承担劳动合同违约责任的方式。

继而，《劳动合同法》第八十七条明确了用人单位违法解除或者终止劳动合同的法律赔偿责任。

（三）各种赔偿金或补偿金的计算

1. 用人单位依法解除劳动合同

协商解除经济补偿金＝工作年限×月工资（超过 12 年的，按 12 年算）

因病或非因工伤解除经济补偿金＝工作年限×月工资＋医疗补助费（不低于 6 个月工资，重病加 50%，绝症加 100%）

不能胜任解除经济补偿金＝工作年限×月工资（超过 12 年的，按 12 年算）

客观情况变化经济补偿金＝工作年限×月工资

经济裁员经济补偿金＝工作年限×月工资

2. 因用人单位不签订劳动合同经济补偿金

经济补偿金＝工作年限×月工资（工作年限为 6 个月以上不满 1 年，按 1 年算，工作年限小于 6 个月，按半年算）

3. 违法解除或终止劳动合同赔偿金

赔偿金＝经济补偿金×2（用人单位不再支付经济补偿）

上述所称月工资是指劳动者在劳动合同解除或者终止前十二个月的平均工资（不超过用人单位所在直辖市、设区的市级人民政府公布的本地区上年度职工月平均工资的三倍）。

五、未依法为劳动者缴纳社会保险

为员工购买社会保险是法律规定的强制性义务，企业无法逃避。需要特别注意的是，即使是员工主动要求单位不为其缴纳社会保险，企业也不能以此为由免除自己应尽的义务。除了以下特殊情况，一般员工均应购买社会保险。

（一）企业可以不购买社会保险的 10 种人

1. 返聘退休人员

企业与退休人员签订的是劳务合同，不属于劳动合同。因此，企业不需要为退休人员缴纳社保。

2. 聘用实习生

实习生尚未毕业，与学校存在归属关系，所以企业只能与实习生签订劳务合同或者实习协议，不能签订劳动合同。

3. 承包商派遣人员

在工程项目中，总包方为了便于工程项目的监管，时常会派出几名现场管理人员，而这些派遣人员的工资一般由分包商来承担，分包商也会与其签订《劳务合同》。总包方派遣人员已经与总包单位签订了《劳动合同》，与总包方存在归属关系，分包方不需要为其缴纳社会保险。

4. 停薪留职人员

停薪留职，是指职工离开单位，企业保留他的身份，依法签订《停薪留职协议》，停薪留职期一般不超过二年。因为签订有《停薪留职协议》，那么新用人单位招聘该员工只能签订《劳务合同》，因此不需要为其缴纳社会保险。

5. 协保人员

协保人员，是指与原单位、再就业服务中心签订保留社保关系三方协议的下岗职工。新单位招聘协保人员只能签订《劳务合同》，因此不需要为其缴纳社会保险。

6. 兼职人员

兼职人员自己本身有工作，与所在单位已经签订《劳动合同》，办理社会保险，因此兼职的企业不需要再为兼职人员缴纳社保。

7. 劳务派遣人员

派遣人员是与劳务派遣公司签订《劳动合同》，由派遣公司缴纳社保，用工企业不需要再缴纳社保。

8. 个体户外包企业业务

《社会保险法》第十条第二款规定，"无雇工的个体工商户、未在用人单位参加基本养老保险的非全日制从业人员以及其他灵活就业人员可以参加基本养老保险，由个人缴纳基本养老保险费"。外包业务，企业员工工资由个体户工商户承担，社保只能员工自行缴纳，因此企业不需要缴纳社保。

9. 非全日制用工

非全日制用工，是指以小时计酬为主，劳动者在同一用人单位一般平均每日工作时间不超过四小时，每周工作时间累计不超过二十四小时的用工形式。非全日制从业人员，是由个人缴纳基本养老保险费、基本医疗保险。

10. 灵活就业人员

灵活就业人员,是指以非全日制、临时性和弹性工作等灵活形式就业的人员。主要由以下三部分构成:①自营劳动者:包括自我雇佣者(自谋职业)和以个人身份从事职业活动的自由职业者等。②家庭帮工:即那些帮助家庭成员从事生产经营活动的人员。③其他灵活就业人员:主要是指非全时工、季节工、劳务承包工、劳务派遣工、家庭小时工等一般劳动者。灵活就业人员,是由个人缴纳基本养老保险费、基本医疗保险。

(二)企业未依法为劳动者缴纳社会保险应承担的责任

用人单位应当承担赔偿责任。根据相关规定,用人单位没有缴纳、没有足额缴纳、没有按时缴纳社会保险费,所应承担的责任主要包括:

1. 赔偿劳动者少得或者未得的失业保险金损失,职工中断就业后,符合失业保险金领取条件,本应由失业保险基金承担的失业保险金,由企业支付;

2. 承担应当由生育基金支付的女职工生育保险待遇费用,女职工生育,本应由生育保险基金支付的生育津贴,由企业支付;

3. 承担工伤保险费有关的罚款、滞纳金等费用,职工因工受伤或死亡,本应由工伤保险基金支付的工伤或工亡补助金等费用,由企业支付;

4. 承担基本养老保险有关的罚款等费用;

5. 职工患病,其治疗疾病所产生的本应由医疗保险基金承担的医疗费,由企业支付;

6. 赔偿给劳动者造成的其他费用,如因用人单位欠缴社会保险费,劳动者若以此为由提出解除劳动合同,企业还应支付劳动者被迫解除劳动合同的经济补偿金。

六、违法约定试用期

(一)《劳动合同法》关于试用期的强制规定

第十九条 试用期

劳动合同期限三个月以上不满一年的,试用期不得超过一个月;劳动合同期限一年以上不满三年的,试用期不得超过二个月;三年以上固定期限和无固定期限的劳动合同,试用期不得超过六个月。同一用人单位与同一劳动者只能约定一次试用期。以完成一定工作任务为期限的劳动合同或者劳动合同期限不满三个月的,不得约定试用期。试用期包含在劳动合同期限内。劳动合同仅约定试用期的，试用期不成立，该期限为劳动合同期限。

第二十条　试用期工资

劳动者在试用期的工资不得低于本单位相同岗位最低档工资或者劳动合同约定工资的百分之八十，并不得低于用人单位所在地的最低工资标准。

第二十一条　试用期内解除劳动合同

在试用期中，除劳动者有本法第三十九条和第四十条第一项、第二项规定的情形外，用人单位不得解除劳动合同。用人单位在试用期解除劳动合同的，应当向劳动者说明理由。

（二）　用人单位违法约定试用期的情形

根据上述规定，用人单位在与劳动者约定试用期的时候，应当遵守该法有关试用期的最长时限、约定次数及其他有关规定，否则，该试用期的约定就是违法的。

1. 约定的试用期超过法律规定的最高时限。

对不同期限、不同种类的劳动合同，规定了长短不同的试用期。如果用人单位与劳动者约定的试用期超过了法律规定的最长时限就是违法的。举一个例子，某企业与劳动者签订了为期一年的劳动合同，并同时约定试用期为三个月。这样一个关于试用期的约定，根据《劳动合同法》第十九条的规定就是违法的，因为它违反了"劳动合同期限一年以上不满三年的，试用期不得超过二个月"的规定。这里要指出的是，法律只对试用期的最长时限有要求，用人单位与劳动者约定的试用期只要等于或者短于法律规定的最高时限，都是合法有效的。

2. 同一用人单位与同一劳动者约定了超过一次的试用期。

假定某一劳动者与用人单位已经约定过了一次试用期，如果该劳动者在同一用人单位内调换了新的工作岗位，在此情况下，用人单位因此又与他约定了一次试用期。那么这一次的约定就是违法的，因为违反了同一用人单位与同一劳动者只能约定一次试用期的法律规定。

3. 以完成一定工作任务为期限的劳动合同或者劳动合同期限不满三个月的，约定了试用期。

如果某一企业只与劳动者签订了二个月的劳动合同，却同时约定试用期为三十天，则这一试用期的约定就违反了法律的强制性规定，因违法而无效。

4. 劳动合同仅约定试用期或者劳动合同期限与试用期相同。

如果用人单位与劳动者仅约定了试用期，而没有约定劳动合同的期限，则这一试用期的约定是违法的。法律作这样的规定，是为了防止一些用人单位滥用试用期，利用劳动者在试用期的工资相对较低，同时，解雇处于试用期的劳动者也相对容易的特点，侵害劳动者的合法权益。

（三）用人单位违法约定试用期的责任

用人单位违反《劳动合同法》规定与劳动者约定试用期的，由劳动行政部门责令改正，违法约定的试用期已经履行的，由用人单位以劳动者月工资为标准，按已经履行的超过法定试用期的期间向劳动者支付赔偿金。根据这一规定，用人单位违反规定，与劳动者所约定的试用期，如果还没有实际履行的，由劳动行政部门责令用人单位予以改正，使之符合本法的规定；如果无效的试用期约定已经实际履行，则由用人单位以劳动者月工资为标准，按已经履行的超过法定试用期的期间向劳动者支付赔偿金。如，法定试用期为一个月，用人单位违法与劳动者约定了六个月的试用期，当这个试用期已经履行了，支付赔偿金的期间就是从试用期的第二个月至第六个月的期间。

赔偿金是承担违约责任的一个重要方式，是指合同当事人一方违反合同约定，而给对方造成损失的，应给予赔偿。给付赔偿金的前提必须是一方违反合同约定，给另一方造成了实际损失。假定劳动者与用人单位签订的劳动合同期限为三年，按照《劳动合同法》的规定，试用期不得超过六个月；但该用人单位与劳动者约定了一年的试用期，并约定试用期满后的月工资为每个月1500元。在此情况下，用人单位约定的试用期是违法的，因为超过了六个月的最高时限，如果劳动者已经实际履行了八个月的试用期，则用人单位应当向该劳动者支付赔偿金，支付赔偿金的期间为已经履行的超过法定试用期的期间，即八个月减去法定的最高时限六个月的期间，为两个月。此时，用人单位应当向劳动者支付 $1500 \times 2 = 3000$ 元赔偿金。

对于违法约定的试用期，只要劳动者已经实际履行，用人单位要按照已经履行的超过法定试用期的期间向劳动者支付赔偿金，对于劳动者尚未履行的期间，则用人单位不需要支付赔偿金。支付赔偿金不能代替正常的劳动报酬。如果劳动者实际履行的试用期超过了法定的最高时限，则用人单位除了向劳动者支付赔偿金外，还要向劳动者支付劳动合同约定的试用期满后的月工资，实际上等同于在劳动者已经实际履行的超过法定最高时限的期间内，用人单位需要向劳动者支付双倍的月工资，以惩罚用人单位违法约定试用期的行为。

七、特殊员工的处理

（一）处于"三期"女职工涉及的法律问题

所谓"三期"，是指女职工的孕期、产期以及哺乳期。考虑到女职工在"三期"期间的特殊身体状况，我国立法上对女职工的劳动保护作出了特殊保护性规定。女职工"三期"管理属于法律实务中的难点，下面来探讨一下如何处理"三期"女职工劳动关系中岗位变更、合同解除与终止等问题。

1. "三期"必须享受的假期

产假：产假是针对女职工的法定休息日，依据《女职工劳动保护特别规定》第七条：①女职工生育享受 98 天产假，其中产前可以休假 15 天；②难产，增加产假 15 天；③生育多胞胎，每多生育 1 个婴儿，增加产假 15 天；④怀孕未满 4 个月流产的，享受 15 天产假；⑤怀孕满 4 个月流产的，享受 42 天产假。

产前检查：女职工妊娠期间在医疗保健机构约定的劳动时间内进行产前检查（包括妊娠 12 周内的初查），应算作劳动时间。

产前工间休息：怀孕 7 个月以上，每天工间休息 1 小时，不得安排夜班劳动。

授乳时间：婴儿一周岁内每天两次授乳时间，每次 30 分钟，也可合并使用。

2. "三期"可请的假期

产前假：怀孕 7 个月以上，如工作许可，经本人申请，单位批准，可请产前假两个半月。部分属于地方法规规定必须给假的情况，单位应批准其休假。

保胎假：医生开证明，按病假待遇。

哺乳假：女职工生育后，若有困难且工作许可，由本人提出申请，经单位批准，可请哺乳假六个半月。

3. "三期"期间的薪资发放

用人单位不得在女职工怀孕期、产期、哺乳期降低其基本工资。产假期间照发工资，不影响原有福利待遇和全勤评奖。女职工假期期满后，若有实际困难，经本人申请，领导批准的，可请哺乳假至婴儿一周岁。哺乳假期间，所在单位应按不低于本人标准工资的75%发给工资。女职工产假期满上班，应允许有一至两周的适应时间，使其逐渐恢复原劳动定额。因身体原因仍不能工作的，经过医务部门证明后，其超过产假期间的待遇，按照职工患病的有关规定办理。属干部、职工的产妇除享受国家规定的产假外，增加35日的产假；男方享受15日的看护假（又称陪产假）。产假、看护假期间，照发工资，不影响原有福利待遇和全勤评奖。

4. "三期"期间的岗位调整

一般来说，用人单位基于保护女职工的名义对其岗位进行合理调整，符合《女职工劳动保护特别规定》第六条的规定，是法律赋予用人单位法定的单方调整岗位的权利。但需要注意，这种单方调岗必须具备合理性，不能假借调岗，逼迫孕期女职工离职。对调岗合理性的判定可以从三个方面考虑：①与原岗位具有相关性，女职工能够胜任。如单位调整的工作岗位对女职工来说是一个陌生的领域，如将会计岗位调整为销售岗位，则丧失调岗的合理性。②相较原岗位工作量降低。孕期调岗的目的在于降低孕期女职工负担，如岗位调整后工作量不减反增，则容易被认定为单位假借调岗逼迫职工离职。③调岗应该具有正当性。比如，女职工原岗位为部门经理，调整岗位为门卫或者后勤，则不具有正当性。对不具备合理性的单方岗位调整，孕期女职工可以拒绝接受。

5. "三期"期间的辞退条件

女职工处于"孕期、产期、哺乳期"，并非万能的保护伞。对处于"三期"内的女职工，《劳动合同法》第四十二条严格限制用人单位适用非过失性解除或经济性裁员，但并未限制用人单位适用过错性解除。依据《劳动合同法》第三十九条相关规定，处于"三期"的女职工有相关情形之一，用人单位仍然有权依法解除，也就是说，怀孕女职工如果符合过错性解除的相关法定条件，用人单位仍有权依法解除。

6. "三期"期间解除合同如何赔偿

劳动者自己辞职：如果是劳动者自己单方面解除合同是没有任何补偿的。双方协商解除合同：如果是公司与劳动者协商一致解除劳动合同，那么公司应当按照劳动者在该单位的已工作年限支付经济补偿金，每满一年补偿一个月工资，不满半年补偿半个月工资，满半年不满一年补偿一个月工资。企业单方面解除合同：《劳动合同法》规定在"三期"期间不得以非过失解除或经济性裁员来解除合同，否则属于违法，对违法解除的应支付赔偿金，即两倍的经济补偿金，按照在本单位工作年限每年两个月工资的标准支付赔偿金。

（二）长期病休员工的法律问题

1. 病假的医疗期

劳动者在患病或者非因工负伤，在规定的医疗期内，用人单位不得解除劳动合同；即使在经济性裁员和企业客观情况发生重大变化时，用人单位也不得与劳动者解除劳动合同。原劳动部在《企业职工患病或非因工负伤医疗期规定》中具体规定了不同的工作年限所对应的医疗期，患病或非因工负伤职工的病假假期根据本人实际参加工作年限和在本单位工作年限，给予 3 个月到 24 个月的医疗期（见表 4-2）。

表 4-2　　　　　　　　**不同的工作年限所对应的医疗期规定**

实际工作年限	本单位工作年限	医疗期	累计病休时间
10 年以下	5 年以下	3 个月	6 个月
	5 年以上	6 个月	12 个月
10 年以上	5 年以下	6 个月	12 个月
	5 年以上 10 年以下	9 个月	15 个月
	10 年以上 15 年以下	12 个月	18 个月
	15 年以上 20 年以下	18 个月	24 个月
	20 年以上	24 个月	30 个月

2. 医疗期的薪资调整

根据劳动部《关于贯彻执行〈中华人民共和国劳动法〉若干问题的意见》第五十九条规定，"员工患病或非因工负伤治疗期间，在规定的医疗期间内由企业按有关规定支付其病假工资或疾病救济费，病假工资或疾病救济费可以低于当地最低工资标准支付，但不能低于最低工资标准的 80%"。

3. 医疗期满后能否解除劳动关系

企业职工非因工致残和经医生或医疗机构认定患有难以治疗的疾病，在医疗期内医疗终结，不能从事原工作，也不能从事用人单位另行安排的工作的，应当由劳动鉴定委员会参照工伤与职业病致残程度鉴定标准进行劳动能力的鉴定。被鉴定为一至四级的，应当退出劳动岗位，终止劳动关系，办理退休、退职手续，享受退休、退职待遇；被鉴定为五至十级的，医疗期满后可解除劳动合同。根据《劳动合同法》第四十五条规定："劳动合同期满，劳动者仍在规定的医疗期内的，劳动合同应当续延至医疗期满为止。"

第五章　公司合同管理法律事务

☞ **导读：**

1. 公司合同管理的概念、意义和问题现状
2. 公司常见合同类型分类及主要条款
3. 公司常见合同的制定、修订主体和管理部门职责划分
4. 公司合同管理制度构建
5. 公司常见合同审查规则及典型案例

第一节　合同管理概述

一、合同管理的概念与意义

合同，是指双方或多方经过协商，最终形成确定各自权利义务内容的协议，依法成立的合同对签约各方具有法律约束力。当下公司多是通过合同来实现公司的经济目的，因此，对合同进行规范化和制度化的管理是公司管理工作的重要内容。最早在 20 世纪 70 年代初，国外已经开始对工程项目管理理论的研究，其中涉及的合同管理内容在国家和企业发展过程中逐渐走向成熟。近十几年来，合同管理已成为工程项目管理的一个重要的分支领域和研究的热点。

合同管理在学理上的定义是什么呢？主要是指项目管理人员根据合同进行工程项目的监督和言理，是法学、经济学理论和管理科学在组织实施合同中的具体运用。① 简而言之，合同管理作为公司管理制度建设的重要组成部分，可以确保各合同管理部门在合同商谈、签订、履行、争议解决等各个阶段合法合规进行，以避免公司经营过程中因合同问题造成的重大法律风险，减少公司不

---

① https：//baike. baidu. com/item/%E5%90%88%E5%90%8C%E7%AE%A1%E7%90%86/4815？ fr=aladdin.

必要的损失。因此，公司进行合理、高效的合同管理具有重要意义。

（一）对于社会的意义

公司成立和发展的终极目标是营利，而以营利为目的展开的各项经济活动，主要是通过合同这一法律形式去开展，只有合同双方都自觉遵守和履行合同，才能实现互利共赢的局面。首先，公司应加强合同管理，双方当事人都做到"重合同、守信誉"，才能形成市场公平竞争秩序，促进社会经济健康发展。其次，合同双方应严格按照合同约定全面履行权利义务，参与各项经济活动，形成有序的交易模式。合同管理使交易变得规范和有迹可循，有利于创造和谐友好、良性竞争的营商环境。最后，公司通过规范的合同管理掌握交易动态，可以明确合同相对方是否履行或违约以及如何依法维护自己的利益，有利于增强公司的法律维权意识。我国公司的合同管理意识相对比较薄弱，公司用法律思维解决问题的思维欠缺，发生合同纠纷不敢、不愿也不会用法律手段来解决问题，一些不法分子利用合同的违约获利甚至实施合同诈骗一直是比较突出的问题。因而，通过加强公司的合同管理来规范公司经营行为，将极大促进公司自身和社会经济的发展。

（二）对于公司的意义

合同管理只是公司经营管理过程中的一种，一方面有利于促进公司自身管理水平的提高，增创公司的经济效益。由于合同管理贯穿公司的整个经济活动，公司可以根据履行进度监控回款进度，或者在实际履行过程中发现合同签订之前洽谈好的条款不再适用于当前的状况，及时动态更正、补充或者重新签订合同，以实现该项经济活动稳定、持续地进行。另一方面，合同管理能够有效地降低和防控公司运营风险，还能保障交易产品或服务的质量。首先，公司在合同签订前，会对合同指向的目标产品或服务制定相应的技术标准或验收标准。其次，在合同履行过程中，对于各种突发情况或内容变更情形，在长期的合同管理中可以找到指引方法。通过时时跟进合同的履行程度，能够规范处理产品或服务质量问题、成本增加问题、履行期不合理延长等问题，降低合同的双方产生纠纷的可能性。最后，在违约情形出现或履行过程产生纠纷时，大型公司或是中小型公司都需要依靠法律手段来维护自己的合法权益，而依法签订的合同和履约记录就是最直接、有效的证据。

公司的合同种类繁多，除以上阐述的经济合同类型，还有一般性的行政合同，包括行政人事、管理类，对公司的发展都至关重要。比如常见的劳动合同，可以明确用人单位与劳动者的权利义务关系。只要劳动者实际提供劳务，公司对其形成管理支配地位并支付报酬，双方就成立了事实劳动关系，与双方是否签订合同并无必然关系。也就是说，即使公司与员工未签订劳动合同，员工依然可以通过劳动法规维护自己的合法权益；而公司很可能因为没有签订劳动合同而缺乏对员工的有效管束，并且可能面临较大的法律风险，比如相关劳动部门的处罚、民事赔偿等。

二、公司合同管理普遍存在的问题

合同管理是指以实现合同价值为目的，以合同为管理对象，依照法律、法规等规定，对合同谈判、订立、履行、变更或解除、争议解决，直至归档整个过程的管理行为。[①] 一般情况下，合同管理主要分为三个阶段：合同签订前、合同履行中以及事后纠纷处理阶段，每个阶段都应形成相应的管理规范。现实中，因为公司合同种类多、数量巨大和管理制度不健全，合同的日常管理工作开展较为困难和不顺畅，了解和分析现行的合同审查流程和管理职责划分有助于进一步规范公司的合同管理制度。本书通过对合同管理理论和实践经验的总结分析，发现并提出公司存在的三个主要问题。

（一）不注重合同的法律审查

合同审查包括业务审查和法律审查。法律审查是合同管理的核心环节，其审查目的主要在于解决三个方面的问题：一是合同内容的合法性、真实性，包括合同条款是否存在违反法律法规的无效情形、签订主体是否适格、意思表示是否真实等。二是合同的协调性、准确性，包括合同当事人的权利义务约定是否明确且是否存在冲突，合同条款是否完备齐全，文字表述是否准确无歧义。三是合同的可行性，包括合同相对方是否具备履约能力，合同履行的预期利益和潜在风险，是否对合同非正常履行时可能出现的纠纷进行预测。目前很多公司忽视合同的法律审查，未设立相关的法务部门或者没有独立的法律顾问，甚至在相关的综合管理部门也没有专门的法务人员，合同直接由公司的业务人员或销售人员进行拟定、签约。又或者，公司设有负责法律审查的职能部门，但公司和业务部门不重视法务人员或法律顾问的法律审查监督建议，法律审查如同虚设。合同的拟定对合同整体的权利义务倾向有很大影响，合同承办人员自行拟定或对外部的合同模板稍加修改后直接使用，不经过公司法律审查程序，

① 孙宁. BM 公司应收账款管理研究［D］. 西安电子科技大学, 2013, 4.

无视潜在的法律风险，产生法律纠纷后只能消极采取诉讼方式解决，这种"重诉讼，轻预防"的心理会给公司造成巨大的经济损失。

（二）公司合同管理部门职责划分不明确

实践中，很多公司没有实行真正的合同归口管理，各合同管理部门职责混乱不明。归口管理是指根据系统分工，各部门各司其职，防止出现重复管理、多头管理造成的管理混乱现象。合同的归口管理首先要明确各部门的职责划分，比如：

1. 业务部门作为合同签订和履行的归口管理部门，业务部门的合同承办人员需参与合同的商谈、会签、审批盖章、履行监控等合同的整个签订及履行流程，需及时和各合同管理职能部门、外聘专家顾问保持联系和反馈。

2. 法务部门作为公司的合同法律审查归口管理部门，负责公司示范合同的制定及公司的合同审查，应掌握合同履约情况并及时出具法律意见，必要时联合各合同管理职能部门收集证据参与诉讼或仲裁。

3. 行政部门及财务部门在合同管理的组织、履行、归档中也承担着重要角色，具体在本章第三节各部门职能划分中介绍。

若合同管理的职责划分不明确，各职能部门容易造成对合同的订立、履行和执行全过程所应担负责任认识不清、作为不足，不利于合同管理制度的建立及实施。

（三）未形成合理的合同管理制度

建立合理的合同管理制度，是合同管理规范化和制度化的基础。就目前大型公司企业的合同管理架构来看，其系统的合同管理制度包含合同授权审批制度、合同审签制度、会审制度、合同专用章制度、合同违约及纠纷处理制度等。通过建立合同管理制度实现合同管理各阶段层次清楚、职责明确且程序规范，从而使合同的签订、履行、纠纷处理都处于有效的控制状态。目前很多公司在合同管理制度上存在一些问题，例如上述提到的不重视合同法律审查，对合同签订、审查、履行责任未明确到部门和个人，以及合同示范文本未能得到有效使用，对合同变更、履行缺乏有效的动态监督，等等。因此，合理的合同管理制度必定是动态的管理，是对合同整个生命历程的系统管理。

有学者认为，健全的合同管理制度理应达到以下几点效果：（1）能有效地防止决策的随意性；（2）准确地分析和判断交易对手；（3）设计出技术性条款；（4）妥善处理履行中出现的问题；（5）合法合理地解决纠纷。公司合同管理能力的提升能规范合同行为，有效地避免合同纠纷出现，从而减少争议解决成本和诉讼风险。因此，提升合同管理能力和完善合同管理制度是公司追求的终极目标，是公司合规管理的重要组成部分，是公司"重合同、守信用"文化形象的体现，更是公司依法治企和建立现代公司制度的有力保障。① 本章第二节将阐述公司常见合同类型及主要条款，进而着重论述后三节合同管理相关制度的构建，以达到上述管理效果。

第二节　公司常见合同类型及主要条款

一、公司常见的合同类型

我国《民法典·合同编》第四百六十条将合同定义为民事主体之间设立、变更、终止民事权利义务的协议，并在第三编第九章至二十七章分别介绍了19种典型合同及法律特点，包括买卖合同，供用电、水、气、热合同，赠与合同，借款合同，保证合同，租赁合同，融资租赁合同，保理合同，承揽合同，建设工程合同，运输合同，技术合同，保管合同，仓储合同，委托合同，物业服务合同，行纪合同，中介合同，合伙合同。《民法典·合同编》列举的这19种合同被称为"有名合同"，其他的"无名合同"主要受《民法典·总则编》和相关民事法律调整，只要不违反国家的法律法规和社会的公序良俗，并且当事人意思表示真实自由，同样受法律的保护。合同分类在合同的管理和归档中极为重要，根据实际需要，公司合同主要分成四大类：员工管理类合同、公司经营类合同、投资融资类合同和股权期权类合同，由于不同公司涉及的行业类型不同，其经营类合同也大相径庭。本节主要展示大多数经营性公司的常见合同类型。

（一）员工管理类合同

1. 劳动合同与劳务合同。《劳动合同法》规定，我国境内的公司、个体经济组织、民办非公司单位等组织与劳动者建立劳动关系，应当订立书面劳动合同。与劳动合同容易混淆的就是劳务合同，同样是完成一定的工作，两者的法律依据、适用主体、相关待遇等却是天差地别，具体在本书第四章公司劳动人

---

① 牛秀红. 完善企业合同内部控制管理的论述［J］. 时代报告（下半月），2011(7).

事法律事务中介绍。实践中，人们通常将提供劳动服务的过程称为劳务，与劳务有关的合同很多，以雇佣、承揽、运送、委托、居间、经纪等为劳务内容订立的合同为广义的劳务合同，狭义的劳务合同一般是指雇佣合同。

2. 保密协议与竞业限制协议。公司与劳动者及提供劳务者签订合同后，一般还需签订相应的保密协议，要求员工在工作期间及离职后一段期限内就工作中接触到的公司秘密承担保密义务。值得注意的是保密协议的期限约定，许多员工认为仅在任职期间对公司有保密义务，在离职之后就不再负有保密义务，这种认识是片面的。实际上，要根据保密协议的内容进行区分，保密协议中的商业秘密无论是在职期间还是离职后，知悉公司商业秘密的员工都负有法定的保密义务，员工在离职之后擅自公开、披露或使用，则构成民事侵权，情节严重的构成侵犯商业秘密犯罪；而对于一般的保密信息，可以约定员工离职后在合理期限内进行保密。与保密协议性质类似的竞业限制协议，是指公司与负有保密义务的人员约定若其离职，则一定期限内不能到同类型的公司工作，这期间公司会支付给员工一定的经济补偿金，这种做法实质上还是为了防止公司商业秘密外泄，由于其经济成本较高，应对商业秘密等级与适用人群范围进行限制。

除了常见的劳动合同和劳务合同，还包括相关的承诺书、实习协议、试用合同、聘用合同等员工管理类合同。

(二) 公司经营类合同

公司的主要业务方向决定了公司经营类合同的范围，从公司设立到运营涉及很多经济合同，比如：（1）经营场所的场地租赁、外墙租赁等租赁合同及装修合同；（2）公司日常运营中需要物资可能使用买卖合同、租用合同、服务合同和技术合同等，比如法律顾问合同属于技术合同中的技术咨询合同和技术服务合同；（3）公司对外合作拓展的合伙联营合同、代理经销合同、特许经营合同、授权委托协议等各类合作协议；（4）公司商标、专利或著作权的转让、许可都需要签订相应知识产权合同。以上列举的合同是公司运营过程中最常见的经济合同，也是合同风险防控的重点。

(三) 投资融资债权类合同

资金是公司生存和发展的基础，也是公司进行经济活动的持续动力。投资和融资是公司经营运作的两种不同模式，公司通过投融资活动，以达到扩大规模、获取经济效益的目的。公司投融资活动一般以合同或协议为载体，比如担保合同，公司可以在一定的保证条件下进行融资或贷款，获取周转资金。常见的担保合同有股权抵押、动产抵押、股权质押、保证合同、留置合同、定金合同等。公司通过吸引他方的投资，也可以达到筹集资金的效果，这时候要签订相应的投资合作协议。除了担保融资、贷款或吸引投资，还可以增发公司股份、签订增资扩股协议或寻找他方收购，这时需要签订并购合作协议。

投资方是资金借出者，融资方是资金借贷者，公司通过投融资活动实现资金的循环流动，获取公司经营利润。商场上常提到"投资有风险，入市需谨慎"，因此投融资涉及的合同风险也是需要严格把控的。

（四）股权期权类合同

公司股权是股东出资后获得股东资格而享有的参与公司经营管理，获取公司利润分红的权利。股权最基本的属性是财产性，其次股权还具有可分割性和可转让性，股权的前述特性使其成为炙手可热的交易性权利。股权是股东行使股东权利的基础，公司成立时需要草拟合伙人出资协议，明确合伙人出资金额、出资方式、占比份额及权利义务；公司运营时，随时可能进行股权转让、股权收购以及股权激励、期权授予等协议行为，股权变动后要进行相应的工商变更登记；最后，股东退出公司要签订股东退股协议并进行清算。

公司整个经营过程中会出现多种合同类型，需要根据公司所处的阶段、处境和需求选择合适的合同起草签订，将公司的任何经济活动都建立在契约的基础上才是风险防控的关键。如此庞杂的合同种类和数量，若没有一套完整、合理的合同管理制度，规范合同从制定、签订、履行到最后归档整个过程的行为，公司合同管理将成为一盘散沙，会极大地降低公司管理效率和经济效益。

二、公司常见合同的主要条款

《民法典·合同编》第四百七十条规定："合同的内容由当事人约定，一般包括以下条款：（一）当事人的名称或者姓名和住所；（二）标的；（三）数量；（四）质量；（五）价款或者报酬；（六）履行期限、地点和方式；（七）违约责任；（八）解决争议的方式。当事人可以参照各类合同的示范文本订立合同。"根据第四百七十条的规定结合合同的构成，将合同内容主要分为三个部分，即首部、正文和尾部。

（一）合同首部

1. 合同标题。合同标题要符合合同性质，比如基于买卖关系订立买卖合同，基于合作关系订立合作协议等。遇到性质难以区分的合同，比如"名为合伙，实为借贷"关系，容易因未厘清合同的本质而无法达到订立合同时的目的和预期实现的利益。另外，合同标题也可联系合作双方的名称或简称，以便归纳查询。

2. 合同编号。在合同种类、数量庞杂的情况下，合同的编号就显得尤为重要，每个公司可根据运营情况，根据合同类别或不同业务部门分类编号，并将编号反映在电子文件的外部名称上，有利于合同的汇总和查询。

3. 合同主体的基本情况。合同主体又称为合同当事人。《民法典》第一百四十三条规定，民事法律行为的主体应当具备相应的民事行为能力。即主体适格是合同成立的必要条件。合同主体的基本情况包括主体名称、地址、传真邮箱、法定代表人姓名和联系方式，涉及收付款的可增加开户行信息。

（二）合同正文

合同正文是合同主要内容的具体表现，主要承载着合同的权利义务。这些内容一般由当事人自己约定，没有约定或约定不明确的，可以另行协商或签订补充协议解决，否则参照法律的一般规定或惯常的交易习惯处理。

1. 签订合同的依据和目的条款。主要介绍合同签订的背景和引述语，类似鉴于条款，表明合同签订的基础和目的，为合同在纠纷处理阶段确定"合同能否解除""合同应否继续履行"提供判断依据。

2. 签订方式。《民法典·合同编》第四百七十一条规定，"当事人订立合同，可以采取要约、承诺方式或者其他方式"。具体到实践中，有采取招投标、拍卖等方式以实现交易的目的。

3. 保证与陈述。这部分内容主要涉及双方的权利与义务，是合同双方建立信任的基础。通过保证与陈述的方式阐明合同履行过程中甚至履行后应承担的责任，比如保证自己符合相关行业的资质，承诺严格履行相关义务等内容。

4. 合同标的。合同标的是合同法律关系的客体，是合同权利义务指向的对象。合同的标必须是确定的、合法的、可能的。我国通常认为合同的标的包括物、行为与智力成果。民法上的物，是指人身以外，能够被民事主体所支配和利用，并能满足人类生活需要，可以构成人们财产的一部分的物质财富，包括一般性货币；行为包括作为与不作为，比如提供服务；智力成果主要指知识产权中的财产权利，比如专利技术转让。

5. 数量与质量。数量与质量是对标的物的进一步明确，数量的计算方式和质量的标准应该是具体明确、可衡量的。质量要求不明确的，依据《民法典·合同编》第五百一十一条第一款的规定，按照强制性国家标准履行，没有强制性国家标准的，按照推荐性国家标准履行；没有推荐性国家标准的，按照行业标准履行；没有国家标准、行业标准的，按照通常标准或者符合合同目的的特定标准履行。

6. 验收标准和要求。合同标的物是商品或货物时，数量与质量可能同时存在；当合同标的是提供劳务时，就不存在标的物，只能参照一定的验收标准和约定的验收要求进行验收，比如接收加工承揽的工作成果，接收方需进行一定的外观、功能上的检查检测。

7. 价款或酬金。基于合同类型的不同，合同约定提供商品或货物的需要确定单价、总价等；提供相关服务或代理的需要支付酬金。合同履行中可能涉及其他费用，比如房屋租赁合同，可能涉及第三方中介费、物业费、房屋附属物品损坏费等，需要明确约定费用负担方，否则按照《民法典·合同编》第五百一十一条第六款的规定由履行义务一方负担履行费用。价款或者报酬不明确的，依据《民法典·合同编》第五百一十一条第二款的规定，按照订立合同时履行地的市场价格履行；依法应当执行政府定价或者政府指导价的，按照规定履行。

8. 结算或支付。合同中双方比较关注的结算时间、结算方式以及外界因素造成价款变化的情况下如何处理？合同双方当事人已经就上述要点达成一致意见的，按照约定处理；没有约定的，依据《民法典》及相关司法解释的规定，可以参照类似变更合同价款的条款；上述均不能实现的情况下，最后参照行业标准根据诚实信用原则进行调整。需要注意的是，结算价款应明确约定是否含税，并明确发票类型、开票时间等。

9. 履行和交接。双方当事人应严格按照合同规定，全面、及时、准确地履行合同义务。关于合同履行的时间和地点可以在合同中约定，没有约定或约定不明确的，依据《民法典·合同编》第五百一十一条的规定，给付货币的，在接受货币一方所在地履行；交付不动产的，在不动产所在地履行；其他标的，在履行义务一方所在地履行。履行期限不明确的，债务人可以随时履行，债权人也可以随时要求履行，但应当给对方必要的准备时间。合同的履行和交接可以按照进度进行监督，以确保合同全面履行。

10. 售后与保修。为加强对消费者的保护，产品销售或服务提供后一定期限内，对可能出现的质量问题承担一定的维护、修理和更换责任。在此需要区分质保和保修的概念，质保指产品质量要符合标准，具有产品的品质保证，特定的商品有法定的质保期，合同约定的质保期可以高于法律规定。而保修是指提供售后维修服务保障，免除修理费但不一定免除维修材料费，人为损坏和不在厂商协定标准服务政策之内的情形需要付费。

11. 保密义务。如果合同的签订或履行过程中可能涉及合同一方的商业秘密，应当约定合同相对方及一切接触人员负有保密义务，并约定擅自披露、使用商业秘密的法律责任。对于重大经济合同或涉及重大商业秘密的合同，可以另行签订保密协议作为本合同附件，明确保密人员、保密事项、保密范围及违反保密义务的责任。

12. 知识产权。合同涉及知识产权的须明确约定权益归属，比如委托开发完成的发明创造的权益归属，有约定的按照当事人的约定，没有约定的依据《民法典》第八百五十九条的规定，申请专利的权利属于研究开发人。紧接着第八百六十条规定，合作开发完成的发明创造的归属，没有约定的属于合作开发的当事人共有。

13. 违约和索赔。预知可能出现的违约情形并确定相应的违约条款，明确违约金及赔偿责任，对合同方可以起到一定的威慑作用，不使其因合同违约而获利。如在合同中就维权所产生的律师代理费、仲裁或诉讼费用进行明确的约定，则在诉讼过程中获得支持的可能性更大。

14. 免责事由。免责事由是指特殊情况发生时，当事人一方无法履行或瑕疵履行合同导致违约也不用承担责任。免责事由包括法定免责事由和约定免责事由，《民法典》上规定的免责事由主要有不可抗力、合理损耗和侵权人过错三种情形。在免责事由发生时，合同双方可以根据免责事由和损失情况以及两者之间的因果关系大小协商确定免除合同方赔偿责任的比例。

15. 争议解决方式。合同争议的解决方式主要有四种，当事人可以选择通过和解或者调解解决合同争议，解决不成的可以约定向有管辖权的法院诉讼解决，或者约定由某一特定、独立的仲裁委员会仲裁。需要注意的是，诉讼或仲裁只能约定一种，同时约定诉讼和仲裁的，对仲裁的约定无效；对诉讼的约定也要符合协议管辖的规定，否则只能另行约定管辖法院或向具有法定管辖权的法院起诉。

16. 通知与送达。合同中应明确合同履行负责人及其联系方式、地址。在合同履行过程中，合同双方需及时保持联系，一方面跟进对方履行进度，另一方面在发生情势变更或不可抗力时便于及时通知对方并协商解决。同时，还要确定争议解决的送达地址和送达方式。在争议发生后，可以按照约定的通知送达条款，向违约方送达相关法律文书，不影响诉讼或仲裁等争议解决的进程。

17. 生效及终止。除法律规定需要经过登记、审批等手续后才能生效的合同，双方可以约定合同的生效条件，合同自条件成就之日起生效。实践中，多数公司约定合同自双方签字并/或盖章后生效，如果缺乏法定代表人签字或盖章，但合同已经实际履行，也应认定合同已经生效。关于合同的终止，除发生《民法典》第五百五十七条规定的法定终止情形，合同双方可以自行约定自履行期满或完成合同约定事项之日终止，也可以约定合同终止的事由，自事由出现之时合同的权利义务终止。

18. 附件与补充协议。两者从效力上均具有法律效力，但内容不同。合同附件一般可以用来解释主合同，附件要服从合同的约定。而合同补充协议是对原合同未尽事宜，或者合同履行过程中新发生的情况另外进行的约定。所以，针对合同未尽事宜，双方想补充主合同的内容，可以签署附件；若实际情况变化，合同双方想变更原合同的内容，可以签署补充协议。

19. 合同的份数及效力。合同当事人可以约定合同一式几份，双方各执份数，具有同等法律效力。同时，双方协商一致可以约定，经双方确认盖章的电子合同扫描件对双方具有法律约束力。

以上列举条款涉及的方面较多，不是每一类合同都包含以上全部内容，也不是涵盖所有合同当事人的约定，比如涉外合同中还要明确约定法律适用。合同草拟修订方可以根据不同合同类型和公司所处的地位、需求进行选择和修改。合同内容并非事无巨细，更重要的是有的放矢，权利义务清晰明确。

（三）合同尾部

1. 双方签章。合同落款位置由双方签约单位盖章且/或签约单位法定代表人或授权代表人签字，表明合同签订主体对合同权利义务内容的确认，双方自愿受约束。

2. 签约时间和签约地点。如果双方没有约定合同生效的时间，一般认为是以合同签订之日起生效。而合同的签订地属于与合同密切联系的地点，属于协议管辖的范围。如果合同未约定管辖或约定管辖不明确，一般适用法定管辖确定管辖法院，即由被告住所地或合同履行地人民法院管辖诉争纠纷。

第三节　公司常见合同的制定、修订主体和职责

一、公司合同的制定、修订主体

公司的合同包括己方制定、修订的合同和由他方草拟发给己方修订确认的

合同。公司依据合同的使用情况，将己方制定的合同主要分为示范合同和非示范合同两种类型，分别由不同的部门制定、修订，以备不时之需。公司合同管理的主要负责部门一般是法务部，虽然每个公司的机构设置及名称不同，有的被称为综合管理部门，有的被称为法律与合规部门，不管名称如何变化，其实际职能和在合同管理中的作用是大同小异的。

（一）公司示范合同的制定、修订

国家市场监督管理总局在《关于制定推行合同示范文本工作的指导意见》中指出，"合同示范文本的制定推行，有利于提升社会合同法律意识，引导规范合同签约履约行为，维护各方当事人权益，矫正不公平格式条款"。当然，该意见也提出系列示范合同属于免费提供、自愿参照。法务部作为公司示范合同的制定部门，公司合同管理制度及示范合同文本一经制定，除了严格遵照执行外，还应采取相应的措施以保证该项制度及示范文本及时更新，以适应法律法规、相关政策及商业习惯的变化。

示范合同主要是针对公司生产经营过程中需要重复多次使用，或者根据实际需求，由公司部门或分支机构提出请求，经公司总经理批准后需要制定的合同。在制定过程中，法务部应充分征求相关业务部门或下级分支机构的意见，必要时向外部专业人士寻求协助。

除了商务条款的审查，技术条款的重要性不可忽视，两者不可简单地割裂开。因此，倾向管理型的制度及合同由法务部门制定；倾向业务型的合同应由法务部门与业务部门共同制定。首先由业务部门提出制定需求，并提供有关业务管理要求或制度文件、业务操作流程、风险防范措施和具体业务条款、各方权利义务条款等内容，最后由法务部根据业务部门的需求，结合业务制度的制定情况、具体业务开展情况、法律法规以及监管要求等，确定示范合同文本的制定。示范合同制定后，经总经理审阅批准后，由法务部门单独发布或法务部和业务部联合发布并留存，供公司合同使用者阅览和下载。示范合同制定、发布后，法务部应在合规内控与操作风险管理中录入并维护制定的示范合同。

另外，公司需确定示范合同的统一性和规范性。各子公司、控股公司、分公司或其他分支机构就相同事项应采用相同的示范合同文本，公司各级机构不得擅自制定或修订总公司示范合同。因特殊情况确需修改的，应请示公司总经理批准，并报法务部审核确定。

（二）非示范合同的制定、修订

公司开展生产经营活动过程中，原则上应使用本公司制定的示范合同文本。若本公司对该业务尚未制定示范合同或虽有示范合同但由于特殊情况无法使用的，可使用非示范合同。非示范合同由业务部门负责草拟，由该部门确定合同的基本业务内容，或使用合同相对方提供的文本。业务部门应确保合同业务条款齐备并符合监管政策和公司制度的规定，所涉及的业务流程和双方的权利义务清晰、明确。业务部门草拟制定非示范合同初稿后，再提交法务部门进行法律审查。对于重大经济合同或重大疑难业务合同，比如对外投资项目、融资项目及法律关系复杂、类型新颖的创新业务、涉及境外客户或适用港澳台法律等业务的非示范合同，业务部门可根据需要并按照公司制度规定或管理要求，聘请外部相关领域专家或执业律师草拟、审查合同或出具法律意见。对于业务中较为常见或针对不特定对象反复使用的非示范合同，业务部门可向法务部门申请并经公司总经理批准，由法务部门在职责范围内制定成示范合同，同时依照公司管理制度进行公布和及时检查、更新。

二、公司合同管理部门职责划分

建立合同管理制度首先要健全合同管理部门和分级管理制度，明确业务部门和合同承办人职责划分，使合同管理逐步规范化、制度化。① 健全的合同管理模式不应是静态的或是针对某个时点，也不应只是某一个部门的责任，而应该是动态、连续、各职能部门共同的管理过程。合同管理过程中，主要涉及以下四个职能部门的联合运作。

（一）法务部门

法务部作为合同的审查管理部门，应认真学习、贯彻执行《民法典》及有关条例，依法保护公司的合法权益。在具体操作上，法务部负责：

1. 制定、修订本公司合同管理制度、办法，组织实施合同管理工作；

2. 组织公司制定、修订合同的统一标准格式，在职责范围内制定、修订示范合同，协助业务部门修订非示范合同；

3. 为公司整体和各业务部门提供法律服务，审查合同的合法合规性，防控公司经营中的法律风险；

---

① 路标. 浅谈企业合同管理内控体系建设［J］. 河北煤炭，2012（6）：6.

4. 协助业务部门的合同承办人员参与重大合同的论证、谈判、起草、审查、签订及合同纠纷的处理；

5. 统一管理法定代表人授权委托书和公证事宜；

6. 监督、检查本公司合同签订、履行情况，对合同的变更及解除进行审查把关，对存在的问题提出意见和建议；

7. 负责合同纠纷的和解、调解或依法申请诉讼或仲裁；

8. 按期统计、汇总本公司合同签订、履行以及合同纠纷处理情况并向公司领导汇报；

9. 向公司员工宣传《民法典》和有关法规，组织合同管理知识培训，提高合同管理人员素质。

由于公司规模和结构的限制，有的公司没有设立专门的法务部，并将这部分职能归属到综合管理部门。即便如此，也应将此部门的具体职责落实到具体团队或人员，确保合同管理制度的制定和有效实施。

（二）业务部门

业务部为合同的主要承办部门，几乎贯穿了合同商谈、签订、履行的全过程，在合同管理中负责：

1. 在签订合同前对签约事项进行充分调查研究，包括了解当事人的签约资格和履约能力、合同主要构成条款的具体情况等；

2. 对合同涉及交易的经济合理性和技术可行性负责，保证合同符合国家和公司相关技术或质量标准、规范；

3. 协助法务部门对涉及各自业务范围内相关合同内容的合法合规性作出明确判断；

4. 负责部分业务合同的起草、会审签批、履行、变更、解除等具体工作，必要时联系法务部确定；

5. 在合同履行过程中，加强与其他职能部门的联系，对已生效的合同相对方出现不履行、不能履行或不完全履行及其他严重问题时，及时将问题上报法务部，协商处理办法；

6. 合同履行中如果出现对方违约事项，继续履行可能会给公司造成损失的，应及时汇报法务部，协商采取有效措施避免造成或扩大损失；

7. 配合法务部或外聘律师对合同纠纷涉诉案件进行协商、调解、诉讼或仲裁的工作；

8. 负责本部门签订合同的登记、统计、归档工作，同时应将本部门承办合同纸质版交行政管理部门归档，电子版留存在公司线上管理平台或法务部门以供查询。

（三）行政部门

行政部作为公司的管理与服务职能部门，在合同管理过程中起到不可替代的作用。行政部负责：

1. 管理公司公章及合同专用章并按规定使用，可以通过 OA 或特定系统经各级审批后盖章，严格控制用章规范性；

2. 依据申请及审批程序，负责开具公司法定代表人证明书和法人授权委托书；

3. 负责合同审查流程控制，及时协助各部门处理合同报审过程中的各种问题，完成合同审查程序；

4. 对于当面签订的重大经济合同，由行政部协调业务部及法务部完成现场合同签署手续；

5. 行政部同时负责建立公司合同台账，负责公司各部门合同备案文本的归档管理、合同查询和借阅管理，根据合同种类进行划分，建立健全合同编号规则；

6. 发到期合同通知，监督管理承办部门到期合同续签工作；

7. 协助公司各部门开展合同管理工作，协助开展合同管理知识培训；

8. 涉及合同管理的其他工作。

（四）财务部门

财务部作为合同财务监督部门，应严格遵守国家财经、税务法规及公司财务制度，加强与法务部及各业务部门的联系。首先要从财务角度审查和监督合同的订立和履行情况，注重在价格、结算方式、票据等方面进行审查把关，严格按照合同约定及公司资金管理规定进行合同结算审查及办理支付结算；其次做好与合同有关的应收应付款项的统计，及时通报合同履行中双方的应收应付款情况；最后审核发票金额和合同金额、发票内容与合同内容的一致性，己方付款前审查合同批准程序的完备性，妥善保管收付款凭证。

合同管理制度作为公司管理制度的重要组成部分，它的实施离不开各个部门的协调配合。除了明确各部门的职权，还应建立一定的监督措施，落实各部门合同管理失职的责任。

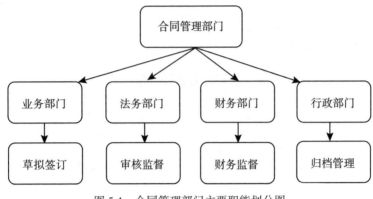

图 5-1 合同管理部门主要职能划分图

第四节 公司合同管理制度构建

在公司经营管理过程中，各个环节都有合同的参与。有效的合同管理可以给公司创造财富，无效的合同管理极可能给公司带来毁灭性的灾难。公司合同管理就是为了规范经营行为，通过经济活动创造更多的利润。公司的合同管理水平和治理能力如果显著地提升，形成了自己特有的经营战略，可以提升公司在市场上的竞争优势。以下将从合同起草、签订、履行、维护的流程具体阐述公司合同管理制度的适用。

一、合同管理总则

合同管理所指"合同"是公司与自然人、法人及其他组织签订的设立、变更、终止民事权利义务的合同，包括公司的各类书面合同，也含有合同、合约、协议、契约、意向书等名称的规范性文件。

合同管理的目的是规范公司的合同管理工作，实现公司合同管理的制度化，预防、减少和及时解决合同纠纷，维护公司合法权益。合同管理必须依据《民法典》和《公司法》等法律法规、规章的有关规定，以及公司的制度规范作为支撑，以确保合同的起草、审批、签订、履行、变更与解除、纠纷处理等一切工作的开展合法合规，实现风险可控和公司利益最大化。

二、合同签订阶段

公司和业务部在对外开展经济活动的过程中，应尽力争取合同的初稿拟定权。公司有相关示范合同或标准格式合同文本的优先采用，在没有可采用的情况下，由业务部申请，经公司总经理批准，法务部可协助业务部就实际情况制定非示范合同。双方磋商阶段或合同确定后，合同承办人员在签订合同前应经过以下程序进行合同监督、检查工作，控制合同签订阶段的法律风险。

（一）授权审批制度

为防止各部门及成员未通过公司严格审核擅自签订合同，造成公司经济损失，需要统一合同的授权审批管理，这样做也有利于提高公司经营效率和合同风险预防能力。

1. 根据公司章程或管理制度中审批权责的分配，由业务部提出申请，法务部、财务部进行分级审核，一般合同最终由公司总经理或其他分管领导审批。重大经济合同最终由公司董事长或其他指定人员审批，需要公司董事会、股东大会审议通过才能生效的合同，比如公司对外担保合同，须由公司董事长在董事会或股东大会决议基础上审批签署。

2. 公司法定代表人可以采取特别授权方式，将自己权限范围内的部分权限授予公司部门分管领导或其他高级管理人员。公司分管领导或其他高级管理人员凭授权书在授权范围内审批合同，并对其签署的合同向授权人负责，以提高合同审查签订的效率。

3. 关于合同审批的方式可以采取原始的表格形式逐个签字、盖章，或者利用协同办公系统设置权限，进行逐级审批。

同时，公司对外签订合同，应由公司法定代表人或法定代表人授权的代理人进行；委托代理人以公司的名义代理公司对外签署合同，须有公司法定代表人书面授权委托书，委托书应明确授权事项、权限及期限，并加盖公司公章或合同专用章。业务部门作为合同起草签订的负责人，应及时申请审批合同专用章及法定代表人授权；未经授权任何人不得以公司名义对外签订合同；无权代理或超越代理权限签署的合同原则上无效；公司所属部门机构、分公司一律不得以自己的名义对外签订合同等具有履约性质的书面文件。

（二）合同审签制度

业务部作为合同谈判、签订的牵头人，对合同的履行负有监督跟进的义务，并有责任保证合同最终文本与经各级审批后的合同文本在条款内容上的一致性。业务部门在草拟业务合同时，对于涉及公司内部其他部门或分支机构的，应事先在内部进行协商一致后签约；对于涉及多个部门、分支机构或难以确定由哪个部门、分支机构作为合同经办方的，由与该项业务最相近的上级主管领导确定哪个部门或分支机构作为合同的经办方。

业务部签订合同前首先必须严格审查合同相对方的主体资格。

1. 合同相对方是法人的，必须审查公司法人营业执照原件或者盖有工商局复印专用章的公司法人营业执照或副本复印件；

2. 合同相对方是非法人经济组织的，比如分公司在总公司的授权范围内开展经济活动，其产生的责任后果归属于总公司，应当审查分公司是否按法律规定登记并领取营业执照，还应审查其经营范围以及其所从属的法人主体资格；

3. 法人的办事机构或职能部门无权以自身名义对外签约；

4. 合同相对方是特殊主体的，需审查其是否具有特殊资质许可，比如建设工程承包方及施工方应具备建设工程施工许可，电信业务、通信建设工程等领域也须取得相应的资质证明；

5. 合同相对方属于特殊行业的还要审核从业人员资格，比如大型游乐设施等特种行业需要从业人员取得特种作业证书。

对合同相对方的资格审查，首先应调查清楚其社会地位和性质、公司或组织是否合法存在、法定名称、地址、法定代表人姓名、经营范围、资质证明、是否年检等信息。其次要审核审查签约代表的身份资格，签约代表是法定代表人的，须审核法定代表人证书及工商登记信息的一致性；签约代表是法定代表人授权的代理人时，需审查代理人职务资格证明及个人身份证、法定代表人签发的授权委托书并核对代理权限和代理期限是否在授权范围内。最后，在业务部签订合同前，必须全方面审查对方当事人的履约能力。可以要求合同相对方提供资质、印章等有关证明资料的原件，必要时应委托第三方进行尽职调查，到营业执照签发部门进行验证或实地考察，以防对方当事人伪造或变造证明材料。同时，业务部应核查对方当事人的官网上经营信息或用户评价，最关键的是企业信用信息，合同相对方是否在企业失信名单内，是否涉诉、涉执行案件标的金额。

（三）合同会审制度

公司各业务部门在与合同相对方磋商洽谈的基础上，结合法务部制定的示范合同拟定初稿，在完成业务部门内部审查批准后，应实行合同分类逐级审查会审制。将合同初稿电子版上传到协同办公系统，依次报法务部、财务部审批并出具修改或同意审批的意见，最后经公司总经理或分管领导审批通过。法务部及公司领导认为合同有必要经其他部门审查会签的，应明确会签范围，合同承办的业务部门应遵照执行，其他部门应严格履行会签职责。

1. 公司实行合同订立审查的会签部门和人员根据本部门职责和公司规范制度应当各司其职。业务部门内审时，应当保证合同整体内容和条款的完整性、准确性，合同条款一般包括当事人的名称或者姓名和住所、标的、数量和质量、价款和报酬、履行的期限、地点和方式、违约责任及解决争议办法等。业务合同应该统一字体、字号、页眉页脚、公司抬头、logo 等格式，同时做到语言规范通顺，内容完整无冲突，技术条款具体准确、无歧义。

2. 在业务部内审的基础上，法务部在履行会签职责时，应侧重法律风险审查。一般的商务条款应与示范合同文本内容一致，若谈判过程中因实际情况作出的让步，法务部也应作出相应的风险提示和建议，使业务部门和最终审批的领导对合同可行性有一定的心理预期。具体到合同内容的审查，比如合同标的是否明确、具体，标的是产品的应该标准化到名称、型号、成分、技术参数、生产日期及质量标准等；产品没有标准化的情况下，还应明确设计方案、工艺流程、具体成分等。标的是服务的，应该具体到服务团队或个人、服务内容、服务方式以及工作成果的提交、验收时间及验收标准等内容。除了标的，还应明确数量、标的价款、交付的可控性，以及严格控制合同的履行和纠纷后处理。

3. 公司合同中涉及应收应付条款的，在法务部门会审后应提交财务部门审核。合同签订前，财务部应对合同款项、税率、支付方式等进行审核，保证结算条款符合财税法等相关法律法规及公司章程、财务管理制度。对于合法、有效的正在履行的合同，需要结算的，财务部必须在合同约定的期限内结算；对方已付款的，财务部要及时做好登记并通知业务部门，督促合同按进度履行。最后按合同约定的开票类型及税率进行核对并开具发票。对未经合法授权或超越权限签订的合同，财务部门有权拒绝结算。对于重大经济合同的审查，应由财务部门分管领导或负责人进行。关于重大经济合同的认定，可以在公司章程及规章管理制度规定的范围内，根据一定标的金额、特殊的签订方式、合同的不同类型等对公司经营的影响程度来划分。

4. 最后，公司应落实各部门合同会审的责任。各部门和合同管理人员在合同会审过程中应当作出相关意见或提示而未作出，造成公司经济损失或可预见的损失的，应当承担相应的责任，包括但不限于在不违反相关劳动法律法规的前提下，参照公司规章管理制度进行批评、警告、罚款、经济补偿、内部职位调整等处理。相关会签部门提出不同意见的，负责合同承办的业务部门应当认真分析研究，并准确无误地加以批注或记录，必要时应对合同条款作出修改，针对重大经济合同、重大法律问题或重大疑难问题可召集各会签部门及审批领导，开会讨论决定修改事宜。（见图 5-2）

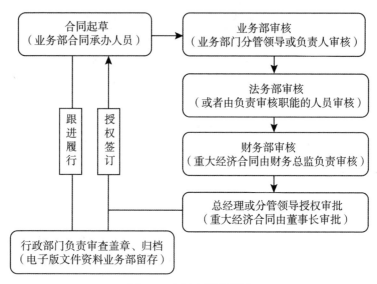

图 5-2　合同审批流程图

（四）合同专用章制度

公司的合同完成了会审、审批等手续后，结构内容已经基本确定，最终由业务部门的合同承办人员执合同纸质文本向行政部门申请加盖公司公章或合同专用章。未履行合同会审、审批等手续的合同，行政部门应拒绝加盖公司公章或合同专用章的申请，禁止任何人未经合同审签流程以公司名义签订合同。

行政部门统一负责公司公章和合同专用印章保管并按公司规定使用。同时，公司合同专用印章管理实行印章专人管理制、印章使用审批制、印章使用登记制，即公司合同专用章由行政主管或指定的专人管理，其根据网上协同办公系统或逐次审查纸质表格的审批情况，对各级审批均通过的合同进行盖章并如实登记，注明用章日期、用章份数、用章事项及用章人。

三、合同履行阶段

(一) 明确合同履行责任人

首先明确公司法定代表人全面负责合同履行的主体地位；其次合同承办的业务部门及授权人员具体负责其订立合同的跟进履行。对于存在一定履行期限的持续性合同，如租赁合同、服务合同、仓储合同或者连续性的采购合同等，对履行进度的监控就显得尤为重要。因此，在合同订立之初，就要明确合同履行联系人、联系方式甚至联系地址，以方便业务上及时沟通和合同履行情况变化时双方及时协商解决。业务部门及合同承办人员在履行合同过程中须做好证据留存工作，比如与合同履行有关的来往文件、沟通记录、电子信函、邮件等。我方通过邮寄方式传送给对方当事人与合同有关的法律文书时，须使用挂号信函，并保存邮局收据、回执备案；而我方收到合同相对方通过邮递方式传送的与合同有关的法律文件时，应当连同信封外壳一并保存。

除此之外，我方在履约过程中，根据签约方发生的情况变化，比如出现涉及重大诉讼、注册资本变更、资产缩水等事宜，应当对签约方的履约能力进行跟踪调查。如发现问题，负责合同承办的业务部门及授权人员要及时采取措施，包括但不限于要求对方提前履行、变更合同、提供担保或履约保证金等；必要时，经合同审批领导同意，实地调查合同履约情况和对方当事人的履约能力，最终联合法务部门及时作出相关处理。我方负有合同价款的给付义务时，业务部门的合同承办人员应根据对方的履行进度督促财务部门在合同约定的期限内结算，财务部门需妥善保存相关收付凭证和履约记录。

(二) 合同的变更和解除

《民法典·合同编》第五百四十三条规定，"当事人协商一致，可以变更合同"。合同双方当事人在订立合同时，约定当合同内容对应的实际情况发生变化时，双方可以协商变更合同之前的内容，以确保对合同双方的公平。这种变化包括但不限于合同标的、合同价款，以及履行时间、地点、方式等的变化。合同中可以事先约定这些变化发生时的处理方法，也可以事后协商一致解决，协商不成时可诉至法院裁决。

当合同履行情况发生变化时，一方提出变更合同的理由、变更内容与处理方法以及答复的期限，合同相对方表示同意的，双方协商一致后，应制作变更合同的协议书。变更合同的协议书必须是书面的，包括但不限于盖章版的电子函件。比如，对方当事人作为款物接收人而要求变更接收人时，必须有书面变更协议，我方严禁未取得对方当事人的书面材料而凭口头约定向已变更的接收人发货或付款，以免发生争议。

合同的解除主要有两种形式——法定解除和约定解除。《民法典·合同编》第五百六十三条规定了四种合同解除的法定情形，在合同履行过程中，业务部门或授权人员发现对方当事人严重违约或者导致合同目的不能实现时，我方可使用法定解除权，合同自通知到达对方时解除。同时，《民法典·合同编》第五百六十二条第一款规定，"当事人协商一致，可以解除合同"。这属于合同的约定解除权规定。合同订立时，双方可以约定一方解除合同的条件，当解除合同的条件成就时，解除权人可以行使约定解除权，通知到达对方即合同解除。是否出现了合同约定的解除条件，守约方就可以行使合同约定解除权达到合同解除的法律效果呢？最高人民法院在《九民纪要》中明确了两点：（1）依据《合同法》第九十六条的规定，一方主张解除合同的，应当通知对方，合同自通知到达对方时解除，但适用的前提是，通知解除合同的当事人必须具备合同解除权，否则通知解除也不发生合同解除的法律效果。（2）即使出现了合同约定的解除条件，守约方行使约定解除权并不必然达到解除合同的目的，《九民纪要》认为合同约定的解除条件成就时，守约方以此为由请求解除合同的，人民法院应当审查违约方的违约程度是否显著轻微、是否影响合同目的实现，根据诚实信用原则确定合同应否解除。也就是说，如果违约方的违约程度显著轻微，不影响守约方合同目的的实现，如果法院判决解除合同会造成严重利益的失衡，造成一方当事人利益的显失公平，那么即使违约方的违约行为符合合同约定解除条件，守约方也不享有解除权，这是对合同"诚实信用原则"的全面贯彻。因此，合同双方在设计合同解除、终止条款时，应遵循平等、自愿、公平、诚信的原则，考虑违约程度和合同目的，避免设计目的落空，增加彼此诉累。

（三）合同违约及纠纷处理制度

公司遇有不可抗力或者其他原因无法履行或不能完全履行合同时，应当及时收集有关证据，并立即以书面形式通知合同相对方，同时积极采取补救措施以减少损失。当发现合同相对方不履行或不完全履行合同时，合同承办人应当催促合同相对方继续履行并采取有效补救措施，积极收集、保存对方当事人违约的有关证据，及时向法务部门及分管审批领导报告。法务部、业务部、财务部等合同管理职能部门应当及时提供解决合同纠纷所需的相关材料。

发生合同纠纷时，最高效便捷的解决方法是与合同相对方进行沟通，双方基于友好合作、诚实信用的原则，协商或调解处理；双方协商、调解不成时，诉讼或仲裁就成了最后的法律保障。在诉讼时效或仲裁时效内，守约方可委托代理人依据合同约定的管辖法院或仲裁机构申请诉讼或仲裁。必要时，应当及时向法院申请证据保全和财产保全。若发现合同相对方（不限于公司、组织机构或员工）利用合同进行诈骗等犯罪活动时，应当立即向公司审批领导报告并协助法务部门向公安机关报案。

四、合同的保管和归档

1. 归档的作用和意义。合同管理应该是一个动态、持续的过程，不是签了合同就万事大吉，也不是经济活动结束就没有用了。因为有时公司之间的经济纠纷并不在该经济活动期间发生，而是发生于经济活动结束后的某个时间点，可以是几年之后甚至更久。连续的交易行为可以形成双方的交易习惯，为后续经济活动的开展提供参考借鉴的作用。上文在合同制定章节中也提到，合同应该根据市场发展和国家法律法规、政策的变化进行不断调整、更新，所以合同的归档对于加速公司经济发展和提升公司经营管理能力具有非常重要的作用。

2. 归档的部门和归档方法。本章第三节详细介绍了合同管理过程中各部门的职责，明确了合同的统一保管、归档、查询和借阅管理工作由公司行政部门负责。公司的经济活动涉及不同的领域，必然接触种类繁杂、数量巨大的合同，因此合同的编号对于合同的归档、查询工作的开展十分重要，合同编号的规范程度亦反映了一个公司的合同管理状况。合同编号前要根据本章第二节不同的合同类型进行分类，这样能帮助合同管理人及查询人快速查找合同。

3. 归档的内容。除了合同本身，与合同签订、履行、变更与解除、纠纷处理相关的资料也应一并归档，比如签约双方的公司资质、法定代表人或授权代理人证明，履行过程中关于重要事项的沟通记录，收付款或提货证明，解决合同纠纷的和解协议、调解书、判决书等。业务部门的合同承办人办理完毕签订、变更、履行及解除合同的各项手续后一定期限内，应在本部门进行文件扫描留存备份并将合同纸质档案资料移交行政部门保存和归档。

第五节　公司常见合同审查规则

公司经济活动的顺利开展，既离不开健全、规范的合同管理制度，也离不开公司各职能部门协调合作、紧密配合。如上文重点提到的合同管理制度中审签、会签制度，其中部分内容涉及合同管理的核心——合同审查，合同审查是公司控制运营风险的重要手段，是合同签订前的必经程序，需要结合合同法律法规规定与公司经营业务进行审查。合同审查有利于提高合同的履约率，减少和避免损失的发生，以达到"绝事于未萌，防患于未然"的效果。

一、合同审查基本原则

（一）有效性原则

合同的有效性是合同审查的首要部分，有效性审查主要涉及三个方面：一是合同主体是否适格，二是合同目的是否正当，三是合同内容、合同形式及程序是否合法。同时，对于合同的效力，要明晰无效与可撤销、未生效、效力待定等合同效力形态之间的区别。准确认定合同效力，并根据效力的不同形态，结合公司的处境和需求进行处理或采取补救措施。

1. 无效合同是指合同虽然已经成立，但因其严重欠缺有效要件，在法律上不按当事人之间的合意赋予其法律效力，无法实现订立合同之初的目的的合同。在《民法典》施行之前，我国《合同法》第五十二条明确了合同无效的情形，第五项规定违反法律、行政法规的强制性规定的条款无效，首先，合同法司法解释二将"强制性规定"限制解释为"效力性强制性规定"；之后，《最高人民法院关于当前形势下审理民商事合同纠纷若干问题的指导意见》提出"管理性强制规定"的概念；最后在《九民纪要》中对"效力性强制性规定"与"管理性强制性规定"进行了进一步的解释与区分，指出违反效力性强制规定的合同无效，而违反管理性强制性规定的，人民法院应当根据具体情形认定合同效力。在《民法典》施行之后，《民法典》第一百五十三条延续了上述立法旨意。

2. 未生效合同则是缺乏生效要件，比如未出现约定的生效条件或法定的登记、审批程序，导致已签订成立甚至履行的合同，不能发生效力。著名的陈某某与红塔公司股权转让纠纷案，按照该案涉及的合同约定，没有审批通过的情形下，合同自动解除且合同双方互不承担责任，已经支付的股权转让款不计利息返还。该合同最终因未获得国资监管机构批准被判定为未生效合同，从合同签订到解除历经六年，最高人民法院再审驳回了陈某某全部诉讼请求。由此可见，合同的效力性审查和事先预防至关重要，能减少或降低合同履行过程中可预见的损失或风险。

(二) 公平性原则

依据《民法典》第六条规定，民事主体从事民事活动，应当遵循公平原则，合理确定各方的权利和义务。简言之，合同的公平性是指合同主体双方权利与义务要对等平衡，在不侵犯他人合法权益的基础上实现自己的利益，不得滥用自己的权利。同时，公平性原则是对当事人意思自治的约束，一般法无禁止的情况下有约定即可为。但法律的规范有限，这种任意约定使处于竞争劣势地位的合同相对方陷入更被动的状态，无法实现合同双方主体地位的"实质平等"。为了实现商业目的，合同双方肯定要作出一定的妥协，过分强调一方的权利、忽略合同相对方利益的合同，要么最终无法签署，要么因为"显失公平"导致一方不履行或得不到相关争议解决机构的支持。因此，平等性原则应当贯穿合同签订、履行、终止和解除等整个过程，以保证经济活动有序进行。

(三) 明确性原则

合同属于公司的法律性文件，应具有一定的规范性，内容明确、条款齐备是合同文本最基本的要求。如果合同文本对主要交易事项或具体权利义务没有约定或约定不明确，会给将来合同履行及法律救济将留下隐患，产生一些不必要的纠纷。确定合同中是否存在前后意思矛盾、词义含糊不清的文字表述，并及时纠正容易引起误解、产生歧义的语词，确保合同的文字表述准确无误。比如标的数量的计量标准、质量验收标准，或者是违约责任中涉及的"直接损失""全部损失"是否列举典型的损失类型，没有约定明确、具体的仲裁机构视为仲裁约定无效，等等。细节方面的文字处理也可能引发纠纷最终影响胜诉。比如银行借贷条款中的按时偿还本息，是指偿还"本金及利息"还是"本金或利息"，如果被当成格式合同处理，对银行来说这将是个巨大的风险点。按照《民法典·合同编》第四百九十八条的规定，对格式条款的理解发生争议的，应当按照通常理解予以解释。对格式条款有两种以上解释的，应当作出不利于提供格式条款一方的解释，即作出不利于银行一方的解释。

(四) 完整性原则

《民法典·合同编》第四百七十条规定了合同的基本内容，当事人名称及住所、合同标的、数量这三部分是合同的必备条款。除了基本内容的完整性，合同双方还应根据交易特点和交易目的增加条款，比如合同履行触及商业秘密

205

的要包含保密条款、竞业限制条款；涉及技术开发服务的要包含知识产权条款，明确知识产权归属及使用权限等；还有常见的不可抗力条款，法定或约定的不可抗力事件以及合同的变更、解除、终止情形。合同在起草、拟定时宜参照合同履行的全过程可能出现的情形进行一定的预判，尽量事先约定可能出现突发状况的处理方式，使公司合同风险在控制范围内。

（五）可操作性原则

实现合同可操作性是合同得以有效利用、顺利完成交易和实现利益均衡的具体保证。很多公司在开展业务时采用公共领域的合同模板，合同模板的内容看似规范齐全，实际缺乏可操作性。一般表现为：（1）对合同各方权利义务的规定不明确、不具体，或虽对各方的权利义务作了详细规定但却没有具体操作程序条款；（2）合同方的义务没有用相关责任落实，对合同相对方义务的履行没有约束性，或者笼统地约定违反本合同规定应承担赔偿责任，其实，违反规定义务的情形都不一样，怎可沿用同样的条款；（3）没有明确赔偿条款的计算依据；（4）整个交易程序不清晰，合同用语不确切，等等。落实合同可操作性，要求各方的义务与其违约责任相一致并且实际可行，特别是针对履行周期长、影响因素多、风险大的合同，更要加强对合同条款的可操作性审查。可操作性原则的实施要求根据合同重点内容进行规划，以达到商业目的实现与风险控制的平衡。

二、合同的审查方式

（一）合同的形式审查

合同的形式审查是合同管理的基础性工作，主要对合同审核流程、资料以及整体文本规范等内容进行审查，一般不涉及法律实体问题的审查。结合合同审查工作的实际，主要将形式审查归纳为以下几个方面：

1. 是否符合合同签订形式和手续。合同形式是否选择公司示范合同，审批流程是否正确，进行审签、会签、审批信息与合同最终定稿是否核对一致，签约人授权委托手续是否完备，重大项目是否经过前期立项、调研。审查合同需要经过有关机关批准或登记的是否履行了批准或登记手续；约定经登记审批或公证后生效，或者约定生效日期的，应审查是否符合生效条件；合同存在担保的，是否满足相关手续等。

2. 报审资料是否完备。合同审批时的资料是否完备，是否缺乏合同附件、审批文件、交易背景、谈判记录、对方营业执照、其他证书、法定代表人身份证明书、委托书等相关材料，核对是否按要求提供原件、盖公章等。

3. 合同内容是否完整、正确。合同主要分为首部、正文、尾部三部分，结合合同审查的完整性原则，审查合同内容、结构的完整、严密性。除基本条款外，根据交易特点审查是否缺少保密条款、知识产权条款、通知条款、不可抗力条款等，规避可能出现的合同风险。同时，要审查合同文本前后是否有矛盾或错误的地方，比如当事人名称、住址、法定代表人及经营范围与营业执照记载的不一致，合同名称与实质内容不符合，时间签署前后不一样或合同倒签等。

4. 统一合同文本格式。合同格式不会影响合同效力及风险大小，但会影响美观和阅读效果。古人有云"见微知著"，一份整齐、美观、精致的合同可也以向合同交易方展示己方认真负责、严谨的合作态度。合同标题、首部和尾部的甲乙方名称、章节条款加粗标黑，标题可用小二字体；合同正文除条款标题的字体、字形、字间距应保持一致；正文可用小四号字体，字体一般采用仿宋、宋体或楷体；合同页面边距可按 Word 默认的普通格式；公司拟定的示范合同还可增加合同封面、编号，规范页眉、页脚和页码。

5. 商务条款多提示。合同主要由商务条款和小部分法律条款构成，很多时候两者没有明确的区分。商务条款主要是针对交易对象、交易内容、交易方式等由当事人自行决策的内容，由于缔约地位的不同，为实现商业目的，磋商过程中可能出现一方或双方妥协后达成一致。因此，法务人员或律师对合同的商务条款不宜进行直接改动，可以通过批注等风险提示的方式提出处理意见，除非多轮商谈仍无法确定或者客户要求进行修改的商务条款可进行直接修订。

（二）合同的实质审查

1. 签约主体资格及履约能力审查

合同主体是否合法，在合同的审签程序中也提到了部分内容。审查合同主体的合法性时，区分不同的主体：（1）签约主体是自然人的，应审查是否具备与签订合同相应的民事权利能力和民事行为能力；（2）签约主体是法人或非法人组织的，应审查是否经工商局批准成立的法人或个体工商户等非法人组织；（3）签约主体属于特殊行业的，应审查公司及人员是否具有从事合同项下行为的资格，比如建筑承包资质共四级，只能承包与其级别相符的工程，通信类、供电类还要经过特定审批。

在签约时，应审查法定代表人的身份证明、资格证明或授权代理人的身份证明、授权委托证明等，确保代理人在授权期限、授权范围内有资格代为签订合同，将签订合同导致的权利义务归属于法人承担。

同时，要对签约主体进行履约能力调查。可以初步通过有关软件了解其是否涉诉及涉诉金额、是否在失信名单内、是否受过行政处罚等；还可通过国家企业信用信息公示系统查询公司经营年报、股权和注册资本变动情况；重大经济项目应向当地工商行政管理机关申请查询签约人的工商内档或采取实地探访、调查等手段，全面掌握签约当事人签约时及履行过程中的履约能力变化。在一方当事人有证据证明合同相对方出现《民法典·合同编》第五百二十七条规定的可能无法继续履约情形，可以中止履行，合同相对方提供担保的恢复履行，拒绝提供的，中止履行一方可单方解除合同。一方明确表示或用自己的行为表明不履行合同义务的，属于预期违约，合同相对方可以依据《民法典·合同编》第五百七十八条的规定在履行期限届满之前要求其承担违约责任。

2. 合同效力性审查

合同合法有效原则明确了合同效力性审查的要求。合同效力呈现的形态很多，除了违反法律强制性规定导致的合同无效、可撤销情形，也可能是部分条款无效，不影响其他条款和合同整体的效力；还存在签约人没有得到合法授权签订的效力待定的合同；以及合同约定的生效条件没有成就或未依法进行审批登记则导致合同不生效；甚至因为缺乏合同主要条款造成合同不成立，比如合同标的、数量等。因此，针对影响合同效力形态的条款，应反复斟酌是否可以承受预期的风险后果及合同效力影响下是否存在预期的处理方法。就合同生效条款进行列举，合同一般写明："本合同自合同双方法定代表人或者授权代表签字并加盖单位公章之日起生效"，合同有固定期限的还应当写明："本合同有效期自某年某月某日至某年某月某日止"，合同承办人应留意合同的效力变化时间节点和有效期间，防止因合同效力问题导致合同无法履行。

3. 标的条款审查

合同的标的条款是合同成立的必备条款，合同的标的物主要分为产品和服务两大类。标的物是产品的，应该明确产品的数量、价格、规格、质量标准以及产品的交付验收，具体到：（1）审核数量的计量单位是否标准化，按包计算的是否有重量限制，是否有数量短缺的处理规定；（2）价格指单价还是总价，价格是否合理，价格的构成是否全面，除了产品价格，是否还包括包装费、运输费等；（3）产品规格是指产品的体积、大小、型号，可以反映商品性质、性能，是用来识别物品的编号，合同双方的标的物是特定的，没有事先约定的情况下不允许私自调换产品规格；（4）非标准化的产品没有统一的市场规格时，应提供产品的设计方案、工艺流程、产品成分等材料；（5）如果合同没有约定产品的质量标准，一般按照国家标准或行业标准对产品进行审查，与之相关的还有产品质量保证期的约定；（6）最后是产品的交付验收时间、地点、验收方式及标准，我方向客户交付货物时，一定要求客户进行验收，签署书面的验收确认单；客户向我方交付货物时，我方必须要对货物数量、质量进行验收。

标的物是服务的，应明确具体的服务团队和成员，明确服务内容和工作流程，提交的工作成果需要达到什么样的效果或标准，以及成果验收的时间、地点、方式。这些内容多出现在以提供服务为内容的服务合同中，包括但不限于居间服务合同、技术开发服务合同、通信或供电服务合同等。其他条款规定在形式上类似于标的物为产品的合同，落实到具体内容时有些不同，比如价格构成中，是否包括材料费或其他服务过程中产生的费用。服务相对于产品，具有较强的技术性和不可控制性，因此有必要约定得详细具体些。

4. 对价条款审查

对价一般指标的相对应的交换物，具体是金钱或某种承诺，大多数以金钱的形式出现。对价是金钱的，我们应保证价款单位、大小写内容一致，是否含税，支付方式、支付时间约定清楚，明确发票种类及开票时间。不同的支付方式有不同的风险，在实际操作中应注意：（1）现金支付的，应要求客户出具加盖其公司财务印章的收据；（2）转账支付的，应在合同中明确我方的收款账户并要求客户将款项转入指定账户；（3）票据支付的，客户在签支票时应保持名称的一致性。

付款条款通常与合同权利义务的平衡具有密切关系，对保证合同的履行质量、实现合同目的具有重要意义。由我方付款时，应把价款的支付和合同履行过程中对方合同义务的履行结合起来，通过限制价款支付条件和付款比例来促使合同对方如约履行合同义务，充分发挥付款条款的风险控制作用。按照付款比例划分，付款方式包括一次性付款和分期付款。实践中，需要根据不同的合同类型选择合适的付款方式，比如：（1）一次性付款通常用于合同期限较短且合同相对方没有后续合同义务履行问题的合同，如礼品、宣传品或其他低值易耗品采购合同等，可约定到货验收合格后一次性付款。（2）一般设备或中小型的采购合同，应留有一定比例的质量保证金，待保修期满后支付。（3）分期付款通常用于合同期限持续较长且合同对方有需要后续履行的合同，如技术型设备采购、技术开发类、租赁类、广告发布类、维护服务类或合作类合同，根据履行的阶段支付相应对价，通过分期付款督促合同相对方尽责完成合同约定的义务。

5. 救济条款审查

合同救济条款是要穷尽合同履行过程中突发的情况事先作出处理应对措施。关于合同的变更、终止或解除条款已经在上文合同违约及纠纷处理中详细介绍，本节主要讲合同的不可抗力、违约责任、争议解决三个部分。首先关于不可抗力条款，应根据我方所处的合同地位来确定是否需要详细规定。如果我方是合同义务的主要履行方，应尽可能对不可抗力的情形进行细化列举，包括法定和约定的情形，列举情况较多，则己方在面临突发事件时援引不可抗力条款免除责任的可能性就较高，可以避免己方相关法律风险。另外，根据实践经验并结合本次新型冠状病毒肺炎疫情的影响，建议在合同中明确将因政府政策、命令、指示或其他行使行政权力的行为，致合同不完全履行的，视为不可抗力，可以根据情况部分或全部减免瑕疵履行义务一方的责任。如果合同相对方是合同义务的主要履行方，则反之，只需进行一般的原则性规定并约定较为严格的援引程序和要求，例如发生不可抗力事件后要求在一定期限内提交当地相关行政机关或公证机构出具的关于发生不可抗力的证明文件，提高对方主张不可抗力的门槛，更有利于己方权益的保护。

其次是违约责任条款，最关键的要求是明确、合理。针对合同主要、重要义务和可能出现较大违约概率的情况，进行全面预测，同时要具有可操作性，避免出现笼统、含糊的约定。如甲乙双方违反合同规定的义务，应承担违约责任，并说明具体违约情形及违约处理方式。违约情形应描述得详细、具体、无歧义，应与合同的主要义务结合起来。比如具有支付义务的一方未能按时履行付款和验收义务，需每日按合同总额的万分之三支付相对方违约金。根据《民法典·合同编》的有关规定，违约责任的承担方式有继续履行、赔偿损失、采取补救措施、违约金责任、定金责任等。《民法典·合同编》第五百八十八条规定当事人既约定违约金，又约定定金的，一方违约时，对方可以选择适用违约金或者定金条款，简言之，两者不可同时主张。合同在确定违约责任时，最好明确约定违约金数额、计算方式，是以合同总金额的一定比例计算违约金，还是按中国人民银行同业拆借利率计算日违约金（原为全国银行同期贷款利率计算利息，《九民纪要》提出采用新标准计算利率）。若合同双方没有约定具体违约金金额或违约赔偿范围、计算方法，守约方须举证因对方违约给己方造成实际损失的金额，不仅举证困难，而且损失范围内计算没有统一标准，不利于守约方损失的及时弥补及合同双方纠纷的顺利化解。需要注意的是，违约金的数额要约定在法律认可的范围内，《民法典·合同编》第五百八十五条规定，当事人约定违约金数额低于或过分高于实际损失的，经当事人请求，人民法院或仲裁机构予以增加或适当减少。当事人主张约定的违约金过高请求予以适当减少的，人民法院应当以实际损失为基础，兼顾合同的履行情况、当事人的过错程度以及预期利益等综合因素，根据公平原则和诚实信用原则予以衡量，并作出裁决。

最后是合同的争议解决条款。当合同发生纠纷时，一般先协商解决，如果无法协商或调解的，只能诉诸第三方中立机构解决。选择仲裁机构的，应该明确仲裁机构名称，合同拟定及审查人员应该清楚仲裁机构（仲裁委员会）在直辖市和省、自治区人民政府所在地的市设立，也可以根据需要在其他设区的市设立，不按行政区划层层设立。合同双方不能约定"当地仲裁委员会"或"某一方所在地仲裁委员会"，更不能出现"某某县/区仲裁委员会"，这种约定无效，且反映出基本的法律素养的缺失。总而言之，仲裁委员会的约定应该符合标准、明确、具体且唯一，不能同时约定诉讼或仲裁。仲裁机构的选择没有区域限制，可以选择与合同签订、履行完全没有关系的仲裁机构，这是与诉讼管辖有很大区别的一点。在选择诉讼解决争议时，需要确定合同纠纷的管辖法院，当事人可以协商确定原告所在地、被告所在地、合同签订地、合同履行地、标的物所在地等与争议有实际联系的地点的人民法院管辖，但不得违反级别管辖和专属管辖的规定。比如房屋租赁合同纠纷，约定了房屋所在地以外的法院管辖，因为约定违反专属管辖规定而无效；知识产权纠纷合同，约定了没有管辖权的基层人民法院管辖，因为违反了级别管辖规定而无效；同时，协议管辖的地点要求与合同争议具有关联性，否则法院也会拒绝受理。在当事人没有约定或约定不明的情况下，参照一般地域管辖，即"原告就被告"原则，特殊地域管辖的要遵照特殊规定。己方与外地公司签订合同时，应尽量争取约定在己方所在地法院管辖，一方面可以减少金钱、时间和精力等诉讼成本，同时防止外地法院的地方保护主义或相关政策、交易习惯因素等对诉讼结果造成影响。

6. 其他条款审查

根据合同种类及履约特点，合同中还可以约定相关的保密条款、通知送达条款、知识产权条款等。合同内容涉及保密程度较高的，可以签订保密协议作为附件，明确保密人员、保密内容、保密期限及保密责任。合同履行过程中的工作沟通记录最好以书面形式保存下来，将来在发生争议时也有迹可循。《民法典·合同编》第四百六十九条规定了书面形式是指合同书、信件和数据电文（包括电报、电传、传真、电子数据交换和电子邮件）等可以有形地表现所载内容的形式。所以，对于履行期限较长的合同，双方约定固定具体的电子邮件、传真、电话及住址，可以降低履行中的风险。日常的买卖合同、租赁合同等不会涉及知识产权权属的条款，像技术类合同、委托设计类合同、广告类合同以及视频直播类合同应该明确合同履行过程中产生的知识产权归属及使用问题，采取约定优先的方式确定，没有约定的情况下依照法律有不同规定，委托开发的归属于研究开发者，合作开发的为共同共有。

三、合同纠纷典型案例

（一）合同效力纠纷

➤ **案例1：（2018）最高法民申 4028 号**

裁判要旨：对于在没有依法获取建设用地规划许可证、建设工程规划许可证的情况下签订建筑工程施工合同的行为，违反了效力性强制性法律规定，属于干扰到国家对建设工程的调控和监管，直接影响国家利益和社会公共利益，合同应属无效。

本院认为：关于案涉建筑工程施工合同是否有效的问题，《城乡规划法》第三十八条第二款规定："以出让方式取得国有土地使用权的建设项目，在签订国有土地使用权出让合同后，建设单位应当持建设项目的批准、核准、备案文件和国有土地使用权出让合同，向城市、县人民政府城乡规划主管部门领取建设用地规划许可证。"该法第四十条第一款规定："在城市、镇规划区内进行建筑物、构筑物、道路、管线和其他工程建设的，建设单位或者个人应当向城市、县人民政府城乡规划主管部门或者省、自治区、直辖市人民政府确定的镇人民政府申请办理建设工程规划许可证。"对于没有依法获取建设用地规划许可证、建设工程规划许可证的情况下签订建筑工程施工合同的行为，属于干扰到国家对建设工程的调控和监管，直接影响国家利益和社会公共利益。根据一、二审查明的事实，金某公司与安某公司自 2013 年 8 月签订案涉建筑工程施工合同至本案一审法庭辩论终结前，未办理建设用地规划许可证和建设工程规划许可证，金某公司与安某公司签订的案涉建筑工程施工合同违反了上述效力性强制性法律规定，应属无效。

案件启示：公司签订合同前应对合同效力进行审查，包括前文中提到的合同主体审查、合同目的审查以及合同内容程序审查，否则可能因为合同违反法律法规强制性规定而不发生效力，双方约定的内容也就不受法律保护，甚至会受到相关处罚。合同无效的法律后果，依据《合同法》第五十八条规定处理，即因该合同取得的财产，应当予以返还；不能返还或者没有必要返还的，应当折价补偿。有过错的一方应当赔偿对方因此所受到的损失；双方都有过错的，应当各自承担相应的责任。

➢ **案例2：（2015）民二终字第167号**

裁判要旨：当事人关于在自然保护区、风景名胜区、重点生态功能区、生态环境敏感区和脆弱区等区域内勘查开采矿产资源的合同约定，不得违反法律、行政法规的强制性规定或者损害环境公共利益，否则应依法认定无效。环境资源法律法规中的禁止性规定，即便未明确违反相关规定将导致合同无效，但若认定合同有效并继续履行将损害环境公共利益的，应当认定合同无效。

本院认为：双方签订的《合作勘查开发协议》项下的探矿权位于新疆塔什库尔干野生动物自然保护区范围内，该自然保护区设立在先，金某公司的探矿权取得在后，从协议第6.2.3条关于"乙方保证取得的上述探矿证……不在冰川保护区、自然保护区、风景区等可能影响矿山开发的区域范围内"的约定来看，双方当事人均知道或者应当知道在自然保护区内不允许进行矿产资源的勘探和开发。《自然保护区条例》（以下简称《条例》）第二十六条规定，禁止在自然保护区内进行砍伐、放牧、狩猎、开垦、开矿、采石、挖沙等活动。金某公司主张，案涉矿权虽在自然保护区范围内，但处于实验区和缓冲区，依法允许勘探。《条例》第十八规定："自然保护区可以分为核心区、缓冲区和实验区。自然保护区内保存完好的天然状态的生态系统以及珍稀、濒危动植物的集中分布地，应当划为核心区，禁止任何单位和个人进入。核心区外围可以划定一定面积的缓冲区，只准进入从事科学研究观测活动。缓冲区外围划为实验区，可以进入从事科学试验、教学实习、参观考察、旅游以及驯化、繁殖珍稀、濒危野生动植物等活动。"金某公司主张探矿属于实验区"等活动"的范围。本院认为，开矿属于《条例》第二十六条明令禁止的行为，显然不包含在该《条例》第十八条所允许的活动范围内。金某公司的该项主张，缺乏法律依据，不能成立。因此，双方签订的《合作勘探开发协议》违反了《条例》的禁止性规定，如果认定该协议有效并继续履行，将对自然环境和生态造成严重破坏，损害环境公共利益。根据《合同法》第五十二条第四项、第五项之规定，《合作勘查开发协议》应属无效。

案件启示：即便当时的相关法律法规未明确规定上述开发协议无效的情

形，但若认定合同有效并继续履行将损害环境公共利益的，属于我国《民法典》第一百五十三条规定"违反法律、行政法规的强制性规定"的情形，应当认定合同无效。针对近年来在自然保护区、风景名胜区等出现的非法采矿现象，2021年1月1日开始施行的《最高人民法院关于审理矿业权纠纷案件适用法律若干问题的解释》第十八条规定，"当事人约定在自然保护区、风景名胜区、重点生态功能区、生态环境敏感区和脆弱区等区域内勘查开采矿产资源，违反法律、行政法规的强制性规定或者损害环境公共利益的，人民法院应依法认定合同无效"。该解释进一步明确了勘查开采矿产资源的合同有效性认定标准。

（二）合同性质认定

➢ 案例3：（2015）吉中民一终字第956号

裁判要旨： 对于"名不符实"的合同，可能具有多个合同性质特征，人民法院在审判时不能仅根据合同名称和当事人主观意愿认定合同性质，应结合合同内容、履行情况、现有证据等实际情况确定合同性质。

本院认为： 关于本案案件性质问题，江某某明确表示诉讼请求系要求袁某某偿还借款，并且所举的证据亦系证明袁某某向江某某借款用于偿还其债务，并不是因为合伙而发生的纠纷。虽袁某某主张借款系用于与江某某进行的合伙，但因其借款系合伙出资，且袁某某亦为江某某出具了欠据，并在欠据上注明欠江某某个人欠款。故袁某某应当偿还上述欠款，关于双方的合伙问题可另案主张权利。故本案为民间借贷纠纷，并非为合伙纠纷。

➢ 案例4：（2009）民提字第90号（指导性案例）

最高人民法院再审认为： 本案协议名称为《房屋购买租赁协议书》，该名称既有购买即买卖合同的性质，又有租赁合同的性质。认定本案协议性质应当从协议约定的全部条款内容来综合分析判断。从协议内容看，协议约定金某公司同意何某某购买承租科贸楼××××室；购买承租期为常年，购买常年使用权的，直至该房屋被政府规划用地征用并拆除为止；何某某因特殊情况需转让转租房屋时，须经金某公司同意，并办理承租权、常年使用权变更手续等。但不能单纯依照上述约定，从而认定本案协议的性质为租赁合同关系。因为双方当事人在本案协议第2条又特别约定"本协议所签房屋面积产权归乙方"的内容。该约定显然与租赁合同关系不符，实际上体现了买卖合同的性质。特别是从实际履行情况看，协议签订后，何某某给付金某公司32600元款项，金某公司出具的收款收据上均载明是房款。因此，综合本案实际情况，应当认定本案协议的性质为房屋买卖合同。

案件启示：实践中，合同双方根据自己预期的合同目的，对合同内容进行一定的约定，殊不知，合同内容所反映的真实法律关系已经脱离了自己预设的范围。案例3中债权人江某某主观上认为借款是合伙投资，以期在对方经营失败时要回本金，在对方营利时主张分红，然而实际上没有一种合伙是只享受收益不承担风险的。案例4是同时具备两种合同的性质，法院只能基于合同内容、履行情况、现有证据等实际情况确定合同最终性质，同时也不违背诚实信用原则和公平原则。因此，我们在拟定合同时，一定不能脱离了所追求的法律关系的本质内容，否则可能使最初的合同目的无法实现，导致后续纠纷的产生。

（三）合同主体资格缺失

> **案例5：（2018）粤03民终20589号**

裁判要旨：驾校作为合同签约主体，不具备培训资质，未在服务合同中充分履行告知义务，未向学员提供符合行业管理规定的驾驶培训服务，致使学员没有完成驾驶员资格考试并取得驾驶执照，驾校构成违约，应退还学员部分培训费用。学员作为完全民事行为能力人，在订立合同时未尽审慎义务，也应承担部分责任。

本院认为：本案为服务合同纠纷，广某公司未经许可擅自从事机动车驾驶员培训，系违反管理性规定，并不产生导致合同无效的法律后果。涉案《培训咨询服务协议》对双方当事人具有法律约束力。根据协议约定，广某公司负责妥善安排黄某某的培训工作，提供符合行业管理规定的培训场所、培训车辆及教练员。广某公司主张其虽然不具备培训驾校资质，但系与其他有资质的驾校合作为黄某某提供培训服务。对此，广某公司未在合同中注明，亦无证据证明黄某某在签订合同时对此知情，没有向黄某某履行充分的告知义务。况且，在广某公司履行合同的过程中，并未全程安排黄某某在其所述的合作驾校的培训场地由其具备资质的培训人员进行培训。黄某某主张广某公司构成违约，理由成立，本院予以支持。同时，黄某某作为具有完全民事行为能力的成年人，在订立合同时应当尽到审慎的注意义务，其在未查明广某公司是否具备驾驶员培训资质的情况下与其订立合同，由此产生的不利后果，其自身亦应当承担部分责任。

案件启示：合同主体资格的缺失可能导致合同因违反效力性强制性规定而

无效，比如建筑工程承包资质、施工资质，特殊行业准入资质等；也可能因违反管理性规定导致合同违约，需要承担一定的赔偿责任。本案中驾校没有培训资质，违反了管理性规定，构成违约，同时学员黄某某没有尽到相应的审慎义务，也应承担部分责任。因此，在签订合同时，签约方应审查对方是否具有签约资格及履约能力和条件。

（四）公司授权管理制度缺陷

> **案例 6：（2019）最高法民再 228 号**

裁判要旨：（1）交易指令发出的 IP 地址为期货公司的，应认定该指令的发生为期货公司员工操作，除非期货公司能够举出相反证据。（2）员工违规操作客户账户造成损失的，应认定期货公司疏于管理，期货公司应承担相应的过错赔偿责任。

本院再审认为：2010 年 8 月 12 日至 2014 年 5 月 28 日，李某某在德某公司交易系统共有 20963 笔委托，因德某公司原因，致使案涉争议的一万多笔交易无法查清具体操作地址和操作人。李某某主张案涉争议一万多笔交易由德某公司员工操作，在德某公司有员工曾操作李某某账户，且案涉争议一万多笔交易发出指令的 IP 地址均为德某公司的情况下，德某公司作为交易记录的持有者，其更有能力证明案涉争议的一万多笔交易的具体操作地址和操作人，应当对该一万多笔交易指令不是其员工操作承担举证责任。从原审查明的事实看，湖南证券监管局亦认定德某公司员工有违规登陆李某某的账户并代理李某某从事期货交易的事实，并曾对彭某采取出具警示函的监管措施，以及对德某公司在期货公司分类评价中作扣分处理。综上，案涉争议的一万多笔交易指令应认定为德某公司员工操作。德某公司对其员工负有监督管理职责，督导员工严格遵守法律法规及行业规则，禁止员工接受客户委托进行交易。本案案涉争议的交易有一万多笔，其指令发出的 IP 地址均为德某公司，在无相反证据的情况下，应认定德某公司员工违规接受李某某委托进行了操作，德某公司对其员工未尽到监督管理职责，其对于员工违规操作客户账户应承担相应的过错责任。

案件启示：本案中，期货公司与李某某存在一定的服务关系，期货公司应在顾客的合法委托下履行自己职责。由于监管不力，导致员工私自违规操作客户账户造成的客户损失，期货公司也要承担相应的过错责任。本案说明了公司规范管理制度的重要性，由于对顾客信息保护不全和顾客服务权限划分不清，极容易导致公司管理上的混乱，给公司经营带来风险。

➤ **案例 7：（2015）民提字第 128 号**

裁判要旨：行为人以所在单位名义与他人签订经济合同，给他人造成经济损失构成犯罪的，除依法追究行为人的刑事责任外，其所在单位也应对给他人造成的经济损失依法承担相应的民事责任。

本院认为：从本案合同订立来看，远某公司在合同签订前，对轻某某公司经营地进行资信考察，轻某某公司也向远某公司提供加盖公章的营业执照、组织机构代码证及进出口企业资格证书复印件；在办理涉案棕榈油进出口许可证时，远某公司申报过程中使用的是轻某某公司电子密钥向中华人民共和国商务部提交文件，并与销售商签订《销售合同》。其次，在整个合同履行过程中，轻某某公司在《代理协议》、《销售合同》、《油脂接卸储存三方协议》（以下简称《仓储协议》）三份合同上加盖该公司的 6 号合同章，并在《销售合同》及附件上加盖骑缝章；远某公司通过中国银行开立信用证进行承兑，东莞市华某油脂工业有限公司向远某公司出具证明，证实棕榈油已全部进入该公司储油罐。因此，该外贸代理合同已全部履行完毕，远某公司以该《代理协议》并依据最高人民法院《关于在审理经济纠纷案件中涉及经济犯罪嫌疑若干问题的规定》（法释〔1998〕7 号）第三条规定提起本案诉讼，符合法律规定，应作为民事案件进行审理。轻某某公司职员赵某某的合同诈骗行为，虽然已被生效的刑事判决予以确认，但该个人的犯罪行为与本案《代理协议》的履行没有关联，也不能因此免除轻某某公司在本案中的民事责任。

案件启示：由上文可知，本案远某的公司在合同签订前对合同签订主体尽到了合理的审查义务。轻某某公司与涉案员工不论基于何种原因签订的代理协议，或者代理协议真实性是否有瑕疵，也不能对抗善意的第三人（远某公司），对其代理行为产生的法律后果也应承担相应的法律后果。至于授权代理协议及案涉合同的签订，属于公司合同管理中授权委托制度的范围，如果未建立严格的授权和审批程序，很容易将他人签订合同的风险转嫁给公司，造成经济损失。

（五）合同履行过程中的违约纠纷

➤ **案例 8：（2018）内 0823 民初 50 号**

裁判要旨：开发商逾期交房后主张活动约定的违约金过高而请求法院予以降低的，应当由其承担举证责任。开发商主张按照同地段同类房屋租金标准作为认定损失依据，根据最高人民法院《关于适用〈中华人民共和国合同法〉若干问题的解释（二）》（简称《最高院合同法司法解释》）第二十九条第二款的规定，当事人约定的违约金超过造成损失的百分之三十的，一般可以认定为《合同法》第一百一十四条第二款规定的"过分高于造成的损失"。

本院认为：本案中，原告秦某某、张某某与被告天某房地产公司于2010年12月24日签订的《城市房屋拆迁补偿安置协议》，系双方当事人的真实意思表示，不违反法律法规的强制性规定，合同依法成立，应当受到法律保护。合同签订后，直至目前，被告天某房地产公司亦未提供证据证明本案的回迁安置案涉房屋已验收合格，具备交付条件，据此可以认定被告天某房地产公司已逾期交付回迁安置房屋。原告秦某某、张某某要求被告天某房地产公司从2012年6月20日起按照每日300元计算至给付之日止的诉讼请求，被告天某房地产公司认为违约金约定过高应予调整。法院最终根据《最高院合同法司法解释二》第二十九条第二款的规定，当事人约定的违约金超过造成损失的百分之三十的，一般可以认定为《合同法》第一百一十四条第二款规定的"过分高于造成的损失"，再结合内蒙古景通房地产评估有限公司评定的案涉房屋面积为130平方米，2012年7月1日至2017年12月30日期间租金为34万元的结论，两原告主张的逾期交房违约金明显高于租金损失的1.3倍，故应当将被告天某房地产公司应承担的违约金调整为涉案房屋在逾期交房期间租金损失的1.3倍。

案件启示：当事人在订立合同之初，为了防止对方违约而设置高额的违约金，殊不知已超过法律规定的范围，原有主张不能得到支持。因此，在对义务与相应违约责任进行匹配时，应考虑其有效性与可操作性。

➤ 案例9：（2019）皖05民终1221号

裁判要旨：因养殖当地发生非洲猪瘟疫情，此客观情况的发生致使猪场租赁合同难以继续履行。猪瘟疫情属不可抗力，承租人应当及时通知出租人解除合同以避免损失扩大，未及时通知的，后期猪圈空置导致的租金损失，依公平原则由双方各自负担一半。

本院认为：民事主体从事民事活动，应当遵循公平原则，合理确定各方的权利和义务。原告与两被告口头约定租赁猪圈从事养殖，双方口头合同已经履行一年，现又续租一年，该口头约定的租赁合同依法成立并合法有效，对双方均具有约束力。因双方口头约定，仅对租期、租金作出约定，未对双方权利义务以及合同不能继续履行责任承担作出详尽规定。案涉租赁系仅就"现状"租赁或仅为场地租赁，还是出租方负责提供相应的政府排污许可、环评达标等养殖手续，均未作出明确约定，此系约定不明。另外，当地发生非洲猪瘟疫情，部分养殖户的猪仔被捕杀，养猪风险及养殖成本增加，各养殖户均处于观望态度，也是导致后期未能继续履行合同的原因之一。此外，原告在出现不能继续履行合同的情形发生后，按照规定应当及时通知出租方解除合同避免损失扩大，而原告至今未递交证据证明已尽及时通知义务，后期猪圈空置导致的租金损失原告也应当承担相应责任。综上所述，因双方租赁口头约定不明，加上政府政策及非洲猪瘟疫情等非双方主观原因，导致猪圈空栏后期合同没有继续履行，出于公平原则空置期间的租金损失由双方各自负担一半较妥。

案件启示：本案系合同履行过程中的纠纷，经分析，导致最终责任承担的原因如下：（1）双方达成口头协议，未就合同履行中的重要事项进行约定，比如租赁内容、养殖手续办理等；（2）出现了猪瘟疫情及政府管制，属于不可归责于双方的不可抗力因素，双方亦未对合同不能继续履行的责任承担作出详尽规定；（3）不可抗力出现时，原告未履行通知义务并阻止损失扩大，也未保存就履行该义务的证据。由此可知，不重视合同的拟定和审查，必将给合同的履行带来重重障碍。

第六章　公司治理

☞ 导读：

    1. 股东与股东大会的权利和运行方式

    2. 董事会的设立和议事规则

    3. 监事会的设立和职权

    4. 公司章程的修改制度

    5. 公司规章制度的制定与修改

    6. 公司治理常见问题解析

第一节　股东与股东大会的权利和运行

一、股东及其权利

（一）有限责任公司股东资格的取得

股东是向公司出资或者认购股份并记载于公司章程或者股东名册上的人。认定股东资格的两个标准是：第一，向公司出资或者认购股份。股东资格的取得以有效出资为提前。根据《公司法》第二十七条的规定，股东可以货币出资，如使用非货币资产出资，如使用实物、知识产权、土地使用权等，则作为出资的非货币资产须具备可以用货币估值并依法转让的条件。第二，股东姓名或者名称被记载在公司章程或者股东名册中。根据《公司法》第三十二条的规定："记载于股东名册的股东，可以依股东名册主张行使股东权利。"

2013 年《公司法》修订了第二十六至第二十九条，将公司的注册资本由实缴出资改为认缴出资，特别是删除了公司设立时须提交验资证明的限制后，股东之间因出资方式而产生的纠纷较少，故而本章从有限责任公司股东资格的取得路径上对股东资格进行探讨。股东资格的原始取得指的是股东基于股权投资而取得股东资格。凡是对公司投入股权资本并依法享有权利和承担义务的人均可成为公司股东。基于股权投资以外的其他合法原因而取得股东地位的，如受让、受赠、继承等原因取得股权的称为股权的继受取得。

1. 原始取得

（1）基于公司设立而取得股东资格

根据《公司法》第三十一条、第三十二条的规定，在有限责任公司设立阶段股东依法认缴出资后，公司应当向股东签发出资证明书并记载于股东名册。

（2）公司增资时取得股东资格

在有限责任公司增加注册资本时进行认缴出资而成为公司的股东是股东资格原始取得的另外一种方式。根据《公司法》第三十四条的规定，股东对于公司的新增资本有优先认购权。但实践中，有限责任公司为获得外部投资资金或引入新股东时，一般采用增加注册资本并由新股东认购新增注册资本的方式完成。

2. 继受取得

（1）以股权转让的方式取得股东资格

原股东向股东以外的人转让股权是继受取得股东资格的主要方式。但是，《公司法》第七十一条和第七十二条对于股权的协议转让和强制执行阶段的转让都设定了限制。在同等条件下，股东就待转让的股权享有优先认购权，并且，股东向股东以外的人转让股权须经其他股东过半数同意。另外，需要注意区分股权转让协议生效的时间与股权转让的生效时间。当事人之间就股权转让事宜签订股权转让协议，协议的生效时间是由当事人自行约定的。但是，股权转让的生效时间以股东名册变更时间为准。根据《九民纪要》第八条的规定，在转让有限责任公司股权时，除法律、行政法规规定应当办理批准生效的股权转让外，"受让人以其姓名或者名称已记载于股东名册为由主张其已经取得股权的，人民法院应予支持"。

（2）以继承的方式取得股东资格

股权作为一种财产权利，当股东死亡时，其股权当然可以继承。但鉴于有限责任公司不仅具有"资合"特性，也具有"人合"的特点，根据《公司法》第七十五条的规定，除非公司章程另有规定外，自然人股东死后其合法继承人可以继承股东资格，即股东的继承人可以通过法定的方式继承股东资格，亦可能因为章程的约定而被排除继承股东资格。

（二）股东权利

根据《公司法》第四条的规定，公司的股东享有资产收益、参与公司重大决策以及选择管理者等权利，以下就最常用的股东权利进行介绍：

1. 股权分配请求权

股东基于其公司股东的地位所享有的请求公司向自己分配股利的权利，实质是一种投资回报的期待权。因为公司只有在盈利并且在弥补了亏损和提取公积金后才能就剩余的资金进行分配。

2. 对新增资本的优先购买权

有限责任公司增加注册资本时，原有股东享有新股认购优先权，即相较于一般人，原有股东享有优先按照已持有的股权比例认购新股的权利。

3. 表决权

股东对于公司的管理是以表决权的方式来实现，即通过表决权实现对公司的管理发表意见的权利。股东的表决权主要是指股东就股东会议案的决议权。股东的表决权是其参与公司重大决策的实现方式。原则上，有限责任公司股东的表决权是平等的，即按照出资比例行使表决权。

4. 知情权

股东知情权即公司股东了解公司信息的权利。知情权主要指的是股东有了解公司经营状况、财务状况以及其他与股东利益存在密切关系的公司信息的权利。

股东知情权的形式主要体现在《公司法》第三十三条，即股东有权查阅、复制公司章程、股东会会议记录、董事会会议决议、监事会会议决议和财务会计报告、股东名册等。

5. 诉讼权

根据《公司法》第一百五十二条的规定，董事、高级管理人员违反法律、行政法规或者公司章程的规定，损害股东利益的，股东有权向人民法院提起诉讼。

二、股东会的性质和职权

有限责任公司的股东会由全体股东组成，是公司的权力机构。《公司法》第三十七条对有限责任公司的股东会职权范围进行了列举，主要有十一项内容：（1）决定公司的经营方针和投资计划；（2）选举和更换非由职工代表担任的董事、监事，决定有关董事、监事的报酬事项；（3）审议批准董事会的报告；（4）审议批准监事会或者监事的报告；（5）审议批准公司的年度财务预算方案、决算方案；（6）审议批准公司的利润分配方案和弥补亏损方案；（7）对公司增加或者减少注册资本作出决议；（8）对发行公司债券作出决议；（9）对公司合并、分立、解散、清算或者变更公司形式作出决议；（10）修改公司章程；（11）公司章程规定的其他职权。

根据《公司法》第三十八条和第三十九条的规定，股东会会议可分为三类。一是股东会首次会议，有限责任公司的首次股东会会议由出资最多的股东召集和主持。二是股东会定期会议，即根据公司章程的约定定时召开的股东会会议。有限责任公司的股东会定期会议由谁召集、主持和会议的召开频率等事项由公司的章程进行约定，《公司法》及其他相关法律法规并未对有限责任公司的定期会议召开程序进行限制。三是股东会临时会议。股东会临时会议一般是股东、董事或者监事基于《公司法》的规定享有的法定的召开股东会会议的权利。如代表十分之一以上表决权的股东、三分之一以上的董事以及监事会或监事提议召开临时股东会会议，则应当召开股东会临时会议。

三、股东会的召集

首次股东会会议由出资最多的股东召集并主持。首次召开股东会一般在公司进行正式注册登记之前，因此，会议主要围绕有限责任公司的设立和管理（即公司章程）展开。首次股东会会议应将股东的名称、出资额、出资方式、认缴出资时间以及持股比例等信息在股东会会议上形成决议。

由于有限责任公司在进行注册登记过程中需要提交股东会决议通过的公司章程，因此，在第一次股东会会议召开时需要就公司章程的内容达成一致意见。此处需提醒的是，虽然各地的企业登记注册主管部门为了便于管理，向公司提供了通用的公司章程模板，但是，行政主管部门为公司提供的章程模板很难在股东权益受到损害时给予有效的保护。因为，《公司法》及其相关的法律法规对于公司的规制主要是对公司对外交易行为的规制，公司内部的管理问题属于股东之间意思自治的范畴，《公司法》的相关法律法规将公司的管理问题交由公司章程进行规制，即立法者希望设立公司的股东之间可以通过订立公司章程这一"契约行为"实现对公司章程的一致认可并愿意按照章程的规定约束自己的行为，实现对公司的共同运营和管理。如果公司的股东在设立阶段简单地通过在公司章程模板上签字完成了公司的设立，一方面，股东缺乏对模板性公司章程内容的了解，就难以谈及在公司运营管理过程中遵守公司章程的规定；另一方面，在公司设立之后，股东之间就公司的经营管理产生纠纷时的沟通成本将远高于公司的设立阶段。因此，希望公司在设立阶段尤其是第一次股东会会议召开时能够就公司的章程进行详细的讨论。

定期股东会会议的召集主体一般由公司章程自行约定，多数有限责任公司采用的是由董事会负责召集股东会定期会议。不设董事会的公司可由执行董事召集股东会定期会议。临时股东会会议的召集根据《公司法》第三十九条的规定，由代表十分之一以上表决权的股东、三分之一以上的董事、监事会或不设监事会的公司的监事提议才能召开。另外，《公司法》没有对有限责任公司召开定期会议和临时会议的时限进行规定，可参考上市公司做法，股东大会的年度会议应在上一会计年度结束后的 6 个月内举行，出现《公司法》第一百条规定的应召开临时股东会会议的情形时，在 2 个月内召开。笔者根据《公司法》第三十八条和第三十九条的规定，对各类型股东会会议的召集主体及其资格整理如表 6-1 所示。

表 6-1　　　　　　　　　　　股东会的召集主体、资格和主持人

会议类型	召集主体	召集资格	主持人
首次股东会会议	股东	出资最多	出资最多的股东
股东会临时会议	股东	代表十分之一以上表决权	股东
	董事	三分之一以上董事	董事
	董事会	董事会决议	董事
	监事	无	监事
	监事会	监事会决议	监事
股东会定期会议	公司章程约定		

四、股东会的提案与通知

股东会会议讨论的提案可分为两类，一类是根据《公司法》第三十七条的规定，股东会法定职权范围内的提案；另一类是公司章程中约定的股东会权限内应审议的提案。在召集股东会会议前，会议的召集人应对符合《公司法》和公司章程规定的提案进行收集整理，确定股东会会议需要审议的提案。会议召集人制定或审核提案时，主要从三个方面进行考量：第一，是否属于股东会职权范围；第二，提案的议题是否明确且有具体的决议事项；第三，是否违反

相关的法律法规以及公司章程的规定。

　　股东会会议召集人不能提出临时提案，仅有权股东可提出临时提案。原则上，股东会会议上所审议的提案内容应当与召开会议通知中载明的提案内容保持一致，股东会会议不得对未在通知中列明的提案进行表决或作出决议。鉴于《公司法》中并未提及有限责任公司的股东会会议的临时提案权，笔者认为可参考《公司法》第一百零二条关于股份有限公司股东提交临时提案的规定，即单独或合计持有公司 3%以上股份的股东可在股东大会召开 10 日前提出临时提案并书面提交股东会。股东会召集人应在收到提案后 2 日内发出关于股东会会议的补充提案通知以及提案的内容或者公司章程对股东会会议的临时提案权进行明确。

　　股东会会议的通知时间可以由公司章程或全体股东自行约定，没有约定的，按照《公司法》第四十一条的规定，召开股东会会议应在会议召开十五日前通知全体股东。股东会会议的通知内容主要包括会议的召开方式、召开时间、召开地点、出席人员以及审议的提案、会议事项的联系人等信息。关于股东会会议通知的详细程度，可参考《上市公司股东大会规则》第十六、十七条的规定，即股东会会议通知"应当充分、完整披露所有提案的具体内容，以及为使股东对拟讨论的事项作出合理判断所需的全部资料或解释"；特别是当股东会会议涉及讨论董事、监事选举事项时，须充分披露董事、监事候选人的详细资料，至少包括：（1）教育背景、工作经历、兼职等个人情况；（2）与公司或其控股股东及实际控制人是否存在关联关系；（3）是否有违法犯罪的记录，特别是是否受过中国证监会及其他有关部门的处罚和证券交易所惩戒；（4）是否持有公司股份，如有，其数量为多少。

　　股东会会议的通知方式有书面文书通知和网络电文通知两种。书面文书通知即传统的以书面文件的方式将召开股东会会议的通知材料送达相关主体。网络电文通知即将会议通知以数据电文的形式发送相关主体。目前，我国《公司法》并未就数据电文的通知方式进行规定，但是根据《电子签名法》第三条和第四条的规定，股东会会议的通知不属于不适用数据电文的情形，则在股东同意且数据电文"能够有形地表现所载内容，并可以随时调取查用"时，"视为符合法律、法规要求的书面形式"。也就是说，在股东就股东会会议通知可以采用数据电文的方式达成一致意见的情况下，公司召集股东会会议的通知是可以通过网络数据电文的方式进行送达的，具有法律效力。

五、股东会的召开与表决

(一) 股东会出席人员的登记与资格审查

现场会议的出席登记。公司应制作股东会会议登记册，详细载明参加会议的人员名称、身份证号码、住所地、所持有或者代表的股权份额、被代理人姓名等事项。

股东证明和身份证明文件。对于参与股东会会议的自然人股东，出席时应出示身份证、股东出资证明或其他能够证明其股东身份的材料。如非股东本人出席还应出示授权委托书以及代理人的身份证件等。对于出席会议的法人股东，若是法定代表人出席会议的，可出示本人身份证、法定代表人资格证明等。法人股东委托代理人出席会议时，代理人应出示本人身份证、法人股东单位的法定代表人出具的书面授权委托书。

应特别注意的是，无论是自然人股东还是法人股东都应在授权委托书中对委托代理的权限进行详细的说明或列举，如对每一项会议上审议的提案进行列举，避免后期因委托代理的权限问题产生纠纷。另外，如果委托代理的文书并非委托人本人签署的情形，建议就委托人委托他人签署委托代理书的行为进行公证。

(二) 股东会的投票表决

除公司章程另有约定外，股东会会议由股东按照出资比例行使表决权。股东会会议的表决票可在会议前发放，也可在表决前发放。须注意以下事项：

1. 宣布股东会会议出席及股权持有情况。在股东会会议进行提案的投票表决前，会议主持人应对出席会议的股东或者代理人人数及其持有的股权数情况进行介绍和说明。

2. 确定计票与监票股东。在会议提案进行表决前，主持人须从出席会议的股东中选出两名与本次会议审议提案无关的股东作为表决的计票和监票人。

3. 关联股东回避表决。需注意的是，如审议的提案涉及关联股东，则关联股东所持有的股权份额不应当计入该项决议的有效表决权持股比例总数中。

4. 特殊提案三分之二以上通过。当股东会会议的提案涉及修改公司章程、增加或减少注册资本以及公司合并、分立、解散或者变更公司形式等决议时，应由代表三分之二以上表决权的股东表决通过。前述事项以外的普通提案则仅需代表二分之一以上表决权的股东表决通过。

六、股东会的记录与归档

股东会会议记录应秉持真实、准确和完整的原则。参照《上市公司股东大会规则》第四十一条的规定，股东会会议记录的内容应当包括：

1. 会议时间、地点、议程以及召集人的姓名或名称；

2. 会议主持人、出席（或列席）会议的董事、监事和其他高级管理人员姓名；

3. 出席会议的股东和代理人人数、所持有表决权的股份总数及占有公司股份总数的比例；

4. 每一提案的审议经过、发言要点和表决结果；

5. 股东的询问意见、建议以及相关人员的答复说明或者其他发言要点；

6. 计票人、监票人或律师（如有）的姓名；

7. 公司章程规定的其他应该计入会议记录的内容。

前述会议记录应由参与会议的召集人、主持人、董事、监事以及列席的其他高级管理人员等签名，针对股东会会议中所审议的提案决定应当由出席会议的股东在相关的决议文件和会议记录上签名。

股东会会议的文件归档时应至少包括以下几个方面的文件：（1）会议记录；（2）出席会议的股东签名册；（3）代理出席会议的授权委托书；（4）提案及其表决情况相关材料；（5）其他应当保存的文件。前述文件应做好归档管理以备股东随时查阅。根据《最高人民法院关于适用〈中华人民共和国公司法〉若干问题的规定（四）》第十二条的规定，如因公司董事、高级管理人员等未依法履行职责，导致公司未依法制作或保存公司文件材料，给股东造成损失，股东可依法请求负有相应责任的公司董事、高级管理人员承担民事赔偿责任。

第二节　董事会的设立及其议事规则

一、董事会的意义及其职能

董事会对股东会负责。董事会的主要职责就是执行股东会在职权范围内所作的决议，并制订公司的经营方案。《公司法》第四十六条对董事会的职能进行了列举：

1. 召集股东会会议，并向股东会报告工作；

2. 执行股东会的决议；

3. 决定公司的经营计划和投资方案；

4. 制订公司的年度财务预算方案、决算方案；

5. 制订公司的利润分配方案和弥补亏损方案；

6. 制订公司增加或者减少注册资本以及发行公司债券的方案；

7. 制订公司合并、分立、解散或者变更公司形式的方案；

8. 决定公司内部管理机构的设置；

9. 决定聘任或者解聘公司经理及其报酬事项，并根据经理的提名决定聘任或者解聘公司副经理、财务负责人及其报酬事项；

10. 制定公司的基本管理制度；

11. 公司章程规定的其他职权。

二、董事会的设立

股东会会议选举产生的董事组成公司的董事会。股东会有权决定公司董事的人选。董事通常由股东会决议产生，关于董事人选的选举或变更、董事的报酬等事项须经股东会代表一半以上表决权的股东同意，以股东会决议的方式对董事进行任免。但也有例外情形，如根据《公司法》第三十七条第二款的规定，如全体股东对董事的人选能够达成一致意见，可不召开股东会会议，直接作出决定并由全体股东在决定文件上签名、盖章。

有限责任公司的董事会由 3 至 13 名董事组成。公司规模较小或股东人数较少的公司可直接设一名执行董事而不设董事会。董事会成员应当具备履行职责所必需的知识、技能和素质。《公司法》第一百四十六条对禁止担任董事的情形作了列举，主要有：（1）无民事行为能力或者限制民事行为能力；（2）因贪污、贿赂、侵占财产、挪用财产或者破坏社会主义市场经济秩序，被判处刑罚，执行期满未逾五年，或者因犯罪被剥夺政治权利，执行期满未逾五年；（3）担任破产清算的公司、企业的董事或者厂长、经理，对该公司、企业的破产负有个人责任的，自该公司、企业破产清算完结之日起未逾三年；（4）担任因违法被吊销营业执照、责令关闭的公司、企业的法定代表人，并负有个人责任的，自该公司、企业被吊销营业执照之日起未逾三年；（5）个人所负数额较大的债务到期未清偿。如股东会违反规定选举了具有前述情形的人员担任董事，股东会的决议将因违反《公司法》的禁止性规定而无效。

《公司法》第四十四条规定，当有限责任公司的投资主体由两个以上国企或其他国有投资主体设立时，董事会成员中应当有职工代表，职工代表由职工代表大会、职工大会等方式民主选举产生。

董事长的任免和任期。董事长的任免可由公司章程自行约定，《公司法》未对董事长的任免进行特别的限制性规定。但是《公司法》第四十五条对于董事的任期作出不得超过三年的禁止性规定。即有限责任公司可以在公司章程中对董事长的任免程序、任期等进行自由约定，但仍需符合公司法对任免董事需由一半以上表决权股东同意且任期不得超过三年的规定。另外，有限责任公司的法定代表人一般由董事长或执行董事担任。

董事会对股东会负责，执行股东会的决议。董事会在依法履行自身职责时，确保有限责任公司遵守法律法规以及公司章程的规定，公平对待所有股东，并且关注与公司相关的其他利益相关者的合法权益。

三、董事会的议事规则

为确保董事会的工作效率和科学决策，董事会应制定董事会议事规则。鉴于董事会议事规则的内容属于公司意思自治范围内自主约定范畴，此处仅对《公司法》中关于董事会的议事规则进行一般性介绍：

董事会的召集和主持。董事会会议由董事长召集和主持。董事长不能履行职务或者不履行职务的，由副董事长召集和主持；副董事长不能履行职务或者不履行职务的，由半数以上董事共同推举一名董事召集和主持。

董事会的议事和表决程序。董事会决议的表决，实行一人一票。董事会决议有效成立须满足两个条件，一是，出席董事达到法定人数；二是，决议达到法定的通过比例。根据《最高人民法院关于适用〈中华人民共和国公司法〉若干问题的规定（四）》第五条第三款、第四款的规定，如董事会出席会议的人数或者股东所持有表决权不符合《公司法》或者公司章程规定、会议表决结果未达到《公司法》或者公司章程规定的通过比例的，当事人主张董事会决议不成立的，法院应予支持。需要注意的是，《公司法》并未对有限责任公司召开董事会会议时需要出席会议的董事人数进行规定，而是交由公司章程进行自行约定。董事会应当将会议所议事项的决定形成会议记录，出席会议的董事应当在会议记录上签名。

第三节 监事会的设立及其职权

一、监事会的设立

监事会是公司的监督机构,对股东会负责并报告工作。对于股东人数较少或者规模较小的有限责任公司,可不设监事会,改为设一至二名监事。如公司设立监事会,则监事会成员不得少于三人。并且,监事会应当包括股东代表以及不低于三分之一的职工代表。

二、监事会职权

监事会、不设监事会的公司的监事的职权有:

1. 检查公司的财务;

2. 对董事、高级管理人员在执行职务时违反法律、法规或者公司章程、股东会决议的行为进行监督,对违反法律、行政法规、公司章程或者股东会决议的董事、高级管理人员提出罢免的建议;

3. 当董事和其他高级管理人员的行为损害公司利益时,要求其予以纠正;

4. 提议召开临时股东会会议,在董事会不履行《公司法》规定的召集和主持股东会会议职责时召集和主持股东会会议;

5. 列席董事会会议,并对董事会决议事项提出质询或者建议;

6. 向股东会会议提出提案;

7. 依照《公司法》第一百五十一条的规定,对董事、高级管理人员提起诉讼;

8. 发现公司经营情况异常,可以进行调查;必要时,可以聘请会计师事务所、律师事务所等专业机构协助其工作,费用由公司承担;

9. 公司章程规定或股东会授予的其他职权。

设立监事会的公司每年度至少召开一次会议。监事会决议应当经半数以上监事通过。监事会应当将所议事项的决定形成会议记录,出席会议的监事应当在会议记录上签名。

三、董事会与监事会召集股东会会议的权限比较

董事会召集股东会会议可分为自主决定召集和接受提议召集两种情形。自

主决定召集即董事会根据法律规定或者公司章程的约定召集召开的股东会会议。董事会接受提议召集主要指董事会在接受监事或股东的提议后，经讨论决定召集股东会会议的情形。董事会在收到监事（监事会）或股东的提议后，如决定召集股东会会议，则应在董事会决定后五日内发出召集股东会会议的通知。如董事会不同意召集股东会会议或者在收到提议后的十日内未做答复，则提议主体可依法另行提议或自行召集。

与董事会的自主召集不同，监事会在自行决定召集前须首先以书面的方式将召集股东会的提议递交至董事会，当董事会未对提议进行答复或者不同意召集会议时，监事会才能决定召集股东会会议。监事会接受提议召集主要是指有权股东在向董事会提议召集股东会会议被否决或无答复后，向监事会就召集股东会会议再次进行提议，如监事会同意召集股东会会议，则应在收到提议后的五日内发出召集通知。如股东在十日内未收到召开会议的通知或者未收到答复的情况下，持有十分之一以上表决权的股东可自行召集股东会会议。《公司法》第四十条根据公司的部门设置不同，规定了在不同的部门设置情况下负责召集和主持股东会会议的主体。笔者整理如表6-2所示：

表6-2

	部门设置	召集主体	召集决定	主持人
是否设有董事会	设董事会	董事会	董事会决议	董事长、副董事长、董事（半数以上董事推举）
	不设董事会	执行董事	书面提议	执行董事
是否设有监事会	设监事会	监事会	监事会决议	监事
	不设监事会	监事	书面提议	监事
是否董事、监事董事会及董事、监事会及监事都不召集	代表十分之一以上表决权的股东	股东	书面提议	股东

第四节　有限责任公司的章程修改制度

一、公司章程修改的主体、程序和限制

公司章程的修改权属于股东会。在有限责任公司中，只有股东会有权对公

司的章程进行修改。当修改的公司章程在股东会会议上经代表三分之二以上表决权的股东同意，则修改公司章程的股东会决议通过。如就公司章程修订事项，股东以书面形式一致表示同意的，可直接作出决定，再由全体股东在决定文件上签名、盖章，而无须召开股东会会议。

公司章程修改有内容限制。公司章程的修改不能剥夺或削弱《公司法》赋予股东的一些基本权利，比如《公司法》第三十三条列举的股东享有的查阅、复制公司章程、股东会会议记录、董事会会议决议、监事会会议决议、财务会计报告和会计账簿权利。

二、公司章程变更的备案登记

公司章程修改在完成公司内部决议程序后，须就修改后的章程向行政监管机关进行章程变更的备案。公司章程变更备案须提交的材料规范有①：

1.《公司登记（备案）申请书》。

2.《指定代表或者共同委托代理人授权委托书》及指定代表或委托代理人的身份证复印件。

3. 提交修改后的公司章程或者公司章程修正案（公司法定代表人签署）。

4. 关于修改公司章程的决议、决定（其中股东变更登记无须提交该文件，公司章程另有规定的，从其规定）：

（1）有限责任公司提交由代表三分之二以上表决权的股东签署的股东会决议，股份有限公司提交由会议主持人及出席会议的董事签署的股东大会会议记录；

（2）一人有限责任公司提交股东签署的书面决定；

（3）国有独资公司提交国务院、地方人民政府或者其授权的本级人民政府国有资产监督管理机构的批准文件；

（4）法律、行政法规和国务院决定规定修改公司章程必须报经批准的，提交有关的批准文件或者许可证书复印件。

---

① 此处材料规范按照武汉市武昌区政府网站提供的备案指南整理而成，http：//www.wuchang.gov.cn/wcqzfzz/wcqmsbwsbycbsxqd/wcqjdbjmsbwsbycbsxqd/qgszjj83/1888929/index.html.

第五节 有限责任公司的规章制度的制定与修改

一、规章制度制定、修改的主体和程序

有限责任公司的董事会有权决定或者聘任公司经理负责公司的日常管理和经营，并根据经理的提名决定聘任或者解聘公司副经理、财务负责人、人事负责人及其报酬方案。经理对董事会负责，行使下列职权：（1）主持公司的生产经营管理工作，组织实施董事会决议；（2）组织实施公司年度经营计划和投资方案；（3）拟订公司内部管理机构设置方案；（4）拟订公司的基本管理制度；（5）制定公司的具体规章；（6）提请聘任或者解聘公司副经理、财务负责人；（7）决定聘任或者解聘除应由董事会决定聘任或者解聘以外的负责管理人员；（8）董事会授予的其他职权。因此，公司经理有权拟订公司内部管理机构的设置、拟订公司基本管理制度以及制定具体规章。

董事会根据公司经理拟订的基本管理制度进行表决。根据《公司法》第四十九条第三、四、五项的规定，经理对于公司内部管理机构的设置方案、公司基本管理制度拥有"拟订"权，而对公司的具体规章才拥有"制定"权。也就是说，公司经理是公司基本管理制度方案的拟订主体，拟订后的公司基本管理制度方案须由董事会决议通过后才能实施；而对于公司的具体规章，公司经理有权直接决定其实施和适用而无须报董事会审议。鉴于怎样区分"公司基本管理制度"和"具体规章"并无法律依据，则其区分标准多由公司章程自行确定。本节基于篇幅限制，后面将"规章制度"作广义上的理解，既包含公司基本管理制度，也包含具体规章。

鼓励公司在制定重要规章制度的过程中采用各种方式听取职工的意见和建议，增强规章制度制定过程的民主性。前述建议源于法律规定以及实践中案件审理标准：第一，《公司法》第十八条第三款规定："公司研究决定改制以及经营方面的重大问题、制定重要的规章制度时，应当听取公司工会的意见，并通过职工代表大会或者其他形式听取职工的意见和建议。"第二，《劳动合同法》第四条第二款规定："用人单位在制定、修改或者决定有关劳动报酬、工作时间、休息休假、劳动安全卫生、保险福利、职工培训、劳动纪律以及劳动定额管理等直接涉及劳动者切身利益的规章制度或者重大事项时，应当经职工代表大会或者全体员工讨论通过，提出方案和意见，与工会或者职工代表平等协商确定。"根据前述规定，为确保公司制定的涉及劳动者切身利益的规章制

度的效力得到法院的确认，公司应尽量保证相关规章制度的民主性和程序性。

公司规章制度的一般原则包括：遵循统一标准、分级制定、归口管理、分工负责原则，做到：（1）遵守国家法律法规，保证各项规章制度的合法性；（2）贯彻落实公司章程的各项规定；（3）从实际出发，科学设计，确保实操性；（4）强化执行力，保证规章制度的贯彻实施。

有限责任公司一般设立有行政办公室，行政办公室负责各职能部门制定的规章制度的归口管理，为公司的日常管理工作提供依据。法律事务部则是公司规章制度的合规审核机构，负责审核职能部门制定的规章制度的合法性和合规性。公司的财务支取、报销等规章一般由财务部门拟订。

二、规章制度制定、修改后的公示

规章制度的公示指的是规章制度的"公开"和"明示"。《劳动合同法》第四条第四款规定："用人单位应当将直接涉及劳动者切身利益的规章制度和重大事项决定公示，或者告知劳动者。"

公司在制定或者修改了规章制度后应采取一定方式向全体员工公开并明示其内容：

（1）在指定位置张贴规章制度；

（2）在公司集体会议上公布规章制度的内容；

（3）相关员工书面确认知悉规章制度的内容并承诺遵守。

上述公开或者明示过程，应当以可以证明的方式予以记载和保存，以便在纠纷发生后能够作为证据使用。

三、公司的财务管理制度

公司的财务管理，指的是公司根据制定的财务战略，为合理筹集资金、有效运营资产而进行的控制成本费用、规范收益分配及加强财务监督的行为。公司的财务管理制度可分解为三个方向的制度：第一，公司财务决策制度。主要是明确有限责任公司在进行财务决策时的决策规则、程序、权限以及责任等。尤其应当明确在财务决策过程中的回避规则，即在对股东、高级管理人员与公司利益有冲突的财务事项进行决策时，应明确股东、高级管理人员的回避方式。第二，公司财务风险管理制度。公司风险管理制度的核心是明确公司的股东、高级管理人员及其他相关人员的管理权限和责任。一般遵循风险与收益均衡，不相容职务分离等原则，以控制公司在运营中的财务风险。第三，公司财务预算管理制度。常见的有限责任公司的预算管理制度以现金流为核心，按照实现公司价值最大化等财务目标的要求，对公司的资金筹集、资产运营、成本控制、收益分配等财务活动实施全面预算管理。

四、公司的人事管理制度

公司的一般人事管理制度由人力资源管理部门拟订，然后交由部门负责人和公司负责人审批同意后公示施行。为避免对制度的介绍空泛化，以下关于公司人事管理制度的介绍主要围绕在司法实践中公司易出现漏洞的情形展开：

（一）员工的招聘、录用制度

公司在招聘时应明确、详细地列明招聘职位的资质要求和录用标准，并进行存档。笔者在处理公司的劳动纠纷案件过程中发现，公司在员工的招聘和录用过程中往往缺乏详细、可参考执行的招聘要求及录用标准，当录用员工后才发现员工的资质或工作能力与其简历上的陈述存在极大差异，此时如果公司以"不符合录用标准"为由辞退员工，则需就公司存在明确的"招聘标准"或者"录用标准"进行举证。但是，此时公司往往不能就自己的招聘或录用标准进行举证，导致承担举证不能的不利后果而败诉。因此，公司在制定员工招聘、录用的标准制度文件时，应与相应的需求部门就职位的资质条件进行沟通，明确员工的招聘条件和录用标准。

（二）员工绩效考核与薪酬福利制度

员工的绩效考核与薪酬福利制度可分为两种：第一，普通员工的绩效考核与薪酬福利制度。一般的操作是由公司的人力资源管理部门负责拟订考核标准和制度，然后报总经理批准签字后通知员工。第二，公司高级管理人员的绩效考核标准与薪酬福利制度。以下就两种制度制定过程中需要注意的内容分别进行介绍。

普通员工的绩效考核与薪酬福利制度在制定时尽量引入职工代表，以民主和公开的方式制定。根据《劳动合同法》第四条第二款的规定，当公司在制定、修改有关劳动报酬、工作时间、休息休假、劳动安全卫生、保险福利等涉及劳动者切身利益的制度或事项时，应与工会或职工代表进行平等协商。

目前，大多数有限责任公司采用的方式是，人力资源管理部门直接拟订绩效考核与福利制度，然后报总经理签批，签批后即执行。如果在后期涉及劳动纠纷时，劳动者经常以不熟悉公司的制度规定为由进行抗辩，此时公司负有就制度的制定和公示过程进行举证的责任。为避免公司在劳动纠纷中总是处于被动的地位，建议公司在员工的绩效考核与薪酬福利等制度的制定阶段，引入员工参与。即在人力资源管理部门拟订员工的绩效考核与福利制度文本后，可以通过会议、邮件等方式将制度的初版发送给员工，邀请员工就制度文件提出意见与建议。人力资源管理部门在综合了员工建议的基础上对制度文件进行修订，然后再提交总经理签批。公司在绩效考核与薪酬福利制度的制定阶段引入员工参与，不仅可以增强员工对公司制度的了解，更增强了制度本身的可执行性。

针对高级管理人员的绩效考核与薪酬福利制度的制定则需要更复杂的流程。基于现代公司"管理权"与"所有权"分离的特点，公司的高级管理人员在掌控公司的管理权后，如果可以自行决定管理层的绩效考核标准与薪酬福利标准，则极有可能对公司的资产以及股东的利益构成侵害。因此，针对公司高级管理人员的绩效考核标准与薪酬福利制度，公司至少需完成以下步骤：第一，由人力资源管理部门拟订高级管理人员的绩效考核与薪酬福利制度文件；第二，由总经理审议人力资源部门提出的制度文件，总经理负责将前述文件提交董事会审议；第三，人力资源部门根据董事会会议的决议或者董事、总经理的意见对绩效考核与薪酬文件制定进行修改；第四，总经理负责审议人力资源部门修订后的绩效考核与薪酬管理文件，并再次提交董事会审议直至通过。

五、公司商业秘密保护制度

商业秘密指的是不为公众所知晓，能够为权利人带来经济利益，具有实用性并经权利人采取保密措施的技术信息和经营信息。技术秘密主要包括技术方案、工程设计、配方工艺流程等信息；经营秘密主要是客户信息、财务信息等。

公司的商业秘密属于公司的重要财产资料，应当采取有效的措施进行保护。公司在制定保密制度时需着重从三个方面进行规定：

第一，确定商业秘密的范围和保密级别。在进行商业秘密的范围划定时须考虑信息是否有保密的必要性，是否有保密的可能性。根据商业秘密对于公司的价值大小，可将商业秘密划分为绝密、机密和秘密三个级别。

第二，确定保密措施。公司在确定商业秘密的范围和级别后，应针对不同类型和级别的商业秘密设置不同的保密措施。即针对不同密级的文件材料信息在传输方式与存储方式上进行不同的规则设定，例如，涉及机密和绝密文件需要带出公司时，应获得公司总经理级别的签字授权，否则任何员工无权将文件带离公司。另外，须针对不同级别的商业秘密信息设置不同的归口管理部门或者负责人，只有将管理责任落实到具体部门或者负责人，才能明确执行和监督执行保密措施的主体。

第三，明确违反保密制度的责任与后果。员工违反保密义务后的责任承担主要有民事责任和刑事责任两种。针对违反公司保密制度的严重程度设定不同的责任承担方式将更有利于保密制度的遵守和执行。另外，建议公司在条件允许的情况下制作《保密手册》，将《保密手册》发给员工学习或者组织员工一起学习公司的保密制度。帮助员工了解和学习公司的保密制度，能够避免员工做出侵害公司商业秘密的行为。

第六节　公司治理常见问题解析

一、隐名持股的风险和显名的条件

有限责任公司的隐名股东（或实际出资人）采用隐名持股的方式持有有限责任公司的股权，在实践中需注意三个方面的问题①：第一，实际出资人以自己名义转让股权时，存在显名股东不配合登记、办理显名手续等履行风险。因而，在隐名股东与名义股东之间的委托代持协议中，应就前述事项的履行时间限制及其责任进行详细的约定。第二，名义股东转让代持股权，受让方如不符合善意取得条件，无法取得股权。就是说，如相对方就受让方并非善意取得进行举证成功，则股权转让行为极有可能被认定无效。第三，鉴于有限责任公司的隐名股东身份难以有查询途径，实践中与"一房二卖"类似的"一股二卖"时有发生。

隐名股东或者实际出资人显名的法律限制规定主要是《公司法司法解释（三）》第二十四条规定："有限责任公司的实际出资人与名义出资人订立合同，约定由实际出资人出资并享有投资权益，以名义出资人为名义股东，实际出资人与名义股东对该合同效力发生争议的，如无合同法第五十二条规定的情形，人民法院应当认定该合同有效。前款规定的实际出资人与名义股东因投资权益的归属发生争议，实际出资人以其实际履行了出资义务为由向名义股东主张权利的，人民法院应予支持。名义股东以公司股东名册记载、公司登记机关登记为由否认实际出资人权利的，人民法院不予支持。实际出资人未经公司其他股东半数以上同意，请求公司变更股东、签发出资证明书、记载于股东名册、记载于公司章程并办理公司登记机关登记的，人民法院不予支持。"

---

① 此处提及的三个风险高发点为笔者根据上海二中院发布的《2014—2018股权转让纠纷案件审判白皮书》整理而成。

《全国法院民商事审判工作会议纪要》第二十八条对前述条款进行了说明，如实际出资人能够提供证据证明有限责任公司过半数的其他股东知道其实际出资的事实，且对其实际行使股东权利未曾提出异议的，对实际出资人提出的登记为公司股东的请求，人民法院依法予以支持。公司以实际出资人的请求不符合《公司法司法解释（三）》第二十四条的规定为由抗辩的，人民法院不予支持。

根据《全国法院民商事审判工作会议纪要》中关于实际出资人显名条件的解读，当实际出资人主张显名时，以实际出资人是否参与有限责任公司的实际经营管理为标准，应从两个方面进行证据举证。如果实际出资人参与了公司的经营管理，需举证证明自己以实际出资人的名义参与了公司的经营（如参与了股东会议，指派人担任公司的董事、财务负责人等）且超过了一定的合理期限。如果实际出资人未参与公司的经营管理，则可以举证证明其明确告知了半数以上其他股东自己的实际出资人身份或者与半数以上其他股东签订了协议文书就实际股东身份进行了确认。

> **案例：池某某、张某与阜新黑某地油脂有限公司股东资格确认纠纷案（（2016）最高法民申 653 号）**

二审法院已经查明，2009 年 4 月 20 日上午 9 时许，张某通过建行汇至赵某账户 370 万元，同日上午 11 时许，赵某将款项汇入高新园区财政局；2009 年 4 月 22 日赵某收到张某汇入款项 310 万元，4 月 23 日，赵某将款项通过转账方式付给高新园区财政局。2009 年 5 月 20 日，高新园区财政局将 300 万元以扶持资金的名义付至黑某地公司账户；5 月 25 日，黑某地公司将上述 300 万元自其临时账户向阜新通某科技实业有限公司开出 300 万元转账支票，同日，阜新通某科技实业有限公司将该款项以现金提出，随后以赵某、池某某投资款名义存入黑某地公司验资账户。此事实可以确认，张某汇入赵某账户的 680 万元款项均用于黑某地公司履行与高新园区管委会间《协议书》约定的交付土地出让金事宜，而高新园区财政局付至黑某地公司账户的 300 万元实质系基于赵某将张某汇款投入黑某地公司交付土地出让金的资金投入后，才以拨付扶持资金名义返还的款项，这是政府对公司进行实际投资、使公司固定资产达到划拨扶持资金条件的投资人的肯定，而黑某地公司的资金投入主要来源于被申请人张某。再审申请人池某某虽否认张某系实际出资人，但对于其主张出资的 147 万元的来源，一审时，池某某起初主张其对黑某地公司的出资是顺某公司的款项，后又主张顺某公司作为出资人与赵某一起筹建黑某地公司，但均未能提供证据予以证明。二审中，又改称其出资来源于政府向黑某地公司拨付的扶持资金。再审申请中，其又主张黑某地公司办理工商登记注册资本金的来源系阜新高新经济园区财政局于 2009 年 5 月 20 日向黑某地公司拨付的扶持资金，但其始终未能提供其本人向黑某地公司进行实际出资或其他投入的证据，不能证明其对黑某地公司有合理的出资意愿和出资事实，由此不能证明其为黑某地公司的实际出资人。因此，再审申请人池某某主张二审判决认定张某为公司实际投资人与事实不符的理由不能成立，对其该项主张，本院不予支持。

由于黑某地公司的实际投资人系张某，张某作为黑某地公司的唯一出资人，享有黑某地公司 100% 股权，池某某系名义股东。二审法院援引《最高人民法院关于适用〈中华人民共和国公司法〉若干问题的规定（三）》第二十四条第二款规定，适用法律正确。对再审申请人池某某提出的二审法院适用法律错误的主张，本院亦不予支持。

二、股东会决议的瑕疵及后果

> **案例 1：北京艺某某某科技投资股份有限公司与刘某股东会决议撤销纠纷上诉案 （2009） 一中民终字第 7749 号**

裁判要点：法院在审查股东会决议的效力时，以审查股东会决议的程序是否合法为标准。经《公司法》和公司章程形成的股东会决议只要内容不违法，即应当受到法律保护。

关于法院能否依职权审查股东会决议效力的问题，本院认为，本案系刘某提起请求法院依法撤销股东大会决议之诉，而该诉是否成立的前提是确立股东大会决议内容的有效性。决议内容是否有效属法院主动审查范畴，无须任何一方提出请求。因此，法院依据《公司法》第二十二条之规定，主动审查公司股东会或者股东大会、董事会的决议内容本身是否违反法律、行政法规的规定并无不当。

综上，本院认为：瑞某科技公司的股东在重大利益上出现严重分歧，股东利益已无法一致，诚信合作出现困难的情况下，瑞某科技公司股东按照资本多数决的原则，依照《公司法》及公司章程的规定行使权利，依法变更公司名称、经营范围、设立宗旨并按照公司章程规定的法定程序修改公司章程，都是《公司法》和公司章程所允许的，由此形成的股东会决议只要内容不违法，就应当受到法律保护。一审法院在依法审查股东大会决议的效力后，认定股东会决议因损害了公司利益、持异议股东利益及违反了公司股东利益一致性及股东诚信合作原则而无效，理由失当，依法应予纠正。艺某某某公司的上诉请求因其上诉理由部分成立，本院予以支持。原审法院认定事实不清，证据不足，本院查清事实后依法改判。

> **案例 2：聚某某公司、黄某某与彭某某等公司决议撤销纠纷案（2018）桂民申 2399 号**

裁判要点：通过微信群发送股东会会议通知的微信群聊天记录可认定为电子数据，作为认定案件事实的证据。

本院认为，首先，股东通过参加股东会可实现其参会权、表决权、提案权、质询权等股东权利，但该类股东权利在性质上属于共益权，其目的并非满足股东个人利益，而是为公司这一拟制人格生成法人意志而服务，具体方式是通过多数决规则将各个股东个人意志上升为集体意志，故法律要求法人意志的形成过程应具备一定形式要件或法定程序，以保证公司法人意志与股东个人意志相区分，从而实现公司独立人格。据此，股东会的召集程序、表决方式在形式上的法定性要比一般民商事合同的形式要件更为严格。本案中，聚某某公司的公司章程关于股东会召集程序、表决方式的规定基本与《公司法》的相关规定保持一致，个别条款在程序上比《公司法》更严格，对此本院认为，符合《公司法》立法精神，应认定为合法有效。本案涉及的程序瑕疵主要有两处：第一，在召集程序上，公司执行董事方某某通知召集 2017 年 4 月 12 日和 2017 年 4 月 19 日两次股东会议的时间均为会议前一天夜晚，该通知召集程序违反了《公司法》第四十一条及聚某某公司章程关于"会议召开十五日前通知全体股东"的召集程序规定。第二，在表决程序上，聚某某公司章程第十四条规定"决议应当由全体股东表决通过"，该条并非要求股东会决议须全体股东同意方才通过，而是强调股东会决议应由全体股东参与表决，再依据多数决予以通过。聚某某公司股东会在通过《4.12 决议》与《4.19 决议》时，股东黄某某、游某某因缺席并未参与表决，且无证据表明黄某某、游某某弃权，故《4.12 决议》《4.19 决议》违反了该公司章程规定的表决程序。

其次，法律关于股东会召集程序、表决方式的规定，目的在于维护和促进公司及全体股东的整体利益，故召集程序、表决方式的形式要求可以在特定情况下有所缓和。《最高人民法院关于适用〈中华人民共和国公司法〉若干问题的规定（四）》第四条规定："股东请求撤销股东会或者股东大会、董事会决议，符合公司法第二十二条第二款规定的，人民法院应当予以支持，但会议召集程序或者表决方式仅有轻微瑕疵且对决议未产生实质影响的，人民法院不予支持。"据此，对于本案涉及的两处程序瑕疵，还应进一步判断是否仅为轻微瑕疵，且对决议未产生实质影响。本案中，当事人通过手机通信软件微信群的方式进行会议通知，虽然不是正式的书面通知并附有相关议案的书面材料，但聚某某股东之间以实名制的方式在通信平台上予以交流、报告、通知已为既成事实，这一通知方式符合当事人之间的信息交流习惯，且相关事项也已经在微信群中讨论已久，故本院认定这一会议通知的方式合法有效。但案涉股东会决议仍存在以下问题：第一，聚某某公司主张在3月底4月初就已经通过公司股东之间的微信群完成了会议通知，且全体股东均在微信群中回复收到，两次股东会的召开时间都得到了股东一致同意，故股东会的召开合法有效且未侵害股东权益。但根据聚某某公司在原审提交的微信群留言记录，主要体现的是股东之间对公司转让问题进行商议，并未体现已经提前多日完成会议通知的内容。至于在两次股东会前一天才发出的会议通知，也仅是部分股东留言收到，且两次股东会都存在未回复收到的股东未参会的情况。第二，关于聚某某公司章程中关于"决议应当由全体股东表决通过"的规定，聚某某公司主张缺席两次股东会的黄某某、游某某已在股东微信群中对决议内容予以追认，但根据微信群留言记录，黄某某、游某某的留言并未表明其对《4.12决议》《4.19决议》予以追认。第三，两次股东会涉及聚某某公司整体转让，含公司的全部设备、设施，决议结果可能导致公司股权结构重大变化或公司合并、解散等情形，就此可能符合《公司法》第四十三条第二款关于绝对多数决方式的规定，即"股东会会议作出修改公司章程、增加或者减少注册资本的决议，以及公司合并、分立、解散或者变更公司形式的决议，必须经代表三分之二以上表决权的股东通过"。本案中，向法院请求撤销案涉决议的股东为黄某某、游某某、彭某某，三个股东的股权比例达到35.74%，已超过全部股权的三分之一，该案涉决议的撤销可能导致相关决议内容无法再次通过，鉴于《4.12决议》《4.19决议》可能对股东权益产生重大影响，本院认为案涉程序瑕疵对决议具有实质性影响。综上，本案不符合关于"但会议召集程序或者表决方式仅有轻微瑕疵，且对决议未产生实质影响"的但书规定。

至于本案原审依据当事人提供的微信群聊天记录认定相关案件事实是否合法的问题，依据《中华人民共和国民事诉讼法》第六十三条、《最高人民法院关于适用〈中华人民共和国民事诉讼法〉的解释》第一百一十六条第二款，微信群聊天记录属于"电子数据"，是存储在电子介质中的信息，属于人民法院可据以认定案件事实的证据种类之一。本案中，相关聊天记录的发信人均以实名显示，相关当事人也未就聊天记录的真实性提出异议。因此，原审法院依据当事人提供的微信群聊天记录认定相关案件事实并无不当。

➤ **案例 3：上海保某冷藏有限公司诉上海长某冷藏物流有限公司公司决议效力确认纠纷案（《最高人民法院公报》2019 年第 11 期）**

裁判要点： 公司监事会中的职工代表监事应具有公司职工的身份。职工代表监事的产生方式应符合《公司法》规定的职工民主选举产生的程序。股东会违反《公司法》有关职工代表监事的身份和产生程序的规定，作出任免职工代表监事的决议，股东会决议的该部分内容应属无效。

本院认为，本案的主要争议焦点在于魏某某是否具备职工代表监事资格。现二上诉人称，《公司法》上的职工并没有限定为劳动关系，应包括事实劳务关系、兼职人员等，故魏某某具备担任长某公司职工监事的资格。本院认为，与公司签订劳动合同或者存在事实劳动关系是成为职工代表监事的必要条件，魏某某并不具备担任长某公司职工代表监事的资格，理由如下：第一，职工代表大会是协调劳动关系的重要制度，职工代表须与公司存在劳动关系。我国《公司法》未明确担任职工代表的条件，宜通过相关行政规章的规定对职工代表资格进行解释。《企业民主管理规定》第二十三条规定，"与企业签订劳动合同建立劳动关系以及与企业存在事实劳动关系的职工，有选举和被选举为职工代表大会代表的权利。依法终止或者解除劳动关系的职工代表，其代表资格自行终止。"本案中魏某某于系争股东会决议作出时已不再担任长某公司执行董事，且未在长某公司领取薪水，即与长某公司不存在劳动关系，故魏某某不具备作为职工代表的资格。第二，职工代表监事应通过职工代表大会、职工大会等形式，从职工代表中民主选举产生。《公司法》第五十一条第二款规定了监事会应包括公司职工代表，说明职工代表资格是成为职工代表监事的前提，本案中魏某某并非职工代表，因此不具备担任长某公司职工代表监事的资格。另，《公司法》第五十一条第二款亦规定职工代表的比例不得低于三分之一，该比例系《公司法》上效力性强制性规定，本案中魏某某不具备职工代表资格，另外两名监事系股东代表，职工代表比例为零，违反前款规定，故一审法院认定系争股东会决议中任命魏某某为长某公司职工代表监事的条款无效，并无不当，本院予以支持。至于二上诉人认为选举职工代表监事程序合法、与会职工均有表决资格一节，因魏某某不具备职工代表资格，无论与会职工是否具有表决资格，均无法改变监事会中无职工代表的事实，亦无法补正系争股东会决议相关条款的效力，故对于二上诉人的前述主张，本院不再处理。

三、股权转让之股东优先购买权

有限责任公司在股权转让过程中的常见风险是涉嫌侵害股东优先购买权等问题，常见的情形有：（1）未依法履行书面通知义务，因损害其他股东优先购买权致使股权转让难以实现；（2）其他股东就转让事项提出异议，异议处理期间，忽视股东仍享有优先购买权。

《公司法司法解释（四）》第二十一条第一款规定："有限责任公司的股东向股东以外的人转让股权，未就其股权转让事项征求其他股东意见，或者以欺诈、恶意串通等手段，损害其他股东优先购买权，其他股东主张按照同等条件购买该转让股权的，人民法院应予支持，但其他股东自知道或者应当知道行使优先购买权的同等条件之日起三十日内没有主张，或者自股权变更登记之日起超过一年的除外。前款规定的其他股东仅提出确认股权转让合同及股权变动效力等请求，未同时主张按照同等条件购买转让股权的，人民法院不予支持，但其他股东非因自身原因导致无法行使优先购买权，请求损害赔偿的除外。股东以外的股权受让人，因股东行使优先购买权而不能实现合同目的的，可以依法请求转让股东承担相应民事责任。"

《九民纪要》第九条针对前述条文中的第三款：股东以外的股权受让人，因股东行使优先购买权而不能实现合同目的时承担的民事责任进行了说明。明确了股东以外的股权受让人如因股东行使优先购买权而不能实现合同目的的，可请求转让股东承担相应的违约责任。

> **案例：甘肃兰某集团有限责任公司（简称"兰某公司"）、兰州万某房地产经营开发有限公司股权转让纠纷（2019）最高法民申 2345 号**
> **裁判要点：**股东以优先购买权受侵害为由请求确认股权转让协议无效，但不行使优先购买权的，法院对请求确认股权转让协议无效的主张不予支持。

本院经审查认为，本案再审审查的焦点是：兰某公司主张股权转让无效请求及损失请求应否支持。第一，关于兰某公司主张股权转让无效的问题。案涉诉讼一审审理期间，《最高人民法院关于适用〈中华人民共和国公司法〉若干问题的规定（四）》已经于 2017 年 9 月 1 日实施。故可以适用该司法解释之相关规定。虽然诚如兰某公司所主张，一般而言，司法解释新设定的时效，其起算点原则上应当从该解释实施之日计算。但需要注意的是，该解释第二十一条第一款规定的"自知道或者应当知道行使优先购买权的同等条件之日起三十日内没有主张"，三十日的设定来源于《公司法》第七十一条，即"股东应就其股权转让事项书面通知其他股东征求同意，其他股东自接到书面通知之日起满三十日未答复的，视为同意转让"。而"自股权变更登记之日起超过一年的"规定，则是为了维系公司的稳定性而综合设定的期间，并不以其他股东是否知晓股权转让的事实为前提。根据一审查明，案涉股权早已在 2010 年 11 月 9 日完成工商登记，即便兰某公司在此时可能不知该股权转让的事实，在其 2014 年就另案 57% 股权提起诉讼时，应已知晓相关事实。虽然常某公司等股权转让的股东未通知兰某公司，但兰某公司在知道该事实时应及时行使权利主张优先购买权。至本案 2017 年提起诉讼，间隔三年之久，早已超过合理期间。况且，《最高人民法院关于适用〈中华人民共和国公司法〉若干问题的规定（四）》第二十一条第二款规定"其他股东仅提出确认股权转让合同及股权变动效力等请求，未同时主张按照同等条件购买转让股权的，人民法院不予支持"。本案中，兰某公司诉讼请求为确认案涉股权转让无效，但未主张按照同等条件购买转让股权。一审庭审中已问及兰某公司就案涉股权是否愿意行使优先购买权，其仍未作出明确答复。故原判决依据《最高人民法院关于适用〈中华人民共和国公司法〉若干问题的规定（四）》第二十一条规定，驳回兰某公司关于确认股权转让无效的诉讼请求并无不当。再审中，兰某公司为支持其再审请求，提交新证据两份：证据一，兰某公司于 2016 年 11 月 1 日作出的《关于涉案股权优先购买权的书面说明》；证据二，最高人民法院（2018）最高法执复 50 号执行裁定书。经查，该两份证据的内容系关于前述另案股权转让，并无足以推翻本案原判决的新事实。

第七节 参考文书模板

一、有限责任公司第一次股东会议决议

_____有限责任公司第一次股东会议决议

（适用于设董事会、监事的有限责任公司）

一、会议基本情况

会议时间：_____

会议地点：_____

会议性质：_____

二、会议通知及股东到会情况

公司于会议召开前15日通知了全体股东，全体股东准时参加会议。

三、会议主持情况

本次会议由出资最多的股东_____召集和主持。

四、股东会会议一致通过并决议如下：

（1）由_____等____个股东共同出资设立_____有限责任公司，注册资本为_____万元人民币。

股东的姓名或者名称、出资额、出资方式、出资时间及持股比例如下：

股东姓名	认缴出资额	出资方式	出资时间	持股比例

（2）公司住所：_____

（3）公司经营范围：_____

（4）公司设立董事会，选举董事____人，由_____、_____、_____担任，董事任期____年，任期届满，可以连选连任。

（5）决定公司董事长由法定代表人担任。

（6）公司不设监事会，选举_____担任监事。监事任期为三年/届，任期届满，可以连选连任。

（7）会议讨论并通过了公司章程。

（8）会议决定委托_____办理公司设立登记手续。

出席会议的股东签字、盖章：

_____有限责任公司

____年____月____日

二、召开股东会通知书

_____有限责任公司关于召开____年第____次股东会的通知

一、召开会议的基本情况

（一）股东大会类型和届次：本次会议为_____年第_____次____股

东会会议

（二）股东会会议召集人：_____

（三）现场会议召开的日期、时间和地点

召开的日期和时间：_____

召开地点：_____

会期：_____

（四）会议召开方式：_____

（五）出席对象

1. 持有公司股份的股东，截至____年____月____日，持有公司股份的全体股东均有权出席股东会会议，股东可以书面形式委托代理人出席会议、参加表决，该股东代理人不必是公司股东。

2. 本公司董事、监事、高级管理人员及议案说明负责人。

二、会议审议事项

会议将以特别决议方式审议以下议案：

（一）审议____议案

（二）审议____议案

（三）审议____议案

会议将以普通决议方式审议以下议案：

（四）审议____议案

（五）审议____议案

（六）审议____议案

三、会议登记办法

（一）拟出席本次会议的股东，应当在本次大会召开前__日（即____年____月____日）或之前将出席会议的书面回复（连同所需登记文件）交回本公司。回复可采用来人、邮递或者传真的方式。

（二）有权出席会议的法人股东的法定代表人持加盖单位公章的法人营业执照复印件、法人股东证明、本人身份证办理登记手续。自然人股东应持股东证明、本人身份证办理登记手续。

（三）委托代理人。委托代理人必须由委托人或其受托人正式以书面方式授权。如授权书由委托人的受托人签署，授权该受托人签署的授权书或其他授权文件（如有）必须经公证人公证。经公证人证明的授权书或其他授权文件及投票代理委托书必须在本次会议召开前24小时或以前送交本公司，以确保前述文件有效。

四、其他事项

本公司联系方式

联系地址：＿＿＿＿＿＿＿＿＿

邮政编码：＿＿＿＿＿＿＿＿＿

联系人：＿＿＿＿＿＿＿＿＿

电话：＿＿＿＿＿＿＿＿＿

传真：＿＿＿＿＿＿＿＿＿

＿＿＿＿＿＿＿＿有限责任公司

＿＿＿年＿＿＿月＿＿＿日

三、授权委托书（股东委托代表参加股东会)

授权委托书（股东委托代表参加股东会）

＿＿＿＿＿＿＿＿＿有限责任公司：

兹委托＿＿＿＿＿＿先生（女士）（身份证号码：＿＿＿＿＿＿＿＿）代表本单位（或本人）（身份证号码：＿＿＿＿＿＿＿）出席＿＿＿＿＿年＿＿＿月＿＿＿日召开的贵司＿＿＿＿＿＿＿＿股东会，并代为行使表决权。委托有效期限至＿＿＿＿＿年＿＿＿月＿＿＿日。

委托人持股数量：＿＿＿＿＿＿＿＿＿

委托人股东证书号：＿＿＿＿＿＿＿＿＿

序号	投票议案名称	赞同	反对	弃权

委托人签名（盖章）：　　　　　　　　受托人签名：

委托人身份证号：　　　　　　　　　　受托人身份证号码：

委托日期：＿＿＿年＿＿＿月＿＿＿日

247

四、公司登记（备案）申请书

公司登记（备案）申请书①

□基本信息（必填项）	
名　称	＿＿＿＿＿＿＿＿＿＿ （集团母公司需填写：集团名称： 集团简称：　　　　　　　　　　）
统一社会信用代码 （设立登记不填写）	
住　所	＿＿＿＿省（市/自治区）＿＿＿＿市（地区/盟/自治州）＿＿＿ ＿＿县（自治县/旗/自治旗/市/区）＿＿＿＿＿＿乡（民族 乡/镇/街道）＿＿＿＿村（路/社区）＿＿＿号
联系电话		邮政编码	

□备案（仅限备案登记填写）

事　项	□董事　　□监事　　□经理　　□章程　　□章程修正案 □联络员　　□外国投资者法律文件送达接受人	
清算组 （清算委员会）	成　员	
	负责人	联系电话	

□指定代表/委托代理人（必填项）

委托权限	1. 同意□不同意□核对登记材料中的复印件并签署核对意见； 2. 同意□不同意□修改企业自备文件的错误； 3. 同意□不同意□修改有关表格的填写错误； 4. 同意□不同意□领取营业执照和有关文书。

---

① 节选自湖北政务服务网：http：//zwfw.hubei.gov.cn/s/web/bszn/bsznpage.html？transactCode＝11420000MB1686999B2420131001W0003.

续表

固定电话		移动电话		指定代表/ 委托代理人签字	

（指定代表或者委托代理人身份证件复、影印件粘贴处）

□申请人承诺（必填项）

本申请人和签字人承诺提交的材料文件和填报的信息真实有效，并承担相应的法律责任。

法定代表人签字（限设立、变更及清算组备案以外的备案）：

公司盖章

年　　月　　日

第八节　重点法条指引

一、中华人民共和国公司法（2018 年修正）

第三十六条　有限责任公司股东会由全体股东组成。股东会是公司的权力机构，依照本法行使职权。

第三十七条　股东会行使下列职权：

（一）决定公司的经营方针和投资计划；

（二）选举和更换非由职工代表担任的董事、监事，决定有关董事、监事的报酬事项；

（三）审议批准董事会的报告；

（四）审议批准监事会或者监事的报告；

（五）审议批准公司的年度财务预算方案、决算方案；

（六）审议批准公司的利润分配方案和弥补亏损方案；

（七）对公司增加或者减少注册资本作出决议；

（八）对发行公司债券作出决议；

（九）对公司合并、分立、解散、清算或者变更公司形式作出决议；

（十）修改公司章程；

（十一）公司章程规定的其他职权。

对前款所列事项股东以书面形式一致表示同意的，可以不召开股东会会议，直接作出决定，并由全体股东在决定文件上签名、盖章。

第三十八条　首次股东会会议由出资最多的股东召集和主持，依照本法规定行使职权。

第三十九条　股东会会议分为定期会议和临时会议。

定期会议应当依照公司章程的规定按时召开。代表十分之一以上表决权的股东，三分之一以上的董事，监事会或者不设监事会的公司的监事提议召开临时会议的，应当召开临时会议。

第四十条　有限责任公司设立董事会的，股东会会议由董事会召集，董事长主持；董事长不能履行职务或者不履行职务的，由副董事长主持；副董事长不能履行职务或者不履行职务的，由半数以上董事共同推举一名董事主持。

有限责任公司不设董事会的，股东会会议由执行董事召集和主持。

董事会或者执行董事不能履行或者不履行召集股东会会议职责的，由监事会或者不设监事会的公司的监事召集和主持；监事会或者监事不召集和主持的，代表十分之一以上表决权的股东可以自行召集和主持。

第四十一条　召开股东会会议，应当于会议召开十五日前通知全体股东；但是，公司章程另有规定或者全体股东另有约定的除外。

股东会应当对所议事项的决定作成会议记录，出席会议的股东应当在会议记录上签名。

第四十二条　股东会会议由股东按照出资比例行使表决权；但是，公司章程另有规定的除外。

第四十三条　股东会的议事方式和表决程序，除本法有规定的外，由公司章程规定。

股东会会议作出修改公司章程、增加或者减少注册资本的决议，以及公司合并、分立、解散或者变更公司形式的决议，必须经代表三分之二以上表决权的股东通过。

第四十四条　有限责任公司设董事会，其成员为三人至十三人；但是，本法第五十条另有规定的除外。

两个以上的国有企业或者两个以上的其他国有投资主体投资设立的有限责任公司，其董事会成员中应当有公司职工代表；其他有限责任公司董事会成员中可以有公司职工代表。董事会中的职工代表由公司职工通过职工代表大会、职工大会或者其他形式民主选举产生。

董事会设董事长一人，可以设副董事长。董事长、副董事长的产生办法由公司章程规定。

第四十五条　董事任期由公司章程规定，但每届任期不得超过三年。董事任期届满，连选可以连任。

董事任期届满未及时改选，或者董事在任期内辞职导致董事会成员低于法定人数的，在改选出的董事就任前，原董事仍应当依照法律、行政法规和公司章程的规定，履行董事职务。

第四十六条　董事会对股东会负责，行使下列职权：

（一）召集股东会会议，并向股东会报告工作；

（二）执行股东会的决议；

（三）决定公司的经营计划和投资方案；

（四）制订公司的年度财务预算方案、决算方案；

（五）制订公司的利润分配方案和弥补亏损方案；

（六）制订公司增加或者减少注册资本以及发行公司债券的方案；

（七）制订公司合并、分立、解散或者变更公司形式的方案；

（八）决定公司内部管理机构的设置；

（九）决定聘任或者解聘公司经理及其报酬事项，并根据经理的提名决定聘任或者解聘公司副经理、财务负责人及其报酬事项；

（十）制定公司的基本管理制度；

（十一）公司章程规定的其他职权。

第四十七条　董事会会议由董事长召集和主持；董事长不能履行职务或者不履行职务的，由副董事长召集和主持；副董事长不能履行职务或者不履行职务的，由半数以上董事共同推举一名董事召集和主持。

第四十八条　董事会的议事方式和表决程序，除本法有规定的外，由公司章程规定。

董事会应当对所议事项的决定作成会议记录，出席会议的董事应当在会议记录上签名。

董事会决议的表决，实行　人一票。

第四十九条　有限责任公司可以设经理，由董事会决定聘任或者解聘。经理对董事会负责，行使下列职权：

（一）主持公司的生产经营管理工作，组织实施董事会决议；

（二）组织实施公司年度经营计划和投资方案；

（三）拟订公司内部管理机构设置方案；

（四）拟订公司的基本管理制度；

（五）制定公司的具体规章；

（六）提请聘任或者解聘公司副经理、财务负责人；

（七）决定聘任或者解聘除应由董事会决定聘任或者解聘以外的负责管理人员；

（八）董事会授予的其他职权。

公司章程对经理职权另有规定的，从其规定。

经理列席董事会会议。

第五十条 股东人数较少或者规模较小的有限责任公司，可以设一名执行董事，不设董事会。执行董事可以兼任公司经理。

执行董事的职权由公司章程规定。

第五十一条 有限责任公司设监事会，其成员不得少于三人。股东人数较少或者规模较小的有限责任公司，可以设一至二名监事，不设监事会。

监事会应当包括股东代表和适当比例的公司职工代表，其中职工代表的比例不得低于三分之一，具体比例由公司章程规定。监事会中的职工代表由公司职工通过职工代表大会、职工大会或者其他形式民主选举产生。

监事会设主席一人，由全体监事过半数选举产生。监事会主席召集和主持监事会会议；监事会主席不能履行职务或者不履行职务的，由半数以上监事共同推举一名监事召集和主持监事会会议。

董事、高级管理人员不得兼任监事。

第五十二条 监事的任期每届为三年。监事任期届满，连选可以连任。

监事任期届满未及时改选，或者监事在任期内辞职导致监事会成员低于法定人数的，在改选出的监事就任前，原监事仍应当依照法律、行政法规和公司章程的规定，履行监事职务。

第五十三条 监事会、不设监事会的公司的监事行使下列职权：

（一）检查公司财务；

（二）对董事、高级管理人员执行公司职务的行为进行监督，对违反法律、行政法规、公司章程或者股东会决议的董事、高级管理人员提出罢免的建议；

（三）当董事、高级管理人员的行为损害公司的利益时，要求董事、高级管理人员予以纠正；

（四）提议召开临时股东会会议，在董事会不履行本法规定的召集和主持股东会会议职责时召集和主持股东会会议；

（五）向股东会会议提出提案；

（六）依照本法第一百五十一条的规定，对董事、高级管理人员提起诉讼；

（七）公司章程规定的其他职权。

第五十四条　监事可以列席董事会会议，并对董事会决议事项提出质询或者建议。

监事会、不设监事会的公司的监事发现公司经营情况异常，可以进行调查；必要时，可以聘请会计师事务所等协助其工作，费用由公司承担。

第五十五条　监事会每年度至少召开一次会议，监事可以提议召开临时监事会会议。

监事会的议事方式和表决程序，除本法有规定的外，由公司章程规定。

监事会决议应当经半数以上监事通过。

监事会应当对所议事项的决定作成会议记录，出席会议的监事应当在会议记录上签名。

第五十六条　监事会、不设监事会的公司的监事行使职权所必需的费用，由公司承担。

第一百四十六条　有下列情形之一的，不得担任公司的董事、监事、高级管理人员：

（一）无民事行为能力或者限制民事行为能力；

（二）因贪污、贿赂、侵占财产、挪用财产或者破坏社会主义市场经济秩序，被判处刑罚，执行期满未逾五年，或者因犯罪被剥夺政治权利，执行期满未逾五年；

（三）担任破产清算的公司、企业的董事或者厂长、经理，对该公司、企业的破产负有个人责任的，自该公司、企业破产清算完结之日起未逾三年；

（四）担任因违法被吊销营业执照、责令关闭的公司、企业的法定代表人，并负有个人责任的，自该公司、企业被吊销营业执照之日起未逾三年；

（五）个人所负数额较大的债务到期未清偿。

公司违反前款规定选举、委派董事、监事或者聘任高级管理人员的，该选举、委派或者聘任无效。

董事、监事、高级管理人员在任职期间出现本条第一款所列情形的，公司应当解除其职务。

第一百四十七条 董事、监事、高级管理人员应当遵守法律、行政法规和公司章程，对公司负有忠实义务和勤勉义务。

董事、监事、高级管理人员不得利用职权收受贿赂或者其他非法收入，不得侵占公司的财产。

第一百四十八条 董事、高级管理人员不得有下列行为：

（一）挪用公司资金；

（二）将公司资金以其个人名义或者以其他个人名义开立账户存储；

（三）违反公司章程的规定，未经股东会、股东大会或者董事会同意，将公司资金借贷给他人或者以公司财产为他人提供担保；

（四）违反公司章程的规定或者未经股东会、股东大会同意，与本公司订立合同或者进行交易；

（五）未经股东会或者股东大会同意，利用职务便利为自己或者他人谋取属于公司的商业机会，自营或者为他人经营与所任职公司同类的业务；

（六）接受他人与公司交易的佣金归为己有；

（七）擅自披露公司秘密；

（八）违反对公司忠实义务的其他行为。

董事、高级管理人员违反前款规定所得的收入应当归公司所有。

第一百四十九条 董事、监事、高级管理人员执行公司职务时违反法律、行政法规或者公司章程的规定，给公司造成损失的，应当承担赔偿责任。

第一百五十条 股东会或者股东大会要求董事、监事、高级管理人员列席会议的，董事、监事、高级管理人员应当列席并接受股东的质询。

董事、高级管理人员应当如实向监事会或者不设监事会的有限责任公司的监事提供有关情况和资料，不得妨碍监事会或者监事行使职权。

第一百五十一条 董事、高级管理人员有本法第一百四十九条规定的情形的，有限责任公司的股东、股份有限公司连续一百八十日以上单独或者合计持有公司百分之一以上股份的股东，可以书面请求监事会或者不设监事会的有限责任公司的监事向人民法院提起诉讼；监事有本法第一百四十九条规定的情形的，前述股东可以书面请求董事会或者不设董事会的有限责任公司的执行董事向人民法院提起诉讼。

监事会、不设监事会的有限责任公司的监事，或者董事会、执行董事收到前款规定的股东书面请求后拒绝提起诉讼，或者自收到请求之日起三十日内未提起诉讼，或者情况紧急、不立即提起诉讼将会使公司利益受到难以弥补的损害的，前款规定的股东有权为了公司的利益以自己的名义直接向人民法院提起诉讼。

他人侵犯公司合法权益，给公司造成损失的，本条第一款规定的股东可以依照前两款的规定向人民法院提起诉讼。

第一百五十二条　董事、高级管理人员违反法律、行政法规或者公司章程的规定，损害股东利益的，股东可以向人民法院提起诉讼。

二、中华人民共和国公司登记管理条例（2016 年修订）

第二十六条　公司变更登记事项，应当向原公司登记机关申请变更登记。未经变更登记，公司不得擅自改变登记事项。

第二十七条　公司申请变更登记，应当向公司登记机关提交下列文件：

（一）公司法定代表人签署的变更登记申请书；

（二）依照《公司法》作出的变更决议或者决定；

（三）国家工商行政管理总局规定要求提交的其他文件。

公司变更登记事项涉及修改公司章程的，应当提交由公司法定代表人签署的修改后的公司章程或者公司章程修正案。

变更登记事项依照法律、行政法规或者国务院决定规定在登记前须经批准的，还应当向公司登记机关提交有关批准文件。

第三十六条　公司章程修改未涉及登记事项的，公司应当将修改后的公司章程或者公司章程修正案送原公司登记机关备案。

三、最高人民法院关于适用《中华人民共和国公司法》若干问题的规定（三）

第五条　股东会或者股东大会、董事会决议存在下列情形之一，当事人主张决议不成立的，人民法院应当予以支持：

（一）公司未召开会议的，但依据公司法第三十七条第二款或者公司章程规定可以不召开股东会或者股东大会而直接作出决定，并由全体股东在决定文件上签名、盖章的除外；

（二）会议未对决议事项进行表决的；

（三）出席会议的人数或者股东所持表决权不符合公司法或者公司章程规定的；

（四）会议的表决结果未达到公司法或者公司章程规定的通过比例的；

（五）导致决议不成立的其他情形。

第二十五条　有限责任公司的实际出资人与名义出资人订立合同，约定由实际出资人出资并享有投资权益，以名义出资人为名义股东，实际出资人与名义股东对该合同效力发生争议的，如无合同法第五十二条规定的情形，人民法院应当认定该合同有效。

前款规定的实际出资人与名义股东因投资权益的归属发生争议，实际出资人以其实际履行了出资义务为由向名义股东主张权利的，人民法院应予支持。名义股东以公司股东名册记载、公司登记机关登记为由否认实际出资人权利的，人民法院不予支持。

实际出资人未经公司其他股东半数以上同意，请求公司变更股东、签发出资证明书、记载于股东名册、记载于公司章程并办理公司登记机关登记的，人民法院不予支持。

第七章　知识产权法律事务

☞ **导读**：

1. 知识产权相关概念及知识产权法的体系和地位

2. 专利权的基本概念、专利的申请程序、专利无效宣告程序、专利实施许可及转让以及常见的专利纠纷

3. 商标权的基本概念、商标的注册和使用、商标的异议和无效、驰名商标的特殊保护、商标的使用许可与转让以及常见的商标纠纷

4. 著作权的基本概念，著作权的取得与登记，著作权的限制、使用许可和转让以及常见的著作权纠纷

5. 商业秘密的基本概念、侵犯商业秘密行为的认定、保护商业秘密的措施

6. 常见的不正当竞争行为类型及反不正当竞争领域常见的法律风险及应对

7. 集成电路的基本概念及集成电路布图设计权

第一节　知识产权的概念和范围

一、知识产权的概念和特征

"知识产权"一词译自外文而非源于国内，其英文为"intellectual property"。有学者考证，"intellectual property"最早是在 17 世纪中期由法国学者卡普佐夫提出，之后比利时著名法学家皮卡第将其发展，并将其定义为"一切来自知识活动的权利"。直到 1967 年《成立世界知识产权组织公约》签订以后，国际社会才逐渐普遍使用该词。我国已于 1980 年 6 月 3 日正式加入该公约。

我国学者在学术研究过程中曾将"intellectual property"译为"智力成果权""智慧财产权""智力财产权"等，直到 1986 年颁布《中华人民共和国民

法通则》之后，将其统称为"知识产权"。基于该词的英文缩写，近年来我国许多新闻媒体用 IP 代指知识产权。

我国学者对知识产权概念的定义多种多样，有的是基于所处时代不同，有的是基于界定方式不同。例如，20 世纪 90 年代中期以前，学者们基于知识产权保护对象即为智力成果的抽象认识，多将知识产权定义为人们对其智力成果所依法享有的权利。20 世纪 90 年代中期以后，有些学者认为，以知识产权名义统领的各项权利并不都是基于智力成果产生的，因此对定义对象作出了新的概括。① 再例如，有的学者认为，知识产权是指"自然人、法人、其他组织享有的基于智力活动创造的成果和经营管理活动中使用的标志等而依法产生的民事权利"②；另有学者认为，知识产权是指"智力成果的创造人或者工商业标记的所有人依法享有的权利的统称"③。

结合上述定义以及学界理论研究，可总结知识产权具有以下特征：第一，知识产权本质属于一种民事权利，是一种区别于（有形）财产所有权的无形财产权。第二，知识产权具备专有性。知识产权的权利人垄断该种专有权利，除权利人同意或法律规定，权利人以外的第三人不得享有或使用该权利，否则视为侵害权利人的知识产权。第三，知识产权具备时间性。法律对各项知识产权的保护，都有一定的有效期。一旦超过有效期，权利人不再独占该权利，丧失法律保护效力的知识产权客体进入公有领域，成为全人类共有的财富。该特性是为鼓励智力成果公开，并已成为世界各国所普遍接受且采用的原则。第四，知识产权具备地域性。除签有国际公约或双边互惠协定外，经一国法律确认和保护的知识产权只在该国范围内发生法律效力，即知识产权只在被承认和保护的地域内有效。但随着跨国知识产权的出现以及新规则的制定等特殊情形出现，知识产权的地域性受到了一定冲击，但该特征依然在全球普遍适用。第五，知识产权具备双重属性，即具有财产权和人身权的双重属性。如作者通过某种形式使用作品，从而依法获得报酬或奖励的权利，此为财产权体现；与此同时，作者也享有发表权、署名权、修改权等人身权。

二、知识产权的范围

知识产权有狭义和广义之分。

---

① 参见吴汉东主编：《知识产权法》，北京大学出版社 2011 年版，第 2 页。

② 参见吕淑琴主编：《知识产权法学》，北京大学出版社 2007 年版，第 3 页。

③ 参见刘春田主编：《知识产权法》，高等教育出版社、北京大学出版社 2007 年版，第 3 页。

狭义的知识产权，一般包括著作权（包含邻接权）、商标权和专利权三个部分。一般而言，可以将其分为两类：一类是文学产权，主要包括著作权及与其相关的邻接权；另一类是工业产权，主要指商标权和专利权。

广义的知识产权，一般包括著作权（包含邻接权）、商标权、商号权、商业秘密权、地理标记权、专利权、集成电路布图设计权、植物新品种权等各种权利。目前有两个主要的国际公约明确了知识产权的范围。

1. 《成立世界知识产权组织公约》

1967 年签订的《成立世界知识产权组织公约》规定，知识产权包括下列有关项目的权利：（1）文学、艺术和科学作品；（2）表演艺术家的表演、录音和广播；（3）在人类一切活动领域内的发明；（4）科学发现；（5）工业品外观设计；（6）商标、服务标记、商号名称和其他商业标记；（7）制止不正当竞争；（8）在工业、科学、文学或艺术领域内其他一切来自知识活动的权利。

2. 《与贸易有关的知识产权协议》

世界贸易组织（WTO）关于规范知识产权贸易的重要文件《与贸易有关的知识产权协议》（简称 TRIPS）规定，知识产权包括：（1）版权及相关权利；（2）商标权；（3）地理标志权；（4）工业品外观设计权；（5）专利权；（6）集成电路布图设计（拓扑图）权；（7）未公开的信息专有权；（8）对许可合同中限制竞争行为的控制权。

我国《中华人民共和国民法典》第一百二十三条第二款规定，"知识产权是权利人依法就下列客体享有的专有的权利：（一）作品；（二）发明、实用新型、外观设计；（三）商标；（四）地理标志；（五）商业秘密；（六）集成电路布图设计；（七）植物新品种；（八）法律规定的其他客体。"

第二节　知识产权法的体系和地位

一、知识产权法的体系

知识产权法是指因调整知识产权的归属、行使、管理和保护等活动产生的社会关系的法律规范的总称。随着近代商品经济和科学技术的发展，知识产权法应运而生。但总体而言，相较于刑法、民法等法律的历史，知识产权法律制度产生的时间并不长，世界第一部专利法及著作权法分别于 1623 年和 1709 年由英国制定；第一部商标法于 1857 年由英国制定。

我国知识产权立法始于清朝末年。鸦片战争以后，西方列强在一系列不平等条约中规定了保护商标和著作权的条款，借此保护他们的在华利益。此后，在清政府及北洋政府时期均制定了一些知识产权法律，但在当时的社会环境下，其并未有效地发挥作用。中华人民共和国成立后，基于历史原因，知识产权法律体系未能立即得以建立。直到 1978 年党的十一届三中全会以后，为了满足改革开放的需要，引进外资，鼓励技术创新和应用，加快经济发展，我国先后制定了一系列知识产权法律，其中包含法律（狭义）、行政法规、规章、国际条约、司法解释等类型，以下为不完全举例。

1982 年 8 月 23 日，全国人大常委会发布《中华人民共和国商标法》（1993 年修订、2001 年修订、2013 年修订、2019 年修订）；1984 年 3 月 12 日，全国人大常委会发布《中华人民共和国专利法》（1992 年修订、2000 年修订、2008 年修订、2020 年修订）；1990 年 9 月 7 日，全国人大常委会发布《中华人民共和国著作权法》（2001 年修订、2010 年修订、2020 年修订）；1991 年 6 月 4 日，国务院发布《计算机软件保护条例》（2001 年修订、2011 年修订、2013 年修订）；1993 年 9 月 2 日，全国人大常委会发布《反不正当竞争法》（2017 年修订、2019 年修订）；1995 年 7 月 5 日，国务院发布《中华人民共和国知识产权海关保护条例》（2003 年修订、2010 年修订、2018 年修订）；1997 年 3 月 20 日，国务院发布《中华人民共和国植物新品种保护条例》（2013 年修订、2014 年修订）；2001 年 4 月 2 日，国务院发布《集成电路布图设计保护条例》；2001 年 6 月 15 日，国务院发布《中华人民共和国专利法实施细则》（2002 年修订、2010 年修订）；2002 年 8 月 3 日，国务院发布《中华人民共和国商标法实施条例》（2014 年修订）；2006 年 5 月 18 日，国务院发布《信息网络传播权保护条例》（2013 年修订）。

另外，我国还加入了一些重要的知识产权国际条约，如《成立世界知识产权组织公约》（1980 年）、《保护工业产权巴黎公约》（1985 年）、《商标国际注册马德里协定》（1989 年）、《关于集成电路知识产权条约》（1990 年）、《保护文学艺术作品伯尔尼公约》（1992 年）、《世界版权公约》（1992 年）、《保护唱片制作者防止唱片被擅自复制日内瓦公约》（1993 年）、《专利合作条约》（1994 年）等。

二、知识产权法的地位

知识产权法的法律地位，是指它在我国法律体系中所处的地位，属何种法律部门。我国属特色社会主义法律体系，是由宪法相关法、民法、商法、刑法、行政法、经济法、诉讼与非诉讼程序法等多个法律部门组成的有机统一整体。大部分学者认为，知识产权法属于民法的范畴，也有一小部分学者认为其应单独归为一类法律部门，前者为学界的主流观点。

在科技高速发展的信息时代，知识产权作为一项核心竞争力，受到越来越多公司的重视，知识产权保护也逐渐成为公司及法务部门关注的重点。本章其他章节，笔者通过法条解读、案例分析，并结合自身实践经验，逐一阐述常见的知识产权法律问题。

第三节 专 利 权

一、专利权概述

（一）专利权定义及特征

根据《中华人民共和国专利法》（以下简称《专利法》）第一条可知，专利制度的主旨是保护专利权人的合法权益，鼓励发明创造，推动发明创造的应用，提高创新能力，促进科学技术进步和经济社会发展。专利权是专利权人对发明创造在一定期限内依法享有的独占实施权，未经专利权人许可，他人不得实施专利。

根据专利权的定义，总结其具备以下性质：

第一，排他性。专利权人对其享有的专利权享有排他的权利，未经权利人许可或者存在法律规定的特殊情形，任何人不得实施该专利，否则即构成侵权。换言之，同样的发明创造只授予一项专利权。

第二，以公开发明成果为前提。为鼓励发明创造并推动科技进步，国家知识产权局依法将发明创造向社会公开，授予专利权。专利权以上两点特性与专利制度的主旨是契合的。

第三，非自动取得。根据《专利法》第三条可知，专利权由国家审查后依法定程序授予，并非创造之后即产生。

（二）专利权的客体

专利权的客体，是指能够取得专利权并为专利法所保护的对象。《专利法》第二条明确专利权的客体包括发明、实用新型和外观设计三种，统称为发明创造。

1. 发明。《专利法》所指的发明，是对产品、方法或者其改进所提出的新的技术方案。主要分为产品发明和方法发明两类。产品发明是指人工制造的各种有形物品的发明，如新的工具、设备、机器、材料等的发明。方法发明是指关于把一个物改变成另一个物所采用的手段的发明，如新的化学方法、生物方法、制造方法的发明等。发明是利用自然规律解决实践中特定问题的技术方案，不得过于抽象，也需要能够较为稳定地重复实施。由于发明的科技含量和创造性都较高，因此，各国专利法普遍都将发明作为专利保护的基本对象。

2. 实用新型。《专利法》所称实用新型是指对产品的形状、构造或者其结合所提出的适于实用的新的技术方案。按照这一规定，专利法所称的实用新型应具备以下特征：首先，实用新型的客体必须是一种产品。一切有关的方法以及非经加工制造的自然存在的物品，不属于实用新型专利的范围。第二，实用新型是对产品的外部形状、内部结构或者二者的结合提出的一种新的技术方案。只是以美感为目的的产品的形状、图案、色彩或者其结合的新设计不属于实用新型的技术方案。第三，实用新型应当具有实用性，即具有一定的实用价值并且在产业上能够制造。第四，实用新型必须具有一定的创新性，属于"新的技术方案"。根据定义可知，实用新型也是一项新的技术方案，其实质也是一种发明，但其创造性不如发明专利，故常将实用新型的发明称为"小发明"，实用新型专利也被称为"小专利"。

3. 外观设计。《专利法》所称外观设计是指对产品的整体或者局部的形状、图案、色彩或其结合所作出的富有美感并适于工业应用的新设计。根据该定义，作为专利保护的外观设计应具备如下特征：第一，外观设计的载体必须是产品（任何用工业方法、能重复生产的物品），即受保护的是工业品外观设计。第二，构成外观设计的是产品的形状、图案或者其结合或者它们与色彩的结合。因为色彩种类有限，产品的色彩不能独立构成外观设计。第三，外观设计能应用于产业并形成批量复制和生产。第四，外观设计必须富有美感。另外，基于平面印刷品的图案、色彩或者二者的结合作出的主要起标识作用的设计对产品本身的外观设计并无改进，而且该外观设计的标识功能可能与商标权、著作权重复，可能导致法律适用的混乱，因此《专利法》第二十五条规定该种外观设计不被授予专利权。

（三）专利权的主体

《中华人民共和国专利法实施细则》（以下简称《专利细则》）第十三条规定："专利法所称发明人或者设计人，是指对发明创造的实质性特点作出创造性贡献的人。"发明人与发明、实用新型对应,设计人与外观设计对应。因为发明创造只能由自然人完成,所以发明人或者设计人只能是自然人。在完成发明创造过程中,只负责组织工作的人、为物质技术条件的利用提供方便的人或者从事其他辅助工作的人,不是发明人或者设计人。发明人或者设计人享有专利申请权、署名权、获得奖励报酬权等。

发明人或者设计人向专利局申请专利,在未获得授权前,其身份为专利申请人。虽然发明人、设计人必须是自然人,但专利申请人和专利权人可以是单位。根据法律规定,最初的专利申请人可以是以合同约定的专利申请人,也可是发明人、设计人或者其所在单位。一项专利申请获得授权且专利权未经转让的,其专利申请人即成为专利权人。

二、专利的申请

(一) 专利申请的原则

1. 一发明创造一专利原则以及先申请原则

《专利法》第九条明确同样的发明创造只能授予一项专利权,即对于一项发明创造,只能向一个特定主体授予一项、一次授予专利权,该条为"一发明创造一专利"原则(或称"专利不重复"原则)的体现。该原则旨在维护专利秩序,防止公众的合法权益受到损害,也与民法的公平原则契合。

专利申请实践中,经常出现两个及以上的主体分别就同样的发明创造提出专利申请的情形。如果国家知识产权局就同一发明创造向两个及以上的不同主体授予专利权,显然违反专利权的排他性。为解决该问题,我国采用先申请原则,即当两个及以上的主体就同样的发明创造申请专利时,专利权授予最先提出专利申请的主体。如果在同一日分别就同样的发明创造申请专利的,专利申请人应当在收到国家知识产权局的通知后自行协商确定申请人。如果各申请人协商不成,国家知识产权局只能驳回各申请人的专利申请。基于该原则,建议企业在实践中及时申请专利。

2. 优先权原则

《专利法》第二十九条明确优先权原则,优先权包括外国优先权和本国优先权两种。外国优先权是指申请人在外国提出正式的专利申请后,根据外国与我国共同参加的国际条约或者签订的协议,在特定的期限(发明或者实用新型12个月,外观设计6个月)内又就同一发明向我国提出专利申请时,有权将在外国第一次提出申请的日期作为后来在我国提出申请的申请日。本国优先权仅针对发明或者实用新型,是指申请人在我国提出正式的专利申请后,在特定的期限(12 个月)内又就相同主题在我国提出专利申请,申请人有权将第一次提出申请的日期作为后一次申请的申请日。申请人要求行使本国优先权的,其第一次申请自后一次申请提出之日起即视为撤回。

优先权的作用主要在于将第一次提出申请的时间作为判断新颖性及创造性的时间节点。

3. 单一性原则

《专利法》第三十一条明确一项专利申请只限于一项发明创造,即一件发明或者实用新型的专利申请中只能包含一项发明或者实用新型,一件外观设计的专利申请应当限于一项外观设计。采用单一性原则是基于审查工作效率及合理收费的考虑。该条也明确单一性原则例外情况:就发明和实用新型而言,属于一个总的发明构思的两项以上的发明或者实用新型,可以作为一项申请提出;就外观设计而言,同一产品两项以上的相似外观设计,或者用于同一类别并且成套出售或者使用的产品的两项以上的外观设计,可以作为一项申请提出。

(二)专利申请的流程

根据《专利法》相关规定可知,发明专利申请的审批程序包括受理、初审、公布、实审以及授权五个阶段,而实用新型或者外观设计专利申请的审批程序只有受理、初审和授权三个阶段。笔者将申请流程的一般情况作以下简要概括:

1. 申请人提交专利申请文件

申请人应当以电子形式或者书面形式向国家知识产权局提交专利申请。

发明和实用新型专利的申请文件:专利请求书、说明书、说明书附图、权利要求书、说明书摘要等。外观设计专利的申请文件:外观设计专利请求书、图片或者照片等。要求保护色彩的,还应当提交彩色图片或者照片,不得将图片或照片混用。如对图片或照片需要说明的,应当提交外观设计简要说明。

2. 国家知识产权局受理后申请人缴纳申请费

国家知识产权局收到专利申请文件后将发放受理通知书,申请人收到受理通知书后即可缴纳申请费。

实用新型或者外观设计专利申请人自申请日起 2 个月内,可以对实用新型或者外观设计专利申请主动提出一定限度的修改。

3. 国家知识产权局初审审查

国家知识产权局一般自申请日起 3 个月左右进行初审，若审查合格，向发明专利申请人发放初审合格通知书，向实用新型和外观设计专利申请人发放授权通知；若审查不合格，则向申请人发放补正或者审查意见通知书等。

针对补正或者审查意见通知书，申请人需要在官方规定期限内完成答复。

4. 国家知识产权局公布发明专利

经初步审查认为发明专利符合要求的，国家知识产权局自申请日起满 18 个月即行公布。国家知识产权局也可以根据申请人的请求早日公布其申请。此流程仅针对发明专利。

5. 国家知识产权局实质审查发明专利

申请人需在申请日起 3 年内提交实质审查请求，发明专利实质审查阶段耗时较长，审查的时间一般是 6～18 个月。此流程仅针对发明专利。

发明专利的申请人无正当理由逾期不请求实质审查的，申请即被视为撤回。国家知识产权局对发明专利进行实质审查后，要求申请人陈述意见或者对申请进行修改；申请人无正当理由逾期不答复的，申请即被视为撤回。发明专利已在外国提出申请，国家知识产权局可以要求申请人在期限内提交外国为审查其申请进行检索的资料或者审查结果的资料；无正当理由逾期不提交的，申请即被视为撤回。

发明专利申请人在提出实质审查请求以及在收到国务院专利行政部门发出的发明专利申请进入实质审查阶段通知书之日起的 3 个月内，可以对发明专利申请主动提出一定限度的修改。

6. 国家知识产权局授权

发明专利经实质审查合格后，即可授予专利权。实用新型或外观设计专利初审合格后，即可授予专利权。申请人可以在被授予专利权之前随时撤回其专利申请。

7. 申请人办理登记手续

授权后，申请人办理登记手续、缴纳相关费用，国家知识产权局下发专利证书，至此专利申请流程结束。

（三）专利申请的涉外规定

专利申请的涉外规定主要包括两种情形：一是针对在中国没有经常居所或者营业所的外国人、外国企业或者外国其他组织在中国申请专利；二是将在中国完成的发明或者实用新型向外国申请专利的任何单位或个人。

　　根据《专利法》可知，在中国没有经常居所或者营业所的外国人、外国企业或者外国其他组织在中国申请专利，必须委托依法设立的专利代理机构办理。申请人将在国内完成的发明和实用新型拟向外国申请专利的，应当事先报经国家知识产权局进行保密审查；未进行保密审查就向外国申请专利的发明和实用新型，在中国申请专利的，不授予专利权。

三、专利无效宣告程序

（一）无效宣告程序概述

　　虽然专利权是由国家知识产权局依法批准授予的权利，但由于各种原因，无法确保国家知识产权局授予的专利权全部符合法律规定。尤其实用新型和外观设计专利申请审查流程中只进行初审，可能出现授予的专利权其实不符合法定授予条件而进行授予的情形。为了纠正国家知识产权局某些不符合法定条件的授予决定，法律规定了专利权无效宣告程序。

　　根据《专利法》第四十五条可知，请求宣告专利权无效的主体不受限制，可以是任何单位或者个人。实践中，提出无效宣告请求的主体，大部分与被请求宣告无效的专利存在利害关系。另外，部分专利权人基于一些考虑，也会请求宣告自己的专利权无效，法律并未禁止该种情形。

　　《专利法》第四十五条亦规定，无效宣告请求的客体是专利，请求的起始时间为授予专利权的公告之日，请求的对象为国务院专利行政部门。专利权即使终止，也可被请求宣告无效。

　　通常国务院专利行政部门仅针对无效宣告请求人提出的请求范围、理由和提交的证据进行审查，不负有全面审查专利有效性的义务，只有在法律规定的特定情形才可以依职权进行审查。

　　请求人可在国务院专利行政部门作出决定前撤回其请求。一般情形，请求人撤回其请求，无效宣告审查程序终止。但是若根据已进行的审查工作，国务院专利行政部门能够作出宣告无效或者部分无效的决定，可继续审查。

（二）请求宣告无效的理由

　　根据相关法律规定，请求宣告专利无效的理由，简要包括以下几种：
（1）不属于专利法规定的发明创造；
（2）理应进行保密审查而未审查；
（3）发明和实用新型不具有新颖性、创造性和实用性；

（4）外观设计属于现有设计，或者与他人在申请日以前已经取得的合法权利相冲突；

（5）申请文件不符合法律规定；

（6）申请文件修改超出限度；

（7）违法、违反社会公德和妨害社会公共利益；

（8）其他不符合法律规定的情形。

（三）无效宣告请求审查决定

1. 审查决定类型

国务院专利行政部门审查完毕后，应当依法及时作出审查决定。国务院专利行政部门作出的审查决定有三种情形：请求宣告无效的理由成立的，宣告专利权全部无效或者宣告专利权部分无效；请求宣告无效的理由不成立的，维持专利权有效。

国务院专利行政部门作出审查决定后，应及时通知请求人和专利权人；国家知识产权局应将宣告专利权无效的决定予以登记和公告，使公众了解相关情况。

2. 审查决定的司法救济

在我国目前的司法实践中，若当事人对国务院专利行政部门作出的审查决定不服，可通过行政诉讼进行权利救济。一审管辖法院为北京知识产权法院，二审管辖法院为北京市高级人民法院。如果对审查决定不服，请求人和专利权人应当在收到审查决定通知之日起三个月内，向法院提起诉讼。如果当事人没有在规定的时间内起诉，审查决定即发生效力。

3. 宣告无效决定的效力

宣告无效的决定原则上具有溯及力，即宣告（部分）无效的决定一经作出，被宣告（部分）无效的专利权自始不存在，而不是自被宣告（部分）无效后才失去法律效力。

被宣告无效的专利权的"权利人"因之前行使专利权而获得的利益，在民法上属于不当得利。因为被宣告无效的专利权具有溯及力，理论上"权利人"应当将不当得利返还相对人。但基于一些特殊情况，法律规定了溯及力的一些例外情形，"权利人"可不予返还不当得利。无效宣告对在宣告专利权无效前法院作出并已执行的专利侵权的判决、调解书，已经履行或者强制执行的专利侵权纠纷处理决定，以及已经履行的专利实施许可合同和专利权转让合同，不具有溯及力。但为了防止因例外情形而产生的不公平现象，对于明显违反公平原则的，"权利人"应当将全部或者部分专利使用费或者专利权转让费等返还给相对人。同时，如果"权利人"恶意导致他人合法权益受损，应当给予赔偿。

四、专利的实施许可与转让

（一）专利实施许可概述

正如上述，专利制度的主旨既要保护专利权人的合法权益，鼓励发明创造，也要促进经济社会发展。专利只有被实施，才能为专利权人带来收益；只有投入社会，才能促进社会发展。基于专利权的排他性，未经权利人许可或者存在法律规定的特殊情形，他人不得实施该专利，否则即构成侵权。但实践中，基于各种原因，专利权人自行实施可能无法发挥专利作用，因此需要将专利权许可他人实施，此即为专利权人的实施许可权。

专利权人将专利许可他人实施，应当订立专利实施许可合同。2008 年修订的《专利法》删除了"书面合同"中的"书面"要求，即专利实施许可合同现在为非要式合同，但是基于交易安全角度，在条件允许的情况下，笔者仍建议订立书面的专利实施许可合同。

专利实施许可合同中的被许可方应向专利权人支付专利使用费，此为被许可方的法定义务。基于意思自治原则，专利权人有权放弃收取专利使用费的权利，但其应当有明确的意思表示，否则视为未放弃该权利。另外，被许可方必须按照专利实施许可合同实施专利，不得超越合同约定；若无约定，也无权允许合同规定以外的他人实施该专利。

（二）专利实施许可的类型

根据专利权人继续使用专利的程度，专利实施许可分为独占许可、排他许可及普通许可，前述三种类型专利权人能继续使用专利的程度依次递增。独占许可是指在约定的时间和区域内，只允许被许可方实施该专利，专利权人在该时间和地域内不得实施专利，也不得再许可他人实施，即使专利权人仍享有专利权。排他许可是指在约定的时间和地域内，被许可方与专利权人均可使用该专利，但专利权人不得再许可他人实施。普通许可是指在约定的时间和地域内，被许可方与专利权人均可使用该专利，专利权人也可以再许可他人实施。

全面覆盖原则指一项发明创造专利权的保护范围,以其权利要求的内容为准。针对发明或者实用新型专利权,其保护范围以专利权人提交的权利要求书记载的权利要求为准,说明书及附图仅具有解释权利要求的从属作用;针对外观设计,其保护范围以表示在图片或者照片中的该产品的外观设计为准,其简要说明也仅具有解释的从属作用。只有当被诉侵权技术与专利权的保护范围完全一致,才可能被认定为专利侵权;反之则无法被认定为专利侵权。

等同原则也是一项指向发明创造专利权的保护范围的原则。全面覆盖原则要求专利权的保护范围应当以权利要求记载的全部技术特征所确定的范围为准,而等同原则将与该技术特征相等同的特征所确定的范围也纳入被保护范围。等同特征,指与权利要求的技术特征以基本相同的手段,实现基本相同的功能,达到基本相同的效果,并且该领域普通技术人员在被诉侵权行为发生时无需经过创造性劳动就能够联想到的特征。

(四) 专利侵权抗辩原则

专利权人在维权中除了关注侵权认定标准,还需考虑被控侵权人可能进行抗辩的角度。司法实践中,专利侵权抗辩原则主要包括:禁止反悔原则、捐献原则、现有技术抗辩原则、合法来源抗辩原则等。

1. 禁止反悔原则,指专利权人如果在专利审批、撤销以及专利授权后的无效等程序中,为了符合专利权的法定授权要求,对权利要求的范围进行了修改或者部分放弃,则在侵权认定时,当法院适用等同原则确定保护范围,不再将专利权人放弃的内容纳入专利权的保护范围。

2. 捐献原则,指专利权人如果仅在专利说明书或者附图明确实施方案,而未在权利要求中明确,则该实施方案被视为捐献给了公众。当法院适用等同原则确定保护范围,不再将说明书或者附图明确的实施方案纳入专利权的保护范围。捐献原则精神与专利认定的全面覆盖原则反映的实质是相同的;另外,捐献原则和禁止反悔原则均是对等同原则限制。

3. 现有技术抗辩原则,指被控侵权人足以证明其实施的技术属于现有技术设计,则不构成专利侵犯。若现有技术抗辩成立,可能是专利权人主张的专利属于现有技术,也可能是被控侵权人使用的是其他现有技术。若是前者,被控侵权人同时可以对涉诉专利权提出无效宣告请求。

4. 合法来源抗辩原则,指被控侵权人为生产经营目的的使用、许诺销售、销售不知道是未经专利权人的许可而制造并售出的专利侵权产品,若能够证明该产品合法来源的,不承担侵权赔偿责任。该原则的成立,对主体、主观善意、产品来源合法均有要求，而且若被控侵权人拟以该原则抗辩，应当立即停止侵权行为，否则可能被视为恶意并被要求承担赔偿责任。该原则主要影响侵权赔偿责任承担，但不影响侵权赔偿行为的成立。

（五）小结建议

因本章节着重介绍最常见的专利侵权纠纷，故笔者结合上述分析专利侵权纠纷提出一些简短的建议，以供参考。根据上述分析可知，专利侵权纠纷中确认专利权保护范围至关重要。因此站在保护专利权的角度，专利权人应当特别注意专利申请文件的撰写内容，特别是权利要求书需要尽量全面。公司在专利管理工作中，需要与专利权人及专利代理机构进行良好有效的沟通，并且对专利权的内容及各项相关程序予以了解。一旦发现专利权被侵犯的情形，应当及时通过协商、调解、诉讼等途径进行权利救济，其中诉讼也不局限于民事诉讼，可以依法请求国家公权力介入，维护自己合法权益。

第四节　商　标　权

一、商标权概述

（一）商标权的内容

商标权，是指商标专有权人对其商标所享有的独占的权利，主要包含商标专有权、商标禁止权、商标许可使用权及商标转让权等。

商标专有权，是指商标注册人对其依法注册的商标享有的排他性的支配权。该权利可以独占使用，也可转让或者许可他人使用获得收益，他人未经允许不得擅自使用。但是，商标专有使用权以核准注册的商标和核定使用的商品为限。商标专有使用权是商标权的核心，是其他商标权内容的基础，也是商标法保护的重点。

商标禁止权，是指他人未经商标专有权人许可，不能在同种或者类似商品或服务项目上使用与商标专有权人注册商标相同或近似的商标。从某种程度来讲，商标禁止权可视为商标专有权的另一面；但是商标禁止权与商标专有权仍存在一定的区别，区别主要体现在效力范围。商标专有权的效力仅限于核准注册的商标和核定使用的商品，而商标禁止权的禁止他人使用的范围不仅及于相同商标和商品，还及于类似商品和类似商标。

商标许可权和商标转让权是商标权属于财产权的体现，是商标专有权人将其享有的商标权进行处分的权利。其中许可权指商标专有权人许可他人使用商标的权利，但专有权人仍享有商标的所有权；转让权则指商标专有权人将商标的所有权利转让给他人，转让发生效力后，原商标专有权人不再享有商标的所有权。

（二）商标的定义及种类

根据《中华人民共和国商标法》（以下简称《商标法》）第八条可知，商标指一种能够将商品区别开的标志，该标志包括文字、图形、字母、数字、三维标志、颜色组合和声音等，以及上述要素的组合。2001年《商标法》修订时，删除了商标的"可视性"要求，将声音纳入商标的构成要素范畴。根据定义可知，商标的本质特征是具备识别商品或者服务来源的能力，即上述列举的要素或组合只有在具备识别能力时，才可能被认定为商标，学界将该特征称为"显著性"。

基于不同标准，商标有不同的分类。例如，基于使用对象不同，可分为商品商标和服务商标。基于商标的构成形式不同，可以分为平面商标、立体商标、声音商标，其中三维标志（如可口可乐的玻璃瓶外形）为典型的立体商标。基于商标的知名度不同，可以分为驰名商标和普通商标。基于商标的使用目的不同，将一部分商标区分为集体商标、证明商标。集体商标指以团体、协会或者其他组织名义注册，供该组织成员在商事活动中使用，以表明使用者在该组织中的成员资格的标志，如景德镇陶瓷协会注册的景德镇青花标志；证明商标是指由对某种商品或者服务具有监督能力的组织所控制，而由该组织以外的单位或者个人将其使用于商品或者服务，用以证明该商品或者服务的原产地、原料、制造方法、质量或者其他特定品质的标志，如绿色食品标志。

（三）商标权的主体

根据《商标法》第四条规定，中国的自然人、法人和其他组织，以及外国自然人和外国企业，均可在我国申请注册商标。我国商标法保护的是注册商标，虽然并未禁止使用未经注册的商标，但一般情况下，只有享有注册商标的专有使用权主体，才能作为商标权主体（极少数的未注册驰名商标是例外）。

实践中，许多商标并非由商标权主体直接创作设计，而是有偿委托专业设计人员设计，即出现商标注册申请人（商标专有权人）与商标设计人不属于同一人的情形。此时，该商标视作商标设计人的作品，商标设计人对商标享有著作权。一般情况，商标注册申请人为了方便日后使用，会支付商标设计人费用来获得商标的著作权。这种情况，商标设计人并非商标权主体。

二、商标的注册和使用

（一）商标注册的原则

1. 自愿注册原则

商标自愿注册原则，是指一般情形下，生产经营者根据自身需要，自行决定是否申请商标注册，商标是否注册并不会影响商标使用人的生产经营。我国以商标自愿注册为一般原则，商标强制注册为例外。即除了一些特定商品，法律规定其商标必须经核准注册，否则不得生产、销售。根据我国法律规定，目前必须使用注册商标的只有烟草制品，包括卷烟、雪茄烟和有包装的烟丝（另外，人用药品也曾属于强制注册的商品）。

2. 申请在先原则

商标注册实行申请在先的原则，是指两个或者两个以上的申请人在同种或类似商品上申请注册相同或者近似商标时，商标局应当初步审定并公告申请在先的商标。

若申请人的申请日期是同一天的，商标法实施条例规定了同日申请的商标确定申请权的三种途径（具有按顺序的优先等级）：（1）提供在先使用证据；（2）自行协商；（3）抽签决定，未参加抽签视为放弃申请。实践中由于使用在先证据通常较难提供和认定，自行协商也较困难，故最常使用的是抽签方式，具体的抽签安排需要遵循商标局的操作流程展开。

3. 优先权原则

《商标法》第二十五、第二十六条规定了两种商标优先权原则：申请优先权和展览优先权。申请优先权是指申请人在外国提出正式的商标注册申请后，根据外国与我国共同参加的国际条约或者签订的协议，在特定的期限（自在外国第一次提出申请之日起六个月）内又就同一商标向我国提出注册申请时，有权将在外国第一次提出申请的日期作为后来在我国提出注册申请的申请日。展览优先权是指申请人在我国政府主办或者承认的国际展览会展出的商品上首次使用未注册的商标，在特定的期限（自该商品展出之日起六个月）内就同一商标向我国提出注册申请时，有权将在首次展出的日期作为后来在我国提出注册申请的申请日。上述两项优先权均不是自动产生，需要申请人在法定期限内积极行使权利，否则视为放弃优先权。

4. 诚实信用原则

《商标法》第七条明确申请注册和使用商标均应当遵循诚实信用原则。注册商标申请人、商标代理机构、注册商标使用人和未注册商标使用人均应遵守该原则。体现该原则的内容主要有注册商标申请人不得以不正当的手段抢注已经使用并有一定影响的商标；关系人（代理人、代表人）不得抢先注册被代理人、被代表人商标；商标代理机构对在代理过程知悉的被代理人的商业秘密负有保密义务；商标使用人应当对其使用商标的商品质量负责等。

（二）商标使用概述及意义

《商标法》第四十八条列举了商标的使用形式，如将商标用于商品、商品包装或者容器以及商品交易文书上，或者将商标用于广告宣传、展览以及其他商业活动中。商标权人自行使用、许可他人使用以及其他不违背商标权人意思的使用，均为商标使用。仅有许可或者转让行为，被许可人或受让人不存在实际使用行为的，或者仅是公布商标注册信息、声明享有注册商标专用权的，不属于商标使用。

我国注册商标的有效期为 10 年，自核准注册之日起计算。不同于专利，注册商标使用年限接近注册商标有效期的，若商标注册人仍需使用该注册商标的，可依法及时办理续展手续，每次续展注册商标的有效期为 10 年。故不同于专利权、著作权必然有一个时间限制，在理论上商标权可以无限续展下去，诸多国际知名品牌其商标都拥有几十乃至上百年的历史。

商标使用是商标区分商品的价值体现。商标的本质特征是能区分商品，只有将商标用于商品、商品包装等载体，才能实现其区分商品或服务来源的价值。与此同时，商标的显著性、可识别性等特征才得以体现。

商标使用也是维持商标有效的基础。法律规定，若注册商标无正当理由连续 3 年不使用的，任何主体均可以申请撤销该注册商标。注册商标被撤销后，其将可能不受法律保护。

商标使用也是商标专用权被保护的条件。在商标侵权诉讼中，如果商标专用权人不能证明此前 3 年内使用过请求保护的注册商标，也无法证明因被控侵权行为受到其他损失的，其损害赔偿请求将不会得到支持。该规定在 2013 年《商标法》修订时被正式写入《商标法》，且 2013 年之前的一些司法案例也支持该观点，旨在鼓励、激活商标使用，并遏制实践中我国广泛存在的商标抢注、商标囤积现象。

三、商标的异议和无效

（一）商标异议程序的概述

商标异议是指公众在法定期限内，对商标局初步审定予以公告的商标，向商标局提出不同意注册的反对意见。商标异议程序，旨在加强公众对商标审查工作的监督，提高商标审查工作的质量，预防纠纷的发生。

商标异议的对象是初步审定公告的商标，即在申请公告阶段但尚未注册的商标。如果对注册商标提出异议，不能通过商标异议程序主张权利或纠正错误，可以通过根据下文介绍的商标无效程序主张权利或纠正错误。为了使公众的监督权及商标申请人的申请权得到平衡，法律规定要求公众自商标公告之日起三个月内提出异议。

（二）商标异议程序的主体和理由

为了防止公众滥用其监督权，2013 年修订的《商标法》将商标异议主体根据异议理由进行区分，而不是修订之前的不受限的任何人。能提出商标异议的主体分为两大类：一是不受限的任何人，二是在先权利人或者利害关系人。《商标法》对不同主体的异议理由要求也不同。

《商标法》明确，只有基于"特定理由"，"任何人"才能提出商标异议。《商标法》第四条、第十条、第十一条、第十二条、第十九条反映了几种特定理由（绝对理由），主要是申请商标注册过程存在违反法律禁止性规定情形，异议理由主要包括以下三种：申请属于不以使用为目的的恶意商标注册申请，申请的商标属于法律禁止作为商标注册使用的情形，商标代理机构申请注册其代理服务以外的商标。

若不存在上述几种情形，只有在先权利人或者利害关系人有权提出异议，当然也必须基于法律规定的异议理由。《商标法》第十三条第二款和第三款、第十五条、第十六条第一款、第三十条、第三十一条、第三十二条规定列举了该种情形的异议理由（相对理由），主要有以下几种：侵犯驰名商标权益，代理人、代表人或特定关系人恶意抢注，商标中的地理标注误导公众（已经善意取得注册的例外），与在先审定或注册的商标构成近似商标，损害他人现有的在先权利（如著作权、外观设计专利权、姓名权、肖像权等），以不正当手段抢注他人已经使用并有一定影响力的商标。

(三) 商标宣告无效程序的概述

商标的宣告无效是指注册商标违反相关法律规定，由商标局或者商标评审委员会依法宣告该注册商标无效，经宣告无效的注册商标的专用权视为自始不存在。相较于商标异议程序只能由他人提出申请启动，商标宣告无效程序既可以由商标局依职权启动，也可由他人向商标评审委员会提出申请启动。与商标异议程序类似，对于由他人提出申请启动的商标宣告无效程序，基于请求理由不同对申请人的主体资格要求也不同。

(四) 商标宣告无效程序的主体与理由

商标局只有在法律规定的特定情形下才能依职权启动商标宣告无效程序。该特定情形主要是指注册商标违反《商标法》第十条（不得作为商标使用的标志）、第十一条（不得作为商标注册的标志）、第十二条（不符合条件的三维标志）的规定，或者是通过欺骗手段、其他不正当手段取得。其中违反《商标法》第十条、第十一条、第十二条的规定也是商标异议程序的绝对理由。若存在商标局可依职权启动商标宣告无效程序的情形，任何人也可申请商标评审委员会宣告该注册商标无效。

若不存在上述商标宣告无效的绝对理由，只有在先权利人或者利害关系人才可向商标评审委员会申请宣告注册商标无效。在先权利人或者利害关系人主张的理由称为相对理由，该相对理由与商标异议程序的相对理由一致，主要有以下几种：侵犯驰名商标权益，代理人、代表人或特定关系人恶意抢注，商标中的地理标注误导公众（已经善意取得注册的例外），与在先审定或注册的商标构成近似商标，损害他人现有的在先权利（如著作权、外观设计专利权、姓名权、肖像权等），以不正当手段抢注他人已经使用并有一定影响力的商标。

基于相对理由涉及的内容主要存在于民事争议，因此法律并未赋予商标局主动宣告注册商标无效的职能，而是要求在先权利人或者利害关系人自商标注册之日起 5 年内，向商标评审委员会提出申请。对恶意注册的，驰名商标所有人提出申请的时间不受 5 年时间的限制。

(五) 商标异议和无效程序的救济

商标异议程序中，若被异议人对商标局作出的不予注册决定不服，可以在法定期限内向商标评审委员会申请复审，对复审决定不服可向法院提出行政诉讼；若异议申请人对商标局作出准予注册决定不服的，可以依法向商标评审委员会请求宣告该注册商标无效。

商标宣告无效程序中，若商标局依职权宣告注册商标无效的，当事人对该决定不服的，可以依法向商标评审委员会申请复审，对复审决定不服可向法院提出行政诉讼；若当事人对商标评审委员会（未）作出的宣告无效的决定或裁定不服的，则可以依法向法院提出行政诉讼。

综合来看，若对商标异议和无效程序的决定或裁定不服的，如果该决定是由商标局作出的，则先向商标评审委员会申请复审，对复审决定不服的，向法院提出行政诉讼；如果该决定或裁定是由商标评审委员会作出的，则直接向法院提出行政诉讼。

四、驰名商标的特殊保护

（一）驰名商标概述

根据《驰名商标认定和保护规定》第二条可知，驰名商标是指在中国为相关公众所熟知的商标，相关公众包括与使用商标所标示的某类商品或者服务有关的消费者，生产前述商品或者提供服务的其他经营者以及经销渠道中所涉及的销售者和相关人员等。根据该定义可知，驰名商标并无特别具体、形象的标准。司法实践中，主要将商标的知名度、使用的持续时间、宣传工作的程度、作为驰名商标受保护的记录、使用该商标的主要商品近三年的产销情况等作为考量因素来判断是否为驰名商标。

（二）驰名商标认定及使用

目前，我国只有商标局、商标评审委员会与法院有权认定驰名商标，也就是通常所说的行政认定和司法认定两种途径。需要说明的是曾经有一段时间我国的工商行政管理部门和地方政府认定过大量的驰名商标，但目前该方式在实践中已取消。其中，商标局、商标评审委员会主要在一些商标注册、商标评审、查处商标违法案件、商标争议处理过程中因需对商标进行驰名认定；法院在一些商标民事、行政案件审理过程中对商标进行驰名认定，但并非所有法院都可以认定驰名商标，只有最高人民法院指定的人民法院才能够对商标驰名情况作出认定。

驰名商标认定的原则主要有被动认定、因需认定，也把它们简称为非必要不认定原则。被动认定原则，是指在当事人没有提出请求的情况下，商标局、商标评审委员会、法院不得主动对商标进行驰名认定。因需认定原则，指商标局、商标评审委员会、法院处理涉及商标事宜时，需要依据商标驰名认定的情况才能作出相应的判断决定，在这种情况下，商标局、商标评审委员会、法院才会依法启动商标驰名认定工作。换言之，每次商标的驰名认定都是个案认定，但是每次认定记录可以作为后一次驰名认定的参考因素。

由于曾有一段时间驰名商标、著名商标在认定和宣传中有普遍的过度和异化现象，为了规范相关行为，《商标法》经修改后明确了生产、经营者不得将"驰名商标"当作宣传手段，即不能在商品、商品包装或者容器上，或者广告宣传、展览以及其他商业活动中出现"驰名商标"，否则可能受到行政处罚。

（三）驰名商标的特殊保护

驰名商标不仅具有一般商标的区别功能，又因其影响范围广，被消费者、经营者所熟知，具有一定的商业价值，因此很容易成为被侵权的对象。为了维持市场秩序，促进企业发展，立法对驰名商标进行了一些特殊保护。目前，我国法律对驰名商标的特别保护主要体现在四个方面，其中驰名商标所有权人基于相对理由申请商标宣告无效不受 5 年时间限制的特别保护，这点已经在前文"商标异议和无效"中提到，此处不再赘述。本节主要介绍上文尚未提到的驰名商标特别保护。

1. 对未在我国注册的驰名商标保护

《商标法》第十三条第二款明确，如果申请人就相同或者类似商品申请注册的商标与他人未在中国注册的驰名商标混淆的，不予注册并禁止使用，申请商标混淆的具体表现形式为复制、翻译或者摹仿驰名商标等。该条规定是商标注册取得原则的例外，即并不要求驰名商标在我国注册，只要申请注册的商标与驰名商标存在混淆，商标局即不予注册。但需要注意的是，该条适用的前提是商品或服务具有相同性或者类似性。

2. 已在我国注册的驰名商标的保护

相较于未在我国注册的驰名商标，《商标法》对在我国注册的驰名商标的保护范围更广。除了相同或类似的商品或服务，《商标法》还禁止他人在不同或者不类似的商品或服务上注册和使用驰名商标。即只要申请的商标可能与在我国注册的驰名商标混淆的，不论商品或服务的类型，均不得注册和使用。该规定体现了我国立法主要保护注册的商标权益。

3. 驰名商标不得用作企业字号

无论驰名商标是否注册，他人均不得将驰名商标用作企业字号。企业字号是企业名称的核心要素，具备区别企业的功能。虽然企业字号和商标并不是等同概念，但二者都具备显著性、区别性、经济性等共同特征，均属于商业标志。而且企业与商品或服务的关系十分密切，因此企业字号在一定程度上也具备区分商品或服务的功能，而该功能又是商标的主要功能。如果允许驰名商标用作企业字号，可能导致他人借助驰名商标的影响力进行经营。这种行为不仅"盗用"了驰名商标的经济价值，也属于一种不正当竞争行为。因此，《商标法》禁止将驰名商标用作企业字号。

五、商标的使用许可与转让

（一）商标使用许可概述

商标的使用许可，是指商标权人通过签订商标许可使用合同，授权被许可人按照约定在一定范围内使用注册商标的行为。其中商标权人是许可人，获得商标使用权的一方为被许可人。

商标权人许可他人使用其注册商标的，应当主动将其商标使用许可报商标局备案，商标局将相关情况予以公告。报商标局备案的对象，主要包含被许可使用的商标的情况、许可人、被许可人、许可范围等，出于对相关当事人商业秘密保护的考虑，并不强制要求商标权人提交商标使用许可合同。商标使用许可合同未经备案的，除法律规定或另有约定，不影响合同效力，但也不得对抗善意第三人。若商标权人先许可他人使用，之后又转让注册商标，除许可合同另有约定除外，否则后转让行为不影响之前许可合同的效力。

与专利实施许可类似，商标使用许可也分为独占使用许可、排他使用许可及普通使用许可，该三种类型的许可人能继续使用专利的程度依次递增，被许可人享有使用权的专有程度依次递减。

（二）商标使用许可双方的法定义务

1. 许可双方保证被许可使用商标的商品质量

商标的价值与消费者认可的程度是相辅相成的。消费者越认可商标，商标价值越高；商标价值越高，消费者则越认可商标。为了维护消费者权益，不辜负商标的价值，法律要求商标许可人负有监督被许可人使用其商标的商品质量的义务，被许可人自身也应当保证使用该注册商标的商品质量。换言之，保证被许可使用商标的商品质量是许可人与被许可人的共同法定义务。

2. 被许可人在商品上标明其名称和商品产地

为方便消费者了解商品的真实经营者及产地，被许可人虽然可以使用许可的商标，但其必须在商品上标明自己的名称和商品产地。立法确认被许可人该法定义务，除了保障消费者的知情权，也方便行政机关进行市场管理和监督。

（三）商标转让概述

商标的转让，是指注册商标所有人依法将其所有的注册商标转让给他人所有。转让后的商标所有人丧失注册商标的专有使用权，受让人自商标局公告之日起成为新的商标权人。与专利转让生效类似，需要满足两个条件：双方签订合法有效的转让协议，并且转让注册申请被商标局核准。

商标转让与商标变更属于不同的行为。从内容来看，商标变更的内容是注册人的名义、地址或者其他注册事项，并不涉及权属的变化。从主体来看，商标变更只有一个主体，主体信息发生变化，而转让则是不同主体之间权利的转移。

（四）商标转让的法定限制

商标以商品为载体，商标的转让涉及商品的来源、企业的声誉，因此有些国家要求商标必须与原商品经营企业的营业连同转让，不能将商标与原营业分开。有的国家对转让并没有前述的连同要求，但是会要求转让双方履行某些义务。我国立法采用的是后者，即不强制商标与营业连同转让，但对转让行为进行一定的限制来保障消费者权益。

限制主要有两点：一是要求转让人在转让注册商标时，应当将其在同一种商品上注册的近似的商标，或者在类似商品上注册的相同或者近似的商标一并转让。若未一并转让，商标局通知转让双方改正，若在期限内未改正的，则视为转让双方放弃申请转让该注册商标。二是禁止容易导致混淆或者有其他不良影响的商标转让行为。该条为原则性条款，实质依然是为了维护市场秩序和保障消费者权益。

六、常见的商标纠纷与应对

（一）商标纠纷概述

与专利纠纷类似，商标纠纷产生于申请注册、使用、转让等各个阶段。商标纠纷也涉及民事纠纷、行政纠纷和刑事犯罪。其中行政纠纷，多是对商标行政主管部门作出的决定或者执法不服，涉及刑事罪名的主要有假冒注册商标罪、销售假冒注册商标的商品罪及非法制造、销售非法制造的注册商标标识罪。相对于行政纠纷和刑事犯罪，民事纠纷比重更大，民事纠纷主要有商标使用许可合同及商标侵权纠纷，其中又以商标侵权纠纷最常见，商标侵权行为主要侵犯的是商标权人的商标专用权。

（二）商标侵权行为的认定及具体表现

商标侵权行为属于一种特殊的民事侵权行为，其认定与侵权责任法精神基本一致，主要有四个要求：存在客观的损害事实；存在违法行为；损害事实由违法行为造成的；主观存在故意或过失。商标法及相关行政法规、司法解释对商标侵权行为的具体表现进行列举，归纳总结如下：

1. 未经商标权人许可，在同一种商品上使用与其注册商标相同商标的行为。

该行为相当于通过"盗取"他人注册商标的商业价值，把自己的商品"包装"成被侵权人的商品，极易误导消费者。也正因为被控侵权人使用的商标与注册商标在视觉上基本无差别，且将商标使用在与注册商标核定使用的商品相同的商品上，导致消费者在注意观察的情况下仍然容易混淆。该侵权行为也是实践中占比重最大的侵权行为。

2. 未经商标权人许可，在同一种商品上使用与其注册商标近似的商标，或者在类似商品上使用与其注册商标相同或者近似的商标，容易导致消费者混淆的行为。

相较于第一个行为，该行为囊括的情形更广，但也添加了"容易导致消费者混淆"的限制条件。换言之，如果并未导致消费者混淆，即使存在该行为表现，也不应认定为商标侵权。基于该限制条件属于比较主观的标准，因此需要在个案中具体情况具体分析，实践中主要考虑注册商标的知名度和显著性、相关公众注意力等。

3. 销售侵犯注册商标专用权的商品的行为。

不同于前两种行为，该行为通常发生在商品流通领域。虽然该行为对被控侵权人的主观动机并未过多要求，但实践中有一部分销售者在不知情的情况下销售侵权商品。与销售专利侵权商品类似，立法明确，对于不知情的销售者，且其能证明侵权商品是自己合法取得并说明提供者的，无需承担赔偿责任。

4. 伪造、擅自制造他人注册商标标识或者销售伪造、擅自制造的注册商标标识的行为。

该行为实施的直接对象是商标标识。商标标识是商标附着于商品的有形载体，也是商标发挥区分功能的有形载体，包括带有商标的包装物、铭牌、合格证、瓶贴等。基于商标标识与商标的密切关系，该种行为也会侵犯商标权人的商标专用权，损害消费者的权益，扰乱市场经济秩序，因此立法对此予以禁止。

5. 未经商标权人同意，更换其注册商标并将该更换商标的商品又投入市场的行为。

该行为称为"反向假冒"，即不同于前述几种情况，被控侵权人通过"盗用"商标的价值，将自己生产的商品套用他人注册商标，该行为的被控侵权人未经许可将他人商品套用自己的商标。该种行为借商标权人商品的良好品质增加自己商标的价值，可能使消费者模糊商标权人的注册商标与核定商品的关系，使商标权人的商标价值无法体现，也应当视为侵犯商标权人权益的行为。

6. 故意为侵犯他人商标专用权行为提供便利条件，帮助他人实施侵犯商标专用权行为的行为。

该行为为商标侵权的辅助侵权行为。随着经济发展，商标侵权的形式越来越多样，涉及范围也越来越广。为了更好地维护商标权人的权益，立法将辅助侵权行为也直接认定为商标侵权。该行为要求被控侵权人主观存在过错，如果其对自身辅助行为的性质没有意识或者不可能有意识，则不构成侵权。该行为的表现形式主要有：为侵犯注册商标专用权行为提供仓储、运输、邮寄、隐匿、印制、经营场所、网络商品交易平台等便利条件。

7. 给他人的注册商标专用权造成其他损害的行为。

这是一项兜底性规定。社会发展中，商标侵权形式会越来越多样，仅靠穷尽列举无法满足时代变化对公众权益保护的需求，因此该兜底规定是有必要的。例如，在网络时代，将与他人注册商标相同或者相近似的文字注册为域名，并且通过该域名进行相关商品交易的电子商务，容易使相关公众产生误认的，该行为被司法解释明确为商标侵权行为。

（三）商标侵权行为的应对

和解、调解、仲裁和诉讼是解决纠纷的基本途径。和解、调解主要依赖各方当事人的意思，如果各方不能就纠纷的各事项达成一致意见，就需要进入仲裁或诉讼程序。法律既未明确，也未禁止商标权侵权纠纷通过仲裁解决，在2018年国家知识产权局公布首批能力建设知识产权仲裁调解机构名单之前，商标纠纷均未适用仲裁程序；在公布名单之后，知识产权纠纷在仲裁机构所受理案件中的占比仍然较低，且案件大部分是合同纠纷。因此，实践中，若商标权侵权纠纷当事人各方无法达成一致，一般通过诉讼途径解决。

最常见的是民事诉讼，商标权人要求被控侵权人承担侵权责任。实践中，被控侵权人承担侵权责任的形式主要是停止侵害、消除影响、恢复名誉、赔偿损失等。停止侵害不仅可以在诉讼过程中主张，也可以在日常或者诉前通过发函的形式进行。消除影响、恢复名誉，是在一些商标权侵权案件中，被控侵权人对商标权人的名誉或商誉造成不良影响，商标权人要求被控侵权人公开进行以声明、道歉等形式消除其造成的负面影响。赔偿损失是主要的侵权责任形式，赔偿金额需按照法定顺序确定，首先应按照商标权人因被侵权所受到的实际损失来确定；无法确定的，则可以按照侵权人因侵权所获得的利益确定；前述两种均无法确定的，参照该商标许可使用费的倍数合理确定；如果前述三种均无法确定的，法院可以根据侵权行为的情节（如被控侵权人的主观过错、侵权行为的手段和方式、侵权行为持续的时间、侵权行为造成损害的程度），判决给予商标权人法定的侵权赔偿。法定侵权赔偿额的上限由最开始的 50 万元提高到 300 万元，2019 年 4 月《商标法》又提高到 500 万元。法定侵权赔偿额上限的提高，也反映了我国加大了对商标权侵权行为的打击力度，以及对商标权人的保护力度。

另外，根据《商标法》及相关规定，还可请求工商行政管理部门查处侵犯注册商标专用权行为，工商行政管理部门也可主动依法查处。涉嫌犯罪的，将由相关司法机关介入并依法处理。

第五节　著　作　权

一、著作权概述

（一）著作权的客体

著作权是基于作品产生的权利，作品是著作权的客体。根据《中华人民共和国著作权法》（以下简称《著作权法》）和《中华人民共和国著作权法实施条例》（以下简称《实施条例》）等相关规定可知，著作权法所称的作品，是指文学、艺术和科学领域内具有独创性并能以某种有形形式复制的智力成果。即作品必须具备独创性、有一定的表现形式、能以有形物质为载体进行复制使用的特征，例如临摹的几乎一样的世界名画、脑中关于某幅画的构思、沙滩上的作画等，因为不具备作品的特征，不属于著作权法保护的对象。

作品的具体表现形式有以下几种：（1）文字作品；（2）口述作品；（3）音乐、戏剧、曲艺、舞蹈、杂技艺术作品；（4）美术、建筑作品；（5）摄影作品；（6）视听作品；（7）工程设计图、产品设计图、地图、示意图等图形作品和模型作品；（8）计算机软件；（9）符合作品特征的其他智力成果。

立法基于各种因素的考虑，明确了一些适用著作权法的例外情况：（1）法律、法规，国家机关的决议、决定、命令和其他具有立法、行政、司法性质的文件，及其官方正式译文；（2）单纯事实信息；（3）历法、通用数表、通用表格和公式。

（二）著作权的内容

著作权的内容是指著作权人对作品享有的权利。著作权的内容具有双重性，包括人身权和财产权。人身权是作者基于作品享有的精神利益，由作者专属，一般情况下不能转让，不得继承；财产权是作者基于作品享有获益的权利，可以通过自己使用或者授权许可他人使用来获得报酬，也可以转让。人身权与财产权相互关联又相互独立，一般情况下，作者在转让财产权后仍享有人身权，相应受转让的权利人一般只享有财产权而不享有人身权。

著作权的人身权主要包括发表权、署名权、修改权和保护作品完整权四项权利。发表权，是指作者具有决定作品是否公之于众、以何种形式发表的权利。发表权的重点在于是否公之于众，大部分情况下，公之于众指作者的主观意向与提供作品的方式，与受众的数量并无直接关系。发表权的保护期为作者在世期间加上过世后五十年，其他三项人身权的保护期不受限制。署名权，指作者在作品上署名表明自己作者身份的权利。作者有权决定署名的方式，既包括署名或不署名，也包括署真名或署笔名；作者也有权禁止他人在自己的作品上署名。修改权，是指作者享有对作品修改或者授权他人修改的权利。对作品进行修改，指对作品内容作局部的变更或者文字、用语的修正等。考虑到报社、期刊社出版报纸、期刊可能有特别的版面要求，著作权法规定，报社、期刊社可以对作品进行文字性修改、删节，但不涉及内容、观点的实质性变动。保护作品完整权，指作者保护其作品不受歪曲、篡改的权利。这项权利的意义在于保护作者的名誉以及维护作品的完整性。

著作权的财产权主要包括复制权、发行权、出租权、展览权、表演权、放映权、广播权、信息网络传播权、摄制权、改编权、翻译权、汇编权等，也可将其分类为复制权、广义发行权、公开传播权和演绎权。

1. 复制权，指将作品制成有形复制品的权利，复制行为的表现为作品相对稳定、持久固定再现于有形物质载体之上。

2. 广义发行权包括发行权和出租权。发行权，指向公众提供作品原件或者复制件的权利，发行行为的表现形式为出售、赠与等。出租权，指将载有作品的物在一定时间内提供给他人使用并收取租金的权利，目前出租权的对象仅限于视听作品和计算机软件，其他的作品如图书的作者并不享有出租权。

3. 公开传播权包括展览权、表演权、放映权、广播权和信息网络传播权。展览权，指将作品原件或复印件公开陈列的权利，展览权的对象只有美术作品、摄影作品。表演权，指公开表演作品以及用各种手段公开播送作品的表演的权利。表演包括现场表演和机械表演。现场表演指表演者以声音、语言、表情、动作公开演奏作品的过程，如现场朗诵文学作品、舞台剧演出等；机械表演指通过各种技术设备将现场表演以机械的方式公开传播，机械表演如商店向顾客播放音乐、歌舞表演等。放映权，指通过技术设备公开再现作品的权利，放映权的对象有美术、摄影视听作品等能够放映的其他作品。广播权，指以有线或者无线方式公开传播或者转播作品，以及通过扩音器或者其他传送符号、声音、图像的类似工具向公众传播广播的作品的权利，但不包括信息网络传播权的权利。信息网络传播权，指通过互联网或其他有线或者无线的信息传输网络向公众提供作品的权利。

4. 演绎权包括摄制权、改编权、翻译权、汇编权。摄制权，指以摄制视听作品的方法将作品固定在载体上的权利。改编权，指改变作品、创作出具有独创性的新作品的权利，改编后作品与原作存在，改编的表现形式如将小说改编成连环画、剧本，将作品扩写或缩写等。翻译权，指将作品从一种语言文字转换成另一种语言文字的权利，如果仅仅是将作品做一个机械地转换，如将作品转换成盲文作品，则不构成翻译。汇编权，指将作品或者作品的片段通过选择或者编排，汇集成新作品的权利。汇编并不会改变作品，只是将作品按照独创性的编排形成新作品。

（三）因传播作品而产生的权利

根据著作权法及相关规定可知，著作权法保护的内容除了著作权，还有因传播作品而产生的权利，国际上多称其为邻接权。我国享有邻接权的主体为表演者、录音录像制作者、广播电台、电视台、出版者，这些传播者的权利是基于著作权产生的，法律虽规定传播者享有权利，但其行使权利不得侵犯作者的著作权。

二、著作权的取得与登记

（一）著作权的取得与登记原则概述

1. 著作权原始取得的自动取得及自愿登记原则

根据著作权取得方式的不同，著作权的取得分为原始取得与继受取得。原始取得著作权是著作权由无到有的过程，无须以他人的权利为前提；继受取得必须以原著作权人的著作权为依据，是著作权主体从前一个变更为另一个的过程。

不同于专利权及商标权以登记、注册为取得要件，著作权原始取得以自动取得为原则。即原始著作权自作品创作完成之日起产生，而且中国公民、法人或者其他组织的作品是否发表，并不影响著作权的自动取得。对于计算机软件，软件著作权人可以基于自愿向国务院著作权行政管理部门认定的软件登记机构办理登记，但软件著作权的归属并不以著作权登记为要件，登记文件只是起权属初步证明作用。

2. 著作权继受取得不以登记为生效条件

不同于原始取得的作者对其作品享有全部的著作权，继受取得著作权的人仅享有著作权中的财产权。著作权继受取得的方式主要是转让、继承，只要转让的法律行为合法有效或者继承的事实行为真实存在，著作权即发生转让效力。以计算机软件为例，其登记在先，之后登记的著作权人通过转让合同将软件著作权转让给他人，即使登记主体未变更，著作权自转让合同生效之日起发生转让效力。

3. 外国人、无国籍人的作品不适用自动取得原则

著作权自动取得原则适用的是中国作者的作品，针对外国人、无国籍人，其作品只有首先在我国出版的，才能依照我国著作权法享有著作权。如果外国人、无国籍人的作品已在中国境外出版过，在我国只是再次出版，该作品不属于在我国首先出版，外国人、无国籍人也就不能根据我国的自动取得原则获得著作权。

（二）取得著作权的原始主体一般规定

根据上文可知，原始著作权自作品创作完成之日起产生。换言之，除法律另有规定外，著作权的原始主体是创作作品的作者，著作权的原始归属为作者。

　　作者是创作作品的公民、法人或者其他组织，只有进行创作的人才能成为作者，为他人提供机械劳作、咨询意见等不具有创造性行为的，不能成为作者。虽然理论上只有自然人才具备思维能力，但从法律角度，法人同自然人一样具有民事权利能力和民事行为能力，属法律拟制的人，也能够成为作者。因此，著作权法明确作者既可是公民，也可是法人或其他组织。但基于法人和其他组织与自然人的区别，《著作权法》要求法人和其他组织在一定条件下才可视为作者。法人和其他组织被视为作者的三个要件：一是作品由法人或者其他组织主持创作，实际执笔人必然是自然人，但启动创作工作的一定是法人或者其他组织；二是作品的创作思想代表法人或者其他组织的意志；三是作品由法人或者其他组织承担责任。只有同时满足这三个要件，法人或者其他组织才可能被视为作者，成为法律意义上的著作权人。

　　以上是从理论的角度对作者的界定，在实践中，如果没有证据能证明作品的署名人并非作者的，一般将作品上的署名人认定为作者。

（三）取得著作权的原始主体特别规定

　　1. 演绎作品的著作权归属

　　演绎作品是指在保留原作品基本表达的基础上进行改编、翻译、注释、整理原作品而产生的作品，其著作权由改编、翻译、注释、整理人享有。演绎作品本质仍属作品，因此具备独创性是演绎作品的基本要求。但基于演绎作品是由原作品派生而来，因此演绎作品的创作要取得原作品著作权人的许可，同时演绎作品著作权的行使不得侵犯原作品的著作权。

　　2. 合作作品的著作权归属

　　合作作品是指两人以上合作共同创作的作品，合作作品的著作权人由参加创作的人享有，没有参加创作的人，不能成为合作作品的作者。合作作品要求合作者之间有共同创作某一作品的意愿，且每位合作者所创作的成果都应达到作品的标准，完成的成果都是合作作品的组成部分。若合作作品可分割使用，每个作者在享有合作作品著作权的同时，对其创作的成果也可以单独享有著作权，但行使自己创作成果的著作权时不得侵犯合作作品整体的著作权。若合作作品不可分割使用，合作作品的著作权由各合作者共同享有，通过协商一致行使；如果各合作者不能协商一致，又无正当理由的，任何合作者均可行使除转让、许可他人专有使用、出质以外的其他权利，但是所得收益应当合理分配给所有合作作者。

　　3. 汇编作品的著作权归属

汇编作品指将若干作品、作品的片段或者不构成作品的数据或者其他材料进行选择或者编排而产生的新作品。汇编作品的独创性体现在内容的选择或编排上，基于该独创性，汇编人享有汇编作品的著作权。与演绎作品类似，汇编作品是以原作品为基础，因此汇编作品的创作也要取得原作品著作权人的许可，同时汇编作品著作权的行使不得侵犯原作品的著作权。

4. 视听作品的著作权归属

创作摄制电影类作品是一个比较繁琐、复杂的过程，不仅需要制片人组织拍摄、提供资金，还要有导演、编剧、摄影、作曲家等参与电影剧本创作或改编、摄影、音乐制作等，因此创作一部电影作品同时可能包含其他作品的智力创作。考虑到电影类作品的商业运作和制片人的投资，因此视听作品中的电影作品、电视剧作品的著作权由制作者享有，但编剧、导演、摄影、作词、作曲等作者享有署名权，并有权按照与制作者签订的合同获得报酬。

除电影作品、电视剧作品以外的视听作品的著作权归属则由当事人约定；没有约定或者约定不明确的，由制作者享有，但作者享有署名权和获得报酬的权利。

视听作品中的剧本、音乐等可以单独使用的作品，其作者有权单独行使其著作权。

5. 职务作品的著作权归属

职务作品是指法人或者其他组织的工作人员为完成该单位的工作任务所创作的作品。相较于法人或者其他组织为作者的作品，职务作品是以单位员工自己的意志创作的，因此根据著作权属于作者的一般原则，除法律另有规定或当事人另有约定，职务作品的著作权由作者享有。但基于职务作品与单位的关联性，立法也赋予作者所在的单位在其业务范围内可优先使用职务作品的权利，并且在未经单位同意的情况下，限制作者在作品完成两年内将作品许可第三人以与单位使用的相同方式使用。

6. 受委托创作作品的著作权归属

受他人委托创作完成的作品，其著作权的归属由委托人和受托人通过合同约定，约定的方式及内容不违反法律规定即可。若没有约定的，著作权属于创作者（受托人）。该种情形下，委托人可在约定的使用范围内免费使用作品，没有约定使用作品范围的，委托人可在委托创作的特定目的范围内免费使用作品。

委托作品有两种特殊情况。对于由他人执笔，本人审阅定稿并以本人名义发表的报告、讲话等作品，著作权由报告人或讲话人享有。以特定人物经历为题材完成的自传体作品，当事人对著作权权属有约定的，依其约定；没有约定的，著作权归该特定人物享有。这两种情况下，著作权人可以向执笔人支付适当的报酬。

三、著作权的限制、使用许可和转让

（一）著作权的限制概述

著作权的限制，是指对著作权人行使专有权利的限制，其意义在于平衡权利人和社会公众的利益，即在保障著作权人和邻接权人权利的同时，确保社会公众合理利用作品的需求；在鼓励、刺激创作的同时，促使高质量作品产生传播，进而促进整个社会科学文化事业的发展和进步。

著作权的限制制度主要包括：著作权的保护期限、合理使用、法定许可及强制许可等。著作权的保护期限指著作权被保护的期间，该期间一旦届满，著作权人对作品不再享有排他的权利，任何人均可以使用。著作权的合理使用，是指在特定的条件下，法律允许他人不以营利为目的可自由使用享有著作权的作品，不必征求权利人的许可，也无须向权利人支付报酬的合法行为。著作权的法定许可，是指在特定的条件下，法律允许他人可使用特定种类的作品，不必征求权利人的许可，但需要向权利人支付报酬的合法行为。著作权的强制许可使用，是指在特定的条件下，由著作权主管机关根据他人的申请及实际情况，不必征求权利人的许可，授予他人使用享有著作权的作品，使用人需要向权利人支付报酬。虽然我国著作权法并未明确强制许可制度，但是我国加入的《保护文学和艺术作品伯尔尼公约》和《世界版权公约》对其进行了规定，所以实践中也可适用两公约关于著作权的强制许可制度。本章主要基于我国著作权法的规定，因此下文着重介绍保护期限、合理使用及法定许可制度。

（二）著作权的保护期限、合理使用及法定许可制度

1. 保护期限

除发表权以外的著作人身权，保护期不受限制，即作者的署名权、修改权、保护作品完整权永久归属于作者。对于发表权和著作权财产权，保护期基于作者的身份、作品的类型不同，各有差异。一般情形下，公民作品的保护期为作者有生之年及死后五十年，截止于作者死亡后第五十年的 12 月 31 日。如果是合作作品，保护期截止于最后死亡的作者死亡后第五十年的 12 月 31 日；法人和其他组织作品的保护期为五十年，截止于作品首次发表后第五十年的

12月31日，但作品自创作完成后五十年内未发表的，著作权法不再保护。视听作品的方法创作的作品保护期与法人和其他组织作品的保护期一致。作者身份不明的作品（主要指作者以假名或者未署名发表的作品），财产权的保护期为作品首次发表后五十年，如果在五十年内确定了作者，则按照一般规则确定著作权的保护期。

2. 著作权的合理使用

《著作权法》列举了十三项可合理使用的情形：（1）为个人学习、研究或者欣赏，使用他人已经发表的作品；（2）为介绍、评论某一作品或者说明某一问题，在作品中适当引用他人已经发表的作品；（3）为报道新闻，在报纸、期刊、广播电台、电视台等媒体中不可避免地再现或者引用已经发表的作品；（4）报纸、期刊、广播电台、电视台等媒体刊登或者播放其他媒体已经发表的关于政治、经济、宗教问题的时事性文章，但著作权人声明不许刊登、播放的除外；（5）报纸、期刊、广播电台、电视台等媒体刊登或者播放在公众集会上发表的讲话，但作者声明不准刊登、播放的除外；（6）为学校课堂教学或者科学研究，翻译、改编、汇编、播放或者少量复制已发表的作品，供教学或者科研人员使用，但不得发行出版的除外；（7）国家机关为执行公务在合理范围内使用已经发表的作品；（8）图书馆、档案馆、纪念馆、博物馆、美术馆、文化馆等为陈列或者保存版本的需要，复制本馆收藏的作品；（9）免费表演已经发表的作品，该表演未向公众收取费用，也未向表演者支付报酬，且不以营利为目的；（10）对设置或者陈列在公共场所的艺术作品进行临摹、绘画、摄影、录像；（11）将中国公民、法人或非法人组织已经发表的以国家通用语言文字创作的作品翻译成少数民族语言文字作品在国内出版发行；（12）以阅读障碍者能够感知的无障碍方式向其提供已经发表的作品；（13）法律、行政法规规定的其他情形。以上所提及的十三项限制措施，同样适用于对出版者、表演者、录音录像者、广播电台、电视台的权利限制。

虽然基于合理使用作品，可以不经著作权人许可，不向其支付报酬，但仍然存在一定限制。首先，除了当事人另有约定或者由于作品使用方式的特性无法指明，合理使用人应当指明作者姓名和作品名称。其次，合理使用人不得影响该作品的正常使用，不得侵犯著作权人依照本法享有的其他权利。最后，如果属于上述第（4）、（5）项的情形，著作权人可以通过声明排除他人的合理使用。

3. 著作权的法定许可

相较于合理使用，著作权的法定许可是有偿使用，且适用的情形较少。著作权法定许可的情形主要有：（1）为实施义务教育和国家教育规划而编写出版教科书，除作者事先声明不许使用的外，可以不经著作权人许可，在教科书中汇编已经发表的作品片段或者短小的文字作品、音乐作品或者单幅的美术作品、摄影作品、图形作品，但应当按照规定支付报酬，指明作者姓名、作品名称，并且不得侵犯著作权人依照本法享有的其他权利。该情形也适用与著作权有关的权利。（2）作品刊登后，除著作权人声明不得转载、摘编的外，其他报刊可以转载或者作为文摘、资料刊登，但应当按照规定向著作权人支付报酬。对于网络环境下的转载、摘编行为，不能适用法定许可，著作权人声明未经允许不得转载的不得私自转载。（3）录音制作者使用他人已经合法录制为录音制品的音乐作品制作录音制品，可以不经著作权人许可，但应当按照规定支付报酬。著作权人声明不许使用的不得使用。（4）广播电台、电视台播放他人已发表的作品，可以不经著作权人许可，但应当支付报酬。

（三）著作权的使用许可和转让

除著作权法有例外规定（主要是合理使用和法定许可），他人使用著作权人的作品应当获得著作权人的许可，或者受让著作权。法律对著作权许可使用合同和转让合同并无过多限制，但在法律中明确列举了合同的主要内容，有助于当事人正确、全面地约定合同内容，保护自己的合法权益，预防合同纠纷发生。

许可使用合同内容主要包括：许可使用的权利种类、许可使用的权利是专有使用权或者非专有使用权、许可使用的地域范围和期间、付酬标准和办法、违约责任等。转让合同内容主要包括：作品的名称、转让的权利种类和地域范围、转让价、交付转让价金的日期和方式、违约责任等。

许可使用的权利种类与转让的权利种类一样，只能是著作权的财产权。实践中，各方当事人根据各自的意愿，会在许可使用或转让合同中明确具体的权利类型。未经著作权人同意，在合同中未明确许可、转让的权利，另一方当事人不得行使。除了合同内容侧重点不同，相较于许可使用合同，转让合同必须是书面合同，而对许可使用合同的形式没有强制要求。

四、常见的著作权纠纷及应对

（一）常见的著作权纠纷概述

近年来，著作权纠纷案件数量逐年增加，根据司法实践反馈的情况，主要集中在以下几个方面：

（1）对作品的认定。随着社会发展，出现了一些与传统作品有区别的新成果，该类成果涉及的纠纷，一般情形下，首先确认其是否属于著作权法保护的作品。例如 2018 年抖音诉百度短视频侵害作品信息网络传播权纠纷案，双方及法院就短视频是否属于作品均进行了阐明。

（2）作品著作权的归属纠纷。例如法律进行特别规定的自传体文学作品、为他人撰写的报告和讲话稿等作品的著作权归属纠纷，受托创作人与委托人、出版单位与作者之间产生的纠纷，以及就同一题材创作的作品的著作权归属纠纷等。

（3）著作权人与作品使用人、受让人、所有权人之间的纠纷。

（4）著作权侵权纠纷，该类纠纷一般是被控侵权人在未经著作权人的同意下，又不符合法律规定的情形，擅自使用作品。该类纠纷多数也包含了前面的纠纷类型。

（5）著作权行政处罚及行政执法纠纷。虽然该类纠纷涉及行政机关介入，但多数行政行为指向的也是著作权侵权行为。

因此，综合来看，同专利权和商标权纠纷一样，著作权最常见的纠纷也是侵权纠纷。下文将介绍最高人民法院发布的 2018 年两件典型著作权纠纷案件，笔者将根据案件的审理思路及当事人主张的部分观点，总结一些应对建议。

（二）最高人民法院发布 2018 年中国法院典型著作权案件

1. "伙拍小视频"侵害作品信息网络传播权纠纷案（（2018）京 0491 民初 1 号）

【案情摘要】北京微播视界科技有限公司（以下简称"微播视界公司"）是抖音平台的运营者。百度在线网络技术（北京）有限公司、百度网讯科技有限公司（合称"百度公司"）是伙拍平台的运营者。汶川特大地震十周年之际，2018 年 5 月 12 日，抖音平台的加 V 用户"黑脸 V"响应全国党媒信息公共平台（以下简称"党媒平台"）和人民网的倡议，使用给定素材，制作并在抖音平台上发布"5.12，我想对你说"短视频（以下简称"我想对你说"短视频）。经"黑脸 V"授权，微播视界公司对"我想对你说"短视频在全球范围内享有独家排他的信息网络传播权及独家维权的权利。伙拍小视频手机软件上传播了"我想对你说"短视频，该短视频播放页面上未显示有抖音和用户 ID 号水印。微播视界公司以"我想对你说"短视频构成以类似摄制电影的方法创作的作品（以下简称"类电作品"），百度公司上述传播和消除水印的行为侵犯了微播视界公司的信息网络传播权为由，提起诉讼。北京互联网法院一审认为，"我想对你说"短视频构成类电作品，百度公司作为提供信息存储空间的网络服务提供者，对于伙拍小视频手机软件用户的提供被控侵权短视频的行为，不具有主观过错，在履行了"通知—删除"义务后，不构成侵权行为，不应承担相关责任，判决驳回微播视界公司的全部诉讼请求。①

【案件分析】该案件被评为 2018 年度"中国十大传媒法事例"之一，基于该案件的当事人社会影响力较大，引发了各界的广泛关注。该案件的主要争议焦点：（1）被诉的"我想对你说"短视频是否构成类电作品；（2）被告对"我想对你说"短视频是否构成侵权，是否承担责任。关于争议焦点（1），被告认为短视频不属于类电作品，进而主张原告不存在权利请求基础，因此不具备主体资格。最终，法院从"独立完成"及"创作性"两个角度，考虑互联网背景下创新的需求和特点，认定该短视频属于类电作品，结合其他事实，肯定了原告的主体资格，进而进入被告是否存在侵权行为、承担侵权责任的审理。关于争议焦点（2），结合各方举证内容，法院认定被告属于网络服务提供者，而不属于直接侵权人。同时，判定被告的行为符合避风港原则，不应承担侵权责任。其中，在被告是否适用避风港原则②时，原告认为被告在收到原告的邮件后未及时在平台删除被控侵权的短视频，而被告则主张未收到原告的邮件，只收到原告的纸质投诉函，且在收到投诉函后第三天在平台删除被控侵权的短视频。法院认为，原告无法证明电子邮件到达被告电子邮件系统，应以纸质投诉函接收时间为被告收到原告通知书节点，而且收到投诉函后的三天内有两天属于周末，因此被告删除被控侵权短视频的行为在合理期限内。

【案例总结】根据上述分析可知，著作权保护的是具有创作性的作品，因此权利人维权的首要条件是诉争对象具备作品的特征，其中最典型的特征是创造性。其次，权利人在能够获取公开投诉渠道的情况下，应当按照最经济、最直接的方式进行维权，并且注意保留相关证据。实践中，从经济性、保留证据角度，邮寄书面投诉文件、通知书最为稳妥。最后，权利人除了关注自身权利主张，还应考虑对方的抗辩事由，这样才能全方位预防纠纷发生，即使最终可能无法避免，但也能有利于事后追究对方责任。

---

①　摘自《最高人民法院办公厅关于印发 2018 年中国法院 10 大知识产权案件和 50 件典型知识产权案例的通知》。

②　《信息网络传播权保护条例》第二十三条规定："网络服务提供者为服务对象提供搜索或者链接服务，在接到权利人的通知书后，根据本条例规定断开与侵权的作品、表演、录音录像制品的链接的，不承担赔偿责任；但是，明知或者应知所链接的作品、表演、录音录像制品侵权的，应当承担共同侵权责任。"

2. 快播公司著作权行政处罚案（（2016）粤行终 492 号）

【案情摘要】腾讯公司从权利人处获得涉案 24 部作品信息网络传播权的独家许可之后，又将其中 13 部作品的信息网络传播权以直接分销或版权等值置换等方式非独家许可第三方使用。根据腾讯公司提交的合同显示，该 13 部作品的分销或者置换价格总计为人民币 8671.6 万元。2014 年 3 月 18 日，腾讯公司向深圳市市场监督管理局（以下简称市场监管局）投诉称，快播公司侵害了其享有的涉案作品信息网络传播权，请求予以查处。市场监管局向深圳市盐田公证处申请证据保全公证。公证书显示，在手机上登录快播客户端搜索涉案 24 部影视作品，每一部影视作品首选链接均为"腾讯视频"，点击"腾讯视频"旁的下拉选项，均有其他链接（多数伪造成乐视网、优酷、电影网等知名视频网站）；点击其他链接播放具体集数，视频显示的播放地址均是一些不知名的、未依法办理备案登记的网站。2014 年 6 月 26 日，市场监管局作出深市监稽罚字〔2014〕123 号《行政处罚决定书》，决定：（1）责令立即停止侵权行为；（2）处以非法经营额 3 倍的罚款 26014.8 万元人民币。快播公司申请行政复议，广东省版权局于 2014 年 9 月 11 日作出《行政复议决定书》，维持市场监管局的行政处罚决定。快播公司起诉至深圳市中级人民法院，请求判令撤销《行政处罚决定书》。深圳市中级人民法院驳回快播公司的诉讼请求，广东省高级人民法院维持一审判决。①

【案例分析】该案的当事人属于其行业领域内影响较大的企业，社会关注度较高，最终处罚金额高达 2.6 亿元左右。该案权利人腾讯公司虽然未直接通过该行政案件获得赔偿，但是该案判决的警示作用不言而喻。该案的涉案金额较高，案件在审理过程中，快播公司从程序、实体也进行了一系列系统、全面的抗辩，其中部分理由值得权利人注意：（1）快播公司认为市场监管局接收投诉材料程序违法，不符合《著作权行政处罚实施办法》第十二条等规定。法院经核实证据后，认定腾讯公司提交的材料符合法律规定。（2）快播公司认为即使侵权成立，其并未获利，该案属于没有非法经营额的情形，处罚金额为 5 万元；市场监管局不应以腾讯公司提交的分销价统计表记载的价格作为非法经营额，以该金额的三倍为最终处罚金额。法院认为非法经营额与非法获利属于不同概念，无获利并不代表没有非法经营额；而且基于互联网经营模式，快播公司通过免费播放被控侵权作品增加关注度及用户流量，在此基础上吸引

---

① 摘自《最高人民法院办公厅关于印发 2018 年中国法院 10 大知识产权案件和 50 件典型知识产权案例的通知》。

用户使用其游戏软件，因此不能视为无非法经营额。

【案例总结】根据该案例可知，有时通过行政机关维护权益，虽然无法直接获得赔偿，但行政决定带来的潜在社会效益无疑是巨大的。虽然行政机关依职权独立作出行政行为，但权利人提交的材料可能会对最终处理的结果带来影响。例如，本案中，虽然快播公司认为深圳市场监管局接收投诉材料程序违法，但是提交投诉材料是权利人的义务，权利人完全可以主动控制提交投诉材料的准确度和及时性。其次，腾讯公司在此次投诉中，提交分销价统计表作为投诉材料的行为，未必没有对深圳市场监管局对该侵权行为定性起到一定参考的作用，最终促成巨额罚款决定的结果。因此，若想通过行政途径达到一定效果，一定要熟悉相关法律规则，在投诉书中提出最有利于己方并且可能实现的主张。

第六节 商 业 秘 密

一、商业秘密概述

（一）商业秘密的概念

世界大部分国家和地区一般都对保护商业秘密作了规定，在我国，"商业秘密"作为一个法律名词，最早出现在我国 1979 年颁布的《民事诉讼法（试行）》中。现行《中华人民共和国反不正当竞争法》（以下简称《反法》）将商业秘密定义为不为公众所知悉、具有商业价值并经权利人采取相应保密措施的技术信息、经营信息等商业信息。根据该定义可知，商业秘密包括技术信息和经营信息等。2019 年新修订的《反法》对商业秘密的定义更加开放，由原来的"技术信息和经营信息"变为"技术信息、经营信息等商业信息"，虽然实践中仍以技术信息和经营信息为主，但修订后的表述给商业秘密的内容赋予了更多可能性。技术信息，指与产品生产和制造有关的秘密技术，可以包括产品配方、制作方法、设计方案、工艺流程等信息；经营信息，指能够为权利人带来经济利益的秘密信息，可以包括客户名单、产销策略、货源情报等信息。

（二）商业秘密的构成要件

商业秘密的构成要件主要包括三个方面：（1）不为公众所知悉。商业信息具有秘密性，即不特定的人无法普遍知悉或者容易获得的信息。但是，信息的秘密性是相对的，即相较于不特定的大多数人而言的，例如几个经营者自行研发的相同生产配方，只要其他相同或类似领域的大多数经营者无法获得，也可能分别构成商业秘密。（2）具有商业价值。信息具有商业价值，首先要求该信息能够为权利人带来经济利益或者竞争优势，其次要求该信息具有实用性，既包括现实的实用性，例如能够立即投入生产的产品配方，也包括潜在的实用性，例如可以降低研发成本的研究。（3）权利人采取了相应保密措施。如果权利人自身对信息没有采取保护措施，采取放任其公开的态度，则体现了权利人自认为这不是秘密，法律是不会保护权利上的睡眠者。首先，保密措施强调的是权利人的行为，而不是最终的结果。其次，保密措施应当匹配商业秘密的商业价值、独立获取难度等。信息的商业价值越高，他人独立获取的难度越大，权利人就有义务采取越严格的保密措施。

（三）商业秘密的特征

商业秘密具有专利、商标等知识产权的一些特征，很多国家将商业秘密归类为知识产权。但商业秘密又具有不同于知识产权的独有特征。

商业秘密的效力具有相对性。商业秘密是一项相对的权利，其专有性不是绝对的。如果其他人通过合法方式如反向工程、独立发明等途径获得了同一内容的商业秘密，他们就与第一个权利人有着同样的权利，可以对商业秘密使用和处分，第一个权利人无权禁止之后的权利人使用或者处分该信息。

商业秘密具有非公开性。不为公众所知悉是商业秘密的构成要件之一，但专利、商标在授予与注册过程都需将其公开，之后权利人才能获得相应的权利进而受到保护。

商业秘密权利人获得权利无须国家授权。同著作权一样，只要符合规定，商业秘密权可自动受到法律保护，无须国家授权，否则与商业秘密的秘密性违背。

商业秘密的保护期具有不确定性。商业秘密的保护期限取决于权利人的保密措施和秘密是否被公开，法律并无规定具体的期限。换言之，如果一项商业秘密保密措施非常严格，他人又未将其秘密公开，该项商业秘密的保护期限可能很长，远超过专利受保护的时间，这也是很多权利人选择将技术作为商业秘密保护，而不去申请专利的原因。

二、侵犯商业秘密行为的认定

（一）侵犯商业秘密行为的形式

侵犯商业秘密是指他人未经权利人的许可，以非法手段获取或者使用商业秘密的行为。侵犯商业秘密的形式主要包括以下五种情形：

1. 行为人以盗窃、贿赂、欺诈、胁迫、电子侵入或者其他不正当手段获取权利人的商业秘密。盗窃商业秘密，即秘密窃取商业秘密，手段方式不仅包含外部人员盗窃，也包含单位内部人员盗窃以及内外勾结盗窃等。利诱手段获取商业秘密，指行为人以提供财物或其他好处等手段诱使知晓商业秘密的人员向其提供商业秘密。以胁迫手段获取商业秘密，指行为人采取威胁、强迫手段，使掌握商业秘密的人员提供商业秘密。电子侵入手段是 2019 年《反法》修订时明确增加的方式，例如网络破解、非法下载等手段，将电子侵入手段写入《反法》符合社会发展的背景。

2. 行为人非法获取商业秘密后，披露、自己使用或者允许他人使用该商业秘密。披露是指将权利人的商业秘密公开，使其丧失秘密价值，进而导致权利人的竞争优势被破坏。自己使用或者允许他人使用该商业秘密，是指行为人利用商业秘密的价值为自己牟取利益。以非法手段获取商业秘密的行为人，再将该秘密披露或使用，存在两个侵权行为，即一个行为主体两个侵权行为。

3. 行为人违反约定或者违反权利人有关保守商业秘密的要求，披露、使用或者允许他人使用其所掌握的商业秘密。该种违法行为与前述两种违法行为的区别在于，行为人获取商业秘密本身是合法的。例如，权利人的员工因参与研发知悉商业秘密，或者行为人通过与权利人签订使用合同知悉商业秘密，与权利人签署合作协议取得商业秘密。但是，如果行为人与权利人之间存在保守商业秘密的约定，行为人违反保密义务，擅自披露、使用或者允许他人使用其所掌握的商业秘密，就构成侵犯商业秘密。该种行为属于违约与侵权行为的竞合。

4. 行为人教唆、引诱、帮助他人违反保密义务或者违反权利人有关保守商业秘密的要求，获取、披露、使用或者允许他人使用权利人的商业秘密。这是 2019 年新修订的《反法》新增的间接侵权的情形，扩大了商业秘密侵权行为的范围。该条规定，使权利人无须再通过主张共同侵权追究这类行为人的侵权责任，进而减轻权利人的举证负担，有利于权利人的维权。

5. 行为人明知或者应知商业秘密权利人的员工、前员工或者其他单位、个人实施前述违法行为,仍获取、披露、使用或者允许他人使用该商业秘密的,视为侵犯商业秘密。这类行为属于间接侵权,构成该行为首先要求商业秘密权利人的员工、前员工或者其他单位、个人存在前述四种侵犯商业秘密的违法行为,然后再将该商业秘密交给行为人使用,即该侵权行为暗含了其他主体的侵权行为。其次,要求行为人的主观存在"明知或者应知"的故意或过失。如果行为人在不知道或者不应当知道的情形下使用该信息,则不构成侵犯商业秘密。最后,行为人存在获取、披露、使用或者允许他人使用该商业秘密的行为。

(二) 取得商业秘密的合法途径

考虑实践中的可能性,将一些获得商业秘密的途径合法化,这也是商业秘密的效力具有相对性的体现,具体主要有以下几个方面:

1. 独立开发。商业秘密权利人以外的人通过自己独立的智力活动获得与权利人相同或近似的信息的,该种行为有存在的可能性,因此不属于侵犯商业秘密。

2. 反向工程。商业秘密权利人以外的人通过技术手段,对从公开渠道取得的产品进行拆卸、测绘、分析等而获得该产品的有关技术信息,该种途径称为"反向工程",且不构成侵权。但是,当事人以不正当手段知悉了他人的商业秘密之后,又以反向工程为由主张获取行为合法的,不予支持。

3. 获得权利人的实施许可。行为人获得商业秘密权利人的合法受让或者实施许可后,即可依照实施许可的约定,使用商业秘密。

4. 通过公开渠道获得的信息。一般商业秘密能够通过公开渠道获得即丧失了秘密性,极可能失去法律的保护,因此行为人使用通过公开渠道获得的信息不视为侵权。

5. 公权限制。国家机关依法在执行公务过程中获取当事人的商业秘密,不视为侵犯商业秘密。以国家公权力限制商业秘密必须以执行职务为限并且有法律的明文规定,同时国家机关工作人员在执行职务过程中获得的商业秘密,仍然对其负有保密义务。

三、保护商业秘密的措施

(一) 商业秘密保护措施概述

商业秘密的保护措施非常重要,有效的保密措施不仅可以预防商业秘密受到侵犯，也是纠纷中认定信息为商业秘密的构成要件。根据《最高人民法院关于审理不正当竞争民事案件应用法律若干问题的解释》第十一条规定可知，保密措施指权利人为防止信息泄露所采取的与其商业价值等具体情况相适应的合理保护措施。法院主要通过所涉信息载体的特性、权利人保密的意愿、保密措施的可识别程度、他人通过正当方式获得的难易程度等因素，认定权利人是否采取了保密措施。当权利人采取了限定涉密信息的知悉范围、加锁涉密信息载体、标记保密标志在涉密信息的载体上、签订保密协议、要求来访者保密等措施，在正常情况下足以防止涉密信息泄露的，一般都应当认定权利人采取了保密措施。

保密方法可以分为制度措施和物理措施。制度措施主要有与员工签订保密协议、竞业限制协议，在公司章程或规章制度明确保密义务，实施来访者登记制度，组织员工保密培训等。物理措施主要有对涉密信息载体采取加锁等防范措施，对于涉密信息采用密码或者代码，在涉密文件标志涉密字样，设立保密区域等。

（二）商业秘密保护措施的合理性认定

根据法律规定及相关案例，可总结合理的保护措施应当符合以下要求：

主观方面，权利人有主动保护商业秘密不被泄露的意愿。在举证中主观意愿多以客观的主动措施行为来体现，但要注意权利人一定有主动的行为才能反映其主动保护的意愿。例如，在（2012）民监字第253号案件中，最高人民法院认为合同的附随义务不能构成商业秘密的保密措施，因为派生于诚实信用原则的保守秘密的合同附随义务无法体现权利人对信息采取保密措施的主观意愿，不能构成作为积极行为的保密措施。

客观方面，权利人已采取了合理的保密措施。合理的保护措施具有以下几点特征：首先，保密措施的内容是具体、详细、有效的，即要求保密对象、范围等必须明确，义务人也能执行。例如，公司仅在劳动合同或章程中要求员工保守公司商业秘密，但并未明确应保守商业秘密的具体内容、范围、措施等，则不能认定公司采取了合理的保密措施，因此保密协议最好尽可能地详尽具体。其次，保护措施应当以明显易于识别的方式使义务人知晓。常见的方法有对涉密信息进行标密，在涉密的场所用标志牌明示等。最后，保护措施应当与商业价值等具体情况相适应，在正常情况下足以防止涉密信息泄露。权利人采取的措施如果在正常情况下无法防止涉密信息泄露的，视为其自身未履行基本的保密义务，其所主张的商业秘密也无法得到法律的保护，即并不意味所有的权利人都需要采取极其严密的保密措施，只要在合理情形下能达到保密效果即可。最后，权利人在纠纷中需履行基本的初步举证责任，证明商业秘密符合法定条件，其中要求其证明已采取了保密措施。因此权利人在采取保密措施时，注意保留证据，如保密协议备份留底、保留监控录像等。

第七节　反不正当竞争

一、常见的不正当竞争行为类型

（一）不正当竞争行为的界定

经营者在生产经营活动中应当遵循自愿、平等、公平、诚信竞争原则，遵守法律规定和商业道德。但实践中，仍然无法排除部分经营者为了追求利益破坏这些原则，实施不正当竞争行为。为了维护市场竞争秩序，保障其他经营者或者消费者权益，法律明确经营者不得进行不正当竞争，否则应当承担相应的法律责任。

《反法》第二条明确不正当竞争行为，是指经营者在生产经营活动中，违反《反法》规定，扰乱市场竞争秩序，损害其他经营者或者消费者的合法权益的行为。根据该定义，不正当竞争行为的构成应当包含以下几点要素：（1）大部分不正当竞争的主体是经营者。经营者指从事商品生产、经营或者提供服务的自然人、法人和非法人组织，判断一个主体是否属于经营者，关键在于其是否作为法律上和经济上独立的行为主体参与市场活动。另外，在2019年修订的《反法》中，将侵犯商业秘密的主体范围扩大，因此侵犯商业秘密这类不正当竞争行为的主体并不仅限于经营者。（2）不正当竞争的表现形式，是经营者在生产经营活动中实施的行为违反《反法》规定，扰乱市场竞争秩序。这里的"违反《反法》规定"包含两个方面：一是违反《反法》第二章所明确列举的关于不正当竞争行为的各项具体规定，二是违反《反法》第二条第一款关于竞争原则的规定。所以法院处理不正当竞争纠纷时，既可以根据第二章的具体规定认定不正当竞争行为，也可以根据第二条原则性条款认定。但因为《反法》没有规定经营者违反原则性条款应承担的行政责任，根据行政法"法无授权不可为"的基本原则，行政机关只能适用具体规定查处不正当竞争行为。（3）不正当竞争的后果，是行为扰乱了市场秩序，损害了其他经营者或者消费者的合法权益。因此在认定不正当竞争行为时，既要考虑是否扰乱了市场秩序，又要考虑是否损害了其他经营者或消费者的合法权益。对于经营者实施的仅损害消费者的合法权益但不涉及竞争秩序的行为，则不属于不正当竞争行为。

（二）常见的不正当竞争行为类型

1. 商品主体混淆行为，引人误认为是他人商品或者与他人存在特定联系，具体包括：擅自使用他人有一定影响的相同或者近似的商品标识（如商品名称、包装、装潢等），擅自使用他人有一定影响的主体标识（如企业名称及其简称、字号等，社会组织名称及其简称等，自然人姓名、笔名、艺名、译名等），擅自使用他人有一定影响的网络活动中的一些特殊标识（如域名主体部分、网站名称、网页等）等。

2. 商业贿赂行为，指经营者为争取交易机会或者竞争优势，通过秘密给付财物或者其他报偿等不正当手段收买相关能够影响市场交易的单位或个人的行为。贿赂对象分为三类：交易相对方的工作人员、受交易相对方委托办理相关事务的单位或者个人、利用职权或者影响力影响交易的单位或者个人。

3. 虚假宣传行为，指经营者利用广告或其他方法，对商品作不符合实际情况或者引人误解的宣传的行为。

4. 侵犯商业秘密的行为，指他人未经权利人的许可，以非法手段获取或者使用商业秘密的行为。具体表现形式详见上文。

5. 违法有奖销售的行为。有奖销售行为指经营者以提供奖品或奖金或者其他经济上的利益的手段进行推销的行为。为防止经营者在有奖销售过程中误导或欺骗消费者，违反市场竞争的原则，立法明确禁止经营者进行三种有奖销售行为：有奖销售信息不明确，影响兑奖；采用谎称有奖或者故意让内定人员中奖的欺骗方式进行有奖销售；最高奖的金额超过五万元的抽奖式有奖销售。

6. 商业诋毁行为，指经营者通过编造、传播虚假信息或者误导性信息，损害竞争对手的商业信誉和商品声誉。一般情况下，虚假信息或者误导性信息必须经过"传播"才会对竞争产生影响，因此仅编造虚假信息而未进行传播的，一般不构成商业诋毁。

7. 网络不正当竞争行为，指经营者利用技术手段，通过影响用户选择或者其他方式，实施妨碍、破坏其他经营者合法提供的网络产品或者服务正常运行的行为。主要表现形式：未经同意，在其他经营者合法提供的网络产品或者服务中，插入链接、强制进行目标跳转；误导、欺骗、强迫用户修改、关闭、卸载其他经营者合法提供的网络产品或者服务；恶意对其他经营者合法提供的网络产品或者服务实施不兼容等。

二、反不正当竞争领域常见的法律风险及应对

近年来，随着我国经济的快速发展，与不正当竞争有关的纠纷数量及复杂程度均呈现增长趋势。因此，企业应当了解不正当竞争领域常见的法律风险，并提前做好应对。下文主要从经营者维权、防止触犯法律等角度，介绍反不正当竞争领域常见的法律风险及相应的应对措施。

在商品主体混淆行为中，经营者常因商品影响力不足而未能获得保护。根据上述介绍可知，商品主体混淆行为的对象要求具有影响力，但实践中，很多权利人没有足够的证据证明其被侵犯的标识具有影响力，致使案件最终败诉。因为《最高人民法院关于审理不正当竞争民事案件应用法律若干问题的解释》明确权利人应当对其商品的市场知名度负举证责任，因此建议权利人在经营过程中尽量保留与影响力证明相关的证据材料，例如各类销售合同、宣传合同、使用记录等。另外，权利人也应当具有申请商标或专利意识，考虑将相关标识认定为商标或专利进行保护。

虽然《反法》禁止商业贿赂行为，但并不禁止经营者采取合法的折扣、佣金途径扩大经营。但是，为防止经营者以折扣、佣金为名，行商业贿赂之实，《反法》规定折扣、佣金满足应当符合"以明示方式进行和如实入账"两个条件。不仅要求经营者向相对方支付折扣、佣金应当如实入账，而且要求接收折扣、佣金的相对方也应当如实入账。如实入账不仅要求在账簿中体现内容，而且应当按照正确的会计制度计入相应科目，否则也不属于合法的折扣、佣金。因此，为了避免存在将支付折扣或佣金的行为认定为商业贿赂的风险，经营者应当注意规范公司内部的财会制度。

经营者在宣传中可能因为用语不当，被认定为虚假宣传行为。虚假宣传行为的表现方式为内容虚假及内容引人误解等。例如，宣传药品包治百病，该表达过于绝对，则被认为内容虚假的宣传行为；用大字体突出标注"1 元/天，个人流量不限量"的广告，而用相对小得多的字体标注"当月手机上网流量达到 40GB 后实行达量降速"等附加条件，结果确实个人每天只需用 1 元使用不限量流量，但降速后的网速只能浏览网页，相当于变相限制用户的使用流量，则被认为宣传内容引人误解。所以，经营者应当规范广告用语，内容应当清晰准确，避免使用"最""绝""尽"等绝对性以及一些引人误解的表达。

经营者在宣传或报道等过程中介绍自己的商品或服务，有时会牵扯到竞争

对手，如果经营者传播出关于竞争对手的信息属虚假，可能被追究商业诋毁的责任。因此在企业宣传或者接受媒体采访时，注意规范自己的言行，不要传播编造、虚假或者误导性的信息。如果经营者被竞争对手诋毁，经营者既可以主张对方承担民事赔偿责任，例如赔偿损失、公开赔礼道歉等，也可申请相关监督部门履行相应的监督责任。

随着互联网的发展，网络不正当竞争行为也日益增加。从事先预防角度，经营者可以通过一定的技术手段，防止其他经营者实施妨碍、破坏网络产品或者服务正常运行的行为；从规范自身行为角度，经营者应当多从竞争的自愿、平等、公平、诚信原则角度，在互联网领域进行创新创造的同时，保证合法正当。

第八节　集　成　电　路

一、集成电路概述

集成电路是一种半导体集成电路，将至少有一个是有源元件的两个以上元件和部分或者全部互连线路集成在半导体晶片上，用以执行某种电子功能。集成电路具有体积小、重量轻、速度快、稳定性高、成本低、寿命长、便于大规模生产等优点，因此它在各类电子设备如计算机、电视机、收录机等方面得到广泛的应用，在各行各业中发挥着重要的作用，是现代信息社会的基石。

集成电路是一种综合技术成果，包括布图设计和工艺技术。布图设计又称拓扑图，指集成电路中至少有一个是有源元件的两个以上元件和部分或者全部互连线路的三维配置，或者为制造集成电路而准备的前述三维配置。布图设计的主要任务是按照给定的制造工艺条件，完成电路元件、器件的布置和元件间必需的互连，保证芯片有较高的布图密度。

集成电路布图设计作为一种智力成果，理应受到专利法或著作权法的保护，但实际上，专利法或著作权法无法对集成电路进行有效的保护。而集成电路布图设计的研究开发成本较高，复制成本又极其低廉，因此我国通过单行立法，对具有独创性布图设计进行保护，适用的法律主要有《集成电路布图设计保护条例》（以下简称《布图条例》）、《集成电路布图设计保护条例实施细则》、《集成电路布图设计行政执法办法》等。

二、集成电路布图设计权

(一) 集成电路布图设计权的客体和主体

集成电路布图设计权的客体是集成电路的布图设计，而非集成电路。根据《布图条例》第四条规定可知，受保护的布图设计应当具有独创性，既要求该布图设计是创作者自己的智力劳动成果，不是复制他人的，又要求该布图设计不能是当时集成行业中公认的常规设计，具有新颖性。对布图设计的保护，不延及思想、处理过程、操作方法或者数学概念等。

根据《布图条例》第三条可知，中国自然人、法人、其他组织以及外国人均可依法成为集成电路布图设计权的主体。

(二) 集成电路布图设计权的内容

集成电路布图设计权的内容主要指布图设计专有权，包括复制权和商业利用权。根据《布图条例》对复制的界定，从本质上讲，布图设计的复制权指允许制造的权利。商业利用权，指权利人可基于商业目的进口、销售或者以其他方式提供受保护的布图设计、含有该布图设计的集成电路或者含有该集成电路的物品的行为。另外，权利人还可将布图设计专有权许可或转让给他人。

布图设计专有权的保护期为10年，自布图设计登记申请之日或者在世界任何地方首次投入商业利用之日起计算，以较前日期为准。但是布图设计无论是否登记或投入商业利用，其自创作完成之日起15年后，将不再受保护。

(三) 集成电路布图设计权的取得

我国集成电路布图设计专有权取得方式与专利权类似，采取登记取得制度，未经登记的布图设计不予保护。登记部门为国务院知识产权行政部门，即国家知识产权局。

集成电路布图设计权的取得程序类似于实用新型专利和外观设计专利的初审制，主要包括申请、初步审查、登记并公告，如果布图设计自其在世界任何地方首次商业利用之日起2年内，未向国家知识产权局提出登记申请的，国家知识产权局不再予以登记。如果申请人对驳回其登记申请的决定不服的，可以提出复审；登记后，如果国家知识产权局发现登记不符合规定的，可以撤销登记。

(四) 集成电路布图设计权的限制

根据集成电路布图设计权的内容可知，只有权利人才可行使集成电路布图设计权，除非存在法律规定的例外情形，否则视为侵犯集成电路布图设计权。法律规定的例外情形，即为集成电路布图设计权的限制，也常作为被控侵权人的抗辩理由，具体包括以下几种情形：

1. 合理使用抗辩。根据《布图条例》第二十三条可知，合理使用构成需要符合两点：一是基于个人目的或者单纯为评价、分析、研究、教学等目的，即非商业目的；二是使用行为是复制。

2. 反向工程抗辩。反向工程，指在对他人受保护的布图设计进行评价、分析的基础上，创作出具有独创性的布图设计。目前，司法实践界定反向工程成立的关键在于新的集成电路布图设计是否具有一定程度的独创性。

3. 权利用尽抗辩，指布图设计权利人或者经其许可，将受保护的布图设计、含有该布图设计的集成电路或者含有该集成电路的物品投放市场后，他人可以再次商业利用。需要注意的是，使用行为是商业利用，而不包含复制。

4. 非自愿许可，指在未经权利人同意的情况下，由国家知识产权局给予相关人员使用布图设计的非自愿许可。非自愿许可主要适用于以下三种特殊的情况：国家出现紧急状态或者非常情况；基于公共利益考虑；经人民法院、不正当竞争行为监督检查部门认定布图设计权利人有不正当竞争行为而需要给予补救。

5. 合法来源抗辩，指他人善意获得含有受保护的布图设计的集成电路或者含有该集成电路的物品时，将其投入商业利用的，不视为侵权。善意指他人不知道也没有合理理由应当知道其商业利用的产品含有非法复制的布图设计。

上述五种情形，使用人均无须获得权利人的许可。其中，属于合理使用、反向工程、权利用尽情形的，使用人也无须向权利人支付报酬；属于非自愿许可情形的，使用人应当向权利人支付合理的报酬；属于合法来源情形的，使用人收到布图设计权利人的通知后，虽然可以继续将现有的存货或者此前的订货投入商业利用，但应当向布图设计权利人支付合理的报酬，这点与专利不同。

第八章 公司自行清算法律事务

☞ 导读：
1. 公司清算的原因
2. 公司清算的程序
3. 公司清算参考文件模板

第一节 概 述

一、公司清算的含义

公司清算是指"公司解散后，依照法定程序清理公司债权债务，处理公司剩余财产，最终向公司登记机关申请注销登记，使公司法人资格归于消灭的法律行为"①。因此，公司清算是一个消灭公司法人人格的程序。根据公司财产是否足以清偿其全部债务为标准，公司清算可分为破产清算和非破产清算。公司的破产清算一般是公司的全部资产不足以清偿全部债务情况下执行的清算程序，而非破产清算一般是公司的资产超过其债务时执行的清算程序。本章中的公司清算指的是非破产清算，即公司的资产超过（或等于）负债情况下的清算程序。

二、公司清算的目的

公司清算是为消灭公司与其他法律主体之间的权利与义务关系，进而为终止公司的法人人格提供合理依据。只有在公司终结了与其他法律主体之间的权利义务关系之后，公司法人人格才有可能进行终止。如果将公司的设立程序与清算程序进行对比，不难发现，公司法关于公司设立制度规定的程序在不断地简化，例如，公司注册资本由实缴制向认缴制的转变，意味着公司设立阶段验

---

① 周友苏：《新公司法论》，法律出版社 2006 年版，第 496 页。

资程序的简化。与之相反，关于公司清算程序的相关法规和制度却在不断地细化。

法律为公司清算不断制定更为详细的规则是为了保护公司债权人、股东等主体的合法权益。与公司在设立阶段主要是股东间权益争议不同，公司在清算阶段涉及的权益范围涵盖债权人、股东以及其他权益人，公司清算阶段需要保护与平衡的利益的多样性决定了公司清算程序的复杂性。公司清算的程序由法律进行规制是确保在公司清算过程中公司的债权人、公司股东以及其他权益者的利益能够得到切实有效的保护。

第二节　公司清算的原因

一、公司解散

公司解散与清算是两个相互独立的法律程序。公司解散与清算的差异性一方面体现在公司法对于两者分别进行了不同的规定；另一方面，公司解散与清算在司法实践中适用两个不同案由。并且，根据《公司法司法解释二》第二条的规定，在股东同时提出公司解散与公司清算的诉讼请求时，法院仅对公司的解散诉请进行审理，如在法院判决解散后无法自行清算的，需另行提起公司清算之诉。因此，无论是公司法的法律规范还是司法实践，都对公司解散与清算进行了不同的规定。

公司解散是公司清算的原因。《公司法》第一百八十条和第一百八十二条列举了公司解散的五种原因，紧接着在第一百八十三条规定了在出现公司解散原因后应当进行公司清算的时间和清算义务人。从《公司法》对解散与清算的规定顺序上不难发现，公司在章程规定的解散情况出现了股东会决议解散、被吊销执照或被法院判决解散时，才会进入公司的清算程序。也就是说，公司解散是公司进行清算的原因。

公司清算是公司解散的直接后果。以公司解散的事由是否以公司的意志为转移，可将《公司法》第一百八十条和第一百八十二条列举的五种解散事由分为两类。第一类是公司主动解散，即公司通过公司章程、股东会决议或发生公司合并、分立等情况下积极主动作出的终止公司法人人格的行为。另一类就是公司的被动解散，即公司在被吊销营业执照、责令关闭、被撤销或被法院判决情况下的解散，此时的解散是被迫的，不以公司的意志为转移的解散。但无论是公司的主动解散还是被动解散，公司的清算是公司解散的必经程序。

二、公司解散的方式

（一）股东会决议解散

股东会可以通过决议的方式解散公司。股东会作为有限责任公司的权力机构，对于公司是否继续存续拥有决定权。《公司法》第三十七条关于股东会职权的列举中第九项明确规定"对公司合并、分立、解散、清算或者变更公司形式作出决议"，即股东会的职权之一就是针对是否解散公司作出决议。

根据《公司法》第四十三条第二款规定，股东会会议作出的解散公司的决议"必须经代表三分之二以上表决权的股东通过"。因此，有权股东可以以提案的方式提请解散公司，如解散公司的提案经代表三分之二以上表决权的股东通过，则解散公司的决议可以成为后期公司进入清算阶段的依据。

（二）司法解散

股东通过司法解散的方式解决公司在经营过程中面临的僵局，是保护股东权益的一项重要法律制度。在公司的经营过程中，公司的股东之间或者是公司的股东与管理人之间往往会因为相互的利益冲突而导致矛盾极端化，表现形式有股东的公司管理权受排挤，公司管理机关不能正常运转等，这就使得公司的经营现状与其初衷相背离，股东间失去合作基础。

根据《最高人民法院关于适用〈中华人民共和国公司法〉若干问题的规定（二）》第一条的规定，以下四种情形：（1）公司持续两年以上无法召开股东会或者股东大会，公司经营管理发生严重困难的；（2）股东表决时无法达到法定或者公司章程规定的比例，持续两年以上不能做出有效的股东会或者股东大会决议，公司经营管理发生严重困难的；（3）公司董事长期冲突，且无法通过股东会或者股东大会解决，公司经营管理发生严重困难的；（4）经营管理发生其他严重困难，公司继续存续会使股东利益受到重大损失的情形。属于《公司法》第一百八十二条规定的"公司经营管理发生严重困难，继续存续会使股东利益受到重大损失，通过其他途径不能解决的"情形，此时，持有股东表决权百分之十以上的股东可以向法院提起解散公司的诉讼。

但是，并非所有属于公司僵局的情形下股东都有权提起解散公司的诉讼。不属于股东提起公司解散之诉的情形有："股东以知情权、利润分配请求权等权益受到损害，或者公司亏损、财产不足以偿还全部债务，以及公司被吊销企业法人营业执照未进行清算等。"

（三）公司章程约定解散

公司的意思自治是公司法的基本原则，而公司章程作为公司意思自治的载体被赋予了广泛的权限。股东可以在公司设立初期就公司的经营期限、经营范围或目的等进行约定。在公司经营过程中，如公司章程中约定解散公司的事由出现，则股东有权以此为由提出解散公司。

（四）公司合并或分立的解散

公司的合并或分立也是公司解散的方式。公司的合并与分立形式众多。如在公司新设合并的情况下，则参与合并的各方公司均需要进行解散。但在吸收合并时，吸收合并公司不需要解散，仅被吸收方的公司需要进行解散。

公司合并或者分立的决议是公司绝大多数股东意志的体现。根据《公司法》第一百零三条第二款的规定，公司的合并与分立须经出席会议股东所持表决权的三分之二以上通过，即公司的绝大多数股东就公司的合并与分立已经形成一致决议的基础上所进行的公司解散。

（五）被吊销营业执照、责令关闭或者被撤销后的解散

公司因违法行为被吊销营业执照、责令关闭或者被撤销的解散是公司在营业资质丧失后的被迫解散，一般学者将其称为行政解散。行政解散与司法解散的区别主要在于所侵害的法律利益不同，公司被行政解散多因公司的设立或者运营对社会经济秩序或公共利益构成侵害。而公司的司法解散则多因公司内部股东之间的权益损害，并不涉及侵害公司以外主体的利益。公司在设立或经营过程中出现虚假登记、无故停业、未按规定进行年检或涉嫌违法经营时，[1] 吊销营业执照作为一种行政处罚措施，将会使公司失去营业资质。在公司丧失营业资质无法实现经营目的后，解散公司是保护公司股东和债权人权益的唯一途径。

三、公司解散纠纷典型案例解读

由于公司法及其相关法规对公司的司法解散标准规定的较为抽象，为更好

---

[1]　李建伟：《论公司行政解散权的存废》，《环球法律评论》，2013 年第 5 期，第 59~70 页。

地理解公司解散纠纷在司法实践中的实际裁判规则，特选取《最高人民法院公报》上公布的典型案例进行分析。值得注意的是，最高人民法院对于司法解散更倾向于"以公司内部人合性障碍为裁判考量的核心因素，而下级法院倾向于以公司的对外经营情况作为裁判考量的核心因素"①，即各级法院在审理公司解散案件时所实际适用的标准存在一定的差异。

裁判要点：在穷尽各种救济手段的情况下，如公司小股东仍无法参与公司决策、管理、分配利润甚至不能自由转让和退出公司时，解散公司是其维护自身权益的唯一选择。

> **案例1：董某某、长春东北亚物流有限公司公司解散纠纷再审审查与审判监督民事裁定书（（2017）最高法民申2148号）**

裁判摘要②：公司解散的目的是维护小股东的合法权益，其实质在于公司存续对于小股东已经失去了意义，表现为小股东无法参与公司决策、管理、分享利润，甚至不能自由转让股份和退出公司，解散公司是唯一的选择。公司理应按照公司法良性运转，解散公司也是规范公司治理结构的有力举措。

本院认为，本案的焦点问题是东北亚公司是否符合公司解散的法定条件。

首先，关于法律适用问题。2004年9月20日东北亚公司注册成立，至2015年12月东北亚公司工商登记显示，荟冠公司持股44%，董某某持股51%，东证公司持股5%。荟冠公司以东北亚公司经营管理发生严重困难、其股东利益受到重大损害、通过其他途径不能解决僵局等事实为由，请求解散东北亚公司。需要指出的是，有限责任公司系具有自主决策和行为能力的组织体，虽然公司会由于内部成员间的对抗而出现机制失灵、无法运转，公司决策和管理无法形成有效决议而陷入僵局，但是基于公司永久存续性的特征，国家公权力对于股东请求解散公司的主张必须秉持谨慎态度。当股东之间的冲突不能通过协商达成谅解，任何一方都不愿或无法退出公司时，为保护股东的合法权益，强制解散公司就成为唯一解决公司僵局的措施。在公司解散案件中，法律并未设置主张解散公司的股东需要行使某项权利作为请求人民法院解散公司的前置程序。

其次，关于东北亚公司是否符合公司解散的法定条件的问题。东北亚公司

---

① 耿利航：《公司解散纠纷的司法实践和裁判规则改进》，《中国法学》，2016第6期，第213~235页。

② 《最高人民法院公报》2018年第7期（总第261期）。

的经营管理已发生严重困难。判断公司的经营管理是否出现严重困难，应当从公司组织机构的运行状态进行综合分析，公司是否处于盈利状态并非判断公司经营管理发生严重困难的必要条件。其侧重点在于公司经营管理是否存在严重的内部障碍，股东会或董事会是否因矛盾激化而处于僵持状态，一方股东无法有效参与公司经营管理。就本案而言，可以从董事会、股东会及监事会运行机制三个方面进行综合分析。综合来看，东北亚公司股东及董事之间长期冲突，已失去继续合作的信任基础，公司决策管理机制失灵，公司继续存续必然损害荟冠公司的重大利益，且无法通过其他途径解决公司僵局，荟冠公司坚持解散东北亚公司的条件已经成就。

➤ **案例 2：富钧新型复合材料（太仓）有限公司、仕丰科技有限公司、永利集团有限公司公司解散纠纷民事判决书（（2011）民四终字第 29 号）**

　　裁判摘要①：

　　一、《公司法》第一百八十三条既是公司解散诉讼的立案受理条件，同时也是判决公司解散的实质审查条件，公司能否解散取决于公司是否存在僵局且符合《公司法》第一百八十三条规定的实质条件，而不取决于公司僵局产生的原因和责任。即使一方股东对公司僵局的产生具有过错，其仍然有权提起公司解散之诉，过错方起诉不应等同于恶意诉讼。

　　二、公司僵局并不必然导致公司解散，司法应审慎介入公司事务，凡有其他途径能够维持公司存续的，不应轻易解散公司。当公司陷入持续性僵局，穷尽其他途径仍无法化解，且公司不具备继续经营条件，继续存续将使股东利益受到重大损失的，法院可以依据《公司法》第一百八十三条的规定判决解散公司。

　　本院认为，首先，关于富钧公司是否经营管理发生严重困难。公司经营管理严重困难包括两种情况：一是公司权力运行发生严重困难，股东会、董事会等权力机构和管理机构无法正常运行，无法对公司的任何事项作出任何决议，即公司僵局情形；二是公司的业务经营发生严重困难，公司经营不善、严重亏损。如公司仅业务经营发生严重困难，不存在权力运行严重困难的，根据《公司法司法解释（二）》第一条第二款的规定，不符合《公司法》第一百八十三条的解散公司条件。

　　本案中，富钧公司治理结构是由股东特别约定而实行的严格一致表决机

---

　　① 《最高人民法院公报》2014 年第 2 期（总第 208 期）。

制，使得人合性成为富钧公司最重要的特征。自 2005 年 4 月起，永利公司和仕丰公司因富钧公司的厂房租赁交易、公司治理结构安排、专利权许可使用等问题发生了实质分歧，股东之间逐渐丧失了信任和合作基础。富钧公司董事会不仅长期处于无法召开的状态，而且在永利公司和仕丰公司各自律师的协调下召开的唯一一次临时董事会中，也因为双方股东存在重大分歧而无法按照章程规定的表决权比例要求形成董事会决议。富钧公司权力决策机制长期失灵，无法运行长达七年时间，属于《公司法司法解释（二）》第一款第（一）、（二）项规定的经营管理严重困难的公司僵局情形。

其次，关于公司解散是否应当考虑公司僵局产生的原因以及过错。本院认为，公司能否解散取决于公司是否存在僵局以及是否符合《公司法》第一百八十三条规定的实质条件，而不取决于公司僵局产生的原因和责任。《公司法》第一百八十三条没有限制过错方股东解散公司，因此即使一方股东对公司僵局的产生具有过错，其仍然有权依据该条规定请求解散公司。本案中，仕丰公司提出解散富钧公司的背景情况为，富钧公司已陷入公司僵局并由永利公司单方经营管理长达七年，仕丰公司持有 60% 的股份，其行使请求司法解散公司的诉权，符合《公司法》第一百八十三条的规定，不属于滥用权利、恶意诉讼的情形。

最后，关于富钧公司继续存续是否会使股东利益受到重大损失。从富钧公司经营情况看，富钧公司僵局形成后，公司经营即陷入非常态模式，在永利公司单方经营管理期间，富钧公司业务虽然没有停顿，但持续亏损，没有盈利年度，公司经营能力和偿债责任能力显著减弱，股东权益已大幅减损至不足实收资本的二分之一。另从富钧公司注册资本到位情况看，仕丰公司和永利公司至今均未足额出资，在双方股东不愿意共同经营富钧公司、冲突对立无法调和的情况下，富钧公司注册资本难以充实，无法实现预期的经营目的。综合上述情况，富钧公司不仅丧失了人合基础，权力运行严重困难，同时业务经营也处于严重困难状态，继续存续将使股东利益受到重大损失。

> **案例 3：甘某贵、甘某社等与罗某、吴某某等公司解散纠纷再审复查与审判监督民事裁定书（江苏省高级人民法院（2015）苏审三商申字第 00401 号）**

裁判摘要：未履行出资义务或者抽逃全部出资的股东亦有权提起公司解散之诉。

法院认为：根据《最高人民法院关于适用〈中华人民共和国公司法〉若干问题的规定（三）》第十七条"有限责任公司的股东未履行出资义务或者

抽逃全部出资，经公司催告缴纳或者返还，其在合理期间内仍未缴纳或者返还出资，公司以股东会决议解除该股东的股东资格，该股东请求确认该解除行为无效的，人民法院不予支持"的规定，对未履行出资义务或者抽逃全部出资的股东，只有在公司催告其缴纳出资仍未缴纳、公司作出决议解除该股东资格的情况下，才能否定该公司股东资格。在公司没有按照上述司法解释的规定解除其股东资格的情况下，未履行出资义务或者抽逃全部出资的股东有权提起公司解散之诉。

第三节　公司自行清算的程序

一、成立清算组

（一）公司权力机构决议

作出公司解散的决议。公司权力机构（股东会或股东大会）在公司解散事由出现之后应及时召开股东会或者股东大会，表决通过公司解散并进行清算的决议。

（二）清算组的成立和备案

在解散事由出现之日起15天内公司即应成立清算组，有限责任公司清算组由全体股东组成，股份有限公司的清算组由董事或者股东大会确定的人员组成，也可选任注册会计师、律师或其他熟悉清算事务的专业人员作为清算组成员，清算组成员不得少于三人。清算组应当自成立之日起10日内将清算组成员、清算组负责人名单向公司注册地登记机关备案。

公司进行清算备案时应提交以下材料①：

（1）《公司备案申请表》；

（2）《指定代表或者共同委托代理人授权委托书》及指定代表或委托代理人的身份证件复印件；

（3）关于成立清算组的股东会决议或股东决定：

①有限责任公司提交股东会关于成立清算组的决议（由代表三分之二以

①　根据湖北省政务服务网站的相关指南整理而成，http：//zwfw.hubei.gov.cn/lawguide/print/42011600000076805108301000011001.jspx.

上表决权的股东签署)。

②股份有限公司提交关于成立清算组的股东大会记录(由股东大会会议主持人及出席会议的董事签字确认)。

③一人有限责任公司提交股东签署的关于成立清算组的书面文件。国有独资公司提交国务院、地方人民政府或者其授权的本级人民政府国有资产监督管理机构关于成立清算组的书面文件(加盖公司公章)。

④人民法院组织清算的无须提交股东会决议,提交人民法院成立清算组的决定。人民法院裁定解散的,还应提交法院的裁定文件。

⑤依法被吊销营业执照、责令关闭或者被撤销的还应提交行政机关的决定。公司营业执照副本复印件(加盖公司公章)。

二、清算公告和债权登记

清算组完成备案后,将从备案机关获得《准予变更(备案)登记通知书》,然后,须于六十日内在市级以上公开发行的报纸上刊登《注销公告》(或在国家企业信用信息公示系统登记债权人公告),公告期为四十五日。清算公告应包括企业名称、住址、清算原因、清算组的组成、清算开始日期、申报债权的期限、通信地址及其他应予通知和公告的内容。

除发布清算公告外,清算组还需向公司债权人发出债权申报的通知。清算组应当自成立之日起十日内通知债权人申报债权。债权人应当自接到通知书之日起三十日内,未接到通知书的自公告之日起四十五日内,向清算组申报其债权。债权人申报其债权,应当说明债权的有关事项,并提供证明材料。清算组须做好债权申报登记,为后期债权的审查以及制定债权债务清算报告提供依据。待清算组核定债权后,应当将核定结果书面通知债权人。

三、清算组接管公司

公司清算组经合法成立后即有权接管公司。清算组依法从公司原负责人处接管公司的管理权,清算组在接管公司的同时还应要求相应的公司负责人移交以下材料:

1. 公司营业执照、公章、法人印章等资质材料及印鉴。须移交的资质材料和印鉴一般包括:(1)公司营业执照正副本;(2)公司公章;(3)公司法定代表人的印章(如有);(4)公司各职能部门的印章,如各种财务印章及合同印章;(5)独立法人分支机构的印章(如有);(6)非独立法人的分支机构的印章及法人印鉴等(如有);(7)公司的特殊营业资质文件,如建筑公司的特级建筑资质证明文件等（如有）。

2. 债权债务清单。清算组根据公司情况制定了债权债务清单后，可要求公司负责人详细填写债权债务清单，并尽量提交相应的材料。

3. 资产清单。按流动资产、固定资产等分类登记，详细填写相关内容。

4. 职工花名册。包括在职和离退休全体员工的花名册，应记载工龄、工种、用工形式、工资及工资拖欠、社保拖欠等情形。

5. 公司的业务合同、投资协议书等各种法律文件应分类统计后移交。

6. 财务账册、原始凭证及相关财务资料（如财务相关的 U 盾、银行账户及密码等）。

7. 公司的章程、规章制度、决议、会议记录等其他应当移交的资料。

清算组从接管公司之日起应制定清算时期的公章或资质文件使用审批登记制度，并将接管的公司前述文件材料指定专人进行保管。

四、清查公司资产与了结公司业务

清查公司资产是公司清算的基础性工作，只有对公司的财产状况进行详细的了解之后，清算组才能进一步执行清算事务。

1. 核定公司资产的范围。按照资产负债表中对资产的划分，资产包括：

（1）流动资产。流动资产包括公司的货币资金、应收账款、应收票据、存货等。

（2）非流动资产。非流动资产包括公司的固定资产、无形资产等。

2. 接管公司资产。

（1）实物资产的清查、登记。包括以下几方面的内容：库存现金的清查登记、清查银行存款、固定资产的清查与登记、库存材料和产成品的清查和登记。

（2）债权的核实与登记。

（3）公司的对外投资情况清查。

（4）对公司享有的其他财产权利的核实与登记。

3. 核定公司债务。公司债务一般包括以下几种类型：（1）银行借款；（2）应付货款及其他业务欠款；（3）应付工资；（4）未缴税金；（5）其他应付款。

4. 处理与清算有关的公司未了结的业务。

5. 处理公司财产。在催收公司债权、登记公司债务的同时，清算组应对公司的货币资金以外的资产进行变价处理。公司解散以后，公司的债务除以公司存货清偿的以外，都需转为货币资金清偿。因此，必须将公司财产转换为货币资金形式。

6. 编制资产负债表和财产清单。在债权债务登记和财产变价处理以后，清算组应当重新编制资产负债表和财产清单。公司开始清算时的所有会计报表都是根据清算开始时的账面价值编制的，账面所反映的资产数据与实际不一定相符，当公司财产变价处理完毕后，资产的实际价值和负债的最终数额都得到最终的确定，此时编制的资产负债表才能真正反映出公司实际的偿还债务能力。

五、制定清算方案

清算方案应报股东会审议通过。清算组在清理公司财产、编制资产负债表和财产清单后，应当编制清算方案。清算方案应写明债权人姓名或名称、债权数额、清偿数额及清偿办法，并报股东会确认。股东会对清算方案进行表决时，须经出席会议的股东所持表决权的半数以上通过才能形成有效的股东会决议。清算组制定的方案经股东会确认后，清算组即可按清算方案执行。

六、编制清算报告并报告确认

公司清算结束后，清算组应制作清算报告，报股东会、股东大会或者人民法院确认。清算报告应包括以下内容：（1）债权债务已清理完毕；（2）各项税款、职工工资已经结算；（3）已发布注销公告。

七、税务清算①

（一）"即时办理"主体的税务注销

未办理过涉税事宜的待注销公司到税务机关办理清税的，可通过"即时办理"渠道获取清税文书。符合下列条件的公司在办理税务注销时，税务机

---

① 本书中税务注销内容及材料要求是根据国家税务总局湖北省电子税务局官网的办税指南整理而来，主要针对湖北省地区的税务注销，https：//etax. hubei. chinatax. gov. cn/portal/iframe. c？title＝%E5%8A%9E%E7%A8%8E%E6%8C%87%E5%8D%97&goUrl＝/wtww/bszn.

关采取"承诺制"办理，即时出具清税文书：

1. 办理过涉税事宜但未领用发票、无欠税（滞纳金）及罚款的纳税人，主动到税务机关办理清税。

2. 未处于税务检查状态、无欠税（滞纳金）及罚款、已缴销增值税专用发票及税控专用设备，且符合下列情形之一的：

（1）纳税信用级别为 A 级和 B 级的纳税人。

（2）控股母公司纳税信用级别为 A 级的 M 级纳税人。

（3）省级人民政府引进人才或经省级以上行业协会等机构认定的行业领军人才等创办的企业。

（4）未纳入纳税信用级别评价的定期定额个体工商户。

（5）未达到增值税纳税起征点的纳税人。

税务注销即时办理所需材料参考表 8-1：

表 8-1

序号	材料名称	数量	备注
1	《清税申报表》或《注销税务登记申请表》	2 份	已实行"一照一码""两证整合"登记模式的纳税人提交《清税申报表》；未实行"一照一码""两证整合"登记模式的纳税人提交《注销税务登记申请表》
2	经办人身份证件原件	1 份	查验后退回

有以下情形的，还应提供相应材料

适用情形	材料名称	数量	备注
上级主管、董事会决议注销	上级主管部门批复文件或董事会决议复印件	1 份	无
境外企业在中国境内承包建筑、安装、装配、勘探工程和提供劳务	项目完工证明、验收证明等相关文件复印件	1 份	无
被市场监督管理机关吊销营业执照	市场监督管理机关发出的吊销工商营业执照决定复印件	1 份	无
未启用统一社会信用代码	税务登记证件	1 份	无
已领取发票领用簿的纳税人	《发票领用簿》	1 份	无

适用情形	材料名称	数量	备注
未办理过涉税事宜的纳税人	加载统一社会信用代码的营业执照（或组织机构代码证等）原件	1份	查验后退回
经人民法院裁定宣告破产的还应报送	人民法院终结破产程序裁定书或判决书复印件	1份	无

（二）"一照一码"主体的清税

已实行"一照一码"登记模式的待注销公司向市场监督管理等部门申请办理注销登记前，应先向税务机关申报清税。清税完毕后，税务机关向公司出具《清税证明》，公司持《清税证明》到原登记机关办理注销。

税务注销即时办理所需材料参考表8-2：

表8-2

序号	材料名称	数量	备注
1	《清税申报表》	2份	无
2	经办人身份证件原件	1份	查验后退回

有以下情形的，还应提供相应材料

适用情形	材料名称	数量	备注
上级主管、董事会决议注销	上级主管部门批复文件或董事会决议复印件	1份	无
境外企业在中国境内承包建筑、安装、装配、勘探工程和提供劳务	项目完工证明、验收证明等相关文件复印件	1份	无
已领取发票领用簿的纳税人	《发票领用簿》	1份	无

注意事项：

1. 公司对报送材料的真实性和合法性承担责任。

2. 公司使用符合《中华人民共和国电子签名法》规定条件的电子签名，与手写签名或者盖章具有同等法律效力。

3. 公司提供的各项资料为复印件的，均须注明"与原件一致"并签章。

4. 经过实名信息验证的办税人员，不再提供登记证件、身份证件复印件、上级主管部门批复文件或董事会决议复印件、《项目完工证明》、《验收证明》等相关文件复印件、《发票领用簿》等资料。

5. 公司办理一照一码户清税申报，应结清应纳税款、多退（免）税款、滞纳金和罚款，缴销发票和其他税务证件，其中：

（1）企业所得税纳税人办理一照一码户清税申报，就其清算所得向税务机关申报并依法缴纳企业所得税。

（2）公司未办理土地增值税清算手续的，应在办理一照一码户清税申报前进行土地增值税清算。

（3）出口企业应在结清出口退（免）税款后，办理一照一码户清税申报。

6. 处于非正常状态公司在办理一照一码户清税申报前，需先解除非正常状态，补办申报纳税手续。

7. 被调查企业在税务机关实施特别纳税调查调整期间申请注销税务登记的，税务机关在调查结案前原则上不予办理注销手续。

8. 公司办理一照一码户清税申报，无需向税务机关提出终止银税三方（委托）划缴协议。税务机关办结一照一码户清税申报后，银税三方（委托）划缴协议自动终止。

（三）"一照一码""两证整合"以外主体的税务注销

"一照一码""两证整合"以外的公司发生以下情形的，向主管税务机关办理注销税务登记：第一，因解散、破产、撤销等情形，依法终止纳税义务的。第二，按规定不需要在市场监督管理机关或者其他机关办理注销登记的，但经有关机关批准或者宣告终止的。第三，被市场监督管理机关吊销营业执照或者被其他机关予以撤销登记的。

税务注销即时办理所需材料参考表 8-3：

表 8-3

序号	材料名称	数量	备　　注
1	《注销税务登记申请表》	2 份	无
2	经办人身份证件原件	1 份	查验后退回

有以下情形的，还应提供相应材料

适用情形	材料名称	数量	备　注
上级主管、董事会决议注销	上级主管部门批复文件或董事会决议复印件	1份	无
境外企业在中国境内承包建筑、安装、装配、勘探工程和提供劳务	项目完工证明、验收证明等相关文件复印件	1份	无
被市场监督管理机关吊销营业执照	市场监督管理机关发出的吊销工商营业执照决定复印件	1份	无
办理税务登记、临时税务登记的纳税人	税务登记证件和其他税务证件	1份	无
已领取发票领用簿的纳税人	《发票领用簿》	1份	无

注意事项：

1. 公司对报送材料的真实性和合法性承担责任。

2. 公司提供的各项资料为复印件的，均须注明"与原件一致"并签章。

3. 经过实名信息验证的办税人员，不再提供登记证件、身份证件复印件等资料。

4. 公司申报办理注销税务登记，应结清应纳税款、多退（免）税款、滞纳金和罚款，缴销发票和其他税务证件，其中：

（1）企业所得税纳税人办理注销税务登记，就其清算所得向税务机关申报并依法缴纳企业所得税。

（2）公司未办理土地增值税清算手续的，应在办理注销税务登记前进行土地增值税清算。

（3）出口企业应在结清出口退（免）税款后，办理注销税务登记。

5. 处于非正常状态公司在办理注销税务登记前，需先解除非正常状态，补办申报纳税手续。

6. 被调查企业在税务机关实施特别纳税调查调整期间申请注销税务登记的，税务机关在调查结案前原则上不予办理注销手续。

7. 公司办理注销税务登记，无需向税务机关提出终止银税三方（委托）划缴协议。税务机关办结注销税务登记后，银税三方（委托）划缴协议自动终止。

八、办理注销登记

公司清算组应当自公司清算结束之日起 30 日内向原公司登记机关申请注销登记。根据《中华人民共和国公司登记管理条例》第四十三条的规定，申请注销登记应提交以下材料①：

1. 公司清算组负责人签署的《企业注销登记申请书》。

2. 公司依照《公司法》作出的解散决议或者决定，人民法院的破产裁定、解散裁判文书，行政机关责令关闭或者公司被撤销的文件。

3. 股东会、股东大会、一人有限责任公司的股东或者人民法院、公司批准机关备案、确认的清算报告：

（1）有限责任公司由代表三分之二以上表决权的股东签署确认；

（2）一人有限责任公司由股东签署确认；股份有限公司由股东大会会议主持人及出席会议的董事签字确认；

（3）国有独资公司由国务院、地方人民政府或者其授权的本级人民政府国有资产监督管理机构签署确认。

4. 已领取纸质版缴回营业执照正、副本。

5. 国有独资公司申请注销登记，还应当提交国有资产监督管理机构的决定，其中，国务院确定的重要的国有独资公司，还应当提交本级人民政府的批准文件。

6. 市场监管部门和税务部门已共享清税信息的，企业无需提交纸质清税材料文书。

另外，有分公司的公司申请注销登记，还应当提交分公司的注销登记证明。登记机关核准注销登记后，公告企业终止。

第四节　参考文件模板

一、清算报告

＿＿＿＿＿＿＿＿＿公司清算报告

公司股东会：

公司系有限责任公司，由＿＿＿＿、＿＿＿＿和＿＿＿＿等股东共同

---

① 本书列举的材料要求以湖北省政务服务网公布的内资公司注销指南整理而成，http：//zwfw.hubei.gov.cn/lawguide/print/420113000000347181509000100245005.jspx。

出资组建，于_____年_____月_____日登记注册，企业法人营业执照注册号_____，注册资本人民币_____万元，经营期限_____年，经营范围：_____。根据公司_____年_____月_____日股东会决议，本公司解散，并于_____年_____月_____日成立清算组。现将清算工作报告如下：

（一）清算工作的步骤

1. 本清算组由_____担任组长，_____担任副组长。清算期自_____年_____月_____日开始，至_____年_____月_____日结束。

2. 清算组对经营终止日公司的资产、负债及所有者权益账面情况进行了核查（或：聘请_____会计师事务所对经营终止日公司的资产、负债及所有者权益账面情况进行了审计并出具了专项审计报告）。

3. 公司在清算期内已妥善补偿（安置）公司员工；无拖欠职工工资及养老金情况。

（二）公告情况

公司清算组根据《公司法》规定，于_____年_____月_____日在《_____》上刊登了清算公告。

（三）资产及负债清理情况

1. 截至_____年_____月_____日止，本公司共有资产_____元，负债_____元，净资产_____元。

2. 资产清理情况：_____。

（比如：清算开始日的其他应收款余额为_____元，除收回_____元外，公司将无法收回的其他应收款_____元转为清算损失；清算开始日的固定资产净值为_____元，公司以_____元的价格转让给_____；无形资产账面余额为_____元，公司以_____元的价格转让给_____，支付的转让环节相关税金_____元转为清算损失。）

3. 债务偿还情况_____。

（比如：清算开始日的其他应付款余额为_____元，除债权人_____申报偿付_____元外，公司将无法支付的其他应付款（应付职工教育经费）_____元转为清算收益；对清算期末无需支付的应付福利费_____元亦转入了清算收益；清算开始日的预提费用余额为_____元，预提应支付的审计费后其余额为_____元，预提的审计费记入清算费用。）本公司的债务已经全部清偿完毕，若有未清偿的债务由股东按出资比例承担。

　　4. 清算期发生清算费用共计_____元。

　　5. 清算净损失（或净收益）_____元；抵减清算开始日的所有者权益_____元后，剩余财产（或公司亏损）为_____元。

　　（四）清算剩余财产分配（或：公司亏损承担）情况

　　公司剩余财产（或：亏损）_____元，经股东协商同意，将按各自实际出资比例分配（或分担）：其中股东_____分配（或：分担）_____万元；股东_____分配（或：分担）_____万元……

　　（五）其他事项说明

　　1. 公司已办理了国税与地税的税务注销登记。

　　2. 公章已由清算组销毁。

　　……

　　特此报告。

清算组盖章：

清算组全体成员签名：

年　　月　　日

二、公司股东会确认书

_____公司股东会确认书

　　本公司已清算完结，清算组出具的该清算报告已经公司股东会审议确认。

公司全体股东签字、盖章：

（自然人股东由本人签字、法人股东由法定代表人或出席会议股东代表签字并加盖公章）

日期：　年　月　日

三、简易注销全体投资人承诺书

现向登记机关申请＿＿＿＿＿＿＿＿（企业名称）的简易注销登记，并郑重承诺：

本企业申请注销登记前未发生债权债务/已将债权债务清算完结，不存在未结清清算费用、职工工资、社会保险费用、法定补偿金和未交清的应缴纳税款及其他未了结事务，清算工作已全面完结。

本企业承诺申请注销登记时不存在以下情形：涉及国家规定实施准入特别管理措施的外商投资企业；被列入企业经营异常名录或严重违法失信企业名单的；存在股权（投资权益）被冻结、出质或动产抵押等情形；有正在被立案调查或采取行政强制、司法协助、被予以行政处罚等情形的；企业所属的非法人分支机构未办理注销登记的；曾被终止简易注销程序的；法律、行政法规或者国务院决定规定在注销登记前需经批准的；不适用企业简易注销登记的其他情形。

本企业全体投资人对以上承诺的真实性负责，如果违法失信，则由全体投资人承担相应的法律后果和责任，并自愿接受相关行政执法部门的约束和惩戒。

全体投资人签字（盖章）：

年　　月　　日

四、公司登记（备案）申请书①

□基本信息（必填项）	
名　称	＿＿＿＿＿＿＿＿＿＿＿＿＿＿＿＿＿＿＿＿＿＿＿＿＿＿ （集团母公司需填写：集团名称：＿＿＿＿＿＿＿＿＿＿ 集团简称：＿＿＿＿＿＿＿）

① 本表来源于国家市场监督管理总局发布的《企业登记申请文书规范》《企业登记提交材料规范》的通知【国市监注〔2019〕2号】整理，http：//gkml. samr. gov. cn/nsjg/bgt/201901/t20190107_289794. html.

续表

统一社会信用代码 （设立登记不填写）	
住　　所	_____省（市/自治区）____市（地区/盟/自治州）___县（自治县/旗/自治旗/市/区）_____乡（民族乡/镇/街道）_____村（路/社区）____号
联系电话	邮政编码

□设立（仅限设立登记填写）

法定代表人姓名		公司类型	□有限责任公司 □股份有限公司 □外资有限责任公司 □外资股份有限公司
注册资本	_____万元　（币种：□人民币　□其他_____）		
投资总额（外资公司填写）	_____万元（币种：_____）　　折美元：_____万元		
设立方式（股份公司填写）	□发起设立 □募集设立	营业期限/经营期限	□长　期 □___年
申领执照	□申领纸质执照　其中：副本___个（电子执照系统自动生成，纸质执照自行勾选）		
经营范围（根据《国民经济行业分类》、有关规定和公司章程填写）	（申请人须根据企业自身情况填写《企业登记政府部门共享信息表》相关内容。）		

注：1. 本申请书适用于内资、外资公司申请设立、变更、备案。

2. 申请书应当使用 A4 纸。依本表打印生成的，使用黑色墨水钢笔或签字笔签署；手工填写的，使用黑色墨水钢笔或签字笔工整填写、签署。

□变更（仅限变更登记填写，只填写与本次申请有关的事项）

变更事项	原登记内容	变更后登记内容

续表

注：变更事项包括名称、住所、法定代表人（姓名）、注册资本、公司类型、经营范围、营业期限/经营期限、有限责任公司股东（股东姓名或者名称）、股份有限公司发起人的姓名或者名称。

申请公司名称变更，在名称中增加"集团或（集团）"字样的，应当填写集团名称、集团简称（无集团简称的可不填）。

□备案（仅限备案登记填写）

事 项	□董事　　□监事　　□经理　　□章程　　□章程修正案　　□联络员　　□外国投资者法律文件送达接受人	
清算组（清算委员会）	成 员	
	负责人	联系电话

□指定代表/委托代理人（必填项）

委托权限	1. 同意□不同意□核对登记材料中的复印件并签署核对意见； 2. 同意□不同意□修改企业自备文件的错误； 3. 同意□不同意□修改有关表格的填写错误； 4. 同意□不同意□领取营业执照和有关文书。		
固定电话		移动电话	指定代表/ 委托代理人签字

（指定代表或者委托代理人身份证件复、影印件粘贴处）

全体股东签字或盖章（仅限内资、外资有限责任公司设立登记）：

董事会成员签字（仅限内资、外资股份有限公司设立登记）：

□申请人承诺（必填项）

本申请人和签字人承诺提交的材料文件和填报的信息真实有效，并承担相应的法律责任。

法定代表人签字（限设立、变更及清算组备案以外的备案）：

清算组负责人签字（限清算组备案）：

公司盖章

年　　月　　日

附表1

法定代表人信息

本表适用于设立及变更法定代表人填写。

姓　　名		国别（地区）	
职　　务	□董事长　□执行董事　□经理	产生方式	
身份证件类型		身份证件号码	
固定电话		移动电话	
住　　所		电子邮箱	

（身份证件复、影印件粘贴处）

拟任法定代表人签字：

年　　　月　　　日

附表 2

董事、监事、经理信息

（担任法定代表人的董事长、执行董事、经理不重复填写）

姓名＿＿＿＿＿＿ 国别（地区）＿＿＿＿＿＿ 身份证件类型＿＿＿＿＿＿
身份证件号码＿＿＿＿＿＿ 职务＿＿＿＿＿＿ 产生方式＿＿＿＿＿＿

（身份证件复、影印件粘贴处）

注：1. "职务"指董事长（执行董事）、董事、经理、监事会主席、监事。上市股份有限公司设置独立董事的应在"职务"栏内注明。

2. "产生方式"按照章程规定填写，董事、监事一般应为"选举"或"委派"；经理一般应为"聘任"。中外合资（合作）企业应当明确上述人员的委派方。

姓名＿＿＿＿＿＿ 国别（地区）＿＿＿＿＿＿ 身份证件类型＿＿＿＿＿＿
身份证件号码＿＿＿＿＿＿ 职务＿＿＿＿＿＿ 产生方式＿＿＿＿＿＿

（身份证件复、影印件粘贴处）

备注事项同上

姓名＿＿＿＿＿＿ 国别（地区）＿＿＿＿＿＿ 身份证件类型＿＿＿＿＿＿
身份证件号码＿＿＿＿＿＿ 职务＿＿＿＿＿＿ 产生方式＿＿＿＿＿＿

（身份证件复、影印件粘贴处）

备注事项同上

附表 3

股东（发起人）、外国投资者出资情况

股东（发起人）、外国投资者名称或姓名	国别（或地区）	证件类型	证件号码	认缴出资额	实缴出资额	出资（认缴）时间	出资方式	出资比例

单位：万元（币种：□人民币 □其他____）

附表4

联络员信息

姓　　名		固定电话	
移动电话		电子邮箱	
身份证件类型		身份证件号码	

（身份证件复、影印件粘贴处）

注：1. 联络员主要负责本企业与企业登记机关的联系沟通，以本人个人信息登录国家企业信用信息公示系统依法向社会公示本企业有关信息等。联络员应了解企业登记相关法规和企业信息公示有关规定。

2.《联络员信息》未变更的不需重填。

3. 有限责任公司和股份有限公司的分公司、非公司企业法人分支机构由隶属企业的法定代表人签字，营业单位由隶属单位的法定代表人签字，个人独资企业分支机构由隶属企业投资人签字，合伙企业分支机构由合伙企业执行事务合伙人或委派代表签字。设立、变更登记时还须加盖隶属企业（单位）公章，外国（地区）企业在中国境内从事生产经营活动除外。

五、公司注销登记申请书

□基本信息（必填项）			
名　　称		统一社会信用代码	
□一般注销原因（仅限一般注销登记，根据企业类型勾选）			
□有限责任公司及股份有限公司	□ 公司章程规定的营业期限届满或其他解散事由出现。 □ 股东决定、股东会、股东大会、外商投资公司的董事会决议解散。 □ 因公司合并或者分立需要解散。 □ 依法被吊销营业执照、责令关闭或者被撤销。 □ 人民法院依法予以解散。 □ 公司被依法宣告破产。 □ 法律、行政法规规定的其他情形＿＿＿＿＿＿＿。		

续表

□非公司企业法人	□ 企业法人歇业。 □ 依法被吊销营业执照、责令关闭或者被撤销。 □ 人民法院宣告破产。 □ 因合并而终止。 □ 法律、行政法规规定的其他情形_____。
□合伙企业	□合伙期限届满，合伙人决定不再经营。 □合伙协议约定的解散事由出现。 □全体合伙人决定解散。 □合伙人已不具备法定人数满三十天。 □合伙协议约定的合伙目的已经实现或者无法实现。 □依法被吊销营业执照、责令关闭或者被撤销。 □法律、行政法规规定的其他原因_____。
□个人独资企业	□投资人决定解散。 □投资人死亡或者被宣告死亡，无继承人或者继承人决定放弃继承。 □被依法吊销营业执照。 □法律、行政法规规定的其他情形_____。
□一般注销（仅限一般注销登记填写）	
公告情况（内资非公司企业法人、个人独资企业无须填写）	公告报纸名称：　　　　公告日期：
分公司（分支机构）注销登记情况	□ 已注销完毕 □ 无分公司（无分支机构）

注：1. 本申请书适用于公司、非公司企业法人、合伙企业（以上类型包含内资和外资）、个人独资企业办理注销登记。

2. 申请书应当使用 A4 纸。依本表打印生成的，使用黑色墨水钢笔或签字笔签署；手工填写的，使用黑色墨水钢笔或签字笔工整填写、签署。

债权债务清理情况	□ 已清理完毕　　　　□ 无债权债务
清税情况	□ 已清理完毕　　　　□ 未涉及纳税义务
对外投资清理情况	□ 已清理完毕　　　　□ 无对外投资
海关手续清缴情况（仅限外资企业、外商投资合伙企业填写）	□ 已清理完毕　　　　□ 未涉及海关事务
清算组（人）/清算委员会备案通知书文号	
批准证书缴销情况（仅限外资企业填写）	□批准证书已缴销完毕　□不涉及批准证书
批准（决定）机关（仅限批准的外商投资合伙企业填写）	
批准（决定）文号（仅限批准的外商投资合伙企业填写）	
经济性质（仅限非公司企业法人填写）	□全民所有制　□集体所有制　□联营　□其他_____
主管部门（出资人）（仅限非公司企业法人填写）	
缴回公章情况（仅限非公司企业法人填写）	□ 已缴回登记机关　□ 已缴回公安机关　□ 已缴回其他部门_____

□简易注销（仅限简易注销登记填写）

企业类型		□有限责任公司　□非公司企业法人　□个人独资企业 □合伙企业
国家企业信用信息公示系统公告日期		
适用情形	□未开业	□未发生债权债务　□债权债务已清算完结
	□无债权债务	□未发生债权债务　□债权债务已清算完结
	□人民法院裁定强制清算终结　□人民法院裁定破产程序终结	

续表

	□指定代表/委托代理人（必填项）	
委托权限	1. 同意□不同意□核对登记材料中的复印件并签署核对意见； 2. 同意□不同意□修改企业自备文件的错误； 3. 同意□不同意□修改有关表格的填写错误； 4. 同意□不同意□领取营业执照和有关文书。	
固定电话		移动电话	

（指定代表或者委托代理人身份证件复、影印件粘贴处）

指定代表/委托代理人签字：

年　　月　　日

□申请人承诺（必填项）

　　本申请人和签字人承诺提交的材料文件和填报的信息真实有效，并承担相应的法律责任。

申请人签字：

企业盖章

年　　月　　日

　　注：1. 已清算的公司、非公司外资企业、合伙企业由清算组负责人（清算人）签字，个人独资企业由投资人或清算人签字。

　　2. 非公司企业法人和因合并或分立未清算的公司、非公司外资企业由法定代表人签字。

　　3. 申请简易注销的公司、非公司企业法人、非公司外资企业由法定代表人签字，合伙企业由执行事务合伙人（含委派代表）签字，个人独资企业由投资人签字。

　　4. 破产程序终结的由破产管理人签字。

第五节　重点法条指引

一、中华人民共和国公司法（2018年修正）

第一百零三条　股东出席股东大会会议，所持每一股份有一表决权。但是，公司持有的本公司股份没有表决权。

股东大会作出决议，必须经出席会议的股东所持表决权过半数通过。但是，股东大会作出修改公司章程、增加或者减少注册资本的决议，以及公司合并、分立、解散或者变更公司形式的决议，必须经出席会议的股东所持表决权的三分之二以上通过。

第一百八十条　公司因下列原因解散：

（一）公司章程规定的营业期限届满或者公司章程规定的其他解散事由出现；

（二）股东会或者股东大会决议解散；

（三）因公司合并或者分立需要解散；

（四）依法被吊销营业执照、责令关闭或者被撤销；

（五）人民法院依照本法第一百八十二条的规定予以解散。

第一百八十一条　公司有本法第一百八十条第（一）项情形的，可以通过修改公司章程而存续。

依照前款规定修改公司章程，有限责任公司须经持有三分之二以上表决权的股东通过，股份有限公司须经出席股东大会会议的股东所持表决权的三分之二以上通过。

第一百八十二条　公司经营管理发生严重困难，继续存续会使股东利益受到重大损失，通过其他途径不能解决的，持有公司全部股东表决权百分之十以上的股东，可以请求人民法院解散公司。

第一百八十三条　公司因本法第一百八十条第（一）项、第（二）项、第（四）项、第（五）项规定而解散的，应当在解散事由出现之日起十五日内成立清算组，开始清算。有限责任公司的清算组由股东组成，股份有限公司的清算组由董事或者股东大会确定的人员组成。逾期不成立清算组进行清算的，债权人可以申请人民法院指定有关人员组成清算组进行清算。人民法院应当受理该申请，并及时组织清算组进行清算。

第一百八十四条　清算组在清算期间行使下列职权：

（一）清理公司财产，分别编制资产负债表和财产清单；

（二）通知、公告债权人；

（三）处理与清算有关的公司未了结的业务；

（四）清缴所欠税款以及清算过程中产生的税款；

（五）清理债权、债务；

（六）处理公司清偿债务后的剩余财产；

（七）代表公司参与民事诉讼活动。

第一百八十五条 清算组应当自成立之日起十日内通知债权人，并于六十日内在报纸上公告。债权人应当自接到通知书之日起三十日内，未接到通知书的自公告之日起四十五日内，向清算组申报其债权。

债权人申报债权，应当说明债权的有关事项，并提供证明材料。清算组应当对债权进行登记。

在申报债权期间，清算组不得对债权人进行清偿。

第一百八十六条 清算组在清理公司财产、编制资产负债表和财产清单后，应当制定清算方案，并报股东会、股东大会或者人民法院确认。

公司财产在分别支付清算费用、职工的工资、社会保险费用和法定补偿金，缴纳所欠税款，清偿公司债务后的剩余财产，有限责任公司按照股东的出资比例分配，股份有限公司按照股东持有的股份比例分配。

清算期间，公司存续，但不得开展与清算无关的经营活动。公司财产在未依照前款规定清偿前，不得分配给股东。

第一百八十七条 清算组在清理公司财产、编制资产负债表和财产清单后，发现公司财产不足清偿债务的，应当依法向人民法院申请宣告破产。

公司经人民法院裁定宣告破产后，清算组应当将清算事务移交给人民法院。

第一百八十八条 公司清算结束后，清算组应当制作清算报告，报股东会、股东大会或者人民法院确认，并报送公司登记机关，申请注销公司登记，公告公司终止。

第一百八十九条 清算组成员应当忠于职守，依法履行清算义务。

清算组成员不得利用职权收受贿赂或者其他非法收入，不得侵占公司财产。

清算组成员因故意或者重大过失给公司或者债权人造成损失的，应当承担赔偿责任。

二、中华人民共和国公司登记管理条例（2016年修订）

第四十一条　公司解散，依法应当清算的，清算组应当自成立之日起10日内将清算组成员、清算组负责人名单向公司登记机关备案。

第四十二条　有下列情形之一的，公司清算组应当自公司清算结束之日起30日内向原公司登记机关申请注销登记：

（一）公司被依法宣告破产；

（二）公司章程规定的营业期限届满或者公司章程规定的其他解散事由出现，但公司通过修改公司章程而存续的除外；

（三）股东会、股东大会决议解散或者一人有限责任公司的股东、外商投资的公司董事会决议解散；

（四）依法被吊销营业执照、责令关闭或者被撤销；

（五）人民法院依法予以解散；

（六）法律、行政法规规定的其他解散情形。

第四十三条　公司申请注销登记，应当提交下列文件：

（一）公司清算组负责人签署的注销登记申请书；

（二）人民法院的破产裁定、解散裁判文书，公司依照《公司法》作出的决议或者决定，行政机关责令关闭或者公司被撤销的文件；

（三）股东会、股东大会、一人有限责任公司的股东、外商投资的公司董事会或者人民法院、公司批准机关备案、确认的清算报告；

（四）《企业法人营业执照》；

（五）法律、行政法规规定应当提交的其他文件。

国有独资公司申请注销登记，还应当提交国有资产监督管理机构的决定，其中，国务院确定的重要的国有独资公司，还应当提交本级人民政府的批准文件。

有分公司的公司申请注销登记，还应当提交分公司的注销登记证明。

第四十四条　经公司登记机关注销登记，公司终止。

三、最高人民法院关于适用《中华人民共和国公司法》若干问题的规定（二）（2014年修正）

第一条　单独或者合计持有公司全部股东表决权百分之十以上的股东，以下列事由之一提起解散公司诉讼，并符合公司法第一百八十二条规定的，人民法院应予受理：

（一）公司持续两年以上无法召开股东会或者股东大会，公司经营管理发生严重困难的；

（二）股东表决时无法达到法定或者公司章程规定的比例，持续两年以上不能做出有效的股东会或者股东大会决议，公司经营管理发生严重困难的；

（三）公司董事长期冲突，且无法通过股东会或者股东大会解决，公司经营管理发生严重困难的；

（四）经营管理发生其他严重困难，公司继续存续会使股东利益受到重大损失的情形。

股东以知情权、利润分配请求权等权益受到损害，或者公司亏损、财产不足以偿还全部债务，以及公司被吊销企业法人营业执照未进行清算等为由，提起解散公司诉讼的，人民法院不予受理。

第二条 股东提起解散公司诉讼，同时又申请人民法院对公司进行清算的，人民法院对其提出的清算申请不予受理。人民法院可以告知原告，在人民法院判决解散公司后，依据公司法第一百八十三条和本规定第七条的规定，自行组织清算或者另行申请人民法院对公司进行清算。

第三条 股东提起解散公司诉讼时，向人民法院申请财产保全或者证据保全的，在股东提供担保且不影响公司正常经营的情形下，人民法院可予以保全。

第四条 股东提起解散公司诉讼应当以公司为被告。

原告以其他股东为被告一并提起诉讼的，人民法院应当告知原告将其他股东变更为第三人；原告坚持不予变更的，人民法院应当驳回原告对其他股东的起诉。

原告提起解散公司诉讼应当告知其他股东，或者由人民法院通知其参加诉讼。其他股东或者有关利害关系人申请以共同原告或者第三人身份参加诉讼的，人民法院应予准许。

第五条 人民法院审理解散公司诉讼案件，应当注重调解。当事人协商同意由公司或者股东收购股份，或者以减资等方式使公司存续，且不违反法律、行政法规强制性规定的，人民法院应予支持。当事人不能协商一致使公司存续的，人民法院应当及时判决。

经人民法院调解公司收购原告股份的，公司应当自调解书生效之日起六个月内将股份转让或者注销。股份转让或者注销之前，原告不得以公司收购其股份为由对抗公司债权人。

第六条 人民法院关于解散公司诉讼作出的判决，对公司全体股东具有法律约束力。

人民法院判决驳回解散公司诉讼请求后，提起该诉讼的股东或者其他股东又以同一事实和理由提起解散公司诉讼的，人民法院不予受理。

第七条　公司应当依照公司法第一百八十三条的规定，在解散事由出现之日起十五日内成立清算组，开始自行清算。

有下列情形之一，债权人申请人民法院指定清算组进行清算的，人民法院应予受理：

（一）公司解散逾期不成立清算组进行清算的；

（二）虽然成立清算组但故意拖延清算的；

（三）违法清算可能严重损害债权人或者股东利益的。

具有本条第二款所列情形，而债权人未提起清算申请，公司股东申请人民法院指定清算组对公司进行清算的，人民法院应予受理。

第八条　人民法院受理公司清算案件，应当及时指定有关人员组成清算组。

清算组成员可以从下列人员或者机构中产生：

（一）公司股东、董事、监事、高级管理人员；

（二）依法设立的律师事务所、会计师事务所、破产清算事务所等社会中介机构；

（三）依法设立的律师事务所、会计师事务所、破产清算事务所等社会中介机构中具备相关专业知识并取得执业资格的人员。

第九条　人民法院指定的清算组成员有下列情形之一的，人民法院可以根据债权人、股东的申请，或者依职权更换清算组成员：

（一）有违反法律或者行政法规的行为；

（二）丧失执业能力或者民事行为能力；

（三）有严重损害公司或者债权人利益的行为。

第十条　公司依法清算结束并办理注销登记前，有关公司的民事诉讼，应当以公司的名义进行。

公司成立清算组的，由清算组负责人代表公司参加诉讼；尚未成立清算组的，由原法定代表人代表公司参加诉讼。

第十一条　公司清算时，清算组应当按照公司法第一百八十五条的规定，将公司解散清算事宜书面通知全体已知债权人，并根据公司规模和营业地域范围在全国或者公司注册登记地省级有影响的报纸上进行公告。

清算组未按照前款规定履行通知和公告义务，导致债权人未及时申报债权而未获清偿，债权人主张清算组成员对因此造成的损失承担赔偿责任的，人民法院应依法予以支持。

第十二条　公司清算时，债权人对清算组核定的债权有异议的，可以要求清算组重新核定。清算组不予重新核定，或者债权人对重新核定的债权仍有异议，债权人以公司为被告向人民法院提起诉讼请求确认的，人民法院应予受理。

第十三条　债权人在规定的期限内未申报债权，在公司清算程序终结前补充申报的，清算组应予登记。

公司清算程序终结，是指清算报告经股东会、股东大会或者人民法院确认完毕。

第十四条　债权人补充申报的债权，可以在公司尚未分配财产中依法清偿。公司尚未分配财产不能全额清偿，债权人主张股东以其在剩余财产分配中已经取得的财产予以清偿的，人民法院应予支持；但债权人因重大过错未在规定期限内申报债权的除外。

债权人或者清算组，以公司尚未分配财产和股东在剩余财产分配中已经取得的财产，不能全额清偿补充申报的债权为由，向人民法院提出破产清算申请的，人民法院不予受理。

第十五条　公司自行清算的，清算方案应当报股东会或者股东大会决议确认；人民法院组织清算的，清算方案应当报人民法院确认。未经确认的清算方案，清算组不得执行。

执行未经确认的清算方案给公司或者债权人造成损失，公司、股东或者债权人主张清算组成员承担赔偿责任的，人民法院应依法予以支持。

第十六条　人民法院组织清算的，清算组应当自成立之日起六个月内清算完毕。

因特殊情况无法在六个月内完成清算的，清算组应当向人民法院申请延长。

第十七条　人民法院指定的清算组在清理公司财产、编制资产负债表和财产清单时，发现公司财产不足清偿债务的，可以与债权人协商制作有关债务清偿方案。

债务清偿方案经全体债权人确认且不损害其他利害关系人利益的，人民法院可依清算组的申请裁定予以认可。清算组依据该清偿方案清偿债务后，应当向人民法院申请裁定终结清算程序。

债权人对债务清偿方案不予确认或者人民法院不予认可的，清算组应当依法向人民法院申请宣告破产。

第十八条　有限责任公司的股东、股份有限公司的董事和控股股东未在法定期限内成立清算组开始清算，导致公司财产贬值、流失、毁损或者灭失，债权人主张其在造成损失范围内对公司债务承担赔偿责任的，人民法院应依法予以支持。

有限责任公司的股东、股份有限公司的董事和控股股东因怠于履行义务，导致公司主要财产、账册、重要文件等灭失，无法进行清算，债权人主张其对公司债务承担连带清偿责任的，人民法院应依法予以支持。

上述情形系实际控制人原因造成，债权人主张实际控制人对公司债务承担相应民事责任的，人民法院应依法予以支持。

第十九条　有限责任公司的股东、股份有限公司的董事和控股股东，以及公司的实际控制人在公司解散后，恶意处置公司财产给债权人造成损失，或者未经依法清算，以虚假的清算报告骗取公司登记机关办理法人注销登记，债权人主张其对公司债务承担相应赔偿责任的，人民法院应依法予以支持。

第二十条　公司解散应当在依法清算完毕后，申请办理注销登记。公司未经清算即办理注销登记，导致公司无法进行清算，债权人主张有限责任公司的股东、股份有限公司的董事和控股股东，以及公司的实际控制人对公司债务承担清偿责任的，人民法院应依法予以支持。

公司未经依法清算即办理注销登记，股东或者第三人在公司登记机关办理注销登记时承诺对公司债务承担责任，债权人主张其对公司债务承担相应民事责任的，人民法院应依法予以支持。

第二十一条　有限责任公司的股东、股份有限公司的董事和控股股东，以及公司的实际控制人为二人以上的，其中一人或者数人按照本规定第十八条和第二十条第一款的规定承担民事责任后，主张其他人员按照过错大小分担责任的，人民法院应依法予以支持。

第二十二条　公司解散时，股东尚未缴纳的出资均应作为清算财产。股东尚未缴纳的出资，包括到期应缴未缴的出资，以及依照公司法第二十六条和第八十条的规定分期缴纳尚未届满缴纳期限的出资。

公司财产不足以清偿债务时，债权人主张未缴出资股东，以及公司设立时的其他股东或者发起人在未缴出资范围内对公司债务承担连带清偿责任的，人民法院应依法予以支持。

第二十三条　清算组成员从事清算事务时，违反法律、行政法规或者公司章程给公司或者债权人造成损失，公司或者债权人主张其承担赔偿责任的，人民法院应依法予以支持。

有限责任公司的股东、股份有限公司连续一百八十日以上单独或者合计持有公司百分之一以上股份的股东，依据公司法第一百五十一条第三款的规定，以清算组成员有前款所述行为为由向人民法院提起诉讼的，人民法院应予受理。

公司已经清算完毕注销，上述股东参照公司法第一百五十一条第三款的规定，直接以清算组成员为被告、其他股东为第三人向人民法院提起诉讼的，人民法院应予受理。

第二十四条　解散公司诉讼案件和公司清算案件由公司住所地人民法院管辖。公司住所地是指公司主要办事机构所在地。公司办事机构所在地不明确的，由其注册地人民法院管辖。

基层人民法院管辖县、县级市或者区的公司登记机关核准登记公司的解散诉讼案件和公司清算案件；中级人民法院管辖地区、地级市以上的公司登记机关核准登记公司的解散诉讼案件和公司清算案件。

四、税务登记管理办法（2019 年修正）

第二十六条　纳税人发生解散、破产、撤销以及其他情形，依法终止纳税义务的，应当在向工商行政管理机关或者其他机关办理注销登记前，持有关证件和资料向原税务登记机关申报办理注销税务登记；按规定不需要在工商行政管理机关或者其他机关办理注册登记的，应当自有关机关批准或者宣告终止之日起 15 日内，持有关证件和资料向原税务登记机关申报办理注销税务登记。

纳税人被工商行政管理机关吊销营业执照或者被其他机关予以撤销登记的，应当自营业执照被吊销或者被撤销登记之日起 15 日内，向原税务登记机关申报办理注销税务登记。

第二十七条　纳税人因住所、经营地点变动，涉及改变税务登记机关的，应当在向工商行政管理机关或者其他机关申请办理变更、注销登记前，或者住所、经营地点变动前，持有关证件和资料，向原税务登记机关申报办理注销税务登记，并自注销税务登记之日起 30 日内向迁达地税务机关申报办理税务登记。

第二十八条　境外企业在中国境内承包建筑、安装、装配、勘探工程和提供劳务的，应当在项目完工、离开中国前 15 日内，持有关证件和资料，向原税务登记机关申报办理注销税务登记。

第二十九条　纳税人办理注销税务登记前，应当向税务机关提交相关证明文件和资料，结清应纳税款、多退（免）税款、滞纳金和罚款，缴销发票、税务登记证件和其他税务证件，经税务机关核准后，办理注销税务登记手续。

第九章　网络安全与数据合规法律事务

☞ **导读：**
1. 网络安全概述与网络安全等级保护
2. 关键信息基础设施、网络产品和服务安全审查
3. 网络信息内容审查
4. 个人信息保护与数据出境

第一节　网　络　安　全

一、网络安全概述

（一）网络安全的含义

"没有网络安全就没有国家安全。"网络安全已经成为关系国家安全和发展，关系广大人民群众切身利益的重大问题。2016 年 11 月 7 日，十二届全国人大常委会通过了《中华人民共和国网络安全法》（以下简称《网络安全法》），并于 2017 年 6 月 1 日起正式施行。《网络安全法》是我国在网络安全领域的基本法，是我国在网络安全领域"依法治国"的重要体现，对保障我国网络安全有着重大意义。

《网络安全法》第七十六条对"网络安全"作了释义，是指通过采取必要措施，防范对网络的攻击、侵入、干扰、破坏和非法使用以及意外事故，使网络处于稳定可靠运行的状态，以及保障网络数据的完整性、保密性、可用性的能力。从这个含义上说，网络安全包括传统的网络安全、数据安全，是范围更大的网络安全，更加侧重于网络运行安全、信息安全。

（二）《网络安全法》的重要意义

《网络安全法》的出台具有里程碑式的意义。它是全面落实党的十八大和十八届三中、四中、五中、六中全会相关决策部署的重大举措，是我国第一部

网络安全的专门性综合性立法，提出了应对网络安全挑战这一全球性问题的中国方案。此次立法进程的迅速推进，显示了党和国家对网络安全问题的高度重视，是我国网络安全法治建设的一个重大战略契机。网络安全有法可依，信息安全行业将由合规性驱动过渡到合规性和强制性驱动并重。

《网络安全法》对于确立国家网络安全基本管理制度具有里程碑式的重要意义，具体表现为六个方面：一是服务于国家网络安全战略和网络强国战略；二是助力网络空间治理，护航"互联网+"；三是构建我国首部网络空间管辖基本法；四是提供维护国家网络主权的法律依据；五是利于在网络空间领域贯彻落实依法治国精神；六是为网络参与者提供普遍法律准则和依据。

《网络安全法》的出台，是为了保障网络安全，维护网络空间主权和国家安全、社会公共利益，保护公民、法人和其他组织的合法权益，促进社会信息化的健康发展。其颁布出台，可谓是应时而生、因势而起，其影响也必将是深远的。

（三）网络安全保障制度

为了更好地实现网络安全，网络运营者①需要建立相对应的制度来保障网络安全，其中包括：

（1）网络安全等级保护制度；
（2）关键信息基础设施运行安全保护制度；
（3）网络产品和服务安全制度；
（4）网络信息安全管理制度；
（5）用户个人信息保护制度；
（6）网络安全风险评估制度；
（7）数据出境安全评估制度；
（8）网络安全监测预警和信息通报制度；

本章将在以上制度的基础上对网络安全与数据合规的相关内容进行展开，以便读者理解和运用。

二、网络安全法律法规体系及常用国家/行业标准

2017 年出台的《网络安全法》是我国在网络安全领域第一部较为全面的

---

① 《中华人民共和国网络安全法》第七十六条第三款：网络运营者是指网络的所有者、管理者和网络服务提供者。

基础性法律，为后续出台的相关法规、政策及标准作出了原则性的规定，本章梳理了网络安全及数据合规领域相关的法律法规，便于读者理解和查询。

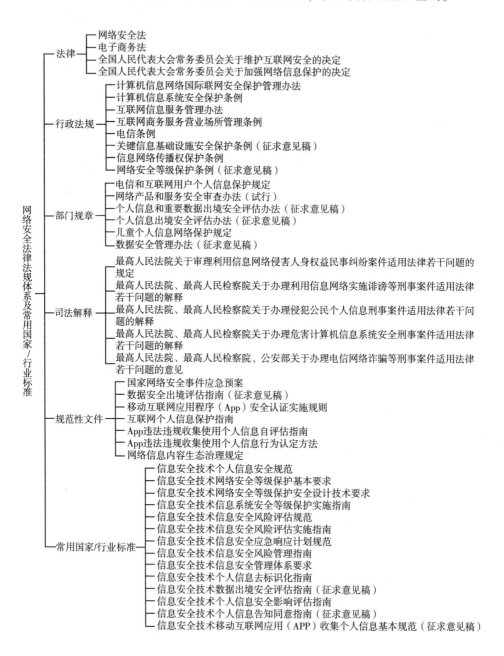

第二节　网络安全等级保护

一、网络安全等级保护概述

《网络安全法》第二十一条规定："国家实行网络安全等级保护制度，网络运营者应当按照网络安全等级保护制度，履行相应安全保护义务，保障网络免受干扰、破坏或者未经授权的访问，防止网络数据泄露或者被窃取、篡改。"对于网络安全等级保护制度，其核心可以理解为要求不同等级的安全保护对象具备相应的安全保护能力。

（一）不同等级的保护对象

根据《信息安全技术　网络安全等级保护基本要求》的规定，等级保护对象是指网络安全等级保护工作中的对象，通常是指由计算机或者其他信息终端及相关设备组成的按照一定的规则和程序对信息进行收集、存储、传输、交换、处理的系统，主要包括基础信息网络、云计算平台/系统、大数据应用/平台/资源、物联网（IoT）、工业控制系统和采用移动互联技术的系统等。《网络安全等级保护条例（征求意见稿）》第十五条规定："根据网络在国家安全、经济建设、社会生活中的重要程度，以及其一旦遭到破坏、丧失功能或者数据被篡改、泄露、丢失、损毁后，对国家安全、社会秩序、公共利益以及相关公民、法人和其他组织的合法权益的危害程度等因素，网络分为五个安全保护等级。"（见表9-1）

表9-1

第一级	一旦受到破坏会对相关公民、法人和其他组织的合法权益造成损害，但不危害国家安全、社会秩序和公共利益的一般网络。
第二级	一旦受到破坏会对相关公民、法人和其他组织的合法权益造成严重损害，或者对社会秩序和公共利益造成危害，但不危害国家安全的一般网络。
第三级	一旦受到破坏会对相关公民、法人和其他组织的合法权益造成特别严重损害，或者会对社会秩序和社会公共利益造成严重危害，或者对国家安全造成危害的重要网络。
第四级	一旦受到破坏会对社会秩序和公共利益造成特别严重危害，或者对国家安全造成严重危害的特别重要网络。
第五级	一旦受到破坏后会对国家安全造成特别严重危害的极其重要网络。

(二) 不同等级的安全保护能力

如上所述，不同等级的保护对象应具备相应的基本安全保护能力，从第一级直到第五级，《信息安全技术 网络安全等级保护基本要求》对于前四级的安全保护能力予以了明确。对于第五级，由于直接关系国家安全，其安全保护能力要求自然最高，也可以理解为上不封顶，故不进行具体表述，其他四级安全保护能力如下：

第一级安全保护能力：应能够防护免受来自个人的、拥有很少资源的威胁源发起的恶意攻击、一般的自然灾难以及其他相当危害程度的威胁所造成的关键资源损害，在自身遭到损害后，能够恢复部分功能。

第二级安全保护能力：应能够防护免受来自外部小型组织的、拥有少量资源的威胁源发起的恶意攻击、一般的自然灾难以及其他相当危害程度的威胁所造成的重要资源损害，能够发现重要的安全漏洞和安全事件，在自身遭到损害后，能够在一段时间内恢复部分功能。

第三级安全保护能力：应能够在统一安全策略下防护免受来自外部有组织的团体、拥有较为丰富资源的威胁源发起的恶意攻击、较为严重的自然灾难以及其他相当危害程度的威胁所造成的主要资源损害，能够发现安全漏洞和安全事件，在自身遭到损害后，能够较快恢复绝大部分功能。

第四级安全保护能力：应能够在统一安全策略下防护免受来自国家级别的、敌对组织的、拥有丰富资源的威胁源发起的恶意攻击、严重的自然灾难以及其他相当危害程度的威胁所造成的资源损害，能够发现安全漏洞和安全事件，在自身遭到损害后，能够迅速恢复所有功能。

(三) 网络安全等级的定级步骤

根据《网络安全等级保护条例（征求意见稿）》第三章"网络的安全保护"的规定，网络安全等级的确定步骤如下：

确定定级对象→初步确认定级等级→专家评审→主管部门审核→公安机关备案审查。

1. 网络定级

《网络安全等级保护条例（征求意见稿）》第十六条规定网络运营者应当在规划设计阶段确定网络的安全保护等级。当网络功能、服务范围、服务对象和处理的数据等发生重大变化时，需要根据情况调整定级。

2. 定级评审

《网络安全等级保护条例（征求意见稿）》第十七条规定第二级以上的网络必须经过专家评审、有行业主管部门的，应当在评审后报请主管部门核准。跨省或者全国统一联网的网络由行业主管部门统一拟定安全保护等级、统一组织定级评审。行业主管部门可以根据国家标准和本行业网络特点制定行业网络安全等级保护定级指导意见。

3. 定级备案

《网络安全等级保护条例（征求意见稿）》第十八条规定第二级以上网络运营者在安全保护等级确定后备案、撤销或变更调整网络安全保护等级时，需在 10 个工作日内。

4. 备案审核

《网络安全等级保护条例（征求意见稿）》第十九条规定由公安机关对备案材料进行审核，符合要求的应在 10 个工作日内出具网络安全等级保护备案证明。

二、网络安全等级保护 2.0 体系

（一）从等保 1.0 体系到等保 2.0 体系

2004 年《关于信息安全等级保护工作的实施意见》确认了信息安全等级保护制度的原则、基本内容、工作要求等内容，2007 年《信息安全等级保护管理办法》颁布实施，2008 年《信息安全等级保护基本要求》颁布实施，之后其他相关国家标准陆续出台，共同构成了"等保 1.0 体系"。

2017 年《网络安全法》颁布实施，首次提出了"网络安全等级保护制度"的概念，2018 年《网络安全等级保护条例（征求意见稿）》颁布实施，对网络实施分等级保护、分等级监督，标志着国家对网络安全等级保护进入 2.0 时代。随后，2019 年 5 月 10 日，国家市场监督管理总局、国家标准化管理委员会召开新闻发布会，宣布《信息安全技术　网络安全等级保护基本要求》、《信息安全技术　网络安全等级保护测评要求》、《信息安全技术　网络安全等级保护安全设计技术要求》（以下简称等保 2.0）正式发布，并于 2019 年 12 月 1 日正式实施，共同组成了"等保 2.0 体系"。

（二）等保 1.0 体系与等保 2.0 体系的区别

1. 等保 2.0 将原来的标准《信息安全技术信息系统安全等级保护基本要求》改为《信息安全技术网络安全等级保护基本要求》。

2. 等保 1.0 的定级对象是信息系统安全，等保 2.0 将信息系统安全的概

念扩展到了"网络安全",其中包含信息系统、基础信息网络、云计算平台、大数据平台、物联网系统、工业控制系统、采用移动互联技术的网络等。

3. 等保2.0体系增加了云计算安全扩展要求、移动互联网安全扩展要求、物联网安全扩展要求、工业控制系统安全扩展要求以及应用场景的说明。

4. 等保1.0主要由公安部、国家保密局、国家密码管理局以及国务院信息化工作办公室等部门负责监督、检查、指导。等保2.0在进一步明确上述部门职责的基础上,安排了中央网络安全和信息化领导机构统一领导网络安全等级保护工作,并由网络网信部门负责网络安全等级保护工作的统筹协调。

(三)等保2.0体系下的公司合规步骤

《网络安全法》第五十九条规定,网络运营者不履行网络安全保护义务的,由有关主管部门责令改正,给予警告;拒不改正或者导致危害网络安全等后果的,处一万元以上十万元以下罚款,对直接负责的主管人员处五千元以上五万元以下罚款。《网络安全等级保护条例(征求意见稿)》规定第三级以上网络运营者违反等级保护义务的,从重处罚。我们也可以在2019年公布的案例中看到多家公司及事业单位因不履行网络安全等级保护义务而受到行政处罚。因此,相关公司需要按照规定,重视网络安全等级保护制度,落实等保2.0工作。

落实等保2.0工作主要包括五个步骤:

1. 定级。定级是指按照确定网络安全保护等级。定级工作按照"网络运营者拟定网络安全保护等级、专家评审、行业主管部门核准、公安机关审核"的原则进行;根据《网络安全等级保护条例(征求意见稿)》的规定,对于第二级以上的网络,应当组织专家评审,行业主管部门核准。

2. 备案。备案是指向网络运营者所在地区市级以上公安机关办理备案手续,备案审核通过后获得《信息系统安全等级保护备案证明》。

3. 等级测评。第三级以上网络的运营者应当每年开展一次网络安全等级测评,发现并整改安全风险隐患,并每年将开展网络安全等级测评的工作情况及测评结果向备案的公安机关报告。等级测评由有资质的等级测评机构按照有关管理规范和技术标准进行。

4. 安全整改。安全整改是指网络运营者应当对等级测评中发现的安全风险隐患,制定整改方案,落实整改措施,消除风险隐患。

5. 定期自查。网络运营者应当对网络安全工作情况、等级保护工作落实情况进行自查,及时发现安全隐患和突出问题,并针对隐患和问题采取技术和管理措施。第三级网络应每年进行一次自查,第四级网络应每半年进行一次自查。

第三节　关键信息基础设施

2017 年 6 月 1 日施行的《网络安全法》规定了"关键信息基础设施（CII）"提供者的相关义务和规则，对其在网络运营者的义务基础上，增加了特殊责任。但总的来看，《网络安全法》多为原则性的规定，缺乏具体细化的措施。随后，国家互联网信息办公室于 2017 年 7 月 12 日发布了《关键信息基础设施安全保护条例（征求意见稿）》（以下简称《安全保护条例》），该条例属于《网络安全法》的重要配套规定和下位法，对于关键信息基础设施有比较具体细化的规定。另外，2016 年 6 月，中央网信办网络安全协调局制定的《国家网络安全检查操作指南》（以下简称《操作指南》）中也有关于关键信息基础设施的细则规定。本节将结合《网络安全法》《安全保护条例》和《操作指南》三份规范性文件对"关键信息基础设施（CII）"这一主题进行解读。

一、关键信息基础设施的定义和范围

对于何为关键信息基础设施，《网络安全法》《安全保护条例》以及《操作指南》中都是采用了"特定行业范围+严重危害后果"的方式来定义，因此在定义的同时，也会明确涉及一些特定的行业，如表 9-2 所示：

表 9-2

《网络安全法》	《安全保护条例》	《操作指南》
公共通信和信息服务、能源、交通、水利、金融、公共服务、电子政务等重要行业和领域。	（一）政府机关和能源、金融、交通、水利、卫生医疗、教育、社保、环境保护、公用事业等行业领域的单位；（二）电信网、广播电视网、互联网等信息网络，以及提供云计算、大数据和其他大型公共信息网络服务的单位；（三）国防科工、大型装备、化工、食品药品等行业领域科研生产单位；（四）广播电台、电视台、通讯社等新闻单位。	面向公众提供网络信息服务或支撑能源、通信、金融、交通、公用事业等重要行业运行的信息系统或工业控制系统；包括网站类，如党政机关网站、企事业单位网站、新闻网站；平台类，如即时通信、网上购物、网上支付、搜索引擎、电子邮件、论坛、地图、音视频；生产业务类，如办公和业务系统、工业控制系统、大型数据中心、云计算平台、电视转播系统。

《网络安全法》	《安全保护条例》	《操作指南》
一旦遭到破坏、丧失功能或者数据泄露，可能严重危害国家安全、国计民生、公共利益的关键信息基础设施。	一旦遭到破坏、丧失功能或者数据泄露，可能严重危害国家安全、国计民生、公共利益。	一旦发生网络安全事故，会影响重要行业正常运行，对国家政治、经济、科技、社会、文化、国防、环境以及人民生命财产造成严重损失。

从表 9-2 可以看出，《网络安全法》所直接提及的行业范围相对更概括，而在《安全保护条例》和《操作指南》中则更为丰富具体，其中有同时明确提及的，也有只是单独提及的。我们认为，凡是在任何一份规范性文件中有所提及且一旦发生网络安全事件可能造成严重后果的都应属于 CII 的范畴，企业也可以根据上表的内容初步评估所属的网络系统是否属于 CII。

二、关键信息基础设施的识别

虽然对于 CII 有了初步的定义，但是该如何具体地识别 CII 仍然需要进一步细化的规则进行指引。因此，《安全保护条例》第十九条为下一步细则规范的出台进行了授权并作出了一些原则性的规定。具体来说，《安全保护条例》第十九条第一款明确了"国家网信部门会同国务院电信主管部门、公安部门等部门制定关键信息基础设施识别指南"，同时第二款和第三款规定"国家行业主管或监管部门按照关键信息基础设施识别指南，组织识别本行业、本领域的关键信息基础设施，并按程序报送识别结果。关键信息基础设施识别认定过程中，应当充分发挥有关专家的作用，提高关键信息基础设施识别认定的准确性、合理性和科学性"。

在后续的"关键信息基础设施识别指南"尚未出台的情况下，《操作指南》中确定的 CII 确定规则在目前已成为最有参考价值的一项标准。《操作指南》中提出了 CII 确定的三步法，即一是确定关键业务；二是确定支撑关键业务的信息系统或工业控制系统；三是根据关键业务对信息系统或工业控制系统的依赖程度，以及信息系统发生网络安全事件后可能造成的损失，以此来认定关键信息基础设施。

《操作指南》对三步法的操作还有具体的指引：

1. 对于确定关键业务，《操作指南》明确了需结合本地区、本部门、本行业的实际来梳理关键业务，并做了示例。以"电信与互联网"为例，关键业务包括域名解析服务、数据中心/云服务、语音/数据/互联网基础网络及枢纽等业务。

2. 对于确定支撑关键业务的信息系统或工业控制系统，则应当根据关键业务，逐一梳理出支撑关键业务运行或关键业务相关的信息系统或工业控制系统，形成关键信息基础设施候选清单。比如火电企业的发电机组控制系统、管理信息系统。

3. 对于认定关键信息基础设施的量化标准，《操作指南》则列举了网站类、平台类和生产业务类三种具体情况的相应量化标准。比如对于平台类，规定注册用户超过 1000 万、活跃用户超过 100 万或者日交易额超过 1000 万的，就可认定为 CII；对于生产业务类，规模超过 1500 个标准机架的数据中心或者地市级以上政府面向公众服务的业务系统，也可认定为 CII。

三、关键信息基础设施运营者的安全保护义务及法律责任

《网络安全法》中对关键信息基础设施作了特别的规定，对于公司而言，最为重要的就是要了解关键信息基础设施运营者（CIIO）的安全保护义务。《安全保护条例》则对 CIIO 作出了更加全面、细致的安全保护义务要求，笔者将具体的安全保护义务和相应的法律责任梳理如表 9-3 所示：

表 9-3

序号	核心内容	具体安全保护义务	法律责任
1	新建、停运 CII 需报告	【20 条】新建、停运关键信息基础设施，或关键信息基础设施发生重大变化的，应当及时将相关情况报告国家行业主管或监管部门。	【45 条】责令改正，给予警告；拒不改正或者导致危害后果的，处 10 万元以上 100 万元以下罚款，直接负责人员处 1 万元以上 10 万元以下罚款。
2	确保 CII 稳定持续运行	【21 条】建设关键信息基础设施应当确保其具有支持业务稳定、持续运行的性能，并保证安全技术措施同步规划、同步建设、同步使用。	
3	制定安全管理制度和规程	【23 条 1 项】制定内部安全管理制度和操作规程，严格身份认证和权限管理。	
4	防范病毒和攻击	【23 条 2 项】采取技术措施，防范计算机病毒和网络攻击、侵入。	

续表

序号	核心内容	具体安全保护义务	法律责任
5	留存网络日志不少于6个月	【23条3项】采取技术措施,监测、记录网络运行状态、网络安全事件,并按照规定留存相关的网络日志不少于六个月。	【45条】责令改正,给予警告;拒不改正或者导致危害后果的,处10万元以上100万元以下罚款,直接负责人员处1万元以上10万元以下罚款。
6	数据分类、备份、加密	【23条4项】采取数据分类、重要数据备份和加密认证等措施。	
7	设立专门机构和专人	【24条1项】设置专门网络安全管理机构和网络安全管理负责人,并对该负责人和关键岗位人员进行安全背景审查。	
8	数据容灾备份	【24条3项】对重要系统和数据库进行容灾备份。	
9	应急预案演练	【24条4项】制定网络安全事件应急预案并定期进行演练。	
10	关键人员持证上岗	【26条】运营者网络安全关键岗位专业技术人员实行执证上岗制度。	
11	从业人员每年1天以上的培训,关键人员每年3天以上的培训	【27条】运营者应当组织从业人员网络安全教育培训,每人每年教育培训时长不得少于1个工作日,关键岗位专业技术人员每人每年教育培训时长不得少于3个工作日。	
12	建立安全检测评估制度	【28条1款】运营者应当建立健全关键信息基础设施安全检测评估制度。	【45条】责令改正,给予警告;拒不改正或者导致危害后果的,处10万元以上100万元以下罚款,直接负责人员处1万元以上10万元以下罚款。
13	CII每年不少于1次检测评估	【28条2款】运营者应当自行或委托网络安全服务机构对关键信息基础设施的安全性和可能存在的风险隐患每年至少进行一次检测评估。	

续表

序号	核心内容	具体安全保护义务	法律责任
14	限制数据跨境转移	【29条】运营者在中华人民共和国境内运营中收集和产生的个人信息和重要数据应当在境内存储。因业务需要，确需向境外提供的，应当按照个人信息和重要数据出境安全评估办法进行评估；法律、行政法规另有规定的，依照其规定。	【46条】责令改正，给予警告，没收违法所得，处5万元以上50万元以下罚款，并可以责令暂停相关业务、停业整顿、关闭网站、吊销相关业务许可证；对直接负责的主管人员和其他直接责任人员处1万元以上10万元以下罚款。
15	产品服务采购需符合国家标准	【30条】运营者采购、使用的网络关键设备、网络安全专用产品，应当符合法律、行政法规的规定和相关国家标准的强制性要求。	【45条】责令改正，给予警告；拒不改正或者导致危害后果的，处10万元以上100万元以下罚款，直接负责人员处1万元以上10万元以下罚款。
16	采购安全审查和签订安全保密协议	【31条】运营者采购网络产品和服务，可能影响国家安全的，应当通过网络安全审查，并与提供者签订安全保密协议。	【47条】责令停止使用，处采购金额1倍以上10倍以下罚款；对直接负责的主管人员和其他直接责任人员处1万元以上10万元以下罚款。

续表

序号	核心内容	具体安全保护义务	法律责任
17	外包产品上线前应安全检测	【32条】运营者应当对外包开发的系统、软件，接受捐赠的网络产品，在其上线应用前进行安全检测。	【45条】责令改正，给予警告；拒不改正或者导致危害后果的，处10万元以上100万元以下罚款，直接负责人员处1万元以上10万元以下罚款。
18	风险处置和报告	【33条】运营者发现使用的网络产品、服务存在安全缺陷、漏洞等风险的，应当及时采取措施消除风险隐患，涉及重大风险的应当按规定向有关部门报告。	
19	境内维护	【34条】关键信息基础设施的运行维护应当在境内实施。因业务需要，确需进行境外远程维护的，应事先报国家行业主管或监管部门和国务院公安部门。	

综上，本章结合《网络安全法》《操作指南》以及还在征求意见的《安全保护条例》，从CII的定义及范围、CII的识别规则和CIIO的安全保护义务及法律责任三个主要角度对关键信息基础设施这一主题进行了解读，鉴于后续正式出台的《安全保护条例》可能会有一定的变化，并且可能还会有进一步的细则出台。我们认为，企业尤其是可能被认定为属于CIIO的，很有必要及早按照《安全保护条例（征求意见稿）》《操作指南》对自身进行网络安全合规检查和完善相应制度。

第四节 网络产品和服务安全审查

《网络安全法》第三十五条规定"关键信息基础设施的运营者采购网络产品和服务，可能影响国家安全的，应当通过国家网信部门会同国务院有关部门组织的国家安全审查"。目前而言，网络产品和服务安全审查制度的具体要求主要规定在《网络产品和服务安全审查办法（试行）》中，该办法由国家互联网信息办公室于2017年5月2日发布，并于2017年6月1日和《网络安全法》同日开始实施。《网络安全审查办法》已于2020年6月1日起实施，主要规定了网络安全审查办公室进行网络安全审查的内容及程序，《网络产品和服务安全审查办法（试行）》同时废止。

一、网络产品和服务安全审查概述

（一）网络产品和服务安全审查的重要目的和意义

在网络安全复杂化、网络威胁全球化的今天，关键信息基础设施已成为网络攻击的主要目标，并可能引发极为严重的灾难性后果。特别是网络产品和服务的供应链风险是关键信息基础设施面临的主要安全风险之一。关键信息基础设施所部署的信息技术产品和服务是否安全，将直接决定国家和社会能否良好运行。为了防止关键信息基础设施因使用的产品和服务存在安全缺陷或其他隐患而受到攻击、破坏，或者其存储、处理的数据资源被窃取、泄露，从而危害国家安全，我国《网络安全法》遵循世界贸易组织国家安全例外原则，对关键信息基础设施运营者采购网络产品或者服务的国家安全审查作了要求。

（二）网络产品和服务安全审查的适用范围和对象

对于网络产品和服务安全审查制度，首先需要明确的就是哪些网络产品和服务需要进行安全审查。《网络产品和服务安全审查办法（试行）》第二条规定："关系国家安全的网络和信息系统采购的重要网络产品和服务，应当经过网络安全审查。"对于具体哪些情形可能被认定为"涉及影响国家安全"，《网络产品和服务安全审查办法（试行）》第十条作了部分的细化规定，即公共通信和信息服务、能源、交通、水利、金融、公共服务、电子政务等重要行业和领域以及其他可能影响国家安全的关键信息基础设施的运营者采购网络产品和服务，应当通过网络安全审查。《网络安全审查办法》第二条规定："关键信息基础设施运营者（以下简称运营者）采购网络产品和服务，影响或可能影响国家安全的，应当按照本办法进行网络安全审查。"从规定可以看出，并非关键信息基础设施运营者的采购网络产品和服务行为均应进行网络安全审查，而是在影响或可能影响国家安全的情况下需要进行网络安全审查。因此，对网络产品和服务进行网络安全审查须满足两个要求：一是关键信息基础设施的运营者采购网络产品和服务，关于关键信息基础设施的界定上节内容已有论述，此处不再赘述；二是影响或可能影响国家安全的。《网络安全审查办法》第五条规定，运营者采购网络产品和服务的，应当预判该产品和服务投入使用后可能带来的国家安全风险。影响或者可能影响国家安全的，应当向网络安全审查办公室申报网络安全审查。

除此之外，相比于《网络产品和服务安全审查办法（试行）》，《网络安全审查办法》明确了违反该办法的法律责任适用《网络安全法》第六十五条的规定，避免了潜在的法律适用冲突。

二、安全审查的方式、负责机构和程序

（一）安全审查的方式

《网络产品和服务安全审查办法（试行）》第三条对安全审查的方式作了规定，要坚持企业承诺与社会监督相结合，第三方评价与政府持续监管相结合，实验室检测、现场检查、在线监测、背景调查相结合，对网络产品和服务及其供应链进行网络安全审查。《网络安全审查办法》对安全审查的方式作了部分的修改，要求网络安全审查坚持防范网络安全风险与促进先进技术应用相结合、过程公正透明与知识产权保护相结合、事前审查与持续监管相结合、企业承诺与社会监督相结合，从产品和服务安全性、可能带来的国家安全风险等方面进行审查。

《网络产品和服务安全审查办法（试行）》第八条规定了按照国家有关要求、根据全国性行业协会建议和用户反映等多种形式，启动安全审查程序。根据此条的规定，我们可以理解为安全审查不以企业申请为前提，由网络安全审查办公室依职权确定审查对象进行安全审查。但《网络安全审查办法》规定运营者采购网络产品和服务的，应当预判该产品和服务投入使用后可能带来的国家安全风险。影响或者可能影响国家安全的，应当向网络安全审查办公室申报网络安全审查。网络安全审查办公室应当自收到审查申报材料起，10 个工作日内确定是否需要审查并书面通知运营者。

（二）安全审查的负责机构

根据《网络产品和服务安全审查办法（试行）》第五条、第六条、第七条的规定，网络安全审查的领导和具体负责机构主要包括网络安全审查委员会、网络安全审查办公室、网络安全审查专家委员会和第三方评价机构等。国家互联网信息办公室会同有关部门成立网络安全审查委员会，负责审议网络安全审查的重要政策，统一组织网络安全审查工作，协调网络安全审查相关重要问题。由网络安全审查办公室具体组织实施网络安全审查，并由国家依法认定的网络安全审查第三方机构作为外部评估机构，配合网络安全审查办公室和网络安全专家委员会，完成对重要网络产品和服务的网络安全审查。专家委员会在第三方评价的基础上提出综合评估后，由网络安全审查委员会形成最终的审

查结论。

《网络安全审查办法》规定在中央网络安全和信息化委员会领导下，国家互联网信息办公室会同中华人民共和国国家发展和改革委员会、中华人民共和国工业和信息化部、中华人民共和国公安部、中华人民共和国国家安全部、中华人民共和国财政部、中华人民共和国商务部、中国人民银行、国家市场监督管理总局、国家广播电视总局、国家保密局、国家密码管理局建立国家网络安全审查工作机制。网络安全审查办公室设在国家互联网信息办公室，负责制定网络安全审查相关制度规范，组织网络安全审查。相较于《网络产品和服务安全审查办法（试行）》，后者将网络安全审查的有关部门进行了明确和细化。网络安全审查工作机制涉及的有关部门基本涵盖了与网络安全密切相关的国家各重要管理部门，并明确了网络安全审查办公室设置在国家网信办，更有利于网络安全审查工作的常态化和有效运行。

（三）安全审查的程序

根据《网络安全审查办法》第五条的规定，运营者采购网络产品和服务的，应当预判该产品和服务投入使用后可能带来的国家安全风险。影响或者可能影响国家安全的，应当向网络安全审查办公室申报网络安全审查。运营者申报网络安全审查，应当提交以下材料：（1）申报书；（2）关于影响或可能影响国家安全的分析报告；（3）采购文件、协议、拟签订的合同等；（4）网络安全工作需要的其他材料。网络安全审查办公室的审查程序如下：

1. 网络安全审查办公室应当自收到审查申报材料起，10个工作日内确定是否需要审查并书面通知运营者。

2. 网络安全审查办公室认为需要开展网络安全审查的，应当自向运营者发出书面通知之日起30个工作日内完成初步审查，包括形成审查结论建议和将审查结论建议发送网络安全审查工作机制成员单位、相关关键信息基础设施保护工作部门征求意见；情况复杂的，可以延长15个工作日。

3. 网络安全审查工作机制成员单位和相关关键信息基础设施保护工作部门应当自收到审查结论建议之日起15个工作日内书面回复意见。网络安全审查工作机制成员单位、相关关键信息基础设施保护工作部门意见一致的，网络安全审查办公室以书面形式将审查结论通知运营者；意见不一致的，按照特别审查程序处理，并通知运营者。

4. 按照特别审查程序处理的，网络安全审查办公室应当听取相关部门和单位意见，进行深入分析评估，再次形成审查结论建议，并征求网络安全审工作机制成员单位和相关关键信息基础设施保护工作部门意见，按程序报中央网络安全和信息化委员会批准后，形成审查结论并书面通知运营者。特别审查程序一般应当在 45 个工作日内完成，情况复杂的可以适当延长。

三、安全审查的主要内容与法律责任

（一）安全审查的主要内容

根据《网络产品和服务安全审查办法（试行）》第四条的规定，网络安全审查重点审查网络产品和服务的安全性、可控性，主要包括：

（1）产品和服务自身的安全风险，以及被非法控制、干扰和中断运行的风险；

（2）产品及关键部件生产、测试、交付、技术支持过程中的供应链安全风险；

（3）产品和服务提供者利用提供产品和服务的便利条件非法收集、存储、处理、使用用户相关信息的风险；

（4）产品和服务提供者利用用户对产品和服务的依赖，损害网络安全和用户利益的风险；

（5）其他可能危害国家安全的风险。

从《网络产品和服务安全审查办法（试行）》的规定来看，审查的核心是产品和服务的安全性与可控性，具体又可以分为两个主要方面，一方面是产品自身以及其供应链的安全风险，另一方面是重点防范产品和服务提供者实施不法行为的风险。

《网络安全审查办法》第九条规定了网络安全审查办公室进行网络安全审查时应当考虑的因素：

（1）产品和服务使用后带来的关键信息基础设施被非法控制、遭受干扰或破坏，以及重要数据被窃取、泄露、毁损的风险；

（2）产品和服务供应中断对关键信息基础设施业务连续性的危害；

（3）产品和服务的安全性、开放性、透明性、来源的多样性，供应渠道的可靠性以及因为政治、外交、贸易等因素导致供应中断的风险；

（4）产品和服务提供者遵守中国法律、行政法规、部门规章情况；

（5）其他可能危害关键信息基础设施安全和国家安全的因素。

可以看到，《网络安全审查办法》进一步强调产品和服务的安全可控，要求遵守国家法律法规和履行承诺的责任和义务。同时，新增了供应中断对关键信息基础设施业务连续性的危害、供应渠道的可靠性以及因政治、外交、贸易等因素导致供应中断的风险，全面评估对网络安全、信息基础设施安全、国家安全和经济发展的影响。

（二）安全审查的法律责任

关于违反网络产品和服务安全审查的法律责任在《中华人民共和国网络安全法》第六十五条有明确规定，关键信息基础设施的运营者违反本法第三十五条规定，使用未经安全审查或者安全审查未通过的网络产品或者服务的，由有关主管部门责令停止使用，处采购金额一倍以上十倍以下罚款；对直接负责的主管人员和其他直接责任人员处一万元以上十万元以下罚款。

《网络产品和服务安全审查办法（试行）》第十五条规定，违反本办法规定的，依照有关法律法规予以处理。此外，《网络产品和服务安全审查办法（试行）》在第十二条还对网络产品和服务提供者的配合义务提出了明确要求，网络产品和服务提供者应当对网络安全审查工作予以配合，并对提供材料的真实性负责。如果网络产品和服务提供者提供的审查材料存在真实性问题，很可能将承担相应的行政责任。此外，《网络安全审查办法》第十九条规定，运营者违反本办法规定的，依照《中华人民共和国网络安全法》第六十五条的规定处理。

《网络安全审查办法》的出台在宏观上体现了国家坚决维护国家安全与网络主权的决心和执行力，是确保国家安全的重要威慑手段，同时也是防范网络安全风险的一项重要举措。

第五节　网络信息内容审查

一、网络信息内容审查概述

（一）《网络信息内容生态治理规定》出台的背景

中国互联网络信息中心发布的第 44 次《中国互联网络发展状况统计报告》显示，截至 2019 年 6 月，我国网民规模已经达到了 8.54 亿，其中，手机网民规模达到了 8.47 亿，普及率达 61.2%。网络信息传播快捷，数量庞大。一句话、一幅图、一篇文章、一段视频通过互联网平台，几个小时就能形成爆发式传播，覆盖几亿用户，点击量、阅读量很快就可达到数十万、数百万，甚至更多。网络信息的传播速度超过其他传播媒介，并产生海量数据。快速信息传播与海量数据使中心化的信息治理与传播秩序维护变得十分困难，同时网络上存在的海量信息良莠不齐、真伪并存。一些虚假信息经过炒作，往往会成为突发性事件的导火索。①

《网络安全法》第四十七条规定，网络运营者应当加强对其用户发布的信息的管理，发现法律、行政法规禁止发布或者传输的信息的，应当立即停止传输该信息，采取消除等处置措施，防止信息扩散，保存有关记录，并向有关主管部门报告。《网络安全法》出台以来，公司在网络安全领域的合规风险，部分来自对网络平台信息内容的审查不力或监管疏漏，网信办、新闻出版广电总局等先后对一批网络服务提供者作出了处罚决定。但《网络安全法》并未对禁止发布或者传输何种信息作出规定。2020年3月1日，《网络信息内容生态治理规定》（以下简称《规定》）正式施行，为进一步建设清朗的网络空间提供治理依据。

（二）《规定》出台的意义

1. 有利于构建良好的网络生态环境。《规定》首次以"法规"的形式提出"生态治理"概念，为网络黑灰产②治理提供了更加完善的依据。

2. 有利于保护网民的合法权益，提升网民的获得感。互联网的运行需要在法律法规的规制下进行，通过有效的制度设计和治网行动，依法治网、依法办网、依法上网，可最大程度保护网民的合法权益。

3. 有利于推动互联网发展。我国互联网正在实现跨越式发展，建设网络强国，离不了核心技术，离不了基础设施建设，离不了丰富全面的信息服务，也离不了繁荣发展的网络文化。构建良好的网络生态，可让网络文化繁荣发展。③

二、不同网络信息内容的区分和规制

《规定》明确了正能量信息、违法信息和不良信息的具体范围，鼓励网络

---

① 摘自中央网信办官网：http://www.cac.gov.cn/2020-03/11/c_1585473200114875.htm.

② 网络黑灰产是指电信诈骗、钓鱼网站、木马病毒、黑客勒索等利用网络开展违法犯罪活动的行为。

③ 摘自中央网信办官网：http://www.cac.gov.cn/2020-03/06/c_1585041838522569.htm.

信息内容生产者制作、复制、发布含有正能量内容的信息。明确网络信息内容生产者应当遵守法律法规,遵循公序良俗,不得损害国家利益、公共利益和他人合法权益,不得制作、复制、发布违法信息;应当采取措施,防范和抵制制作、复制、发布不良信息。具体信息内容如表9-4所示:

表9-4

鼓励制作、复制、发布的信息	(一)宣传习近平新时代中国特色社会主义思想,全面准确生动解读中国特色社会主义道路、理论、制度、文化的; (二)宣传党的理论路线方针政策和中央重大决策部署的; (三)展示经济社会发展亮点,反映人民群众伟大奋斗和火热生活的; (四)弘扬社会主义核心价值观,宣传优秀道德文化和时代精神,充分展现中华民族昂扬向上精神风貌的; (五)有效回应社会关切,解疑释惑,析事明理,有助于引导群众形成共识的; (六)有助于提高中华文化国际影响力,向世界展现真实立体全面的中国的; (七)其他讲品位讲格调讲责任、讴歌真善美、促进团结稳定等的内容。
禁止发布的违法信息	(一)反对宪法所确定的基本原则的; (二)危害国家安全,泄露国家秘密,颠覆国家政权,破坏国家统一的; (三)损害国家荣誉和利益的; (四)歪曲、丑化、亵渎、否定英雄烈士事迹和精神,以侮辱、诽谤或者其他方式侵害英雄烈士的姓名、肖像、名誉、荣誉的; (五)宣扬恐怖主义、极端主义或者煽动实施恐怖活动、极端主义活动的; (六)煽动民族仇恨、民族歧视,破坏民族团结的; (七)破坏国家宗教政策,宣扬邪教和封建迷信的; (八)散布谣言,扰乱经济秩序和社会秩序的; (九)散布淫秽、色情、赌博、暴力、凶杀、恐怖或者教唆犯罪的; (十)侮辱或者诽谤他人,侵害他人名誉、隐私和其他合法权益的; (十一)法律、行政法规禁止的其他内容。

续表

防范和抵制制作、复制、发布的不良信息	（一）使用夸张标题，内容与标题严重不符的； （二）炒作绯闻、丑闻、劣迹等的； （三）不当评述自然灾害、重大事故等灾难的； （四）带有性暗示、性挑逗等易使人产生性联想的； （五）展现血腥、惊悚、残忍等致人身心不适的； （六）煽动人群歧视、地域歧视等的； （七）宣扬低俗、庸俗、媚俗内容的； （八）可能引发未成年人模仿不安全行为和违反社会公德行为、诱导未成年人不良嗜好等的； （九）其他对网络生态造成不良影响的内容。

三、网络信息服务平台和使用者的主要义务

《规定》根据网络信息传播模式，将规制主体分为内容生产者、内容服务平台和内容服务使用者，根据各自角色区分其应承担的权利和义务。

（一）网络信息内容服务平台的主要义务

网络信息内容服务平台是指提供网络信息内容传播服务的网络信息服务提供者。网络信息服务平台应当履行信息内容管理主体责任，建立网络信息内容生态治理机制。《规定》明确了平台运行环节管理要求，包括以下几个方面：

（1）制定本平台网络信息内容生态治理细则，健全用户注册、账号管理、信息发布审核、跟帖评论审核、版面页面生态管理、实时巡查、应急处置和网络谣言、黑色产业链信息处置等制度；

（2）设立网络信息内容生态治理负责人；

（3）鼓励在重点环节传播正能量信息，不得在重点环节呈现不良信息；

（4）开发未成年人适用的模式；

（5）设置广告审核巡查制度；

（6）制定公开管理规则和平台公约，完善用户协议；

（7）设置投诉举报入口，及时受理和反馈处理结果；

（8）编制网络信息内容生态治理工作年度报告。

（二）网络信息服务使用者的主要义务

网络信息内容服务使用者，是指使用网络信息内容服务的组织或者个人，

也包括在以发帖、回复、留言、弹幕等形式参与网络活动的"亿万网民"。网络信息内容服务使用者在使用网络信息内容服务时应当遵守以下义务：

（1）文明互动、理性表达；

（2）网络信息内容服务使用者和网络信息内容生产者、网络信息内容服务平台不得利用网络和相关信息技术实施侮辱、诽谤、散布谣言以及侵犯他人隐私等违法行为；不得通过人工方式或技术后端实施流量造假、流量劫持以及虚假注册账号、非法交易账号、操纵用户账号等行为；不得利用代表党和国家形象的标识及内容或者借国家重大活动、重大纪念日和国家机关及其工作人员名义，违法违规开展网络商业营销活动。

（三）网络运营平台的合规要求

《网络信息内容生态治理规定》的出台对网络运营平台的信息内容合规提出了更高的要求，《规定》的主要内容上文已经列出，本书将对网络运营平台在网络信息内容方面提出两点合规建议：

（1）履行信息内容管理主体责任，建立网络信息内容生态治理机制。具体来说包括健全用户注册、账号管理、信息发布审核、跟帖评论审核、版面页面生态管理、实时巡查、应急处置和网络谣言、黑色产业链信息处置等制度、信息安全审查制度、算法推荐的人工干预和用户自主选择机制、广告管理制度、平台公约和用户协议制度、举报制度、年度报告制度等；

（2）加强重点环节的监管，在信息的投放及传播环节加大监管力度，积极呈现符合主流价值导向的信息，禁止呈现不良信息。开发适合未成年人使用的模式，提供适合未成年人使用的网络产品和服务。

第六节　个人信息保护

随着中国《网络安全法》《个人信息安全规范》，以及欧盟《通用数据保护条例》（GDPR）等海内外数据保护法律相继生效，各国的监管部门开始对掌握大量个人信息的企业实行越来越严格的监管。同时，公众的隐私意识也不断提高，个人信息的保护日渐成为社会关注的热点问题，并直接影响企业的声誉。数据合规成为当下企业，尤其是互联网企业合规工作的重点。

一、个人信息保护的法律法规体系

从 2012 年年末发布的《全国人大常委会关于加强网络信息保护的决定》

开始，国家立法机关与有关部门制定了大量与个人信息保护相关的法律法规、司法解释与国家标准，基本构筑了中国个人信息保护的法律法规体系，如下图所示。

二、个人信息的界定

（一）什么是个人信息

目前，相关法律法规对个人信息的定义一般是采取概念+列举式。《网络安全法》第七十六条第五款对个人信息的定义为："个人信息，是指以电子或者其他方式记录的能够单独或者与其他信息结合识别自然人个人身份的各种信息，包括但不限于自然人的姓名、出生日期、身份证件号码、个人生物识别信息、住址、电话号码等。"《信息安全技术 个人信息安全规范》中列举了更多的个人信息的类型，但同时对判定某项信息是否属于个人信息提供了两条路径：

（1）识别维度：从信息到个人，由信息本身的特殊性识别出特定自然人，个人信息应有助于识别出特定个人。

（2）关联维度：从个人到信息，如已知特定自然人，由该特定自然人在其活动中产生的信息（如个人位置信息、个人通话记录、个人浏览记录等）即为个人信息。

符合上述两种情形之一的信息，均应判定为个人信息。

（二）个人信息分类及示例①

为了能够更好地识别个人信息，本书将根据《信息安全技术 个人信息安全规范》对个人信息进行分类并列举具体的范围。

按照个人信息产生的不同环境，个人信息可以分为个人身份和鉴别信息、个人服务和数据信息、个人服务相关信息。

1. 个人身份和鉴别信息

个人身份和鉴别信息是能够单独或与其他信息结合，对用户自然人身份进行识别，或在某些服务中代替用户自然人身份属性的虚拟身份信息。虚拟身份信息是指用户使用服务过程中区别于其他用户的标识信息以及对该标识信息进行识别确认的信息。表9-5 给出了有关示例。

表9-5　　　　　　　　　　**个人身份和鉴别信息示例**

个人基本资料	指对个人社会属性和自然属性进行描述的信息。包括但不限于个人姓名、生日、性别、民族、国籍、家庭关系、住址、个人电话号码、电子邮箱等。
个人身份信息	指能单独、准确识别个人真实身份的影印件及其他信息。包括身份证、护照、驾驶证、社保卡、军官证、居住证、工作证、出入证及其他法定证件影印件及号码等与自然人法定身份紧密相关的数据。
个人生物识别信息	指与个人具有唯一对应关系的用户生理信息。包括但不限于个人基因、指纹、声纹、掌纹、耳廓、虹膜、面部特征等。
虚拟身份标识和鉴别信息	包括系统账号、社交类软件昵称、IP地址、邮箱地址及与前述有关的密码、口令、口令保护答案、用户个人数字证书等。
	包括交易类软件账号、银行卡账号、证券账号以及交易类软件账号的口令、用户个人数字证书等。

2. 个人服务和数据信息

个人服务和数据信息是指相关组织在服务过程中收集的具有个人隐私属性的数据和内容信息。表9-6 给出了有关示例。

---

① 内容参考《信息安全技术 个人信息安全规范》（GB/T35273-2020）。

表 9-6　　　　　　　　　　　　个人服务和数据信息示例

个人健康生理信息	指个人因生病医治、健康体检等而产生的相关记录或与个人身体健康状况产生的相关信息。包括但不限于病症、住院志、医嘱单、检验报告、手术及麻醉记录、护理记录、用药记录、药物食物过敏信息、生育信息、以往病史、家族病史、传染病史等病理信息及体重、身高、肺活量等健康个人信息。
个人财产信息	指个人在真实生活或虚拟服务中所拥有和使用的有关财产的信息，包括真实财产信息和虚拟财产信息。真实财产信息包括交易类软件账号、银行卡等账号、存款信息、房产信息、信贷记录、征信信息、交易和消费记录、流水记录等信息。虚拟财产信息包括虚拟货币、虚拟交易个人信息、游戏类兑换码等虚拟财产信息。
个人教育工作信息	包括个人职业、职位、工作单位、学历、学位、教育经历、工作经历、培训记录、成绩单等。
个人通信信息	通信记录和内容、短信、彩信、电子邮件，以及描述个人通信的数据（通常称为元数据）和联系人信息，如通讯录、好友列表、群列表、电子邮件地址列表等。

3. 个人服务相关信息

个人服务相关信息是服务过程中所收集的个人服务使用情况及服务相关辅助类信息，如表 9-7 所示。

表 9-7　　　　　　　　　　　　个人服务相关信息示例

个人上网记录	指通过日志储存的用户的操作记录、服务内容信息记录等，包括消费记录、游戏记录、视频操作流水记录、点击日志、业务日志等。
个人常用设备信息	指包括硬件型号、设备 MAC 地址、操作系统类型、软件列表唯一设备识别码（如 IMEI/androidID/IDFA/OPENUDID/GUID、SIM 卡 IMSI 信息等）等在内的描述设备基本情况的信息。
个人位置信息	包括行踪轨迹、精确定位信息、住宿信息、经纬度等。
其他信息	婚史、宗教信仰、性取向、未公开的违法犯罪记录等。

（三）个人敏感信息及示例

在个人信息中需要特别注意的一种信息为个人敏感信息，主要是指一旦泄露、非法提供或滥用可能危害人身和财产安全，极易导致个人名誉、身心健康受到损害或歧视性待遇等的个人信息。通常情况下，14 岁以下（含）儿童的个人信息和自然人的隐私信息属于个人敏感信息。对需要进行收集、处理此类个人信息的公司而言需要特别注意，采取更加严格的措施来保护个人信息（见表9-8）。

表9-8 　　　　　　　　　　个人敏感信息示例

个人财产信息	银行账号、鉴别信息（口令）、存款信息（包括资金数量、支付收款记录等）、房产信息、信贷记录、征信信息、交易和消费记录、流水记录等，以及虚拟货币、虚拟交易、游戏类兑换码等虚拟财产信息
个人健康生理信息	个人因生病医治等产生的相关记录，如病症、住院志、医嘱单、检验报告、手术及麻醉记录、护理记录、用药记录、药物食物过敏信息、生育信息、以往病史、诊治情况、家族病史、现病史、传染病史等
个人生物识别信息	个人基因、指纹、声纹、掌纹、耳廓、虹膜、面部识别特征等
个人身份信息	身份证、军官证、护照、驾驶证、工作证、社保卡、居住证等
其他信息	性取向、婚史、宗教信仰、未公开的违法犯罪记录、通信记录和内容、通讯录、好友列表、群组列表、行踪轨迹、网页浏览记录、住宿信息、精准定位信息等

三、个人信息的收集、存储、使用和公开

自《网络安全法》出台后，相关涉及个人信息保护的法律法规及规范性文件不断落地，相关执法机构更是在 APP 领域开展了一整年的个人信息专项治理工作。且随着公众对自身个人隐私保护意识的不断提升，个人信息保护成为互联网企业合规的重中之重。个人信息保护涉及个人信息收集及处理的全流程，互联网企业在进行数据合规时需要考量到个人信息收集、存储、使用和公开等各个流程。

（一）个人信息的收集原则

个人信息的收集是指获得个人信息的控制权的行为，包括由个人信息主体主动提供、通过与个人信息主体交互或记录个人信息主体行为等自动采集行为，以及通过共享、转让、搜集公开信息等间接获取个人信息等行为。

1. 最小必要原则

网络运营者在收集个人信息时首先要遵循最小必要原则，此原则包含两层内涵，一是最小必要信息，二是最小必要权限。要实现最小必要信息需要满足三个要求：一是收集的个人信息的类型应与实现产品或服务的业务功能有直接关联；二是自动采集个人信息的频率应是实现产品或服务的业务功能所必需的最低频率；三是间接获取个人信息的数量应是实现产品或服务的业务功能所必需的最少数量。最小必要权限是指保障某一服务类型正常运行所必需的最少系统权限。最小必要权限与最小必要信息密切相关，但即便是最小必要信息的收集，相关的系统权限也应当由个人信息主体主动授予。

2. 告知同意

网络运营者收集个人信息唯一合法的途径便是获得个人信息主体的授权同意。在获得个人信息主体的授权同意时需要遵循一定的程序。收集个人信息，应向个人信息主体告知收集、使用个人信息的目的、方式和范围，并获得个人信息主体的授权同意，其中涉及个人敏感信息的，每项个人信息都应单独征得个人信息主体的明示同意，并应确保个人信息主体的明示同意是其在完全知情的基础上自主给出的、具体的、清晰明确的意愿表示。此外，间接获取个人信息时，为防止侵犯个人信息的风险，应要求个人信息提供者提供个人信息收集来源，并要求其说明个人信息来源的合法性，以及该个人信息的主体是否同意将其信息转让、公开、披露等。在收集个人信息时，宜采用交互式界面进行告知，例如弹窗、文字说明、填写框、提示条、提示音等类似方式。

（二）个人信息的存储

在收集完个人信息后，便涉及个人信息的存储。网络运营者需要在这一阶段做好以下措施：

（1）个人信息保存期限应为实现个人信息主体授权使用的目的所必需的最短时间，法律法规另有规定或者个人信息主体另行授权同意的除外；

（2）超出上述个人信息保存期限后，应对个人信息进行删除或匿名化处理；

（3）收集个人信息后，宜立即进行去标识化处理，并采取技术和管理方面的措施，将去标识化后的信息与可用于恢复识别个人的信息分开存储；

（4）传输和存储个人敏感信息时应当采取加密措施；

（5）只处理满足个人信息主体授权同意的目的所需的最少个人信息类型和数量，目的达成后，应及时删除个人信息。

（三）个人信息的使用

收集个人信息的目的是使用个人信息，网络运营者在使用个人信息的过程中需要履行以下措施来保护个人信息：

（1）使用个人信息时，不应超出与收集个人信息时所声称的目的具有直接或合理关联的范围。因业务需要，确需超出上述范围使用个人信息的，应再次征得个人信息主体明示同意；

（2）建立个人信息访问控制制度，对授权访问个人信息的人员能访问职责所需的最少够用的个人信息，且仅具备完成职责所需的最少的数据操作权限；

（3）合理使用用户画像和个性化展示。使用用户画像时应消除明确身份指向性，避免精确定位到特定个人；电子商务经营者根据消费者的兴趣爱好、消费习惯等特征向其提供商品或者服务搜索结果的个性化展示的，应当同时向该消费者提供不针对其个人特征的选项。

（四）个人信息的公开

个人信息原则上不应公开披露。网络运营者经法律授权或具备合理事由确需公开披露时，应充分重视风险，符合以下要求：

（1）事先开展个人信息安全影响评估，并依评估结果采取有效的保护个人信息主体的措施；

（2）向个人信息主体告知公开披露个人信息的目的、类型，并事先征得个人信息主体明示同意；

（3）公开披露个人敏感信息前，除需要告知个人信息的目的和类型外，还应向个人信息主体告知涉及个人敏感信息的内容；

（4）准确记录和保存个人信息的公开披露情况，包括公开披露的日期、规模、目的、公开范围等；

（5）承担因公开披露个人信息对个人信息主体合法权益造成损害的相应责任；

（6）不应公开披露个人生物识别信息、基因信息。

四、个人信息的删除与账户注销

个人信息的删除与用户账户注销难曾是令网络运营者非常头疼的问题，2019 年 5 月 28 日，国家互联网信息办公室发布《数据安全管理办法（征求意见稿）》，对公众关注的个人敏感信息收集方式、广告精准推送、APP过度索权、账户注销难等问题进行了直接回应。其中第二十一条规定："网络运营者收到有关个人信息查询、更正、删除以及用户注销账号请求时，应当在合理时间和代价范围内予以查询、更正、删除或注销账号。"因此，个人信息的删除与账户注销也是网络运营者在个人信息保护方面的合规重点。在发生以下情形时需要对个人信息进行删除或注销用户账号：

（1）超出个人信息主体授权的个人信息保存期限后，应当对个人信息进行删除或者匿名化处理；

（2）停止运营产品或服务时，应当对个人信息进行删除或匿名化处理；

（3）违反相关法律法规或与个人信息主体约定收集、使用个人信息的，个人信息主体要求删除时，应当及时删除；

（4）违反法律法规规定或违反与个人信息主体的约定向第三方共享、转让个人信息，且个人信息主体要求删除的，应立即停止共享、转让的行为，并通知第三方及时删除；

（5）违反法律法规规定或违反与个人信息主体的约定，公开披露个人信息，且个人信息主体要求删除的，应立即停止公开披露的行为，并发布通知要求相关接收方删除相应的信息；

（6）应向个人信息主体提供注销账户的方法，且该方法应简便易操作，个人信息主体注销账户后，应及时删除其个人信息或匿名化处理。

五、儿童个人信息保护的特殊合规要求

当前，儿童的触网年龄越来越低，越来越多的未成年人使用网络进行学习和娱乐，但同时由于网络信息内容良莠不齐，网络暴力、网络违法和不良信息仍然存在，一些网站和APP非法收集、滥用、买卖未成年人个人信息的事件频频发生，严重威胁未成年人，特别是14岁以下儿童的身心健康和安全。这已经成为一个严重的社会性问题。如针对少年儿童的教育类APP被屡屡曝出危害未成年人信息安全与健康成长的问题。2019年7月初，工信部通报了2019年第一季度电信服务有关情况，其中某教育类APP学校被曝存在未公示用户个人信息收集、使用规则，未告知查询、更正信息渠道的问题；部分应用程序则存在强行捆绑推广其他应用软件的问题。对此，中央网信办于2019年8月22日正式发布《儿童个人信息网络保护规定》，这是我国第一部专门针对儿童网络保护的立法，也为网络运营者更好地保护儿童的个人信息提供了规范指引。本书将根据《儿童个人信息网络保护规定》为网络运营者梳理对儿童

个人信息保护的一些特殊合规要求：

（1）需设置专门的儿童个人信息保护规则和用户协议，并指定专人负责儿童个人信息保护；

（2）实行严格的"同意规则"，儿童个人信息的收集、使用、转移、披露应当以显著、清晰的方式告知儿童监护人，并应当征得其同意，并同时提供拒绝选项。征得同意时，应明确告知：收集、存储、使用、转移、披露儿童个人信息的目的、方式和范围；儿童个人信息的存储地点、期限和到期后的处理方式；儿童个人信息的安全保障措施；拒绝的后果；投诉、举报渠道和方式；更正、删除儿童个人信息的途径和方法等事项。如果上述告知事项发生实质性变化的，还应当再次征得儿童监护人的同意；

（3）遵循"最小原则"。一是对儿童个人信息的收集范围和数量应遵循最小原则，不得收集与其提供的服务无关的儿童个人信息；二是存储儿童个人信息应遵循最短期限原则，不得超过实现其收集、使用目的所必需的期限；三是对其工作人员的授权应遵循最小原则，严格设定信息访问权限，控制儿童个人信息知悉范围，并要求工作人员访问儿童个人信息应当经过儿童个人信息保护负责人或者其授权的管理人员审批，记录访问情况，采取技术措施，避免违法复制、下载儿童个人信息；

（4）委托第三方处理儿童个人信息、向第三方转移儿童个人信息的，均应当进行安全评估。经评估达不到安全保护要求的，不得进行委托和转移，否则应承担法律责任；

（5）儿童或者其监护人要求删除其收集、存储、使用、披露的儿童个人信息的，网络运营者应当及时采取措施予以删除。

六、隐私政策合规常见问题

隐私政策是网络运营者向个人信息主体告知个人信息处理规则及获得明确授权的重要途径，也是监管部门重点关注的内容和判断网络运营者在个人信息合规的重要依据。

（一）隐私政策常见问题

根据监管部门过去执法的内容，互联网企业在隐私政策方面主要面临以下问题：

（1）未公开收集使用规则，主要包括首次运行未通过弹窗等显著方式提醒个人信息主体阅读隐私政策和隐私政策难以访问；

（2）未明示收集使用个人信息的目的、方式和范围，包括未逐一列出收集使用个人信息的目的、方式和范围以及发生变更后未以适当的方式通知个人信息主体；

（3）隐私政策内容难以阅读，如文字过小、颜色过淡、内容晦涩难懂，使用大量的专业术语等。

（二）隐私政策的合规重点

对于隐私政策需重点注意以下几个方面：

（1）列明个人信息的收集规则、使用规则和共享、转让规则等，具体包括：

①收集、使用个人信息的业务功能，以及各业务功能分别收集的个人信息类型。涉及个人敏感信息的，需明确标识或突出显示；

②个人信息收集方式、存储期限、涉及数据出境情况等个人信息处理规则；

③对外共享、转让、公开披露个人信息的目的、涉及的个人信息类型、接收个人信息的第三方类型，以及各自的安全和法律责任；

④个人信息主体的权利和实现机制，如查询方法、更正方法、删除方法、注销账户的方法、撤回授权同意的方法、获取个人信息副本的方法、对信息系统自动决策结果进行申诉的方法等；

⑤提供个人信息后可能存在的安全风险，及不提供个人信息可能产生的影响；

⑥遵循的个人信息安全基本原则，具备的数据安全能力，以及采取的个人信息安全保护措施，必要时可公开数据安全和个人信息保护相关的合规证明；

⑦处理个人信息主体询问、投诉的渠道和机制，以及外部纠纷解决机构及联络方式。

（2）隐私政策的独立性、易读性和时效性：

①隐私政策单独成文，并在首次运行或更新后首次运行时以明显方式（如弹窗）提醒用户阅读并获得授权同意，在退出后易于再次访问；

②隐私政策符合通用的语言习惯，使用标准化的数字、图示等，避免使用有歧义的语言；

③隐私政策中如涉及"收集使用个人信息的目的、方式、范围"变动或者更新的，平台应当通过弹窗、消息推送、红点提示、邮件等方式告知用户提醒用户阅读，使用目的的变更时需要重新获得个人信息主体的授权同意。

七、突发公共卫生事件下的个人信息保护

2020 年新型冠状病毒肺炎的突然来袭是对我国公共卫生治理体系和治理能力的一次大考。面对中华人民共和国成立以来最为严重的突发公共卫生事件，习近平同志多次强调坚持依法防控、依法治理，在法治轨道上统筹推进各项防控工作至关重要。在疫情防控期间，大数据的应用发挥着重要的作用，而大数据背后的个人信息保护问题也时常成为社会关注的热点问题。因此，本书将在这一特殊背景下，从疫情防控期间个人信息的收集、使用、公开等角度进行展开，分析突发公共卫生事件下的个人信息保护问题。

(一) 突发公共卫生事件中个人信息收集的主体

对于疫情防控中个人信息保护的问题，首先需要明确的就是哪些主体可以收集与疫情相关的个人信息。

目前我国暂未颁布专门的个人信息保护法，对个人信息保护问题较为集中地规定在《网络安全法》中，故多认为《网络安全法》目前是个人信息保护领域的一般法，《网络安全法》中对于个人信息收集的主体并没有作出直接限制，而《突发事件应对法》和《传染病防治法》作为在疫情防控时期适用的特别法，对于收集疫情信息则是有更为明确的规定，简单来说，即将信息收集主体限定为有权机关。具体来说，《传染病防治法》第三十三条规定：疾病预防控制机构应当主动收集、分析、调查、核实传染病疫情信息；第十二条规定：一切单位和个人必须接受疾病预防控制机构、医疗机构有关传染病的调查、检验、采集样本、隔离治疗等预防、控制措施，如实提供有关情况。《突发事件应对法》第三十八条规定，县级以上人民政府及其有关部门应当通过多种途径收集突发事件信息；同时《突发公共卫生事件应急条例》第二十一条规定：任何单位和个人对突发事件，不得隐瞒、缓报、谎报或者授意他人隐瞒、缓报、谎报；第四十条规定：传染病暴发、流行时，街道、乡镇以及居委会、村委会应当组织力量，团结协作，群防群治，协助卫生行政主管部门和其他有关部门、医疗卫生机构做好疫情信息的收集和报告、人员的分散隔离、公共卫生措施的落实工作。

根据特别法优于一般法的原则，我们可以看到对于与疫情相关的个人信息其收集主体明确为各有权政府部门及授权协助的机构（包括村委会、居委会），而企业、行业组织、公益组织等虽在疫情期间收集非疫情相关个人信息仍然可以按照《网络安全法》的规定处理，但对于收集疫情直接相关的个人

信息（健康状态、体温、出行轨迹、密切接触者等），我们认为这些主体缺乏明确的法律依据，同时也难以认定符合《网络安全法》对于个人信息收集的必要原则。

（二）突发公共卫生事件中个人信息收集的方式

《网络安全法》在收集个人信息的基本框架遵循了国际通行的"告知"+"同意"原则，具体体现在《网络安全法》第四十一条的规定中。那么在疫情防控中，有权主体在收集个人信息时是否还需遵循告知同意的原则呢？对于这个问题，我们认为有权主体在收集时仅需明示告知而无需同意。

1. 有权主体在收集个人信息时无需征得同意

根据《传染病防疫法》《突发公共卫生事件应急条例》的规定，任何机构和个人有义务配合国家相关机关防控传染病相关的工作，这里的配合责任当然包括传染病有关的调查和信息采集，"任何单位和个人不得以任何理由予以拒绝"。

另外，《信息安全技术个人信息安全规范》第5.6条规定："以下情形中，个人信息控制者收集、使用个人信息不必征得个人信息主体的授权同意……b）与国家安全、国防安全直接相关的；c）与公共安全、公共卫生、重大公共利益直接相关的……"突发公共卫生事件，如此次新型冠状病毒肺炎是与国家安全、公共安全、公共卫生利益直接相关的，故行政机关及相关部门等收集、使用个人信息不必征求个人信息主体的授权同意。

当然，还需要再说明一下，对于未经相关机构授权的其他企业、组织和个人在突发公共卫生事件中收集个人信息时，仍然需要经过被收集者的授权同意。

2. 有权主体在收集个人信息时仍需明示告知

虽然在突发公共卫生事件中，有权主体可以不经信息主体的同意，或者认为信息主体必须承担提供个人信息的法律义务不能拒绝提供，但是从现行的法律规定来看，应当认为这仅仅豁免了信息主体"同意"，但并没有豁免《网络安全法》规定的信息收集者的告知义务或者明示义务。这一点在中央网络安全和信息化委员会办公室于疫情期间紧急发布的《关于做好个人信息保护利用大数据支撑联防联控工作的通知》中也可以看到，其表述也仅是可未经同意。

因此，有权主体在依法收集疫情有关人员的个人信息时，仍然应当通过隐私政策、告知书等形式依法告知信息主体其收集的目的、方式和内容等。

（三）　突发公共卫生事件中个人信息收集的范围

在突发公共卫生事件下采取的相关措施，每位公民都有配合义务，但是这并不意味着有关机构和组织可以不受任何限制地收集公民的个人信息。对于个人信息收集的范围仍应当遵循最小必要原则。

中央网信办在《关于做好个人信息保护利用大数据支撑联防联控工作的通知》中也明确要求收集联防联控所必需的个人信息应参照国家标准《个人信息安全规范》，坚持最小范围原则，收集对象原则上限于确诊者、疑似者、密切接触者等重点人群，一般不针对特定地区的所有人群，防止形成对特定地域人群事实上的歧视。

然而在本次疫情面前，为了更好地防控疫情扩张，地毯式、网格化收集居民广泛个人信息（例如家庭关系、工作/学习背景、实时位置信息等）的情况普遍存在，这实际上是与《网络安全法》规定的个人信息收集最小化原则相违背。

而且事实上，《传染病防疫法》《突发公共卫生事件应急条例》明确将收集信息的范围限定在"疫情相关的""有关传染病的"，且《突发事件应对法》第十一条规定"有多种措施可供选择的，应当选择有利于最大程度地保护公民、法人和其他组织权益的措施"。某种意义上，这也与个人信息收集的最小必要原则是一致的。

例如，对于普通居民而言，即便为了配合流行病学调查、口岸防控等目的，与"疫情相关的"也仅仅应当限于联系方式、14天内旅行史、14天内接触史、当前疾病症状等。再进一步，为了符合最小化、比例原则，流行病学调查或口岸防控可采取"消极收集法"，即尽量用"是否"方式选择，而不宜用"列举"方式详细填写等。

（四）　突发公共卫生事件中个人信息的使用和公开

由于疫情防控的需要，海量的个人信息被收集和处理，这对科学防治疫情起到了十分关键的作用，然而我们也看到在信息的使用和披露中仍然存在许多逾越法律边界的现象。例如，2020年1月28日，湖南省益阳市多个居民住宅小区的业主微信群内出现了"关于某医院报告一例新型冠状病毒感染的肺炎病例的调查报告"电子版内容及截图，内容涉及社区居民章某及其亲属等11个人的隐私信息。后经查，内部报告系该市赫山区卫生健康局党组成员、副局长舒某通过微信转发给无关人员段某，经多次转发后在网上被迅速传播扩散。

在此次疫情期间，类似的事件还有很多，个人信息的泄露暴露了在突发公共卫生事件中相关机构及工作人员对于个人信息保护方面的漏洞。

1. 个人信息的使用

基于疫情防控目的收集的个人信息，应当仅能用于疫情防控之目的，不能用于其他目的（包括安全管理、社区统计、信用评价、行业评价等）。超出原定范围使用个人信息的，应当严格按照《网络安全法》等法律法规及其配套规则、标准之规定，履行必要的告知+同意程序，法律另有规定除外。对于"四类人员"的个人信息用于隔离、医疗、医药等用途的，还应当严格按照《执业医师法》《医疗机构病历管理规定》《国家健康医疗大数据标准、安全和服务管理办法》《传染病信息报告管理规范》等规定执行。

2. 个人信息的公开

在突发公共卫生事件中会涉及信息的披露，公民有权了解与自身利益相关的信息，但同时在个人信息的披露方面会涉及个人隐私权与公共利益相权衡的问题。因此，为了平衡个人隐私权与公共利益，信息收集主体需要遵守以下规则：

（1）除国务院及省级人民政府的卫生行政部门有权向社会公开披露相关信息外，其他单位及个人无权公开披露个人信息；

（2）为公共卫生、公共利益收集的个人信息，不得用于其他用途。任何单位和个人未经被收集者同意，不得公开姓名、年龄、身份证号码、电话号码、家庭住址等个人信息，因联防联控工作需要，且经过脱敏处理的除外；

（3）收集个人信息后，个人信息控制者宜立即进行去标识化处理，并采取技术和管理方面的措施，将可用于恢复识别个人的信息与去标识化后的信息分开存储并加强访问和使用的权限管理；

（4）以明确、易懂和合理的方式公开处理个人信息。

（五）突发公共卫生事件中个人信息的存储和删除

对于个人信息的存储和删除，由于《传染病防疫法》《突发事件应对法》《突发公共卫生事件应急条例》都无特别的约定，所以目前仍然按照《网络安全法》及相关配套法规来处理突发公共卫生事件中个人信息的存储和删除，具体如下：

1. 个人信息传输存储

个人信息收集完成后会涉及个人信息传输、存储。在这一阶段，信息收集的主体都需要采取以下措施来保护个人信息：

（1）在通过公共网络进行信息传输时要采取数据加密的方式；

（2）通过访问控制的方式防止工作人员私自传播，建立机构内部个人信息数据泄露问责机制；

（3）对个人信息的保存期限应当为实现个人信息主体授权使用的目的所需的最少时间；

（4）只处理满足个人信息主体授权同意的目的所需的最少个人信息类型和数量，目的达成后，应及时删除个人信息。

2. 个人信息删除

对于普通公众，有权依照《网络安全法》等法律法规及其配套制度享有查询、更正、删除其个人信息的权利。对于信息收集主体，在收集使用个人信息的目的实现后，应及时将个人信息数据从相关存储设备中删除，并采取措施防止通过技术手段恢复。

第七节　数据出境安全评估

近年来，随着国际经济贸易互联互通的不断深入，境外跨国企业和我国企业跨国经营中的数据出境也日益频繁。在这些数据中，不乏涉及与我国安全、经济发展以及公共利益密切相关的重要数据，故而数据出境的安全性问题成为与国家安全紧密相关的重大问题。

一、数据出境概述

（一）什么是数据出境？

数据出境是指将在中华人民共和国境内收集和产生的电子形式的个人信息和重要数据，提供给境外机构、组织、个人的一次性活动或连续性活动。其中境外数据经由中华人民共和国中转，未经任何变动或加工处理的情形不属于数据出境。

《网络安全法》第三十七条规定："关键信息基础设施的运营者在中华人民共和国境内运营中收集和产生的个人信息和重要数据应当在境内存储。因业务需要，确需向境外提供的，应当按照国家网信部门会同国务院有关部门制定的办法进行安全评估；法律、行政法规另有规定的，依照其规定。"通过法律形式将数据出境安全评估作为一项核心制度予以确立。

（二）重要数据的识别

对于什么是重要数据，《网络安全法》没有做具体规定，《个人信息和重要数据出境安全评估办法（征求意见稿）》第十七条将重要数据规定为与国家安全、经济发展，以及社会公共利益密切相关的数据。但具体如何识别，可以参考《信息安全技术 数据出境安全评估指南（征求意见稿）》。

《信息安全技术 数据出境安全评估指南（征求意见稿）》将重要数据做了两个排除，一个是经政府信息公开渠道合法公开的，不再属于数据出境安全评估制度下的重要数据；另一个是涉及国家秘密的也不属于数据出境安全评估制度下的重要数据，其原因在于此类数据公开或者被泄露都显然会受到刑法和国家安全法的规制，因此该类数据保护在其他法律进行相关规定。对于实务而言，最有指引价值的为《信息安全技术 数据出境安全评估指南（征求意见稿）》在其附录 A 中详细列明了重要数据的具体范围，包括石化、电力、交通运输、邮政快递、金融、食品药品、电子商务等共计 27 个大类（另含 35 个小类）行业的重要数据范围。

举例来说，金融部门中的"金融机构安全信息"的重要数据就包括：（1）新产品研发方案以及研发过程中产生的相关记录和数据；（2）技术方案、电路设计、计算机软件、源代码和目标码、数据库、研究开发记录、技术报告、检测报告、实验数据、实验结果、图纸等技术文档；（3）产品销售信息、市场调研信息、市场营销计划、财务资料、业务分析研究成果等经营资料；（4）客户名单、客户身份资料、客户交易记录等客户资料；（5）内部安全保卫制度、操作细节、银行业务使用的密押、编制方案及专用暗记、代号、指令密码等。

《信息安全技术 数据出境安全评估指南（征求意见稿）》虽然目前仅是征求意见稿，但其确定的重要数据范围对于日后如何认定哪些数据的出境需要进行安全审查有着很重要的指引作用。

（三）境内运营和向境外提供

1. 境内运营

《网络安全法》和《个人信息和重要数据出境安全评估办法（征求意见稿）》对于何为"境内运营"并没有详细的规定，但在《信息安全技术 数据出境安全评估指南（征求意见稿）》中对"境内运营"给出了定义，即指"网络运营者在中华人民共和国境内开展业务，提供产品或服务的活动"。而对于判断网络运营者是否在中国境内开展业务，或向境内提供产品或服务，

《信息安全技术 数据出境安全评估指南（征求意见稿）》也明确了几类参考因素，包括使用中文，以人民币作为结算货币，向中国境内配送物流等。

与此同时，《信息安全技术 数据出境安全评估指南（征求意见稿）》还特别强调了两种情况，一个是境外主体在境内开展业务的应当认定属于境内运营；另一个是境内运营者只向境外开展业务且不涉及境内个人信息和重要数据的，不应当视为境内运营。

2. 向境外提供

何为"向境外提供"，《网络安全法》中没有具体规定，而《个人信息和重要数据出境安全评估办法（征求意见稿）》则下了定义，即指将数据"提供给位于境外的机构、组织、个人"。然而这一表述仍然会产生疑问，假设将数据提供给位于境内的境外组织，是否就不需要安全评估了呢？如果真是如此，那么显然就会存在大量规避安全评估的漏洞。因而，我们看到在《信息安全技术 数据出境安全评估指南（征求意见稿）》中用更加细致的定义清晰界定了《网络安全法》和《个人信息和重要数据出境安全评估办法》所留下的模糊地带。《信息安全技术 数据出境安全评估指南（征求意见稿）》规定数据出境是指"网络运营者通过网络等方式，将其境内运营中收集和产生的重要数据，通过直接提供或开展业务、提供服务、产品等方式提供给境外的机构、组织或个人的一次性活动或连续性活动"。同时，还对 5 种具体情况是否应被认定为数据出境给出了结论。我们可以看到，上文提及的将数据提供给位于境内的境外组织也是属于数据出境的情况，因而也需进行安全审查。（见表9-9）

表9-9

属于数据出境的三种情况	1. 向本国境内，但不属于本国司法管辖或未在境内注册的主体提供个人信息和重要数据
	2. 数据未转移存储至本国以外的地方，但被境外的机构、组织、个人访问查看的（公开信息、网页访问除外）
	3. 网络运营者集团内部数据由境内转移至境外，涉及其在境内运营中收集和产生的个人信息和重要数据的
不属于数据出境的两种情况	1. 非在境内运营中收集和产生的个人信息和重要数据经由本国出境，未经任何变动或加工处理的
	2. 非在境内运营中收集和产生的个人信息和重要数据在境内存储、加工处理后出境，不涉及境内运营中收集和产生的个人信息和重要数据的

（四）禁止出境的情形

《个人信息和重要数据出境安全评估办法（征求意见稿）》第十一条规定了一些数据不能出境的情形，包括：

（1）个人信息出境未经个人信息主体同意，或可能侵害个人利益；

（2）数据出境给国家政治、经济、科技、国防等安全带来风险，可能影响国家安全、损害社会公共利益；

（3）其他经国家网信部门、公安部门、安全部门等有关部门认定不能出境的。

二、数据出境安全自评估的主要流程

（一）数据出境安全评估的主要方式

根据《个人信息和重要数据出境安全评估办法（征求意见稿）》的规定，安全评估采取的是"一般自评估+特别情况行业主管部门组织评估+网信办兜底"的方式，具体可以参见表9-10：

表9-10

一般自评估	特别情况行业主管部门评估	国家网络部门组织评估
第七条：网络运营者应在数据出境前，自行组织安全评估。 第十二条：网络运营者应每年对数据出境至少进行一次安全评估。	第九条：应报行业主管或监管部门组织安全评估的： （1）含有或累计含有50万人以上的个人信息； （2）数据量超过1000GB； （3）核设施、化学生物、国防军工、人口健康等领域数据，大型工程活动、海洋环境以及敏感地理信息数据等； （4）包含CII的系统漏洞、安全防护等网络安全信息； （5）CIIO向境外提供个人信息和重要数据； （6）其他可能影响国家安全和社会公共利益，行政主管或监管部门认为应评估。	第九条中涉及行业主管或监管部门不明确的，由国家网信部门组织评估。

（二）安全自评估的主要流程

安全自评估是指网络运营者依照国家相关法律法规和标准的规定，自行组织或委托网络安全服务机构对数据出境开展安全评估。由于主管部门评估主要由主管部门启动且由主管部门制定方案，因此本书主要为互联网企业解读自评估的相关流程。

1. 安全自评估的启动条件

《个人信息和重要数据出境安全评估办法（征求意见稿）》第十二条规定，网络运营者应根据业务发展和网络运营情况，每年对数据出境至少进行一次安全评估，及时将评估情况报行业主管或监管部门。满足以下条件之一时启动评估：

（1）涉及数据出境的；

（2）关键信息基础设施运营者进行数据出境之前的；

（3）已完成数据出境安全自评估的产品或业务所涉及的个人信息和重要数据出境，在目的、范围、类型、数量等方面发生较大变化、数据接收方变更或发生重大安全事件的；

（4）按照行业主管或者监管部门要求启动的。

另外，当网络运营者的数据出境满足连续出境①的条件时，视为一次出境行为，免于重复评估。

2. 建立安全自评估工作组

网络运营者应建立数据出境安全自评估工作组，工作组主要包含法务、政策、安全、技术、管理相关专业人员。数据出境安全自评估工作组应负责审查业务部门提交的数据出境计划，并定期对数据出境情况开展检查、抽查。

3. 制定数据出境计划

网络运营者有数据出境需求的业务部门应制定数据出境计划，计划的内容包括但不限于：

（1）涉及个人信息情况，包括个人信息的类型、数量、范围和敏感程度等；

（2）涉及重要数据情况，包括重要数据的类型、数量和范围等；

（3）涉及的信息系统情况；

---

① 连续出境是指数据出境的目的、接收方相同，范围、类型、数量不发生较大变化，且两次数据出境间隔不超过一年的。

（4）数据发送方安全保护能力；

（5）数据接收方安全保护能力及其所在的国家或地区的基本情况。

4. 数据出境安全评估的重点

根据《个人信息和重要数据安全评估办法（征求意见稿）》第八条的规定，数据出境安全评估的重点如下：

（1）数据出境的必要性；

（2）涉及个人信息情况，包括个人信息的数量、范围、类型、敏感程度，以及个人信息主体是否同意其个人信息出境等；

（3）涉及重要数据情况，包括重要数据的数量、范围、类型及其敏感程度等；

（4）数据接收方的安全保护措施、能力水平以及所在国家和地区的网络安全环境等；

（5）数据出境及再转移后被泄露、毁损、篡改、滥用等风险；

（6）数据出境及出境数据汇聚可能对国家安全、社会公共利益、个人合法利益带来的风险；

（7）其他需要评估的重要事项。

另外，我们还可以在《信息安全技术 数据出境安全评估指南（征求意见稿）》中找到上述这些重点评估内容更为详尽的指引，本书不再具体就此展开。

5. 安全自评估报告

网络运营者在完成数据出境安全自评估后，应形成安全自评估报告。安全自评估报告内容应包括但不限于：安全自评估对象基本情况、安全自评估组织实施情况、安全自评估结果、数据出境安全风险点、检查修正建议。安全自评估报告应至少保存 2 年，并在如下情况下将安全自评估报告上报行业主管部门，行业主管部门不明确的，报国家网信部门。

安全自评估报告内容具体如下：

（1）关键信息基础设施运营者开展的安全自评估；

（2）一年内出境的个人信息数量达到国家网信部门、行业主管部门上报要求的；

（3）包含核设施、生物化学、国防军工、人口健康等领域数据，大型工程活动、海洋环境敏感地理信息数据，以及其他重要数据的；

（4）涉及关键信息基础设施的安全缺陷、具体安全防护措施等网络安全信息的；

（5）其他可能影响国家安全、经济发展和社会公共利益的。

6. 检查修正

如果安全自评估结果为禁止出境的，网络运营者应采用相关措施降低数据出境安全风险，并修正数据出境计划，重新开展安全自评估。

三、个人信息出境的特别规定

2017 年《个人信息和重要数据出境安全评估办法》公布征求意见稿，三年多时间过去仍迟迟未落地，其中一个非常重要的原因便是个人信息和重要数据之间存在一定的差异，如果统一采取一刀切的方式进行安全评估可能会产生问题。2019 年 6 月 13 日，国家互联网信息办公室发布《个人信息出境安全评估办法（征求意见稿）》，这是一部专门针对个人信息出境的安全评估办法，该评估办法全文共二十二条，明确了个人信息出境申报评估要求、重点评估内容、个人信息出境记录、出境合同内容及权利义务要求、安全风险及安全保障措施分析报告等要求。相比于 2017 年发布的《个人信息和重要数据出境安全评估办法（征求意见稿）》的内容，在个人信息出境方面作了一些变化。

（一）谁来进行安全评估

根据 2017 年发布的《个人信息和重要数据出境安全评估办法（征求意见稿）》，进行安全评估主要是两种模式，一种是自评估；一种是主管部门进行评估。而在 2019 年发布的《个人信息出境安全评估办法（征求意见稿）》中，个人信息出境前，网络运营者应当向所在地省级网信部门申报个人信息出境安全评估。除此之外，取消了 50 万人个人信息作为报请监管部门组织安全评估的条件，理论上只要涉及个人信息出境都在该办法的范围内，都要向网信部门申报出境安全评估。

（二）个人信息出境安全评估的重点

《个人信息和重要数据出境安全评估办法（征求意见稿）》第八条规定，对个人信息出境评估的重点为涉及个人信息情况，包括个人信息的数量、范围、类型、敏感程度，以及个人信息主体是否同意其个人信息出境等。在《个人信息出境安全评估办法（征求意见稿）》中，要求网络运营者申报个人信息出境安全评估应提交申报书、网络运营者与接收者签订的合同、个人信息出境安全风险及安全保障措施分析报告、国家网信部门要求提供的其他材料。省级网信部门在收到材料后开始组织进行安全评估，对个人信息出境评估的重点主要包括以下内容：

（1）是否符合国家有关法律法规和政策规定。

（2）合同条款是否能够充分保障个人信息主体合法权益。

（3）合同能否得到有效执行。

（4）网络运营者或接收者是否有损害个人信息主体合法权益的历史、是否发生过重大网络安全事件。

（5）网络运营者获得个人信息是否合法、正当。

（6）其他应当评估的内容。

（三）出境合同内容及权利义务

上文提到过申请出境安全评估需要提交网络运营者与接收者签订的合同，《个人信息出境安全评估办法（征求意见稿）》对合同的内容以及相关的权利义务作出了明确的规定。

1. 合同需要明确规定的内容

《个人信息出境安全评估办法（征求意见稿）》对需要明确的内容作出了规定：

（1）个人信息出境的目的、类型、保存时限。

（2）个人信息主体是合同中涉及个人信息主体权益的条款的受益人。

（3）个人信息主体合法权益受到损害时，可以自行或者委托代理人向网络运营者或者接收者或者双方索赔，网络运营者或者接收者应当予以赔偿，除非证明没有责任。

（4）接收者所在国家法律环境发生变化导致合同难以履行时，应当终止合同，或者重新进行安全评估。

（5）合同的终止不能免除合同中涉及个人信息主体合法权益有关条款规定的网络运营者和接收者的责任和义务，除非接收者已经销毁了接收到的个人信息或作了匿名化处理。

（6）双方约定的其他内容。

2. 网络运营者应当承担的责任和义务

《个人信息出境安全评估办法（征求意见稿）》第十四条规定了合同要明确约定网络运营者应当承担的责任和义务，包括：

（1）以电子邮件、即时通信、信函、传真等方式告知个人信息主体网络运营者和接收者的基本情况，以及向境外提供个人信息的目的、类型和保存时间。

（2）应个人信息主体的请求，提供本合同的副本。

（3）应请求向接收者转达个人信息主体诉求，包括向接收者索赔；个人信息主体不能从接收者获得赔偿时，先行赔付。

3. 个人信息接收者应当承担的责任和义务

《个人信息出境安全评估办法（征求意见稿）》第十五条规定了合同要明确约定个人信息接收者应当承担的责任和义务，包括：

（1）为个人信息主体提供访问其个人信息的途径，个人信息主体要求更正或者删除其个人信息时，应在合理的时限内予以响应、更正或者删除。

（2）按照合同约定的目的使用个人信息，个人信息的境外保存期限不得超出合同约定的时限。

（3）确认签署合同及履行合同义务不会违背接收者所在国家的法律要求，当接收者所在国家和地区法律环境发生变化可能影响合同执行时，应当及时通知网络运营者，并通过网络运营者报告网络运营者所在地省级网信部门。

（四）个人信息出境的合规建议

由于目前有关个人信息出境的相关法律法规以及国家标准还在征求意见中，具体将如何落地还有待进一步关注，对此，根据目前相关征求意见稿的内容，本书为互联网企业提出以下合规建议：

（1）在《网络安全法》规定的网络运营者责任人的基础上，设立相对独立的个人信息保护的部门，完善个人信息保护的组织架构；

（2）对个人数据出境的场景进行梳理，包括对涉及个人信息出境的业务、个人信息类型、数量、接收方的类别等信息进行记录；

（3）确保个人信息主体对于数据出境的知情权，如更新相应的隐私政策，告知存在出境传输的场景和业务需求，并征得个人信息主体的授权同意；

（4）完善个人信息出境的评估审批机制，对于涉及个人信息量大的、较为敏感的且传输至保护能力较弱的接收方的情况，审慎出境；

（5）尽量采取本地收集、本地存储的方式，在不必要的情况下避免数据出境。